JN407566

나만의 여행을 찾다보면 빛나는 순간을 발견한다.

잠깐 시간을 좀 멈춰봐.
잠깐 일상을 떠나 인생의 추억을 남겨보자.
후회없는 여행이 되도록
순간이 영원하도록
Dreams come true.

**Right here.
세상 저 끝까지 가보게**

Contents

INTRO | *12*

ABOUT 동유럽 | *14*
동유럽 사계절
동유럽 여행 떠나는 시기
동유럽 국가의 젓줄, 다뉴브(도나우) 강
동유럽을 꼭 가야 하는 이유
동유럽 여행 잘하는 방법

동유럽 여행에 꼭 필요한 INFO | 42
동유럽 여행 밑그림 그리기
패키지여행 VS 자유여행
동유럽 여행 물가
동유럽 여행 계획 짜기
동유럽 추천 여행 코스
동유럽 여행 일정
시대별로 보는 동유럽 건축 양식

독일

한눈에 보는 독일
독일 역사
독일 여행 전 알고 떠나자!

프랑크푸르트 | 82
프랑크푸르트의 매력
프랑크푸르트의 핵심 도보 여행
볼거리
파울 교회 / 뢰머 광장 / 괴테 하우스 / 대성당 / 자일 거리 / 에센하이머 탑
마인 타워 / 유로 타워 / 작센하우젠
박물관 지구

뮌헨 | 110

뮌헨의 매력
뮌헨의 핵심 도보 여행
볼거리
카를 광장 / 마리엔 광장 / 오데온 광장 / 신시청사
뮌헨의 대표적인 교회 Best 3

퓌센 | 130

퓌센 IN
마리엔 다리에서 본 노이슈반슈타인 성
퓌센의 핵심 도보 여행
볼거리
노이슈반슈타인 성 / 호엔슈방가우 성

하이델베르크 | 144

ABOUT 하이델베르크
하이델베르크 IN
하이델베르크의 핵심 도보 여행
볼거리
하이델베르크 성 / 하우프트 거리 / 성령 교회 / 카를 테오도르 다리
하이델베르크 대학 / 학생 감옥 / 철학자의 길

로덴부르크 | *164*
한눈에 로덴부르크 파악하기
볼거리
뢰더 문 / 시청 / 의원연회관 / 성 야콥교회 / 부르크 문 / 부르크 공원 / 플뢴라인

체코

ABOUT 체코 | *176*
체코를 꼭 가야하는 이유
체코 & 프라하 여행 잘하는 방법

체코 여행에 필요한 INFO | *194*
한눈에 보는 체코 역사
체코와 슬로바키아
체코 여행 계획 짜기
체코의 맥주
체코의 음식
꼭 먹어봐야할 체코 음식
축제
체코 쇼핑

프라하 | *214*

프라하 IN
공항에서 시내 IN
한눈에 프라하 파악하기
체코 & 프라하 여행을 계획하는 5가지 핵심 포인트
프라하 추천 코스
나의 여행 스타일은?
프라하 핵심도보 여행

바츨라프 광장
프라하의 봄
볼거리
국립박물관 / 화약탑 / 알폰스 무하 박물관
프라하의 낭만을 느낀다.
댄싱하우스
체코의 인형극, 마리오네트의 의미
프라하에서 즐기는 클래식 공연

구시가 광장
볼거리
얀 후스 동상 / 틴 성모 교회 / 성 니콜라스 교회 / 시계탑
천문시계
카를교
블타바 강

캄파 섬
볼거리
캄파 공원 / 존 레넌 벽 / 캄파 미술관 / 캄파 미술관

말라스트라나
볼거리
성 니콜라스 성당 / 네루도바 거리
프라하의 전경을 한눈에 담는다!

프라하 성
프라하 성 구경하기
볼거리
로레타 수도원

유대인 지구
한눈에 유대인 지구 파악하기
볼거리
신·구 유대교회 / 유대인 묘지
박물관으로 사용 중인 유대 교회
FOOD
ACCOMMODATION
느끼할 때, 찾아갈 아시아 음식
프라하의 대표적인 카페 Best 10
미슐랭 레스토랑

프라하 근교 | *358*
볼거리
카를슈테인 성 **말라스트라나**

체스키크룸로프 | 364

체스키크룸로프 성 구경하기
체스키크룸로프 IN
볼거리
스보르노스티 광장 / 체스키크룸로프 성 / 곰 해자 / 라트란 거리
이발사의 거리 / 에곤 실레 아트 센트룸 / 성 비투스 성당
FOOD

카를로비 바리 | 384

카를로비 바리 IN
카를로비 바리 도시의 유래 및 온천 찾기
카를로비 바리의 마시는 온천
카를로비 바리에서 꼭 구입할 품목
볼거리
브지델니 콜로나다 / 사도바 콜로나다 / 믈린스카 콜로나다
트르주니 콜로나다 / 성 마리 막달레나 교회
FOOD

올로모우츠 | 398

올로모우츠 IN
올로모우츠 핵심 도보 여행
볼거리
호르니 광장 / 성 삼위일체 기념 / 시청사 & 천문시계
올로모우츠의 새로운 즐거움, 분수 찾기
FOOD

슬로바키아

ABOUT 슬로바키아
슬로바키아 VS 슬로베니아
한눈에 보는 슬로바키아
슬로바키아 역사
여행 코스

브라티슬라바 | *416*

브라티슬라바 IN
한눈에 브라티슬라바 파악하기
볼거리
구시가지 / 브라티슬라바 성 / 미하엘 문 / 구시청사 / 흘라브네 광장 / 성 마틴 대성당
슬로바키아 국립 자연사 박물관 / 슬로바키아 국립갤러리 / 슬로바키아 국립극장

오스트리아

ABOUT 오스트리아
한눈에 보는 오스트리아
오스트리아에 1년 내내 관광객에게 인기가 있는 이유

오스트리아 여행에 꼭 필요한 INFO
간단한 오스트리아 역사
인물 / 영화
오스트리아 여행 계획하는 방법
여행 추천 일정
오스트리아 도로
모차르트의 발자취를 찾아서

빈 | *494*

한눈에 빈 파악하기
빈 IN
시내 교통
핵심도보여행
여행자 마음대로 빈 트램 투어
볼거리
링 도로 / 빈 오페라극장 / 성 슈테판 대성당 / 왕궁 / 신시청사
국회의사당 / 부르크 극장 /시립공원 벨베데레 궁전 / 쉰부른 궁전
오페와 콘서트
빈의 대표적인 거리 Best 3
빈의 낭만, 음악의 거리 / 오스트리아가 사랑한 황후, 시씨
시씨를 만날 수 있는 관광지 / 무료 필름 페스티벌
빈의 대표적인 박물관 Best 5
벨베데레 궁전 집중 탐구
FOOD
빈의 역사와 낭만이 숨쉬는 카페

링 도로 남부 | *578*

볼거리
카를 교회 / 슈바르첸베르크 광장 / 나슈마르크트 시장
집중탐구, 빈의 색다른 미술관
쿤스트하우스 빈 VS 훈데르트바서 하우스
빈의 주변 마을

잘츠부르크 | *594*

About 잘츠부르크
잘츠부르크여행 전 알면 좋은 상식, 사운드 오브 뮤직
모차르트의 발자취를 찾아서
한눈에 잘츠부르크 파악하기
잘츠부르크 핵심 도보 여행
볼거리
미라벨 정원 / 잘자흐 강 / 잘츠부르크 성당 / 게트라이데 거리
호헨 잘츠부르크 성 / 레지던스 / 레지던스 광장 / 모차르트 광장 / 축제 극장

뮌히스베르크 현대미술관 / 잘츠부르크 박물관 / 헬부른 궁전 / 카푸지너베르크 산
한눈에 게트라이데 파악하기
집중탐구, 빈의 색다른 미술관
쿤스트하우스 빈 VS 훈데르트바서 하우스
빈의 주변 마을
비교하재! 모차르트 생가 VS 모차르트 하우스

할슈타트 | *626*

할슈타트 IN
소금광산 투어
볼거리
마르크트 광장 / 할슈타트 호수 / 할슈타트 박물관
가톨릭 교회 / 개신교회 / 다흐슈타인
할슈타트 즐기는 방법

―

헝가리

헝가리의 화폐, 포린트

부다페스트 | *646*

왕궁 언덕 주변
볼거리
부다 성 언덕 궤도열차 / 성 이슈트반 기마상 / 삼위일체 광장
부다 왕궁 / 마차슈 성당 / 어부의 요새
부다페스트의 아름다운 다리 Best 3

Gellert Hill 주변
볼거리
겔레르트 언덕 / 치타델라 / 성 겔레르트 동상 / 자유의 동상
서양 미술관 / 시민공원 / 바이다휴냐드 성
영웅광장

Intro

예전에는 여행이 좋았다. 나의 내성적인 성격을 바꾸고 싶다는 생각을 할 때쯤 대학교에서 기회가 왔다. 호주 여행을 시작으로 나는 현실에서는 내성적이지만 여행에서는 내가 원하는 여행을 하는 진취적인 나로 바뀐 나를 보았다. 그래서인가 더욱 여행에 빠져 들었다. 여행지에서 사람들과 함께 생각을 공유하고 삶을 생각하면서 나의 세상도 넓어졌다.

그렇게 단순한 여행자로 생활하다가 이제는 전문적인 작가에까지 이르렀다. 내가 원해서 된 것은 아니었지만 자연스럽게 넘어간 측면이 크다. 항상 나의 머리 속에서 "인생은 모른다."라고 읊는 이유이다.

인생에서 유럽여행이 한 번으로 끝난다고 생각하던 시절이었기 때문에 유럽여행도 예전에는 한 번에 유럽의 많은 나라들을 훑는 여행이 대세였다. 유럽여행을 다녀오면 나의 주위 친구들에게 자랑하기 바쁘기도 했던 시절이었다. 2010년대를 거치면서 사람들에게 유럽여행은 1번으로 끝나는 먼 나라 여행이 아니게 되었다. 자연스럽게 유럽여행도 2~4개의 나라를 자세하게 보는 여행으로 바뀌었다.

예전에는 서유럽여행을 하면서 잘사는 서유럽을 모방하고 배워야 한다는 생각도 강했다. 여행이 단순한 여행이 아니고 뭔가를 배워 와야 하는 여행이었던 것이다. 이제는 서유럽여행보다 동유럽여행으로 추세가 바뀌고 있다. 아름답고 우리가 알던 유럽보다 새로운 유럽의 분위기를 느껴보기를 더 원한다.

동유럽 지역을 모두 훑는 것보다 핵심적인 동유럽의 독일 남부, 체코, 오스트리아, 헝가리 부다페스트까지 여행하고 싶어 하는 여행자들이 많아졌다. 물론 독일과 오스트리아는 중부유럽이라고 이야기할 수 있지만 여행코스에서는 동유럽으로 포함시키는 경우가 있으니 논란은 뒤로 하자. 이 책은 그 추세를 반영한 가이드북이다.

ABOUT
동유럽

동유럽 사계절

동유럽은 북쪽의 발트3국과 폴란드는 춥고 긴 겨울의 북유럽 기후이지만 체코, 오스트리아, 헝가리는 전형적인 중부유럽의 대륙성 기후를 보인다. 그러나 발칸반도는 남부유럽의 특징인 지중해성 기후를 보이고 있으므로 지역마다 날씨의 차이가 크다.

중부유럽(유럽 4개국)

지리적으로 유럽의 중부 내륙에 있는 드넓은 평야지대인 대륙성 기후와 지중해성 기후의 중간으로 여름은 덥고 겨울은 매우 추운 날씨를 가지고 있다.

봄 Spring

4월 초까지 기온의 변화가 심해 봄을 느끼는 시기는 4월 말이 되어서야 가능하다. 체코도 역시 봄이 짧아지고 날씨가 더워지고 있다.

여름 Summer

북부와 중부 대부분의 지역은 여름과 겨울의 기온 차이가 큰 대륙성 기후를 가지고 있다. 여름은 기온이 영상 30도를 넘는 날도 있지만 습도가 낮고, 비가 많이 내리지 않아서 덥다고 느껴지지 않는다.

가을 Autumn

동유럽 여행이 가장 좋은 시기는 9, 10월초이다. 기온이 낮아지면서 하늘은 높고 동유럽의 아름다운 자연을 볼 수 있는 시기이다. 또한 다양한 축제로 즐길 수 있는 계절이 가을이다.

겨울 Winter

겨울에는 짙은 안개와 스모그 현상이 자주 일어나고 영하 10도 아래로 내려가는 날이 많고 눈이 많이 내려서 여행할 때는 반드시 따뜻한 외투와 장갑이 꼭 필요하다.

동유럽 여행 떠나는 시기

지중해의 온화한 기후는 5~10월까지 내내 뜨겁고 강한 햇빛이 내리쬐지만 겨울에는 온화하고 비가 자주 내린다. 기온은 높게 유지된다. 반대로 대륙성 기후는 여름에는 건조하고 덥지만 겨울에는 눈이 많이 오고 추워진다.

여름

동유럽의 여름은 6~9월까지로 가장 화창한 날씨 때문에 전 세계의 관광객이 몰려든다. 오스트리아와 체코, 폴란드는 봄이나 가을까지 1, 2개월 더 온화한 날씨가 지속되어 5~9월까지 여행에 적합하다.

동유럽여행은 6월이나 9월 초에 가는 것이 가장 좋다. 날씨도 따뜻하고 낮도 길어서 하루가 길다. 여행하기에 좋은 날씨에 여름 성수기에서 살짝 피해 있으므로 숙소도 저렴한 편이다. 또한 다양한 문화행사를 볼 수 있는 반면에 7~8월에는 도시에 관광객들로 혼잡해지고 숙박비도 비싸지며 발칸 반도는 찌는 듯이 더워져 대한민국의 여름처럼 습하기까지 하다.
7월 말부터는 특히 휴가를 맞은 관광객들 때문에 전체 동유럽은 여행 중일 것이다. 8월은 여행객들이 몰려들어서 가장 여행하기 힘든 시기가 될 것이다. 혼잡함이나 비싼 가격을 피하려면 6월과 9월이 7, 8월보다 좋다.

봄 · 가을

동유럽여행은 하고 싶은 것, 보고 싶은 관광지에 따라 적당한 여행시기가 없다. 여행일정에 따라 달라지기도 하지만 가장 선호하는 여행 시기는 5월 말부터 6월 중순, 9월이다. 관광객들이 아직 오지 않고, 관광객이 여행을 끝낸 시기이기 때문에 가격은 여러 모로 사정이 나아지고 날씨도 온화하다. 봄과 가을은 여름과 겨울보다 습도가 더 높고 바람이 많이 분다. 10월이 되면 체코나 폴란드는 기온이 떨어지고 비가 오는 날씨가 많아 가을은 짧게 지나간다.

겨울

겨울은 동유럽여행의 목적에 따라 가볼만하다. 여름에 비해 겨울에는 관광객이 적지만 크리스마스나 새해에는 상당히 관광객이 많다. 이 시기를 제외하면 겨울철에 관광객이 훨씬 적어지고 숙박비나 전체적인 여행물가도 현저히 떨어진다. 겨울에는 비엔나, 체코, 에스토니아의 크리스마스 마켓을 보러가는 여행이 인기를 끌고 있다.

동유럽 국가의 젓줄, 다뉴브(도나우) 강

독일어로는 '도나우Donau', 영어로는 '다뉴브Danube'라고 부르는 이 강은 독일에서 시작해 흑해로 흘러가는 강으로 동유럽 국가의 대부분을 자난다. 독일에서 시작해서 오스트리아, 슬로바키아, 헝가리, 크로아티아, 세르비아, 불가리아, 루마니아, 우크라이나까지 이르는 긴 강이다. 각각의 국가에서 다른 이름으로 불린다. 유럽의 강 가운데에서는 볼가 강에 이어 두 번째로 긴 강이다. 기이가 2,858km, 유역의 넓이는 6,951km²이다. 자연적으로도 발칸반도의 북쪽 경계를 다뉴브Danube 강으로 잡는 경우가 많다.

도나우 강의 역사
기원전 6천년
다뉴브Danube 강 하류의 루마니아에서부터 발칸 반도 일대에 빈카 문명Vinca culture이 시작되었다고 한다.

로마제국
로마제국과 동로마 제국 시기에는 다뉴브Danube 강이 자연적인 경계로서 북쪽의 국경선 역할을 했다. 트라야누스 황제 시기 강 너머로 다키아(현재의 루마니아) 지역을 점령하고 나서 아우렐리아누스가 국경방어의 어려움을 이유로 영유를 스스로 포기하기까지 150년 정도 유지했던 적이 있다.

나라별 도나우 강 명칭
독일, 오스트리아 도나우(Donau) / 슬로바키아 두나이(Duna) / 헝가리 두나(Duna), 크로아티아, 세르비아, 불가리아 두나브(Dunav), 루마니아, 몰도바 두너레이(Dunáre), 우크라이나 두나이(Дунай)

■ 동유럽(Eastern Europe)이란?

발트 해에서 발칸반도에 이르는 지역의 명칭이 동유럽Eastern Europe이다. 동유럽Eastern Europe이라는 이름은 동쪽에 있는 유럽이기도 하지만, 서유럽과 다른 문화를 가지고 있다는 의미도 내포하고 있다. 다르게 역사적인 관점으로 보면 오랫동안 유럽 전역을 지배했던 합스부르크 왕가의 지배를 받은 나라들이라는 공통점도 있다. 동유럽 국가들은 합스부르크 왕가의 문화 예술에 대한 관심이 높아서일까, 도도하면서도 우아한 매력이 넘치기도 하다.

■ 역사적·정치적 관점

동유럽Eastern Europe이라는 단어의 개념은 지리적인 관점이 아니고 냉전시대에 서유럽과의 관계에 따라 역사적·정치적 관점에서 생겨나기도 했다. 따라서 지역적 범위도 일정하지 않고, 민족적·문화적·종교적 측면에서도 이질성이 강하다. 문화적인 통합을 이야기하는 것은 쉽지 않은 일이다.

역사적으로 제1차 세계대전 뒤, 동유럽Eastern Europe 각국이 독립하면서 작은 국가라는 공통된 인식을 갖게 되었다. 제2차 세계대전이 끝난 뒤 냉전시대가 시작되면서 소련이 주도하는 사회주의 체제로 이행했던 유럽의 국가들을 뜻하는 정치적 의미로 사용하고 있다. 1989년 이후 냉전이 종식되면서 정치적 의미의 동유럽은 소멸되고 현재는 지역적 개념만 남아있다. 폴란드·체코·슬로바키아·크로아티아·슬로베니아·마케도니아·몬테네그로·세르비아·보스니아-헤르체고비나·불가리아·헝가리·루마니아·알바니아 등이 동유럽 국가에 속한다.

■ 유럽에서의 소외감

국가에 따라, 시대에 따라 동유럽이라는 단어는 사용되다가 사라지기도 하였다. 정치적으로는 제2차 세계대전 후, 냉전시대가 도래하면서 소련이 주도하는 사회주의 체제로 이행했던 유럽의 국가들을 뜻한다. 영국, 미국, 독일과 러시아간의 지역을 가리키기도 한다. 유럽대륙의 서유럽 국가에서는 독일보다 동쪽의 유럽지역을 가리키면서 경제적으로 발전된 국가를 지칭한다. 반대로 상대적으로 낙후된 동쪽의 유럽 국가를 낮춰서 부르는 단어로도 사용된다.

그래서 동유럽Eastern Europe 국가들과 인접한 오스트리아, 슬로베니아 등의 경제적으로 발전된 국가 자신은 스스로를 동유럽Eastern Europe이라고 인정하고 싶어 하지 않기 때문에 '중부유럽Center Europe'이라고 칭하는 경우가 많다. 최근에는 세계적으로 발트3국뿐만 아니라 우크라이나, 조지아, 몰도바도 동유럽에 포함시키는 경우가 많다.

■ 대표적인 동유럽 국가

헝가리

헝가리는 동양인의 후예인 마자르 족이 세운 나라이다. 현재는 헝가리의 수도이자 합스부르크 왕가의 도시였던 부다페스트는 야경이 아름다운 도시로 유명하다.
헝가리는 동유럽 공산주의 국가들 중에서 가장 먼저 개방한 나라이다. 수도인 부다페스트는 도나우 강을 사이에 두고, 왕궁이 있는 부다 지역과 서민이 사는 페스트 지역으로 나뉘어져 있다. 헝가리를 건국한 7명의 어부 모습을 새긴 어부의 요새와 부다 왕궁에서 바라보는 도나우 강의 전망은 압권이다.

폴란드

폴란드에는 세계 문화유산으로 지정된 수도인 바르샤바만 있는 것이 아니다. 폴란드 하면 떠오르는 '피아노의 시인, 쇼팽', 발트 해의 아름다운 도시 그단스크, 코페르니쿠스가 태어난 도시, 토른, 브로츠와프, 포즈난, 중세시대에 수도역할을 한 크라쿠프까지 폴란드의 관광자원은 끝이 없다.

체코

천 년의 역사를 간직한 체코는 유럽 대륙의 중앙에 위치한 내륙국가로 수도인 프라하는 관광도시로 성장하고 있다. 남한보다 조금 작은 면적을 가진 체코는 최근에 급성장을 하면서 GDP 2만 달러를 넘는 국가로 성장하고 있다. 프라하 이외에 체스키크룸로프와 온천으로 유명한 카를로비바리, 맥주로 유명한 플젠, 모라비아 지방의 주도시인 올로모우츠 등 아름다운 도시들은 일일이 열거할 수 없을 정도이다.

슬로베니아, 크로아티아, 몬테네그로, 알바니아

20세기 초에 발칸반도에는 세르비아가 주도하는 유고슬라비아가 세워졌다. 제2차 세계대전 이후 사회주의 국가가 된 유고슬라비아 연방은 1980년대 말, 급격하게 몰락하면서 여러 나라로 분리가 되었다. 발칸 반도에서 20세기 말에 벌어진 유고 연방의 주축이었던 세르비아와 전쟁으로 얼룩졌지만 급속하게 전후 복구를 통해 이제는 관광대국으로 거듭나고 있다.

특히 슬로베니아는 GDP 2만 달러를 넘는 부국이 되었고 크로아티아는 발칸 반도에서 관광대국이 되어 성장을 거듭하고 있다. 작은 국가인 몬테네그로는 크로아티아를 잇는 관광국가로 알려지고 있다. 아직 우리에게 잘 알려지지 않은 알바니아는 최근에 민주화를 통해 경제성장 동력을 관광객 유치를 통해 이루려고 한다.

동유럽을 꼭 가야 하는 이유

■ 중세 문화

체코의 프라하는 14세기에 카를교를 해가 지는 그때 건너면 아름다운 일몰과 함께 추억을 만들 수 있을 것이다. 크라쿠프에서는 중앙광장의 리네크 글루프니를 돌아보고 중세 문화를 직접 느낄 수 있다. 발트 3국의 탈린, 리가, 빌뉴스와 헝가리의 부다페스트, 폴란드의 그단스크 같은 도시는 중세 문화유산으로 가득하다. 동유럽의 소도시에서는 아기자기한 마을에서 만나는 사람들 또한 순박하다.

■ 환상적인 야경

체코 프라하, 헝가리 부다페스트, 폴란드 크라쿠프 등 동유럽은 서유럽의 야경과는 다른 옛 시절의 보는 야경이 관광객의 마음을 사로잡는다. 각 도시들의 다리를 건너면서 강을 건너면 황홀한 풍경에 사로잡힌다. 관광객의 마음을 빼앗아 가는 야경을 보는 기회를 잡아 보자.

■ 굴곡의 역사

동유럽은 산업혁명의 흐름에 동참하지 못하고 시대에 뒤쳐져 서유럽의 발전을 지켜보면서 힘든 현대사를 살아왔다. 1945년 2차 세계대전 이후의 분할을 점령한 얄타 회담이 끝난 후 냉전의 소용돌이에서 소련의 지배를 받았다. 소련의 위성국가였던 발트 3국, 폴란드, 체코, 유고슬라비아까지 한동안 유럽여행에서 배제된 곳이 대부분이었다.

그런데 크로아티아가 유고슬라비아 연방에서 탈퇴하면서 시작된 전쟁이 끝나면서 아름다운 문화유산을 간직한 동유럽이 점점 사람들에게 알려지기 시작했다. 그리고 최근에는 중세 유럽의 문화를 간직한 동유럽만 따로 여행하는 관광객이 늘어나고 있다.

■ 중세 문화축제

오랫동안 발전을 하지 못하고 살아온 동유럽 국가들은 중세 유럽의 문화를 간직하고 있다. 그래서 중세 문화축제가 동유럽 국가들마다 개최되고 있다. 가을 수확이 끝나는 9월부터 중세문화와 함께하는 축제를 경험하는 것도 동유럽 여행의 재미이다.

로마 가톨릭 VS 정교회

체코, 헝가리, 크로아티아, 슬로베니아 등의 나라들은 로마 가톨릭의 영향을 많이 받아 옛 성당이 오랜 시간동안 간직되어 왔다. 반대로 발트3국과 발칸반도의 국가들, 조지아는 정교회의 영향을 받았다. 같은 기독교 문화지만 다른 역사적 배경을 간직한 국가들의 기독교 문화를 비교할 수 있는 좋은 경험을 할 수 있다.

■ 친절한 사람들

동유럽은 서유럽에 비해 가족 공동체를 중요하게 생각한다. 그래서 가족에 대한 애정이 남다르며 가족들이 함께 시간을 보내는 시간이 많다. 또한 그들의 마을에 사람들이 찾아오면 친절하게 맞이하면서 가족처럼 따뜻하게 대한다. 그들의 친절한 태도는 여행자를 감동시키고 다시 찾아오고 싶은 느낌을 받게 만들어준다. 그래서일까? 최근에 동유럽으로 장기여행인 한 달 살기를 하는 여행자들이 많아지는 추세이다.

동유럽 여행 잘하는 방법

동유럽을 처음으로 여행하는 여행자들은 처음에 여행을 어떻게 할지 몰라 당황하는 경우가 많다. 하지만 동유럽의 도시들은 그리 크지 않기 때문에 여행할 때는 대부분 도시 안에서 여행하는 패턴이 있다. 그 방법을 처음에 숙지하고 여행을 하다보면 자연스럽게 여행의 패턴에 자신도 생겨나게 된다. 동유럽의 도시들을 여행하는 방법에 대해 알아보자.

인포메이션 방문

목적지의 기차역이나 공항, 버스터미널에 도착하면 먼저 인포메이션 센터를 찾아가는 습관을 들이는 것이 좋다. 시내 지도를 받아 이동하는 방법을 문의할 수도 있고 가끔 축제나 행사가 있을 경우 관련 정보를 얻을 수 있다.

■ 숙소 찾아가기

숙소를 예약하지 않은 경우 당일이라도 부킹닷컴이나 에어비앤비에 숙소는 남아있으므로 걱정하지 말고 찾아보자. 아니면 관광안내소에서 YHA 등 저렴한 숙소를 물어보고, 찾아가는 방법도 문의할 수 있다. 야간 기차를 타고 다른 도시로 이동할 예정이라면 역 안에 있는 코인라커에 큰 배낭은 맡겨두고 필요한 짐만 가지고 가볍게 도시를 둘러볼 수 있다.

■ 광장에서 여행 시작

대도시를 제외하면 대부분의 동유럽 도시들은 도보로 여행이 충분히 가능하다. 마을 중심에 있는 광장에 도착해 도시의 거리를 중심으로 볼거리들이 보이게 된다. 지하철, 버스를 타고 관광지에 도착해 중앙역을 중심으로 여행을 하게 된다.

■ 현지인의 도움

최근에는 구글 지도를 이용해 목적지를 찾아가는 것이 어렵지 않게 되었다. 하지만 소도시에서 구글 지도에 표시가 안 되어 있는 곳도 있다. 그럴때는 현지에서 무료로 나누어주는 시내 지도와 가이드북을 보면 찾아가는 데 어려움이 없지만 잘 모를 경우에는 주저하지 말고 지나가는 현지인에게 물어보는 것이 가장 좋다. 물어보는 것을 창피하게 생각하지 말자.

■ 슈퍼마켓 위치 파악

유럽에서는 마트나 슈퍼가 우리나라처럼 흔하지 않으므로 물이나 간단한 먹거리는 눈에 보였다면 사 두는 것이 좋다. 아니면 숙소에 도착했을 때 가장 먼저 마트와 슈퍼를 프런트에 물어보고 들어가서 미리 물이나 필요한 물품을 사두는 것이 좋다. 우리나라처럼 늦게까지 하는 마트도 있지만 많지 않다. 같은 콜라나 물이라도 기차 안, 역전, 역 밖 등의 가격이 다 제각각인 점도 유의하자.

■ 골목길 다니기

너무 후미진 골목은 되도록 돌아다니지 않는 것이 좋다. 이유 없이 너무 친절을 베풀면 일단 경계를 하는 것이 좋다. 밤의 야경을 보러가는 것은 혼자보다는 숙소에서 만난 여행자들과 같이 어울려 다니는 것이 사진을 찍기도 좋고 안전하다.

E·A·S·T·E·R·N E·U·R·O·P·E

동 유 럽
여 행 에
꼭 필요한
INFO

동유럽 여행 밑그림 그리기

우리는 여행으로 새로운 준비를 하거나 일탈을 꿈꾸기도 한다. 여행이 일반화되기도 했지만 아직도 여행을 두려워하는 분들이 많다. 유럽여행에서 특히 동유럽 여행자가 급증하고 있다. 몇 년 전부터 늘어난 동유럽의 체코, 프라하를 비롯해 크로아티아를 다녀온 여행자는 발트 3국과 폴란드, 헝가리 부다페스트, 아드리아 해의 몬테네그로로 눈길을 돌리고 있다. 그러나 어떻게 여행을 해야 할지부터 걱정을 하게 된다. 아직 정확한 자료가 부족하기 때문이다. 지금부터 동유럽의 여행을 쉽게 한눈에 정리하는 방법을 알아보자. 동유럽 여행준비는 절대 어렵지 않다. 단지 귀찮아 하지만 않으면 된다. 평소에 원하는 동유럽 여행을 가기로 결정했다면, 준비를 꼼꼼하게 하는 것이 중요하다.

일단 관심이 있는 사항을 적고 일정을 짜야 한다. 처음 해외여행을 떠난다면 동유럽 여행도 어떻게 준비할지 몰라 당황하게 된다. 먼저 어떻게 여행을 할지부터 결정해야 한다. 아무것도 모르겠고 준비를 하기 싫다면 패키지여행으로 가는 것이 좋다. 동유럽 여행은 주말을 포함해 7박 9일, 9박 11일 여행이 가장 일반적이다. 해외여행이라고 이것저것 많은 것을 보려고 하는 데 힘만 들고 남는 게 없는 여행이 될 수도 있으니 욕심을 버리고 준비하는 게 좋다. 여행은 보는 것도 중요하지만 같이 가는 여행의 일원과 같이 잊지 못할 추억을 만드는 것이 더 중요하다.

다음을 보고 전체적인 여행의 밑그림을 그려보자.

1	패키지여행? 자유여행? (여행의 형태 결정)		7	얼마나 쓸까? 리스트 작성! (여행경비 산출하기)
2	나의 가능한 여행기간, 비용은? (여행 기간 & 예산 짜기)		8	영어를 알면 편리한데? (간단한 영어 익히기)
3	동유럽 여행? 항공권부터 알아보자. (항공권티켓 /성수기여행은 빨리 구입)		9	유로? 달러는 사용불가능? (환전하기)
4	성수기 숙소가 부족한 동유럽 숙박부터 알아보자. (숙소의 예약가능 확인)		10	왜 이리 필요한 게 많지? (여행가방싸기)
5	보고 싶고 먹고 싶은 게 많아요? (여행지 정보 수집)		11	11. 인천공항으로 이동
6	단기여행인 동유럽은 꼼꼼한 일정이 필수! (여행 일정 짜기)		12	12. 드디어 여행지로 출발!

결정을 했으면 일단 항공권을 구하는 것이 가장 중요하다. 전체 여행경비에서 항공료와 숙박이 차지하는 비중이 가장 크지만 너무 몰라서 낭패를 보는 경우가 많다. 평일이 저렴하고 주말은 비쌀 수밖에 없다. 항공료, 숙박, 현지경비 등 사전에 확인을 하고 출발하는 것이 문제를 발생시키지 않는 방법이다.

패키지여행 VS 자유여행

대한민국에서 유럽여행은 누구나 가고 싶은 여행지이다. 그 중에서 최근에 동유럽으로 여행을 가려는 여행자가 늘어나고 있다. 대한민국의 여행자는 런던, 파리, 프랑크푸르트에 집중되어 상대적으로 동유럽에는 한국인 관광객이 많지 않다. 그래서 더욱 누구나 고민하는 것은 여행정보는 어떻게 구하지? 라는 질문이다. 그만큼 동유럽의 프라하, 잘츠부르크를 제외한 작은 도시에 대한 정보가 매우 부족한 상황이다. 그래서 처음으로 동유럽을 여행하는 여행자들은 패키지여행을 선호하거나 여행을 포기하는 경우가 많았다. 20~30대 여행자들이 늘어남에 따라 패키지보다 자유여행을 선호하고 있다.

발트 3국이나 폴란드를 여행하고 이어서 오스트리아, 헝가리, 슬로베니아, 크로아티아로 여행을 다녀오는 경우도 상당히 많다. 발트3국부터 남유럽의 발칸반도의 슬로베니아, 크로아티아만의 3주 여행이나, 발칸반도의 슬로베니아, 크로아티아만의 1~2주일의 여행 등 새로운 형태의 여행이 늘어나고 있다. 20대의 젊은 여행자들은 호스텔을 이용하여 친구들과 여행을 즐기는 경우도 있다.

편안하게 다녀오고 싶다면 패키지여행

동유럽이 뜬다고 하니 여행을 가고 싶은데 정보가 없고 나이도 있어서 무작정 떠나는 것이 어려운 여행자들은 편안하게 다녀올 수 있는 패키지여행을 선호한다. 다만 아직까지 동유럽의 소도시까지는 많이 가는 여행지는 아니다 보니 패키지 상품의 가격이 저렴하지는 않다. 여행일정과 숙소까지 다 안내하니 몸만 떠나면 된다.

연인끼리, 친구끼리, 가족여행은 자유여행 선호

2주정도의 긴 여행이나 젊은 여행자들은 패키지여행을 선호하지 않는다. 특히 여행을 몇 번 다녀온 여행자는 동유럽에서 자신이 원하는 관광지와 맛집을 찾아서 다녀오고 싶어 한다.
여행지에서 원하는 것이 바뀌고 여유롭게 이동하며 보고 싶고 먹고 싶은 것을 마음대로 찾아가는 연인, 친구, 가족의 여행은 단연 자유여행이 제격이다.

동유럽 여행 물가

동유럽 여행의 가장 큰 장점은 저렴한 물가이다. 동유럽 여행에서 큰 비중을 차지하는 것은 항공권과 숙박비이다. 항공권은 대한항공, 아시아나 항공 같은 국적기나 폴란드, 체코 항공이 직항으로 동유럽의 바르샤바, 프라하, 자그레브 등까지 가는 항공을 저렴하게 구할 수 있다면 버스나 기차를 타면서 동유럽 여행을 할 수 있다. 숙박은 저렴한 호스텔이 원화로 10,000원대부터 있어서 항공권만 빨리 구입해 저렴하다면 숙박비는 큰 비용이 들지는 않는다. 하지만 좋은 호텔에서 머물고 싶다면 더 비싼 비용이 들겠지만 호텔의 비용은 저렴한 편이다.

▶ **왕복 항공료**_ 68~168만원
▶ **버스, 기차**_ 3~10만원
▶ **숙박비(1박)**_ 1~10만 원
▶ **한 끼 식사**_ 2천~4만 원
▶ **입장료**_ 2천 7백 원~3만 원

구분	세부 품목	7박9일	9박11일
항공권	루프트한자, 대한항공	680,000~1,680,000	
택시, 버스, 기차	택시, 버스, 기차	약 4,000~30,000원	
숙박비	호스텔, 호텔, 아파트	300,000~1,200,000원	500,000~1,600,000원
식사비	한 끼	5,000~30,000원	
시내교통	택시, 우버	2,000~30,000원	
입장료	박물관 등 각종 입장료	2,000~8,000원	
		약 1,270,000원~	약 1,790,000원~

동유럽 여행 계획 짜기

1. 주중 or 주말
동유럽 여행도 일반적인 여행처럼 비수기와 성수기가 있고 요금도 차이가 난다. 7~8월의 성수기를 제외하면 항공과 숙박요금도 차이가 있다. 비수기나 주중에는 할인 혜택이 있어 저렴한 비용으로 조용하고 쾌적한 여행을 할 수 있다. 주말과 국경일을 비롯해 여름 성수기에는 항상 관광객으로 붐빈다. 황금연휴나 여름 휴가철 성수기에는 항공권이 매진되는 경우가 허다하다.

2. 여행기간
동유럽 여행을 안 했다면 "폴란드, 발트3국, 몬테네그로가 어디야?"라는 말을 할 수 있다. 하지만 일반적인 여행기간인 7박9일의 여행일정으로는 다 못 보는 지역이 동유럽이다. 동유럽 여행은 대부분 7박 9일~9박 11일이 많지만 동유럽의 깊숙한 면까지 보고 싶다면 2주일 여행은 가야 한다.

3. 숙박
성수기가 아니라면 동유럽 여행의 숙박은 저렴하다는 점이다. 숙박비는 저렴하고 가격에 비해 시설은 좋다. 주말이나 숙소는 예약이 완료된다. 특히 여름 성수기에는 숙박은 미리 예약을 해야 문제가 발생하지 않는다. 소도시로 가면 당일에도 숙소가 있지만 만일을 대비하는 것이 필요하다.

4. 어떻게 여행 계획을 짤까?
먼저 여행일정을 정하고 항공권과 숙박을 예약해야 한다. 여행기간을 정할 때 얼마 남지 않은 일정으로 계획하면 항공권과 숙박비는 비쌀 수밖에 없다. 특히 동유럽처럼 뜨는 여행지역은 항공료가 상승한다. 최대한 저렴하게 구입하는 방법을 찾아야 한다. 숙박시설도 호스텔로 정하면 비용이 저렴하게 지낼 수 있다. 유심을 구입해 관광지를 모를 때 구글맵을 사용하면 쉽게 찾을 수 있다.

5. 식사
동유럽 여행의 가장 큰 장점은 물가가 저렴하다는 점이다. 그렇지만 고급 레스토랑은 동유럽도 비싼 편이다. 한 끼 식사는 하루에 한번은 비싸더라도 제대로 식사를 하고 한번은 동유럽 사람들처럼 저렴하게 한 끼 식사를 하면 적당하다. 시내의 관광지는 거의 걸어서 다닐 수 있기 때문에 투어비용은 도시를 벗어난 투어를 갈 때만 교통비가 추가된다.

동유럽 추천 여행 코스

■ 오스트리아 - 슬로베니아

동유럽 여행을 하기 위해서 폴란드나 체코로 입국하지 않고 프랑크푸르트로 IN하는 경우가 많다. 프랑크푸르트 항공노선은 다양하여 저렴한 항공권이 나올 가능성이 높기 때문이다. 프랑스푸르트에서 오스트리아의 잘츠부르크로 이동하여 할슈타트와 소도시를 여행하고 슬로베니아로 이동하는 여행코스도 이동시간을 줄이면서 여행하는 좋은 방법이다.

■ 체코 - 오스트리아

체코의 프라하로 입국하여 남부의 체스키크룸로프를 여행하고 오스트리아의 잘츠부르크,

할슈타트, 빈을 여행하고 다시 체코로 돌아가는 여행코스로 자신의 일정에 맞추어 프라하에서 카를로비 바리, 플젠 등의 도시를 더 여행하면 체코와 오스트리아를 여행하는 코스를 쉽게 계획할 수 있다.

크로아티아 - 슬로베니아

대한항공 직항을 타고 크로아티아의 자그레브로 입국한다면 남쪽의 크로아티아 도시를 향해 이동하지 않고 슬로베니아의 류블랴나, 포스토이나 동굴, 피란 등을 먼저 여행한다. 크로이타아의 이스트라 반도에 있는 풀라 같은 도시를 여행하는 것도 좋은 방법이다.
플리트비체 국립공원, 라스토케, 자다르, 스플리트, 두브로브니크를 이어서 여행하는 여행코스가 가장 여행자들이 많이 여행하는 코스이다. 아드리아 해를 더 여행하고 싶다면 크로아티아 남쪽의 몬테네그로와 알바니아까지 여행하기도 한다.

동유럽 여행 일정

10일

■ 독일, 오스트리아, 체코

프랑크푸르트(2) → 하이델베르크 → 뮌헨 → 퓌센 → 잘츠부르크 → 빈 → 프라하 → 체스키크롬로프 → 프라하

■ 독일, 체코, 오스트리아, 슬로바키아, 헝가리

프랑크푸르트(2) → 하이델베르크 → 프라하(2) → 체스키크롬로프 → 카를로비 바리 → 잘츠부르크 → 빈 → 브라티슬라바 → 부다페스트

■ 독일, 체코, 오스트리아
뮌헨(2) → 퓌센 → 할슈타트 → 잘츠부르크 → 빈 → 프라하(2) → 체스키크롬로프 → 프라하

2주

■ 독일, 오스트리아, 체코
프랑크푸르트(2) → 하이델베르크 → 로텐부르크 → 뮌헨(2) → 퓌센 → 잘츠부르크 → 빈 → 프라하(2) → 체스키크롬로프 → 프라하

- **독일, 체코, 오스트리아, 슬로바이캉, 헝가리**

프랑크푸르트(2) → 하이델베르크 → 로텐부르크 → 프라하(3) → 체스키크롬로프 → 카를로비 바리 → 잘츠부르크 → 빈(2) → 브라티슬라바

3주

- **독일, 체코, 오스트리아, 헝가리**

프랑크푸르트(2) → 하이델베르크 → 뤼데스하임 → 로텐부르크 → 뮌헨(2) → 퓌센 → 인스부르크 → 할슈타트 → 잘츠부르크 → 빈(2) → 프라하(2) → 체스키크롬로프 → 프라하

■ 독일, 체코, 오스트리아, 슬로바키아, 헝가리
프랑크푸르트(2) → 뉘른베르크 → 카를로비바리 → 프라하(2) → 체스키크룸로프 → 브라티슬라바 → 부다페스트 → 빈(2) → 잘츠부르크 → 할슈타트 → 베르히데스가덴 → 뮌헨(2) → 로텐부르크 → 하이델부르크 → 프랑크푸르트

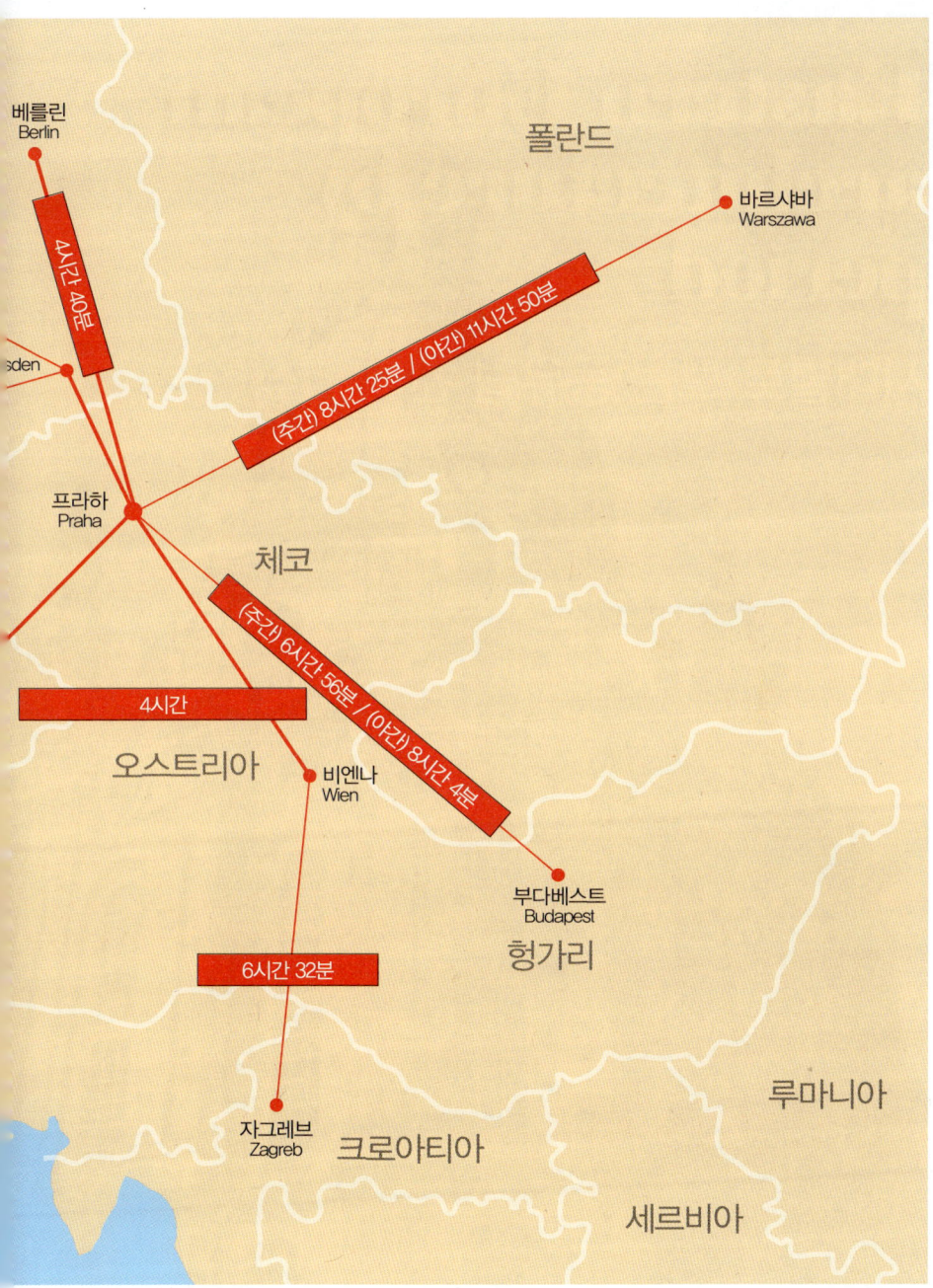

Eastern European architecture by period

시대별로 보는 동유럽 건축 양식

동유럽에는 의외로 화려한 건축물이 많다. 그런데 그 건축물의 대부분은 역사와 연관되어 있는 경우가 많다.
동유럽은 중세부터 지금까지도 다양한 시대와 양식의 건축물이 남아 있는 지역이다. 각 나라의 역사적인 배경과 밀접한 관련이 있다.

동유럽 건축 양식의 특징

동유럽의 건축은 다양한 시대와 양식의 혼합을 특징으로 한다. 각 나라의 역사적인 배경과 지리적인 위치에 따라 영향을 받았기 때문이다. 그것은 유럽의 변방으로 지내면서 이탈리아나 프랑스에서 건너온 건축 양식들이 기존의 고딕양식과 혼합되어 건축물에 투영되었기 때문이다.

화려한 장식 & 조각

화려한 장식과 조각은 동유럽 건축물의 대부분에 투영되어 있다. 궁전과 교회의 외관과 내부는 다양한 조각에 건축물의 외관은 장식들이 많다. 왕과 귀족들의 권력과 부를 상징적으로 보여주고 싶었던 이들의 마음이 건축물에 표현되어 있다.

웅장한 규모

동유럽의 건축은 웅장한 규모로 압도적인 느낌을 받는 것이 특징이다. 궁전과 성은 왕과 귀족들의 거주지이자 통치의 중심지로 입구의 문을 지나면서부터 위축되어 왕과 귀족을 대하는 심정을 주고 싶었기 때문이다. 규모와 화려함은 왕과 귀족들의 권력과 부를 보여주는 상징으로 자리를 잡았다.

자연의 결합

왕들과 다르게 귀족들은 자연과 조화롭게 배치된 건축물을 짓기 시작했다. 궁전에는 베르사유 궁전처럼 대규모 정원과 공원이 함께 조성되었지만 귀족들은 대규모로 조성하기 힘들었던 부와 권력으로 여유롭게 살아가는 생활을 보여주는 의미로 받아들여졌다.

시대별 동유럽 건축 양식

로마 시대

로마제국과 비잔틴 제국의 지배를 받으며 건축 양식도 영향을 많이 받았다. 로마 제국의 건축물은 거대한 규모와 화려한 장식이 가미되었고, 비잔틴 제국의 건축물은 모자이크와 프레스코로 장식되었다.

중세 시대(5~14세기)

중세 시대에는 봉건 제도가 확립되면서 각 영주들이 성채를 지어 자신을 보호했다. 성채는 군사적 방어와 거주를 위한 목적이었고 점차 성채를 궁전으로 화려하게 장식하기 시작했다.

체코 프라하 성
체코의 프라하 성은 유럽에서 가장 큰 성곽으로 알려져 있다. 9세기, 신성로마제국부터 사용한 왕궁과 교회, 성당, 박물관으로 사용되면서 프라하 성은 다양한 양식이 결합한 건축물로 남아 있다.

르네상스 시대(15~16세기)

이탈리아를 중심으로 고대 그리스와 로마의 건축 양식이 부활했다. 화려하고 우아한 양식으로 건축물이 채워지는 방식으로 변형되었다.

바로크 시대(17세기)

바로크 시대는 궁전의 건축이 본격적으로 이루어진 시기이다. 프랑스 베르사유 궁전의 화려한 장식과 기하학적인 모양이 동유럽까지 영향을 미치면서 프랑스를 모방한 건축물이 동유럽에 퍼지기 시작했다.

| 폴란드 바르샤바 궁전

16세기부터 폴란드 왕국은 18세기까지 동유럽에서 강자로서 왕국이 이어졌지만 러시아와 스웨덴이 강대국으로 변화하면서 점차 힘이 약화되었다. 폴란드의 수도 바르샤바의 왕궁은 옛 영화를 간직한 모습을 볼 수 있다.

왕궁 광장에 위치한 인상적인 붉은 건물로 16~18세기에 왕실 거주지였다. 2차 세계대전 때 폐허가 되었지만 이후 재건되었다. 태피스트리, 가구, 그림, 도자기 등의 장식을 전시한 역사적인 건축물이다. 16세기에 건설한 궁전은 1970년에 와서야 복원을 시작해서 1980년대 후반에 완성하였다. 왕궁 건너편에 바르샤바에서 가장 오래된 지그문트 3세 동상 Segismund's 기둥이 있다. 아름다운 왕궁 광장 Castle Square이 앞에 펼쳐지고 남쪽에는 성 안나 교회 St. Anne's church가 있다.

왕궁은 처음에는 왕의 거처였다가 국회나 대통령의 집무실로 사관학교나 국립극장으로 정치, 경제, 문화의 무대였다. 지그문트 3세의 거처였을 때는 '유럽에서 가장 아름다운 궁전 중 하나'라고 할 정도로 아름다웠다고 한다. 제2차 세계대전 때 파괴되었지만 왕의 응접실에 있던 가장 가치 있는 물품들을 국외로 반출하여 파괴를 피할 수 있었다.

1988년에 복원작업이 완성되어 지금은 바로크양식의 건물 내부는 지그문트 3세가 생활한 당시의 모습 그대로이다.

로코코 시대(18~19세기)

동유럽 지역은 18세기에 합스부르크 가문의 지배를 받았던 시기로 나폴레옹을 물리치고 구시대로 회귀하면서 유럽을 호령하는 건축물을 본격적으로 보여주고 싶었던 시기였다. 합스부르크 가문은 19세기에 헝가리까지 편입해 오스트리아-헝가리 제국을 이루면서 최고의 전성기를 이루었지만 전성기는 오래가지 못했다.

| 오스트리아 쉔브룬 궁전

오스트리아 합스부르크 왕가의 상징인 여름 별궁을 둘러보면 쉔부른 궁전은 오스트리아에서 가장 큰 로코코식 건축물이다. 음악의 도시라는 오스트리아의 빈은 쉔부른 궁전으로 완성되었다고 한다.

빈에서 가장 인기 있는 관광지로 쉔브룬이라는 이름은 1619년 마티아스 황제가 사냥 도중 아름다운 샘Schonner Brunnen을 발견한 데서 유래한다. 1713년 레오폴트 1세에 의해 건립되었고, 마리아 테레지아 시대에 현재와 같은 화려한 모습을 갖추게 되었다.

총 1,441실중에서 45실만 공개하고 있는데, 특히 6살의 모차르트가 마리 앙투아네트에게 구혼했던 거울의 방 Spiegelsaal과 마리아 테레지아의 비밀 만찬실인 중국식 작은 방 Chinerisches Rundkabinett이 볼 만하다.

전 세계적으로 잘 알려진 세계유산에는 해마다 수백 만 명이 찾아온다. 프란츠 요제프, 마리아 테레지아 등 오스트리아 귀족들이 살았던 호화로운 저택을 보고 궁전 뒤에 있는 바로크 양식의 드넓은 공원을 거닐어 보자. 아이들도 18세기 미로와 동물원을 좋아할 것이다.

| 헝가리 부다 왕궁

방어에 유리한 가파른 절벽에 서 있는 부다 왕궁은 13세기 몽고 제국의 침입이후에 건설하였다. 벨러 4세가 건설한 성채를 왕국으로 개조하였고, 마차시 1세가 르네상스 양식으로 궁전을 장식하였다.

부다페스트 풍경에서 눈에 띄는 웅장한 부다 왕궁Budavári palota에는 흥미로운 여러 갤러리와 박물관이 있다. 부다 왕궁은 부다페스트의 세계문화유산으로서 문화와 역사적으로 중요한 장소이다. 최초의 성은 몽고족의 침입으로부터 방어하기 위해 1,200년대에 언덕에 세워졌다.

이후 수백 년에 걸쳐 요새 내에 거주용으로 여러 개의 성이 추가로 지어졌다. 이후 제2차 세계대전과 헝가리 반란 사건으로 파괴되었다. 20세기 후반에 재건 작업이 이루어져 지금의 300m 높이 성이 생겨났다. 왕궁의 부속 건물에는 헝가리 국립 미술관과 부다페스트 역사박물관이 있다.
페스트에서 강을 건너 부다 쪽의 클라크 아담 스퀘어로 넘어가 왕궁에 직접 올라가 보는 것도 좋다. 세체니 다리Szechenyi Lanchid를 걸어서 건넌 다음 성 언덕 시작점에서 케이블카를 타고 세인트 조지 광장으로 올라가면 왕궁으로 들어갈 수 있다. 운동 삼아 처음부터 걸어서 올라가는 관광객도 있다.

Germany

독일

Frankfurt | 프랑크푸르트
Munich | 뮌헨
Fussen | 퓌센
Heidelberg | 하이델베르그
Rothenburg | 로덴부르크

한눈에 보는 독일

- ▶**국명** | 독일 연방 공화국(Republic of Germany)
- ▶**수도** | 베를린
- ▶**언어** | 독일어
- ▶**면적** | 3,575만㎢
- ▶**인구** | 약 8,378만 명
- ▶**GDP** | 46,259달러
- ▶**종교** | 개신교 30.8%, 구교 31.5%, 이슬람교 4%
- ▶**시차** | 8시간이 늦다.
  (서머타임 기간인 3월 말~10월말까지는 7시간 늦다.)

국기
위에서부터 검정·빨강·노랑(금색)인 3색기이다. 공식명칭은 '연방기'라는 뜻의 'Bundesflagge'이며, 독일인들은 일반적으로 간단히 독일 국기라는 뜻으로 'Deutschlandfahne'라고 부른다. 검정은 인권 억압에 대한 비참과 분노를, 빨강은 자유를 동경하는 정신을, 노랑은 진리를 상징한다. 3색의 유래에 대해서는 1813~1815년에 걸친 나폴레옹 전쟁시 옛 프러시아군 의용병의 복장색이라는 설과 다른 여러 설이 있다.

지형
독일의 중부 고원지역은 북부와 남부 독일을 가르며 독일의 주임지역은 라인란트 산악지역, 블랙포레스트, 바바리아 포레스트, 오레 산맥, 하르츠 산맥으로 분리되면서 뻗어나온 낮은 구릉지역이다. 라인강과 마인 강이 이 중심지역을 남서로 가르고 있다. 독일 알프스인 바바리아는 서부 콘스탄체 호수에서 독일 남동부 베르흐테스가덴까지 뻗어 있다. 대부분 산봉우리가 2,000m이상이며 가장 높은 곳이 축슈피체(2,966m)이다.

예의
큰소리를 내며 맥주를 마시는 독일인의 이미지는 찾아보기 힘들다. 시간과 규율에 철저한 독일인의 인상도 많이 희석되고 있다. 상식적인 예의를 중요하게 생각한다.

독일 역사

프랑크 왕국

라인 강 서쪽과 마인 강 남쪽에 위치한 독일은 원래 로마제국의 일부였다. 그러나 로마제국이 붕괴되면서 이 지역 여러 종족들이 유럽전역에 퍼져나가 작은 왕국을 세우게 되는데, 이 중 아헨지방에 근거한 샤를마뉴 대제가 대부분의 서유럽 지역을 정복하면서 거대한 프랑크 왕국을 세우게 된다. 그 후 962년에 프랑크제국 동부지역은 오토 1세가 세운 신성로마제국이 된다.

13세기

빈을 통치하던 합스부르크 왕가가 제국을 통치하게 된다. 그리고 뤼벡을 중심으로 한 발티 해 국가들과 독일 연합인 한자동맹으로 북부 독일의 외형적인 통합은 유지해 나갔다.

16세기

1517년 에어푸르트 수도원 출신 학자인 마틴 루터가 비텐베르그 교회 문에 '95조 조항'을 내건 이후로 유럽은 더 이상 예전과 같은 유럽이 아니었다. 루터는 죄인들의 벌을 사해준다는 면죄부를 판매하는 등 가톨릭교회의 사기행위에 대해 반박하게 된다. 교회를 개혁하려는 루터의 노력은 막대한 지지를 얻게 되며 신교운동과 종교개혁으로 절정에 이르게 된다. 유럽 전역에 퍼진 신, 구교 국가 간의 긴장으로 비극적인 30년 전쟁이 일어나게 된다. 독일은 유럽 거대세력간의 전쟁터가 되어 인구의 1/3을 잃게 되며 수많은 도시와 마을은 폐허가 된다. 베를린에 수도를 둔 프로이센 제국이 유럽에서 가장 강력한 세력으로

| 18세기 | 성장한다. 프리드리히 빌헬름 1세와 그의 아들 프리드리히 2세의 조직력으로 프로이센은 폴란드, 리투아니아, 러시아를 침략하여 점차 동쪽으로 확장해 나갔다. |

| 19세기 | 19세기 초에 분열되었던 독일은 나폴레옹의 쉬운 정복대상이 된다. 그러나 프랑스는 강인한 도일의 주요 저항무대인 프러시아까지는 결코 정복할 수 없었다. 나폴레옹이 러시아에서 무참히 패배한 후 독일은 1813년 라이프치히 전투에서 그의 독일에 대한 야망을 산산이 부셔버렸다.
1815년 빈 의회는 35개국의 독일 연방으로 된 신성로마제국으로 바뀌게 되었다. 그리고 신성로마제국 의회가 프랑크푸르트에 형성되어 오스트리아 재상인 클레멘스 폰 메테르니히가 이끌게 된다. |

| 1866년 | 프로이센의 오토 폰 비스마르크가 오스트리아를 침략하면서 깨지게 되고 그는 재빨리 독일 북부를 통합해 나가게 된다. 1870~1871년 프로이센은 프랑스를 패배시키고 전투에서 승리하여 알사스, 로렌지방을 차지하게 된다. 그래서 프로이센 왕인 빌헬름 1세는 독일황제인 카이저가 되기에 이른다. |

| 1914년
1차
세계대전 | 독일의 동맹국은 약소국인 오스트리아-헝가리 뿐이었다. 양쪽 전선에서의 힘겨운 전투로 국가자원은 약화되고 1918년 말까지 독일은 화해를 청하지 않을 수 없게 된다. 빌헬름 1세는 왕권을 버리고 네덜란드로 도망쳤으며, 바이마르 공화국이 들어서게 되었다. |

1919년 ~1932년

전쟁 후 독일은 1차 세계대전 당시의 적국에 막대한 배상금을 지불하지 않을 수 없게 된다. 그에 따라 발생한 엄청난 인플레이션과 비참한 경제 상황이 계속되면서 정치적인 극단주의자들이 생겨나게 되었다. 그 중 한 명이 바로 오스트리아의 유랑노동자이자 독일의 퇴역군인인 '아돌프 히틀러'였다. 히틀러의 국가 사외주의 독일 노동당(나치)은 1923년 뮌헨에서 쿠데타를 일으키지만 실패하고 만다. 이로 인해 히틀러는 9개월 동안 감옥에 투옥되며 이때 그는 자신의 과대망상적인 이야기, 나의 투쟁을 쓰게 된다.

1933 ~1945년

2차 세계대전

나치는 총선에서 세력을 늘리게 되고 사회민주당을 대신하여 1933년 라이히스타에서 가장 큰 정당이 된다. 이에 따라 히틀러가 수상으로 임명되고 1년 후 지도자로 자리를 굳히게 된다. 히틀러는 1936년 라인란트를 다시 점령하고 1938년 오스트리아와 체코의 일부 지방을 합병하게 된다. 스탈린과 히틀러가 동유럽에 대한 자유 재량권을 허용하는 조약에 서명한 후 1939년 9월 히틀러는 마침내 폴란드를 침략하게 되고 영국, 프랑스와의 전쟁을 일으키게 된다. 독일은 재빨리 유럽 대부분 지역을 침략하였지만 1942년 이후로 점점 엄청난 손실을 입게 된다. 1945년 5월 독일은 무조건적인 항복을 하게 되고 히틀러는 자살을 하게 된다.

2차 세계대전의 참상에서 가장 끔찍한 것은 나치가 운영하는 포로수용소에서 6백만 이상의 유대인, 집시, 공산주의자, 기타 나치에게 대항하는 사람들을 죽였다는 것이다. 이 대학살은 국가적인 수치였으며 지금도 그 약명은 깨끗이 떨쳐지지 않게 되었다.

1946 ~1984년

얄타회담과 포츠담 회담에서 승리한 연합국은 독일 국경을 다시 그리게 된다. 소련 점령지역에서는 공산주의 통일당이 1946년 선거에서 승리하게 되고 습진적으로 산업을 국영화하기 시작한다. 1948년 6월 소련은 독일의 서방국 점령지역 및 베를린 간의 모든 육상 교통을 차단하게 된다. 이로 인해 서방 연합국은 베를린 공수작전이라고 알려진 군사작전을 시작하여 비행기로 서베를린에 식량과 기타 물자를 공급하게 된다.

1949년 9월 독일 연방공화국은 3곳의 서방구역을 만들게 되고 그 다음 달 이에 대응하여 독일 민주공화국은 베를린을 수도로 한 소비에트 구역을 만들게 된다. 공산주의에 반대하는 서방의 보호에 따라 서독에는 전후 수년동안 미국 자본이 엄청나게 유입된다. 서독지역에서의 좀 더 낳은 생활은 숙련된 노동자들을 점차 끌어들이게 되고, 동독은 손실을 받지 않을 수 없게 된다. 그리하여 1961년 서베를린 주변에 장벽이 세워지고 서독과의 국경이 봉쇄된다.

1985 ~1999년

미하일 고르바초프가 1985년 소련에서 권력을 장악한 후 동독의 공산정권은 점차 소련의 지원을 받지 못하게 된다. 헝가리는 1989년 5월 국경 통제를 완화하게 되고 동독인들은 서쪽으로 몰려들기 시작한다. 1989년 11월 9일 서쪽으로의 직접 허용한다는 공산당국의 갑작스런 결정은 동, 서독의 모든 국경이 즉각적으로 개방된다는 것으로 오인되기에 이르며, 그날 밤 수천 명의 사람들이 아연실색한 국경경비대를 지나 서쪽으로 몰려든다. 그 후 며칠간 수 백 만 명이 몰려들게 된 베를린 장벽은 해체되기에 이른다.

몇 달 후 동, 서독과 2차 세계대전 당시의 연합군은 2+4 조약에 서명하게 되고 전후 점령지 체제를 종결짓게 된다. 독일은 동쪽 국경을 인정하여 1945년 이후로 폴란드와 소련이 합병한 영토를 공식 인정한다. 그리고 1990년 10월 3일 통일조약에 기초하여 독일 민주 공화국은 독일 연방공화국으로 통합된다.

통일 독일의 경제 사회적 비용은 엄청난 것으로 입증되었다. 정부는 서독지역과 같은 수준으로 만들기 위해 막대한 금액의 자금을 동독 지역의 사회기반사업, 주택건설, 환경보호시설에 쏟아 부었다. 1991년 독일 의회인 분데스탁은 독일 수도를 본에서 베를린으로 이전할 것을 결정하였으며 의회와 각국 대사관은 현재 베를린에 소재하고 있다.

독일 여행 전 알고 떠나자!

■ 대표적인 유럽 맥주 여행의 양대 산맥

와인이 역사적으로 가장 오래된 술이라면 전 세계의 서민들이 가장 많이 먹는 술은 맥주일 것이다. 마실 때에도 와인은 혀를 굴려 향을 음미하며 먹지만 맥주는 단숨에 들이키면서 목구멍에서 느끼는 상쾌한 맛으로 시원한 맛을 즐기는 술이다.

맥주는 보리와 기타 녹말 성분을 갖고 있는 곡류에 물을 넣어 발효시켜 만들기 때문에 곡류, 물, 제법 등 여러 가지 요인으로 품질이 좌우된다. 맥주는 포도의 재배가 안 되었던 독일, 덴마크 등에서 발달되어 전 세계로 퍼져 나갔다.

13세기 후반 호프를 이용하면서 질이 올라가면서 인기를 끌게 되었다. 쓴맛과 특유의 향을 내는 호프는 맥주를 맑게 하고 살균 작용하기 때문에 호프의 사용은 맥주의 질을 한 단계 더 높이는 획기적인 사건이었다. 맥주의 거품은 탄산가스의 방출을 방지해주어 신선한 맛을 유지시켜 준다. 맥주는 각 나라마다 특색 있게 발전해 왔으며 종류 또한 수도 없이 많아 새로운 경험을 할 수 있다.

독일

맥주 양조장만 1,800여개가 되는 맥주의 본고장이라고 할 수 있다. 2,000년이 넘는 역사와 전통을 자랑하는 독일은 전통에 걸맞는 호프를 처음 만들고 완성되었다. 역사적으로 독일의 맥주 명성을 가장 중요한 역할은 1516년의 맥주 순수령이었다. 바바리아의 맥주는 첨가물을 일제 사용하지 않으며 하젤 타우산 호프와 알프스의 맑은 물, 맥아와 효모만 사용한다는 것을 규정한 것이다.

매년 10월에 열리는 옥토버페스트 맥주 축제 때는 맥주를 마시면서 어울려 높고 노래 부르고 건배를 외치면 즐기는 모습은 뮌헨 여행의 백미이다. 뮌헨의 맥주는 강한 뒨켈, 부드러운 크리스탈 맥주이다. 뒤셀도르프에는 알트비어, 쾰른에는 쾰슈비어, 베를린에는 베를리너바이세가 있다.

체코

황금색의 옅은 맥주 빛깔과 맥아향이 약하고 맛이 담백한 필젠 타입 맥주의 본고장으로 맥주의 맛과 소비량이 독일과 비슷할 정도로 유명하다. 맥주로 유명한 체코의 지명을 따 온 맥주로 세계 맥주시장을 장악해 버린 버드와이저도 체코의 지명을 따온 것이다. 맥주를 좋아하는 체코인들과 관광객까지 가세해 국민 1인당 맥주 소비량은 독일과 항상 1등을 달린다. 체코의 대표적인 맥주인 필스^{Pils}는 체코 여행에서 반드시 마셔야 하는 맥주이다.

덴마크

독일의 위에 있는 북유럽의 덴마크에는 유명한 칼스버그(Carlsberg)가 있다. 덴마크의 수도 코펜하겐은 칼스버그와 동화작가 안드르센과 함께 코펜하겐의 대표적인 자랑거리이다. 설립자 야콥슨이 덴마크 교외의 물 좋은 산기슭에 맥주 공장을 세우고 자신의 아들 칼Carl의 산Berg이라는 뜻으로 칼스버그(Carlsberg)라는 이름을 붙였다.

■ 활판 인쇄술 & 종교개혁

중국에서 2세기경 한나라에서 종이가 발명되고 7세기 당나라 대부터 목판 인쇄로 책을 대량으로 찍을 수 있었지만 유럽에서는 값비싼 양피지나 파피루스를 종이로 사용하고 있었다. 이슬람 세계를 거쳐 유럽에 종이가 전해진 뒤에서야 활판 인쇄가 시작되었다.

1454년 독일의 구텐베르크가 자신이 발명한 활판 인쇄기로 첫 번째 책인 라틴어 성서를 인쇄하였다. 이전에는 모든 글을 손으로 써서 책으로 만들 수 있었기에 하루 종일 쓰고 써도 많이 쓰지를 못했다. 하지만 활판 인쇄기 덕분에 똑같은 글씨체로 하루에 300장 정도를 깨끗하게 찍어낼 수 있었다. 그것은 대단한 발명품이었다. 활판 인쇄술 덕분에 책값이 저렴해져서 많은 사람들이 쉽게 책을 접할 수 있었기 때문이다. 루터에 의해 시작된 종교 개혁이 유럽 전체로 퍼지게 된 데에는 새로운 인쇄술의 보급이 큰 역할을 하였다.

16세기에 독일에서는 7명의 제후들이 선거를 통해 황제를 뽑아서 그 중 3명은 로마 교황으로 임명하였다. 그러므로 독일에서는 교황의 영향력이 매우 강력했다. 하지만 독일인들은 교황의 간섭을 싫어했고 교회에 바치는 세금이 로마 교황에게 들어가는 것에 불만이 많았다. 레오 10세 교황은 성 베드로 성당을 다시 증축하려는 비용을 마련하기 위해 돈을 주고 죄를 면해준다는 증서인 면죄부를 판매하였다. 유럽의 다른 나라에서도 팔렸지만 독일에서 특히 심하게 판매를 강행하였다. 이에 비텐베르크 대학의 신학 교수였던 마르틴 루터는 1517년, 카톨릭 교회가 면죄부를 판매하면 안 되는 이유 95가지를 들어 반박문을 비텐베르크 성당에 내걸었다.

교황의 권위를 완전히 부정하는 루터를 지지하는 반박문은 당시에 발명된 활판 인쇄술 덕분에 독일 전역으로 빠르게 퍼져 나갔고 루터는 대단한 지지를 받게 되었다. 교황은 루터의 주장이 이단이라고 선언하고 그를 교회에서 쫓아냈지만 루터는 자신의 주장을 따르는 무리들 중심으로 루터파를 조직하고 새로운 교회를 세웠다.

점차 제후들에게까지 큰 지지를 받으면서 독일 전역으로 루터파는 퍼졌고 덴마크와 스웨덴 등의 북유럽까지 루터파 신교가 전파되어 지금까지 신교를 믿고 있다. 종교개혁도 활판인쇄술이 아니었다면 성공하지 못했을 것이다. 활판인쇄술은 지금의 인터넷시대에 SNS같은 역할을 하며 새로운 시대를 이끌어 낼 수 있었다.

노이슈반슈타인 성 & 디즈니랜드 성

20세기 중엽, 미국의 만화영화 제작자인 월트 디즈니는 대규모 오락 시설인 '디즈니랜드'를 짓기로 결심하고 고민에 빠졌다. 어른과 아이 모두에게 환상과 낭만적 느낌을 줄 수 있는 상징적 건물을 결정하는 것에 난감했다. 그러던 어느 날, 디즈니는 유럽의 여러 성들을 사진으로 살펴보다가 한 성을 발견하였다.

1955년 완성된 신데렐라 성은 디즈니랜드의 상징이 되면서 월트 디즈니 만화영화사의 로고로도 쓰였다. 월트 디즈니의 고민을 해결해 준 성은 무엇일까? 독일의 퓌센지역에 있는 노이슈반슈타인 성이다. '새로운 돌 위에 앉은 백조'라는 뜻의 노이슈반슈타인 성은 19세기 바이에른의 국왕인 루트비히 2세가 권력과 재력을 이용해 만든 아름다운 성이다. 루트비히 2세는 직접 성을 설계하고 1869년부터 공사를 시작했지만, 1886년 온공된 성에 들어간 지 불과 102일 만에 세상을 떠났다.

독일 바이에른에 위치한 이 성은 세 방향으로 호수를 낀 채, 성 뒤쪽으로는 다리를 놓아 뒷산 계곡까지 이어져 있으며, 산 위에 세워져 기품 있는 모습을 보이고 있다. 성이 세워지기 이전인 어린 시절의 루트비히 2세는 환상의 세계를 꿈꾸곤 했다고 한다. 루트비히 2세는 왕이 된 후 정치보다는 음악을 좋아했고, 세상을 다스리기보다는 산과 호수가 있는 곳에서 지내길 좋아했다. 그리하여 그는 나라 일을 뒤로 하고 노이슈반슈타인 성을 짓는 데 몰두했다. 루트비히는 1867년에 방문한 발트부르크 성채와 베르사유 궁전 등을 참고하여 독특하고도 낭만적인 느낌을 주는 성을 생각했다.

루트비히 2세는 평소 독일 음악가 바그너의 오페라를 사랑했는데 그 중에서도 특히 "로엔그린"을 좋아했기에 그런 마음을 적극적으로 성에 담았다. 노이슈반슈타인 성 자체를 로엔그린에 등장하는 중세 기사 성보다 훨씬 멋지게 표현한 것이나, 성 안을 온통 바그너 오페라의 등장인물로 장식한 이유가 있다. 주변의 반대에도 불구하고 엄청난 돈을 투자하고 많은 사람들이 매달린 끝에 노이슈반슈타인 성은 1886년 마침내 완공되었다.

■ '부르크'라는 이름의 도시들

독일의 도시들 중에서 아우크스부르크, 룩셈부르크, 함부르크 등 유서 깊은 도시에는 부르크라는 단어가 나오는데 이것은 '성곽'이라는 뜻이다. 중세의 유럽도시들은 성곽으로 둘러싸여 있는 경우가 많았다. 외부로부터 적들이 많이 침입하기 때문에 방어를 위해 성벽을 높이 쌓았다.

중세 도시에 사는 시민들은 국왕, 영주의 권력으로부터 자유로울 수 있었다. 누구든지 도시에서 1년 이상만 거주하면 이전의 신분에 상관없이 자유를 얻게 되었다. 그래서 도시는 곧 자유를 의미하게 되었고 12세기 무렵에는 인구가 1,000~5,000명 정도의 자치 도시가 많이 만들어졌고 자치도시들은 황제의 군대나 교황의 외교사절이라 해도 시장의 허락 없이는 함부로 들어올 수도 없었다.

성곽으로 만들어진 '부르크' 이름의 도시들은 지금도 그 형태를 그대로 가지고 있어서 유럽의 도시들은 작은 아름다운 도시들이 많이 있다. 특히 중세의 분위기를 그대로 간직한 독일 남부의 도시들은 "로맨틱 가도"라는 이름으로 새롭게 이어져 독일로 관광객들이 여름에 모이고 있다.

Frankfurt
프랑크푸르트

프랑크푸르트
FRANKFURT AM MAIN

마인 강 유역에 위치한 프랑크푸르트는 유럽의 경제 수도로 유럽 중앙은행이 위치해 있다. 유럽의 경제 중심지인 프랑크푸르트는 독일에서 가장 부유한 도시 중 하나로서, 세계적인 박물관과 독일 유일의 마천루로 유명하다. 이곳에는 독일에서 유일하게 초고층 건물들이 있는 프랑크푸르트의 스카이라인은 무척 유명하지만 세계적인 박물관과 애플 와인으로도 명성이 높다.

프랑크푸르트의
매력

구시가지Altstadt를 방문하여 프랑크푸르트가 유럽연합의 경제 수도가 되기 전에는 어떤 모습이었는지 살펴볼 수 있다. 제2차 세계대전 중 연합국의 폭격으로 도시의 대부분이 파괴되었지만 구시가지 건물은 폭격에서 남아있거나 복원되었다. 15세기부터 시청사로 사용된 뢰머는 게이블지붕으로 된 주택으로 이루어져 있고, 인근에는 프랑크푸르트 성당의 오래된 고딕 시계탑이 머리 위에 보인다.

프랑크푸르트에는 세계 최상급의 박물관이 많이 있다. 이중 10여 곳이 작센하우젠 지역의 마인 강 남쪽을 따라서 뮤제움 스우퍼에 몰려 있다. 독일 건축 박물관, 자연사 박물관인 셍켄베르크 박물관, 700년을 아우르는 예술품을 감상할 수 있는 스타에델 박물관이 특히 유명하다. 프랑크푸르트 현대미술관을 방문하여 2차 사계대전 이후의 현대 미술을 확인할 수 있다.

독일의 주요 맥주와 소시지 외에 프랑크푸르트만의 먹거리 또한 풍성하다. 음악을 들으며 양파를 곁들인 타르트 치즈, 한트캐제Handkäse, 계란과 감자 요리와 함께 나오는 톡 쏘는 그린소스Grüne Soße를 즐겨 보고, 애플 와인Ebbelwoi을 곁들여 마시면 좋다. 작센하우젠에도 프랑크푸르트 음식을 맛볼 수 있는 전통 바와 식당이 많다.

프랑크푸르트의
핵심 도보 여행

프랑크푸르트는 독일 최대의 상공업도시로서 독일내의 교통요충지라서 프랑크푸르트를 매우 큰 도시로 생각하는 분들이 많으신데 여행할 때는 작은 도시로 생각하면 된다. 그래서 프랑크푸르트는 역에서 가까운 호텔을 잡는 것이 중요하다.

간혹 여행사에서 호텔을 외곽의 시설이 좋은데로 정하면 쓸데없이 교통비만 나가게 된다. 프랑크푸르트역에서 1블럭을 지나면 근처에 호텔이 많아서 좋은 시설보다는 위치로 호텔을 정하시는 것이 여행경비도 아끼는 방법 중에 하나이다. 또한 프랑크푸르트공항을 가려고 해도 역을 이용해야 하기 때문에 반드시 숙소는 역에서 가까운 편이 좋다.

일정
괴테광장 → 괴테하우스 → 뢰머광장 → 파울교회 → 대성당 → 현대미술관 → 자일거리

역에서 나와 횡단보도를 건너, 직진을 해서 6블럭 정도를 가면 괴테광장이 나온다. 괴테하우스는 다른 곳이니 착각하지말자. 괴테광장에는 여름에 시장이 펼쳐진다. 독일의 소세지부터 프랑크푸르트의 유명한 사과와인 아페바인도 이 곳에서 마실 수 있다. 직접 사과를 갈아서 만드는 과정을 보면서 먹을 수 있어 더욱 신뢰가 간다.

괴테광장에서 오른쪽으로 돌아가면 괴테하우스가 나온다. 독일이 자랑하는 세계적인 문호 괴테가 젊은 시절까지 지냈던 집이 지금은 괴테박물관이 되었다. 젊은 베르테르의 슬픔과 파우스트를 여기에서 영감을 받아 썼다고 한다. 이 박물관은 당시 살던 모습 그대로 보존되어 있다.

괴테하우스에서 왼쪽으로 돌아 브라우바흐 Braubach street를 찾으면 이 거리를 따라 위로 쭉 올라가면 장크트파울교회가 나온다. 파울교회를 끼고 오른쪽으로 돌면 뢰머 광장이 나온다. 프랑크푸르트 도시를 나타내는 여행책자는 거의 다 뢰머광장의 사진이나와 있어서 광장에 가시면 쉽게 알 수 있다.

주말에는 결혼식도 많이 열리기 때문에 피로연같은 장면도 볼 수도 있으니 주말에 가 보면 색다른 경험을 하실 수 있다.

뢰머광장에는 기념품가게도 많아서 1시간 정도 소요된다. 점심도 근처에서 드시는 게 나중에 배고프지 않다. 프랑크푸르트의 기념품들은 광장근처의 기념품가게에서 사야 하기 때문에 넉넉히 시간을 두고 쇼핑을 하면 좋다.

뢰머광장 근처에는 모차르트 카페가 있는데 케이크가 맛있어 점심을 먹기에 좋고, 다른 세련된 음식점들이 많이 있으니 점심을 해결하고 이동하는 편이 좋다. 뢰머광장을 보고 대성당으로 이동하면 된다. 가끔 파울교회와 대성당을 착각하시는 경우가 있는데 파울교회는 주황색이고 대성당은 흙갈색이다.

대성당은 신성로마제국의 황제들이 대관식을 거행하던 곳으로 고딕식의 탑에 오르면 시내를 한눈에 볼 수 있다. 성당내부에는 십자가에 달린 예수와 목조성가대를 볼 수 있고 입장료는 없다. 대성당까지 보면 프랑크푸르트의 70%정도는 다 본거다. 대성당에서 현대미술관을 거쳐 클라인마르크트 홀을 찾아 그 거리로 들어가면 자일거리를 찾을 수 있다. 가다보면 배가 고프고 저녁먹을 시간이 될 것이다.

자일거리가는 중간에 'Heininger'라는 독일식 소세지와 음식을 파는 곳이 있는데 여기가 맛집이다. 맛좋은 음식들이 많이 있어서 물어보고 먹으면 아무거나 다 맛있을 것이다. 'Heininger' 왼쪽으로 조금 더 가면 우리나라에서 많이 팔리는 쌍둥이칼을 50%정도 할인해서 파는 가게가 있으니 들려봐도 좋다.
지금부터는 자일거리로 이동해서 쇼핑을 하면 된다. 자일거리가 프랑크푸르트의 번화가로 모든 유명 브랜드 가게는 이곳에 다 몰려 있다.

파울 교회
Paulskirche

최초의 독일 의회가 개최된 파울 교회Paulskirche는 널찍한 홀과 역사적 예술적 감각을 갖춘 다채로운 색상의 교회이다. 19세기의 루터파 교회인 파울 교회Paulskirche에서는 1848년 최초의 민주적인 의회가 개회되었다. 파울 교회는 수 세기 동안 신성 로마 제국의 즉위가 거행된 프랑크푸르트 성당 바로 서쪽에 위치하고 있다.

파울 교회Paulskirche는 커다란 타원형 홀과 암적색 사암 시계탑으로 이루어져 있다. 밝고 커다란 중앙 홀에서는 한때 뜨거운 정치적 공방이 이루어지곤 했다. 홀은 오늘날 더 이상 교회로 사용되지 않으며, 이곳에서는 각종 행사가 열린다. 3년마다 한 번씩 파울 교회 주최 하에 독일어 문학상 중 가장 권위 있는 괴테 문학상이 시상식이 열리는 장소이기도 하다.

파울 교회의 역사적 의미

'민주적 자유와 통일된 국가의 상징 St.Paul's Church: Symbol of Democratic Freedom and National Unity'이라는 제목의 상설전은 독일이 어떻게 통일을 하게 되었는지 보여준다. 1848년에 느슨했던 독일주의 연합이 민중 혁명으로 와해된 후 사람들은 보다 민주적인 정부를 요구했고, 또한 하나의 국가가 독일어권 지역을 통일시키기를 원했다.

이 문제를 해결하기 위해, 민주적 절차를 통해 선발된 의회가 세인트 폴 교회에서 개회되었다. 의견의 차이와 프로이센의 미진한 태도로 인해 구체적인 정책을 수립하지는 못했지만 의회의 개회는 독일의 통일과 민주주의를 향한 커다란 한 걸음을 내디뎠다.

파울 교회 Paulskirche의 지하에서는 베를린 출신 화가 요하네스 그뤼츠케 Johannes Grützke가 그린 벽화를 볼 수 있는데, 벽화는 최초의 독일 의회가 파울 교회로 향하는 모습을 그리고 있다. 정치인들이 전진하는 방향 앞에서 나체의 남자들이 서로를 맞잡고 싸우고 있는 모습이다.

🏠 Paulplatz 11, 60311　⏰ 10~17시　📞 069-212-34-920

탄식의 다리 (Seuzerbrücke)

19세기 말, 프랑크푸르트가 발전하면서 건물과 건물을 연결하면서 다리가 만들어졌는데 시민들은 이탈리아 베니스의 유명한 다리인 탄식의 다리를 본 따 '탄식의 다리'라는 이름을 붙였다.

뢰머 광장
Römerplatz

3개의 박공 구조로 된 프랑크푸르트의 거대한 시청사인 뢰머는 6세기를 거슬러 올라가는 유구한 역사를 지니고 있다. 뢰머Römer는 6세기 동안 시청사로 운영되었으며, 1405년부터 정기적으로 시의회가 개회된 곳이다. 뢰머는 오랫동안 옛 주거지 한 블록 전체를 포함하여 복합 의회 단지로 발전하였다.

뢰머Römer의 박공지붕 3개는 프랑크푸르트의 주요 랜드 마크이다. 중간에 있는 건물은 '춤 뢰머'라고 불리며 여기에서 '뢰머'라는 이름이 비롯되었다. 이는 프랑크푸르트가 세워지기 전 이곳에 건설되었던 로마 주거지를 가리키는 말이다. 뢰머 광장을 산책하며 12세기부터 무역 거래가 이루어진 프랑크푸르트의 역사를 눈으로 확인할 수 있다. 이것이 현재 프랑크푸르트에서 개최되는 국제 무역 박람회로 서서히 발전했기 때문이다.

황제의 홀 (Kaisersaal)
뢰머Römer 2층에 있는 황제의 홀Kaisersaal은 신성 로마 제국 역대 황제의 대관 연회가 개최되었던 곳이다. 나무 패널로 된 기다란 황제의 홀에는 현재 지난 세월 동안 그려진 52명의 황제의 초상화가 전시되어 있다. 1806년 황제의 자리에서 퇴위하여 신성 로마 제국의 종말을 초래한 프란츠 2세를 찾아보는 것도 좋다.

오스트차일레 (Ostzeile)
뢰머에서 광장을 사이에 두고 맞은편에 있는 오스트차일레Ostzeile는 고전 독일 양식으로 지어진 반 목조 건물이다. 15세기와 16세기에 걸쳐 지어진 오스트차일레는 2차 대전 당시 폭격으로 파괴된 후, 1980년대에 설계도에 따라 재건되었다.

🏠 Römerberg 27, 60311 📞 069-212-01

괴테 하우스
Goethehaus & Museum

프랑크푸르트 올드 시티 중심에 위치한 마인 리버에서 조금만 걸으면 요한 볼프강 폰 괴테의 생가가 나온다. 역사적 가치를 고려해 세심하게 관리되고 있는 곳이다. 이 집에는 독일의 가장 존경받는 작가의 삶뿐만 아니라 18세기 프랑크푸르트 사람들의 생활 모습까지도 엿볼 수 있다. 시대적 정취가 묻어나는 3층의 방들은 모형 가구와 일상 속 물건들로 가득 차 있다. 옆의 괴테 박물관으로 이동하기 전에 이 집의 역사에 대한 전시물도 살펴보자.

문을 지나 계단을 올라가기 전부터 괴테 하우스만의 분위기를 느낄 수 있다. 노란색 파스텔톤의 집 외부와 고풍스럽게 경사진 지붕이 멋진 사진 한 장면과 같은 느낌을 준다. 집에 들어가면 가족들이 사용하던 가구 모형이 있고, 각 공간이 어떻게 사용되었는지 볼 수 있다.

1층

음악실에는 좀처럼 보기 힘든 수직형의 피라미드 피아노가 있고, 벽에는 고전적 의상을 입고 있는 가족들의 그림이 걸려 있다. 서재에는 무려 2,000개가 넘는 책이 있고, 요한 볼프강의 작품 세계에 영향을 미친 책들도 구경할 수 있다. 같은 층에 괴테가 태어난 방이 있다. 창문을 통해 건물 아래의 멋진 거리 풍경을 보면 괴테가 생각했을 시선에 대해 공감할 수도 있을 것이다.

2층

1746년 빌헬름 프리드리히 휴스겐의 설계로 만들어진 천문 시계는 지금도 정확한 시간과 날짜, 태양과 달의 움직임도 알려준다고 한다. 세계에서 가장 비싼 시계로 알려져 있다.

`3층`

집에 대한 개괄적인 역사를 보여주는 3층 전시실로 올라가면 어린 요한과 여동생 코넬리아에 대한 일화도 확인할 수 있다. 옆에는 괴테 박물관이 있는데, 괴테가 살았던 시기의 방대한 자료를 소장하고 있다.

박물관은 작가로서의 괴테에 초점을 맞추고 있지는 않지만 그림을 통해 그의 세계관을 확인할 수 있다. 그림은 괴테 하우스에서 가장 중요한 볼거리이다.

- www.goethehaus-frankfurt.de
- 23 Grosser Hirschgraben
  (빌리 브란트 플라츠 역까지 기차를 이용하면, 역에서 내려 몇 분만 걸으면 괴테 하우스 도착)
- 10~18시(일, 공휴일 17시30분까지)
- 9€(학생 4€ / 한국어 오디오 가이드 4€)
- 069-138-800

대성당
Kaiser Dom

신성 로마 제국의 의식을 거행하던 프랑크푸르트 성당은 프랑크푸르트의 고대 유적지 중 가장 잘 보존된 곳이다. 성당에는 보물이 전시되어 있으며 도시의 전경을 조망할 수도 있다. 프랑크푸르트 성당 내부를 무료로 관람하며 유럽에서 가장 강력한 권력을 지녔던 황제들의 발자취를 따라가 보자.

1562~1792년까지 신성 로마 제국의 황제들은 이곳에서 선출되고 즉위했다. 1806년에 제국이 망하면서 성당이나 의식이 거행되는 곳으로서의 역할을 상실했다.

이곳의 원래 이름은 성 바르톨로뮤 대성당 St. Bartholomew's Cathedral이다. 852년에 이곳에 성 바르톨로뮤 성당이 건립된 후 수차례의 개조와 재건을 거쳤고, 15세기에 이르러 오늘날의 모습을 대부분 갖추었다.

2차 대전 중 연합군의 폭격으로 프랑크푸르트의 구시가지 대부분이 파괴되었다. 성당은 파괴되지 않았으나 내부는 폭발로 인한 화재가 있었다. 1950년대까지 폐허로 남아 있다가 1970년대에 보수되었다. 스테인드글라스 창문의 추상적인 무늬는 성당이 최근에 재건되었다는 것을 확실히 알려준다.

1960년대에 헤닝거 투름 곡물 저장탑이 건설되기 전까지는 프랑크푸르트 성당 첨탑이 도시에서 가장 높은 건축물이었다. 4~10월 사이에 입장료를 내면 첨탑에 올라 구시가지의 전경과 북서쪽의 스카이라인을 감상할 수 있다.

정문 왼쪽의 성당 박물관에는 신성 로마 제국의 대관식에 사용된 갖가지 색상의 의복과 보석으로 장식된 왕관을 볼 수 있다. 19세기 대화재로 심한 손상을 입고 재건된 사실을 비롯하여 성당의 긴 역사에 대해 알아볼 수 있다.

- www.dom-frankfurt.de Domplatz 1, 60311
- 성당 : 월~금요일 09:00~12:00, 14:30~18:00, 일요일 14:30~17:00
   박물관 : 화~금요일 10:00~17:00, 토요일, 일요일, 공휴일 11:00~17:00
   미사시간 : 월~금요일 08:00, 토요일 18:00, 일요일 10:00, 18:00에는 성당내부 입장불가
- 069-297-0320

자일 거리
Zeilstrasse

보행자 전용도로이고 프랑크푸르트의 최대의 번화가이다. 각종 상점이 길 양편에 늘어서 있고 거리 곳곳에 노천식당들도 많이 볼 수 있다. 아마추어 예술가들의 공연이 특히 많이 열린다. 거리에서 공연을 즐기거나 쇼핑을 즐기기에도 좋은 거리이다.

하우프트바헤 광장 한편에는 카우프호프 kaufhof 백화점이 있는데 이곳 지하에 싼 가격의 대형 슈퍼마켓이 있다. 필요한 물건을 미리 사 두는 편이 좋다.

에센하이머 탑
Eschenheimer Turm

1346년, 루드비히 황제 시절부터 짓기 시작했지만 미완성인 채로 남아 있었다. 1426년 다시 건축되기 시작하여 1428년에 현재의 모습으로 완성되었다.

다섯 개의 첨탑이 인상적이다. 프랑크푸르트에서 뢰머 광장과 함께 중세시대의 모습을 가장 잘 간직한 건축물이다.

마인 타워
Main Tower

프랑크푸르트 시내에는 옛날식 건축 요소와 함께 높이 솟은 현대식 건물이 잘 조화되어 있어 멋진 도시 풍경을 만들어낸다. 이곳에서 가장 높은 건물 중 하나에 속하는 마인타워에 올라 금융 지구의 아름다운 전망을 감상할 수 있다.

거의 200m 높이에 달하는 마인타워는 프랑크푸르트와 독일에서 4번째로 높은 건물이다. 전망 포인트가 두 곳인 마인타워는 프랑크푸르트에서 전망대가 있는 유일한 건물이다. 도시를 카메라에 담아보고, 전망대 레스토랑에서 아름다운 거리를 내려다보며 저녁을 즐기는 연인들을 볼 수 있다.

1999년에 완공된 마인타워는 혁신적인 느낌의 현대적 건물이다. 2개의 타워로 구성되어 있지만, 앞면이 유리로 된 더 높은 건물의 원형 타워가 더 유명하다. 건축 당시 마인타워는 프랑크푸르트에서 건물 외부가 모두 유리로 된 유일한 건물이었다.

🌐 www.maintower.de
🏠 Neue Mainzerstrasse 52~58, 60311
🕐 10~21시(여름 / 금, 토요일 23시까지)
　　10~19시(겨울 / 금, 토요일 21시까지)
📞 069-365-04 878

로비의 예술품
헬라바 은행이 있는 마인타워에는 다양한 현대 예술 작품을 볼 수 있고, 로비에는 미국 비디오작가인 빌 비올라의 비디오 작품과 슈테판 후버의 프랑크푸르트 계단(Frankfurt Steps)이라 불리는 거대한 모자이크 작품도 있다.

전망대
타워 맨 꼭대기에서 아래를 내려다보며 얼굴을 스치는 바람을 느낄 수 있다. 엘리베이터를 타고 53층에서 내리면 약 187m 높이에서 도시의 멋진 거리 풍경을 내려다보며 레스토랑과 라운지에서 식사를 할 수 있다. 저녁 식사는 미리 예약하는 것이 좋지만 라운지에서 음료만 즐기는 경우에는 예약이 필요 없다.

유로 타워
Euro Tower

유럽 중앙은행(ECB)가 있는 건물로 마인 타워와 함께 프랑크푸르트를 대표하는 148m 높이의 40층 건물이다. 유로화 조형물이 보이기 때문에 쉽게 찾을 수 있다.

조형물 앞에서 사진을 찍으면 부자가 된다는 이야기가 돌면서 관광객은 누구나 포즈를 취한다. 2015년 3월에 개관해 2016년부터는 일반에 개방하고 있어서 입장이 가능하지만 최근에 테러 때문에 경비가 삼엄하다.

박물관 지구
Museumsufer

마인 강 남쪽의 박물관 지구는 작센하우젠 등의 여러 박물관이 밀집해 있다. 박물관을 둘러보는 데에는 최소 2시간 이상이 소요된다. 스타에델 박물관에서 전통적인 순수 미술을 관람하거나 다양한 전문 박물관에서 흥미로운 분야의 전시를 감상할 수 있다.

성상 박물관에서는 15세기부터 20세기까지의 전 세계의 종교적 성상을 전시하고 있다. 통신 박물관을 방문하여 우표 컬렉션을 비롯한 전화와 우편물 관련 전시를 관람해보자. 아이젤너 다리를 건너면서 마인 강의 유람선이나 아름다운 강변을 보는 즐거움도 같이 경험할 수 있다.

독일 영화 박물관(Deutsches filmmuseum)

영화박물관을 유럽내에서 볼 수 있는 기회는 거의 없다. 하지만 유리하게 여기서는 볼 수 있다. 독일 유일의 영화 박물관이니 영화에 관심이 있다면 꼭 가보자.
먼저 2층 전시실에 가보자. 시각적 착각을 이용한 여러 영화기구들을 직접 조작해볼 수 있는 기회가 있다. 최초 카메라의 원리인 '카메라 옵스큐라의 원리를 이해할 수 있다. 3층 전시실에는 각종 영화의 세트 모형들이 있고, 각종 영상기기, 편집, 사운드 트랙, 특수효과, 애니메이션 창작에 대해 전시해 놓았다. 극장내의 소극장에서 영화도 상영한다.

- U-1, 2, 3 Schweizerplatz
- 화, 목~일 10:00~18:00, 수 10:00~20:00 / 월요일, 12월 31일 휴무
- 상설전시 일반 5€, 학생 2.50€, 특별전시 일반 8€, 학생 6€
  통합티켓 Kombiticket(상설전시 + 특별전시), 일반 1€, 학생 7€, 박물관 카드 소지자 무료

아이젤너 다리 (Eiserner Steg)

잘츠부르크 성당(Dom Zu Salzburg)은 전형적인 17세기 바로크 건축 양식을 가지고 있다. 성당의 역사는 비르길리우스 주교가 774년에 로마의 정착지 주바붐에 세워진 성당을 축성(祝聖)하였지만, 건립 후 8차례의 화재를 겪었다. 1598년의 화재로 인해 성당의 상당 부분이 불에 탔다. 오늘날의 성당은 이탈리아의 건축가 '산티노 솔라리'에 의해 설계되었다.

박물관 티켓 (Museumsufer Ticket)

프랑크푸르트에 있는 34개의 박물관을 2일 동안 사용할 수 있는 티켓이다.

- www.museumsufer.de ■ 20€ (학생 10€)

통신 박물관(Museum fur kommunikation frankfurt)

독일의 통신과 우편의 역사를 전시해 놓은 곳. 전화기의 다양한 모습을 볼 수 있다. 박물관 입구에 한국이 낳은 세계적 예술가, 백남준의 작품이 전시되어 있으니 꼭 보자.

- 🏠 U-1, 2, 3, Schweizerplatz
- 🕐 화~금요일 09:00~18:00,
  주말 11:00~19:00(월요일 휴무)
- ⓒ 3~6세 이하 1.50€

슈테델 미술관(Staedel Museum)

독일에서는 유명한 미술관으로 르네상스부터 20세기까지의 미술을 전시해 놓았다. 규모는 크지 않지만 알찬 전시물들을 자랑한다. 드가, 마티즈, 피카소, 마네, 렘브란트, 르느와르, 보티첼리 등 당대에 이름을 날리던 유명 화가들의 작품이 망라되어 있다.

작센하우젠
Sachsenhausen

마인 강 남쪽의 작센하우젠Sachsenhausen에서 프랑크푸르트의 다채로운 요리를 맛보고 좁은 자갈길을 거닐다 미술관을 볼 수 있다. 마인 강 북쪽의 프랑크푸르트가 백화점에서 쇼핑을 하고 관광을 하기에 좋은 곳이라면, 작센하우젠에서 그 외의 모든 것을 즐길 수 있다.

낮에는 거리를 거닐며 건축물을 감상하고, 밤에는 유흥도 즐길 수 있다. 프랑크푸르트에서 가장 아름다운 이곳에서 미술관 관람을 즐기고 탑에 오르고 저녁을 하고, 술집을 돌아다니며 긴긴 밤을 즐기는 사람들이 많다. 이곳에서 프랑크푸르트가 자랑하는 모든 요리를 맛볼 수 있다. 작센하우젠 북동쪽에 있는 아펜토플라츠Affentorplatz에서는 거리가 좁아지며 자갈길이 나타난다. 몇 블록에 걸쳐 있는 바와 레스토랑은 여름이면 매일 밤 사람들로 넘쳐난다.

작센하우젠 남쪽 끝까지 가면 괴테의 탑에서 멋진 경관을 볼 수 있다. 도시 남단의 농지 가장자리 숲에 위치한 괴테의 탑은 높이가 43m에 달한다. 북쪽을 향하면 도심의 스카이라인이 파노라마로 보이고, 남쪽을 향하면 도시 외곽의 드넓은 삼림과 아름다운 전원 풍경을 볼 수 있다.

Munich
뮌헨

뮌헨

MUNICH

뮌헨은 세계에서 가장 살기 좋은 도시 중 하나로 알려졌다. 튼튼한 경제력으로 거대 기업들의 관심이 모이는 곳일 뿐만 아니라, 아름다운 건축, 오래된 전통, 바이에른 알프스에 인접한 위치 등으로 매년 수백만 명의 관광객들이 모여든다. 아늑한 맥주 집에서부터 화려한 궁전, 여기저기 뻗어있는 정원 및 최첨단 박물관까지, 바이에른 주의 수도 뮌헨은 전통과 현대의 다양한 매력이 공존하는 곳이다.

뮌헨의
매력

다양한 건축 스타일

고딕 양식의 성 피터 교회에서부터 로코코의 매력이 넘치는 아잠교회까지 다양한 건축 스타일을 걸어서 구경할 수 있는 곳이 바로 뮌헨이다. 제2차 세계대전 동안 뮌헨은 크게 훼손된 역사를 갖고 있지만 대부분 건물이 원래 스타일대로 그대로 복원되기도 했다. 좀 더 현대적인 뮌헨의 건축을 만나고 싶다면 올림픽 타워나 뮌헨 현대미술관을 방문하면 된다.

맥주 축제

세계에서 가장 큰 맥주 축제인 옥토버 페스트의 본고장인 뮌헨은 세계 최고로 여겨지는 양조장과 열정적인 맥주 문화를 보유하고 있다. 세계에서 온 수많은 애주가가 뮌헨의 "6대 맥주 양조장"을 찾는다.

여기에는 궁정 맥주 양조장으로 설립된 호프 브로이하우스를 비롯해 세계적으로 유명한 뢰벤 브로이 등이 포함된다. 여름에는 수 세기 동안 뮌헨 사람들이 해왔던 것처럼 맥주 정원 중 한 곳을 방문해 밤나무 아래에서 맥주를 마시며 현지인들과 어울려보는 것도 좋다.

세계적인 회사들

뮌헨은 중요한 국제적인 회사들이 모여 있기도 하다. BMW의 고향인 뮌헨에는 독일 자동차 기술의 어제와 오늘, 미래를 볼 수 있는 매력적인 단지인 BMW 월드도 있다. 영국 정원을 거닐지 않고서는 뮌헨 여행을 제대로 했다고 할 수 없다. 도심에서 가까운 오아시스와도 같은 정원에는 수풀이 우거진 평화로운 공간과 강이 흐르는 광대한 초원이 있다.

다양한 여행시스템

뮌헨의 주요 철도역에서 출발하는 관광버스를 통해 도시를 전반적으로 잘 둘러볼 수 있다. 아니면 자전거를 빌려 페달을 밟으며 주요 도로와 공원에 나 있는 자전거 전용 도로를 달려보고, 깨끗하고 효율적인 대중교통 시스템도 마련되어 있어서 뮌헨 어디라도 도달할 수 있다. 이곳저곳을 돌아다니면 세계적인 도시의 자부심 강한 매력에 금방 푹 빠질 것이다.

뮌헨의
핵심 도보 여행

뮌헨은 동유럽을 가는 중간 기착지로 여행을 많이 합니다. 특히 여름에 배낭여행이라면 더욱 그렇다. 뮌헨은 독일내에서 가장 큰 도시중의 하나로 독일남부의 중요한 도시중의 하나이다. 여행을 할때는 1박 2일 정도면 다 볼 수 있는 도시로 생각하시면 일정을 잡기가 편하다. 대부분의 저렴한 호텔은 역 근처에 많이 있어 중앙역부터 여행하는 코스를 잡아서 설명한다.

일정
중앙역 → 칼스광장 → 노이하우저/카우핑어 거리 → 프라우엔 교회 → 마리엔 광장/신,구 시청사 → 독일 박물관 → 호프 브로이 하우스

중앙역에서 직진하여 칼스 광장으로 간다. 칼스문을 지나가면 뮌헨의 중심거리로 들어왔다고 생각할 수 있다. 칼스문을 지나 나오는 거리가 노이하우저 거리와 카우핑어 거리이다. 양쪽에 상점들이 많이 있어 쇼핑도 하면서 지나가면 좋고 저녁에 다시 올 거리이기 때문에 양 옆을 잘 보고 지나가기 바란다.

카우핑어 거리를 가다보면 앞에 큰 멋진 건물이 보이기 시작하는데 그 건물은 교회가 아니라 시청사입니다. 뮌헨을 대표하는 건물로 엽서에도 나오는 건물이다.
마리엔 광장과 신 시청사, 프라우엔 교회, 구청사는 다 모여 있기 때문에 보이는 데로 보면 된다. 칼스광장부터 마리엔 광장까지는 길지 않은 거리인데, 양 옆에는 쇼핑센터, 의류가게, 레스토랑 등 많은 상점들이 있어 들어가서 쇼핑을 하다보면 시간이 빨리 가는 변화가 이다.

신 시청사는 19세기 네오 고딕양식으로 건축된 시청사로 시청사의 시계탑에는 인형극이 펼쳐지기도 한다. 시청사를 올라가면 뮌헨 시내를 다 볼 수 있는 전망대가 있다.
프라우엔 교회는 1468년에 건축이 시작되어 그 해에 쌍둥이 탑이 완성되면서 돔 모양의 교회가 탄생되었다. 돔 모양의 교회는 흔치 않아 뮌헨을 상징하는 건물로 남아있으며 역시 전망대가 있어 뮌헨 시내를 잘 볼 수 있다.

마리엔 광장에 가면 점심때가 되는 시간대인데 성령교회 오른쪽으로 돌아가면 빅투마리엔 노천 시장이 나온다. 여기가 점심을 맛나게 먹을 수 있는 좋은 장소이니 기억하고 꼭 들러 보는게 좋다.

빅투마리엔 시장에서 시간이 오후 4시가 넘었다면 호프브로이 하우스로 바로 가는 게 좋고요. 시간이 3시가 안되었다면 독일 박물관을 다녀 오는 것도 좋다. 이사르 강을 지나가면 독일 박물관이 있는데, 독일박물관까지는 5블록 정도 가야 한다. 다른 나라의 박물관은 과학을 주제로 볼 박물관이 별로 없는데 독일은 수학 박물관부터 과학을 주제로 한 박물관이 많이 있다. 과학을 중요시하는 독일의 풍토를 알 수 있어서 독일박물관은 꼭 추천 한다. 독일박물관을 둘러보면 2시간 정도 소요된다.

독일 박물관을 나왔을 때 너무 배가 고프다면 앞에 중국 음식을 파는 곳이 있다. 거기에서 드시면 저렴하게 한끼를 채울 수 있을 것이다.

이제 마지막으로 호프브로이 하우스를 가야한다. 뮌헨은 호프 브로이 하우스에서 맥주를 마실려고 오는 관광객이 많을 정도로 인기가 많다. 독일박물관에서 다시 이사르문으로 돌아가면 구청사쪽으로 가지 말고 마리엔 스트리트를 따라 가면 호프 브로이 하우스를 갈 수 있다.

매우 큰 술집이라서 마음 먹고 드실 생각으로 가셔야 하고 많은 나라의 관광객들이 술을 통해서 친해지는 장소이다. 호프 브로이에서 드시다 보면 밤늦은 시간까지 있는 경우가 많아 다음 날에 지장이 없는 정도만 드시는 것이 좋다.

카를 광장
Karlplatz

카를 광장Karlplatz는 뮌헨의 고대 성문을 면하고 있는 넓은 광장이다. 18세기 바이에른의 선제후, 카를 테오도르의 이름을 따서 정식으로 명명된 광장은 지역 주민들 사이에서는 여기에 있었던 역사적인 술집을 지칭하는 스타쿠스로 더 흔하게 불리고 있다.

현대적인 백화점과 쇼핑몰 가운데에서 중세 건축물을 볼 수 있다. 카를 광장Karlplatz는 1970년대의 큰 분수대로 장식된 분주한 보행자 전용 도로이자 현지인과 관광객들에게 인기 있는 만남의 장소이기도 하다.

뮌헨의 구시가지로 가는 관문에 있는 보행자 전용 광장을 산책하면서 고딕 건축물과 활기찬 상점가를 둘러볼 수 있다. 탁 트인 광장으로 걸어 들어가 주변의 건축물들을 잠시 둘러보면 네오 바로크 양식의 장엄한 유스티츠 궁과 제2차 세계대전 이후 뮌헨에서 건설된 최초의 백화점인 역사적인 카우프 호프를 눈여겨봐야 한다.

광장의 중앙 경계선에 굳건히 서 있는 중세 카를스토어는 1301년에 최초로 기록된 고대 성문으로 18세기 후반 건물과 나란히 자리해 있다. 3개의 아치형 출입구와 대칭형 탑으로 이루어진 문의 디자인을 유심히 살펴보자. 구조물은 5개의 옛 도시 성문 중 서쪽 가장자리를 표시하는 것으로, 지금은 그 중 3개의 성문만 남아 있다.

광장 중앙에 있는 큰 분수는 여름철에 물안개를 일으킨다. 아이들이 뿜어져 나오는 물줄기 사이에서 뛰노는 동안 광장 벤치에 자리를 잡아보고 쉬는 것도 좋다. 겨울에는 이 구역이 야외 아이스 스케이트장이 되어 즐거운 시간을 보내는 사람들을 볼 수 있다.

카를 광장Karlplatz 아래에는 대규모 지하 쇼핑몰이 있으므로, 많은 상점과 부티크를 둘러보고 싶다면 카를스토어 문을 지나 카를 광장과 마리엔 광장 사이에 있는 번화한 보행자 전용 쇼핑가를 찾아가 보는 것도 좋다. 번화가를 따라 걸으면서 역사적인 교회와 중요한 시청사 건물들도 발견할 수 있다.

🏠 Karlplatz 10, 80335

 Marienplatz 8, 80331   089-233-00

마리엔 광장
Marienplatz

뮌헨의 심장부로 여겨지는 마리엔 광장Marienplatz은 언제나 보행자, 길거리 공연자, 관광객들로 활기찬 곳이다. 여기서는 평화 시위도 자주 열린다. 현지 축구팀이 승리할 때는 시끌벅적한 축하 행사도 벌어진다. 중심에 위치한 광장은 관광을 위한 베이스캠프로 삼거나 뮌헨 사람들을 구경하며 뮌헨의 유명한 카리용 연주를 감상하기에 좋다.

마리엔 광장Marienplatz의 이름은 성모 마리아에게 바치기 위해 1638년 광장에 세워진 기둥인 마리엔조일레에서 따왔다. 광장은 시장으로 사용되다가 1807년, 야외시장이 더 넓은 곳으로 옮겨지게 되면서 광장으로 조성되었다.

크리스마스 시즌이 되면 마리엔 광장Marienplatz에는 크리스마스 마켓이 들어선다. 광장 어디서든 구운 밤과 설탕을 입힌 아몬드 향기기 나며 와인도 맛볼 수 있다. 14세기까지 크리스마스 시장의 기원으로 거슬러 올라갈 수 있는데, 그때나 지금이나 예수 탄생 모습을 재현한 목재 수공예품과 유리로 만든 크리스마스 장식도 다양하게 쇼핑할 수 있다.

마리엔 광장Marienplatz이나 야외 카페에 자리를 잡고 기계 작동으로 춤을 추는 인형들을 구경할 수도 있다. 매일 오전 11시와 정오, 그리고 여름에는 오후 5시에 신기한 광경이 펼쳐진다. 구리로 만든 글로켄슈필의 32개 인형들은 뮌헨의 긴 역사를 구성하는 다양한 시간과 요소를 나타낸다. 이 인형들이 춤을 추는 동안 43개의 종이 온 광장에 크게 울려 퍼진다.

오데온 광장
Odeonsplatz

역사적인 뮌헨 중심부의 오데온 광장^{Odeonsplatz}을 거닐면서 도시의 몇 가지 랜드마크 건축물과 고대 이탈리아 지구를 살펴볼 수 있다. 우아한 바로크 양식의 교회, 피렌체 홀, 르네상스 시대 궁중 스타일의 정연한 정원이 아름답다. 뮌헨 구시가지의 북쪽 가장자리는 이탈리아 스타일의 건물과 르네상스 양식의 궁중 안뜰로 둘러싸인 이 커다란 도시 광장에 의해 특징지어진다.

오데온 광장^{Odeonsplatz}의 이름은 한때 광장을 정면으로 바라보고 있었고 이후에 정부 건물로 변신한 옛 극장에서 비롯되었다. 광장은 전통적으로 군대 행진, 장례 행렬과 같은 도시 행사에 사용되었다. 오데온 광장^{Odeonsplatz}는 1923년 맥주 홀 폭동의 현장으로도 알려져 있다.

대형 광장을 둘러보면 모여 있는 흥미로운 건축물들을 볼 수 있다. 오데온 광장^{Odeonsplatz}의 남쪽 가장자리에는 웅장한 펠트헤른할레가 있다. 3개의 아치형 입구가 있는 19세기 중반의 바이에른 군 기념관은 이탈리아 피렌체에 있는 로지아 데이 란찌를 본떴으며 바이에른 사자 조각상으로 장식되어 있다.

서쪽으로는 테아티너 교회가 보이는데, 구리 돔 지붕의 교회는 1660년대에 로마의 산 안드레아 델 발레 교회를 따라 설계된 하이 바로크 양식의 교회이다. 현재의 로코코 파사드는 1700년대에 추가되었다. 동쪽으로 걸어가면 호프가르텐의 넓은 녹지에 다다르게 되는데,

17세기 초반에 조성된 이 정원은 르네상스 궁중의 경내와 유사하게 설계되었다. 돔 구조물과 바이에른을 상징하는 청동 조각을 눈여겨보자.

정원을 마주하고 있는 대궐 같은 뮌헨 레지덴츠는 건물의 실내 장식 원형과 예술 작품을 전시하는 박물관 단지이다. 뮌헨의 주립 박물관과 황실의 금고를 볼 수 있다. 주변 거리에는 바이에른 국립 극장, 쿠빌리에 극장, 마르슈탈, 레지덴츠 극장 등 여러 역사적인 공연장이 있다.

오데온 광장Odeonsplatz은 뮌헨 역사 지구의 북쪽에 있어서 기차역에서 북동쪽으로 20분 거리를 걷거나 광장의 정류장까지 바로 지하철이나 버스를 타고 가면 된다. 매년 열리는 유명한 맥주 축제인 옥토버페스트의 전통적인 축하 행사인 퍼레이드가 오데온 광장을 지나간다.

신 시청사
Neues Rathaus

마리엔 광장Marienplatz에서는 신시청사의 정면이 전부 보이는데, 1867~1909년에 지어진 신시청사의 웅장한 외관은 네오고딕의 복고풍으로 정교하게 장식되어 있다.
뮌헨의 유명한 카리용인 글로켄슈필은 1908년에 신시청사에 지어졌다. 100m에 달하는 높은 첨탑과 정교한 조각으로 장식된 웅장한 신시청사는 바이에른 왕국의 부강함을 알리기 위해 시작되었다. 건물 안쪽에 정원이 조성되어 있고 레스토랑과 갤러리가 있어 쉬어가기에도 좋다.

뮌헨의 대표적인
교회 Best 3

성 미하엘 교회(St. Michaelskirche)

놀라운 건축물들로 둘러싸여 있는 오래된 교회는 휴식과 명상을 즐길 수 있는 평화로운 곳이다. 이곳은 바이에른의 유명 인사들이 잠들어 있기도 하다.

성 미하엘 교회 St. Michaelskirche는 바이에른 공작인 윌리엄 5세의 명령으로 16세기 후반에 지어졌다. 기독교 내부가 분열된 당시 천주교의 힘을 나타내는 대담한 상징을 넣어 르네상스 양식으로 설계된 예수회 교회이다. 지금은 알프스 북쪽 지역에서 가장 중요한 르네상스식 교회 중 하나로 여겨진다. 교회 정면 위에는 우아한 삼각형의 권두 삽화가 그려져 있다. 교회 정면의 아래층에 벽감으로 새겨진 대천사 성 미카엘의 전투하는 모습을 자세히 볼 수 있다. 교회 안에는 중앙 제단에 새겨진 성 미카엘의 또 다른 이미지를 볼 수 있다. 교회 내부의 여러 구역은 예수의 삶을 표현하도록 디자인되었다. 하이라이트는 내부 벽에 그려진 어린 예수의 모습이다. 신도석에 앉아 아치형의 천장은 단독으로 서 있는 아치형 천장 중 세계에서 두 번째로 크다고 한다. 놀랄 만큼 커다란 천장과 햇빛이 쏟아져 들어오는 입구의 대형 창문 때문에 교회는 밝고 바람이 잘 통한다.

성 미카엘 교회에는 비텔스바흐 왕가의 수많은 유명 인물들의 무덤이 있는 왕립 지하실도 있다. "정신병자" 왕이었던 루트비히 2세와 바이에른의 오토 왕을 비롯하여 비텔스바흐 왕가의 40명이 잠들어 있다. 음악은 성 미카엘 교회의 종교적인 삶에 있어서 아주 중요한 부분으로 요제프 라인베르거, 오를란도 디 라소, 카스파 이티트 등의 음악가들이 교회에 우아함을 더해준다. 호평을 받고 있는 교회의 성가대와 오케스트라가 정기적으로 공연을 열고 있다.

프라우엔 교회(Frauenkirche)

뮌헨의 상징인 이곳은 제2차 세계대전 당시 심각하게 파괴되었지만 지금은 녹색의 반구형 지붕 두 개가 우뚝 솟은 성당의 모습이 뮌헨 하늘을 세련되게 꾸며주고 있다. 주로 붉은 벽돌로 구성된 교회는 15세기 건축가인 요크 본 할스바흐 Jörg von Halsbach에 의해 독일 고딕 양식으로 설계되어 지어졌다. 르네상스 양식의 녹색 반구형 지붕은 1525년에 추가된 것이다. 원래 이 지붕은 비싼 첨탑이 건설될 때까지 임시로 타워를 덮는 용도로 지어졌지만, 사람들이 이 모습에 익숙해지면서 지금은 뮌헨 하늘의 친숙한 풍경으로 남게 되었다.

소박한 외관 뒤에는 거대한 성당이 자리하고 있는데, 성당 내부는 놀랄 만큼 넓다. 내부 공간은 8각형 기둥으로 나뉘어 있어 신도석과 2개의 긴 복도가 실제보다 훨씬 작아 보인다. 그런데 내부를 천천히 둘러보면 최대 4,000명을 수용할 수 있는 거대한 규모를 느낄 수 있다. 바이에른 왕국 황제 루트비히 4세의 무덤은 검정색 대리석과 청동으로 인상 깊게 꾸며져 있는 많은 무덤 중 하나이다. 비텔스바흐 왕가 사람들과 뮌헨 성직자들도 이곳에 묻혀 있다.

- www.muenchner-dom.de Frauenplatz 12, 80331
- 7시30분~20시30분(겨울은 20시까지) 089-290-0820

악마의 발자국
입구 근처에는 성당에서 가장 악명 높은 볼거리가 있는데 "악마의 발자국"이라 알려진 검정색의 발자국 모양이다. 수수께끼 같은 자국의 기원에 대해서는 흥미롭지만 의심스러운 현지의 전설들이 아주 많다.

전망대
성당의 남쪽 타워에 올라가면 빨간 지붕들로 덮인 뮌헨의 풍경과 더 멀리 알프스까지 보인다. 뮌헨에서는 건물을 짓는 데 제한을 두기 때문에 타워에서 보는 시내 풍경은 인상적이다.

성 페트리 교회(St. Petrikirche)

성 페트리 교회 St. Petrikirche는 뮌헨 전체에서 기록상 가장 오래된 교회로서, 1180년에 지어져 지금까지 격동의 역사를 견뎌왔다. 화재 후 1368년에 재건되었다가 제2차 세계대전 때 거의 완전히 파괴되었다가 2000년에 재건 작업이 마침내 완성되었다. 정교한 고딕 양식의 건축물, 거대한 타워, 보석이 박힌 으스스한 분위기의 해골 등이 인상적이다.

교회는 오랜 역사만큼이나 수세대에 걸쳐 여러 건축 양식이 추가되었다. 17세기와 18세기에는 교회 내부에 바로크 양식과 로코코 양식이 새로 추가되기도 했다. 교회 안으로 들어오면 중앙 제단에 에라스무스 그라서의 조각 작품인 성 피터의 모습이 눈에 띈다. 이 조각품의 성 피터는 작은 왕관을 쓰고 있는데, 전통에 따르면 작은 왕관은 교황이 돌아가신 후 새 교황이 선출될 때까지 제거되어 다른 곳에 보관된다고 한다.
성 문디치아의 유해가 보관되어 있는 측면 제단은 기독교 순교자의 유해가 백년 이상 보관되었다가 1675년 로마에서 뮌헨으로 옮겨왔다. 뼈대만 남은 여성 순교자의 유해는 금과 고가의 보석으로 덮여 성 피터 교회의 바로크 양식 사당에 전시되어 있다.

🌐 www.erzbistum-muenchen.de 🏠 Rindermarkt 1, 80331 💰 4€ (전망대/학생 2€/교회는 무료)
🕐 9~18시 30분(여름 / 토, 일, 공휴일 10시부터 / 겨울은 17시 30분까지) 📞 089-210-23-7760

알테 피터(Alter Peter)
뮌헨의 멋진 풍경을 감상하려면 교회의 타워로 올라가보자. 이 타워는 현지인들이 친근하게 "나이 든 피터"란 뜻의 "알테 피터Alter Peter"라고 부르고 있다. 꼭대기까지 올라가는 데 약 300개의 계단이 있으므로 편한 신발을 신는 것이 좋다. 날씨가 좋은 날에는 멀리 알프스 산맥까지 보인다.
타워 안에는 울리는 종 7개와 울리지 않는 종 1개가 있다. 타워 지하실의 빗장을 지른 창 뒤로는 가장 오래되고 가장 작은 종이 보이는데, 마리엔플라츠 광장에서 사형이 집행될 때마다 이 종이 울렸다고 한다.

Füssen
퓌센

퓌센

FÜSSEN

뮌헨 근교에서 가장 인기 있는 관광지는 퓌센(Füssen)이다. 퓌센은 알프스 끝자락에 위치한 시골이지만 중세시대의 정취를 만끽할 수 있는 로맨틱 가도에 끝자락에 있는 도시이다. 인근에는 슈방가우(Schwangau)에 있는 아름다운 백조의 성인 노이슈반슈타인 성(Neuschwanstein Castle)으로 유명하다.

퓌센 IN

이동하는 방법

뮌헨 중앙역에서 퓌센Füssen으로 가는 직행 기차를 이용할 수도 있지만 카우프베우렌 Kaufbeuren이나 뷔숄로Buchloe역에서 경유편 기차를 타고 이동하면 된다. 직행과 경유편이 1시간마다 교대로 운행된다. 노이슈반슈타인 성Neuschwanstein Castle이 있는 슈방가우로 가려면 퓌센 역에서 내려 2번 정류장에서 73, 78번 버스를 타면 된다.

길을 2갈래로 나눠진다. 성으로 직접 가는 방법과 마리엔 다리Marienbrücke를 경유해 성으로 이동하는 방법이 있다. 매표소 오른쪽에 있는 호텔 옆으로 난 길을 따라 30분 정도 걸어 올라가면 숲 속으로 난 길을 따라 올라가거나 마차를 이용하면 된다.

버스(겨울 운행중지)를 타고 10분 정도 지나면 성 앞이 아니라 마리엔 다리Marienbrücke에서 내리게 된다. 마리엔 다리에서 보는 노이슈반슈타인 성Neuschwanstein Castle의 모습이 아름다워 반드시 보고 가야하는 장소이다. 마리엔 다리에서 성까지 다시 10분 정도 걸어가야 한다. 초입으로 걸어가는 길에 마리엔 다리로 이어지는 길이 있어서 그냥 걸어도 되지만 걸어가는 길을 멀어 버스를 타고 이동하는 경우가 많다.

마리엔 다리에서 본
노이슈반슈타인 성

퓌센의
핵심 도보 여행

뮌헨에서는 도시를 둘러보면 1일 정도면 다 볼 수 있기 때문에 근교를 가려고 하는데 이때 대부분의 여행자가 가는 곳이 퓌센이다. 퓌센을 가는 이유는 세계에서 가장 아름다운 성중의 하나인 노이슈반슈타인 성을 보러 가기 위함이다. 앞프스기슭에 자리잡고 주변의 호수와 어우러져 멋진 절경을 관광객들에게 제공해 준다.

일정
뮌헨 중앙역(07:51) → 퓌센역 → 버스정류장(3.5유로) → 매표소 → 마차(올라갈 때 6유로), 성 미니버스(2유로) → 노이슈반슈타인 성(13유로, 학생 8.5유로, 18세이하 무료)

뮌헨에서 퓌센까지는 약 2시간 정도 걸린다. 보통 전날에 호프브이에서 맥주를 마시기 때문에 다음날에 퓌센을 갈 때 늦게 일어나서 가려고 하는데 그러면 올 때 문제가 생기기 쉽다. 유레일패스가 있으면 무료도 탈 수 있다.

기차는 1시간에 한 대씩 있으니까 시간대별로 고르시면 된다. 퓌센을 갈 때 저는 머리도 못 감고 일어나서 정말 아슬아슬하게 07:51분 퓌센행 열차를 탔다. 갈때도 전날의 술 때문에 고생을 하긴 했어도 열차에서 잠을 잤기 때문에 성을 볼때는 다시 쌩쌩해졌다. 오전 7~8 시간대에 타시는 것을 적극 추천한다. 늦으면 많은 관광객들로 인해 다리에서 성 사진을 찍을때도 문제가 된다.

퓌센역을 내리면 버스정류장이 있는데, 2번 버스정류장에서 타시고 10분 정도를 가면 도착한다. 이 성은 특이한게 성의 입구에 매표소가 있는게 아니고 산 아래에 매표소가 있다. 성 내부를 보면서 영어가이드 투어를 하는데에 13유로가격인데 영어를 알아듣기 힘드시면 안

봐도 된다. 개인적인 취향이긴 하지만 성의 내부는 현대식으로 되어 있어 성의 아름다운 외부를 보다가 안을 보면 실망을 많이 한다.

도보로 노이슈반슈타인성을 올라가는 것은 30분정도 올라가는데 저는 마차를 타고 올라가 보라고 추천한다. 특히 여름에 가셨다면 마차를 타고 올라가면 힘이 많이 비축이 된다. 매표소옆의 뮐러호텔 앞에서 타면 성 입구까지 올라가는데 속도는 걷는 것보다 약간 빠른 정도이다. 친구들이나 가족끼리 성을 보러오셨다면 색다른 경험을 하게 된다. 비싸긴 하지만 재미는 있다.
미니버스는 리슬호텔 옆에 정류장이 있으니 타고 올라가시면 되는데 우리나라 배낭여행객들은 걸어서 많이 올라간다. 성에 올라가면 노이슈반타인 성의 사진을 찍기 위해 성 왼쪽으로 난 길을 따라 마리엔다리에 가서 성을 보자. 정말 탄성이 나오는 아름다운 성의 모습이다. 다들 사진을 찍으며 즐거운 시간을 보내고 성 내부로 들어가셔서 30분 정도 영어가이드의 설명을 따라 들으며 투어를 끝내고 나오면 된다.

노이슈반슈타인 성은 '백조의 성'이라는 뜻인데 바이에른 왕국의 루드비히 2세가 음악가인 바그너를 돕던 중에 그의 오페라 '로엔그린'중의 백조의 전설에서 영감을 얻어 이름을 짓고 백조의 모양을 형상화해서 만들었다고 한다. 성은 17년만에 완공이 되었는데 루드비히 2세는 3개월 후에 의문의 죽음을 당해 3개월만 이 성에서 거주했다고 한다.
백조의 성을 보다보면 옆에 호엔슈방가우 성을 볼 수 있는데 루드비히 2세의 아버지인 막시밀리안 2세가 고딕양식으로 만든 성이다. 호엔슈방가우 성을 보러 가는 것도 좋은 방법이다. 마리엔다리 위에서 노이슈반슈타인 성을 보았다면 호엔슈바가우 성에서는 밑에서 위로 보는 백조의 성의 모습을 볼 수 있는데 이 절경도 정말 아름답다.

다 보고 나면 같은 방법으로 퓌센역을 가는 버스를 타고 10분 정도 가면 되는데 오후 4시 5분, 5시 6분, 6시 5분열차를 타야 한다. 하지만 오전에 일찍 오시면 4시 5분 기차를 타고 돌아가서 못 다한 쇼핑이나 시내구경을 하는 편이 시간을 잘 사용하시는 거라고 생각한다. 전날에 피곤하셨다면 숙소로 돌아가서 쉬는 것도 좋은 방법이다.

노이슈반슈타인 성
Neuschwanstein Castle

동화 속에 나오는 성처럼 아름다운 노이슈반슈타인 성Neuschwanstein Castle은 월트 디즈니가 성을 모태로 하여 디즈니랜드 성을 지은 것으로 유명하다. 노이슈반슈타인 성은 바이에른 왕인 루트비히 2세가 1869~1886에 지은 성으로 음악가 바그너의 오페라 작품에 나오는 주인공이 사는 성처럼 로맨틱한 세계를 구현하기 위해 지었다고 한다.

하지만 성이 완성되기까지 17년간 엄청난 비용은 들어갔다. 이 성을 짓는 중에도 린더호프 성 등 2개의 성을 더 만들기 시작하면서 빚은 더욱 늘어갔다. 결국 루트비히 2세는 미친 왕으로 불리면서 왕권을 박탈당하고 다음날 호수의 변사체로 발견되면서 완공을 보지 못하고 죽고 만다.

그는 성의 설계부터 참여해 문손잡이, 창틀 등 세부적인 부분까지 신경을 썼지만 성에는 102일만 머물고 의문의 죽음을 당했다. 당시 최고의 건축 기술을 동원해 화려하게 꾸민 화려한 내부 장식은 내부를 둘러보면 알 수 있다.

루트비히 2세L (udwig II)

바이에른 왕국의 4번째 왕이었던 루트비히 2세는 오스트리아 합스부르크 가문의 황후 시시의 외사촌이기도 하다. 잘생긴 이목구비로 여자들에게 인기가 많았다. 보통의 왕과 다르게 결혼을 안 하고 독신으로 살면서 사랑한 연인도 없이 남성들과의 염문을 뿌렸다고 한다. 바그너를 너무 챙겨주면서 바그너와 동성적인 사랑을 이야기하기도 한다.

바그너의 오페라 '로엔그린'을 보고 난 후 바그너의 열렬한 팬이 되면서 후원을 아끼지 않고, 성도 오페라에서 나오는 로엔그린의 백조이야기에서 성의 건축이 시작되었다. 오페라 속 장면들로 꾸미고 문 손잡이, 벽면 등의 세부 장식도 백조 문양을 새겨 넣었다.

1883년 바그너가 죽은 후, 노이슈반슈타인 성Neuschwanstein Castle과 린더호프 성의 건축에 매진한 나머지 미친 왕으로 불리며 국고를 탕진해 국민들의 지탄을 받았다. 결과적으로 신하들에게 배신을 당하고 교외의 성에 유배된 후 호수에서 변사체로 발견되었다. 죽음의 의문이 풀리지 않고 있다.

호엔슈방가우 성
Schloss Hohenschwangau

노란색 외관이 하얀색의 노이슈반슈타인 성^{Neuschwanstein Castle}과 대비되는 호엔슈방가우 성^{Schloss Hohenschwangau}은 루트비히 2세의 아버지, 막시밀리안 2세가 1832~1836년에 지은 네오 고딕 양식의 건축물이다. 바이에른 왕가의 여름 별궁으로 쓰였다가 루트비히 2세가 17세까지 사용했다고 전해진다.

성 안에는 프레스코화를 비롯해 왕가에서 수집한 보물과 19세기 중엽의 가구들이 전시되어 있다. 특히 조명에 따라 반짝이는 별 장식이 특이한 루트비히 2세의 방이 인상적이다. 3층에는 루트비히 2세가 바그너와 함께 연주한 피아노가 전시되어 있다.

Heidelberg
하이델베르크

하이델베르크
HEIDELBERG

네카어 강(River Neckar) 바로 옆에 있는 낭만적인 바로크 도시, 하이델베르크(Heidelberg)는 인기 여행지로, 유럽에서 가장 유서 깊은 대학교 중 하나도 자리하고 있다. 오덴발트 산맥의 협곡에 자리 잡은 하이델베르크(Heidelberg)는 독일에서 가장 온화한 기후를 보이는 도시이다. 이 도시는 도시 주변의 낭만적인 자연을 즐기거나 역사를 공부하고, 네카어 강을 따라 행복한 산책을 즐기고 싶은 관광객들에게 많은 사랑을 받고 있다.

About
하이델베르크

고색창연한 도시

네카어 강이 하이델베르크 구시가지를 가로질러 흐르고 있고 언덕 위에는 고풍스런 하이델베르크 성이 시내를 굽어보고 있는 고색창연한 도시이다. 젊음의 열정이 샘솟는 낭만적인 분위기 속에서 지식을 탐구하는 학교생활의 메카로 알려져 전 세계의 유학생들이 꿈을 갖고 찾아드는 곳이기도 하다. 하이델베르크 성에서 바라보는 네카어 강변의 풍경은 가히 일품이다.

대학도시

독일에는 노벨상 수상자만 30명이상 배출해 낸 괴팅겐 대학을 비롯해 튀빙겐, 뮌스터 등 유럽을 대표하는 명문 대학 도시들이 많다. 그 중에서도 하이델베르크는 가장 눈에 띄는 전통 있는 대학 도시이다.

미군기지

도시의 고건물 중 다수가 제2차 세계대전의 엄청난 폭격을 견뎌냈지만 전쟁이 종식된 후에 미군 주둔지가 되었다. 하이델베르크는 지금도 유럽의 미군 본부로 기능하고 있으며, 이런 이유로 도시 안에서 많은 미국인을 접할 수 있다.

하이델베르크 IN

프랑크푸르트와 슈투트가르트에서 버스와 기차로 이동하는 방법이 있다. 프랑크푸르트 중앙역에서 기차로 출발하면 직행으로 약 1시간이면 도착하지만 완행으로는 약 3시간 정도 소요된다. 버스로는 최근에 저렴한 플릭스 버스를 이용해 하이델베르크를 다녀올 수 있다. 버스는 기차보다 약 30분 정도 더 소요되지만 20€ 정도 더 저렴하기 때문에 배낭여행자들이 많이 이용한다.

하이델베르크 중앙역을 나오면 바로 앞에 인포메이션 센터가 있어, 하루 숙박하고자 한다면 이곳에서 추천을 받으면 된다. 시내버스(1일권 15€ / 1회권 2.5€)나 트램을 이용해 구시가지까지 이동할 수 있다. 별다른 짐이 없으면 중앙역에서 구시가지까지는 천천히 걸어서 가면 되고 아니면 1번 트램을 이용해도 된다.

하이델베르크의
핵심 도보 여행

하이델베레그는 뮌헨과 프랑크푸르트에서 갈 수 있다. 뮌헨보다는 프랑크푸르트가 기차가 더 많아서 쉽게 갈 수 있다. 프랑크푸르트 역에서는 매시간 기차가 다니기 때문에 시간에 관계없이 가도 좋다. 아침 일찍 가서 철학자의 길까지 가면 좋지만 너무 피곤해서 아침 일찍 가기가 힘들다면 오후에 출발해서 하이델베레그 성까지만 보고 와도 된다.

성은 여름에는 저녁 6시까지 입장(겨울에는 17:00까지 입장)할 수 있는데 운이 좋으면 1시간 전 정도에는 입장료 없이 들어갈 수도 있다.

일정
프랑크푸르트역 → 하이델베르그역 → 도보 / 버스정류장(2.5유로) → 비스마르크광장 → 하우프트 거리(구대학, 학생감옥) → 하이델베르그 성(7유로, 학생 5유로) → 구다리 → 하이델베르그역

프랑크푸르트역에서 당일날 가는 기차를 타도 되지만 전날에는 표를 구입하는 편이 시간을 알 수 있어서 전날 구입하기를 추천한다. 완행일때는 2시간 정도를 가야 도착할 수 있고 직행일때는 50분 정도면 도착할 수 있다. 하이델베르그역에 도착하면 왼쪽으로 돌아 입구로 나가야 한다. 많은 대학생들을 보면서 대학도시라는 것을 실감할 수 있다. 도착하시면 왼쪽 매표소 앞에 자전거가 많이 주차되어 있는 곳이 정문이고 왼쪽으로 돌면 트램을 타는 곳이 있다.

1번을 타시면 비스마르크 광장까지 갈 수 있지만 저는 도보로 이동하는 것을 추천한다. 20분 정도 걸어가면 비스마르크 광장에 도착하는데 맥도날드 햄버거가 있는 곳으로 가서 횡단보도를 건너 직진하면 인적이 드물지만 계속 직진하다가 사거리가 나온다. 왼쪽으로 돌아 걷다보면 다시 맥도날드햄버거가 나오면 비스마르크 광장에 거의 다 온거니 조금만 힘을 내면 된다.

비스마르크 광장에서는 다리가 아플텐데 일단 가게에서 물을 사고 이동한다. 비스마르크광장에는 많은 공연을 하고 있어서 쉬기에도 좋다. 비스마르크 광장에서 위쪽에 관광객이 많이 걷는 거리가 하우프트 거리이다.

하우프트거리 왼쪽에 선제후박물관이 있는데 그냥 지나쳐도 무방하다. 계속 걷다보면 한국식당이 있고 식당 오른쪽으로 돌면 학생감옥의 입구인 회색대문이 있는데, 벨을 누르면 문을 열어준다. 학생들의 폭력이나 술사고를 친 학생들을 처벌하기 위해 만든 감옥이다. 안으로 들어가셔도 많은 볼거리는 없다.
학생감옥 오른쪽이 대학광장으로 앞이 신대학이다. 학생감옥이 있는 건물이 구대학으로 독일에서 가장 오래된 대학이라고 한다. 이 대학은 19세기부터 노벨상 수상자를 배출하면서 유명해졌다고 한다.

대학광장에 있다보면 다리가 아프고 힘도 들어서 앞쪽에 있는 커피숍에 들어가 당분이 들어간 음료를 마시고 쉬신 후에 계속 이동하는 것이 좋다. 앞쪽에는 빵과 음료를 파는 가게들이 많이 있으니 잘 골라보면 맛나는 빵도 먹을 수 있다. 휴식을 취한 후에 계속 따라 걸으면 다시 작은 코튼 마르트 광장이 나오고 이 옆에는 성령교회가 있다.
주말에는 벼룩시장도 열려서 주말에 하이델베르그로 오면 보실 것들이 많이 있다. 광장 중앙에는 동상이 있는데 동상과 뒤의 성을 배경으로 사진을 찍으면 멋진 사진이 나온다.

이제부터 성을 올라갈건데 올라가다 보면 한글로 된 면세점이라는 간판을 보인다. 10분 정도 가파른 오르막길을 올라가면 하이델베르그 성의 입구에 도달한다. 7유로의 입장료를 내고 들어가면 하이델베르그 성을 둘러볼 수 있다. 13세기에 지어진 성이라는 느낌이 외부에서 느껴지지만 이 성은 그리스교와 카톨릭교간의 계속된 전쟁으로 파괴와 복구를 반복하다가 프랑스와의 팔츠계승전쟁으로 다시 파괴된 후 지금의 모습이 되었고 내부는 2차 세계대전 이후에 정비가 되어 있다.

성에서는 칼 테오도르 다리를 보는 전경이 펼쳐지는 곳이 가장 인기가 좋다. 이곳은 사진을 가장 많이 찍는 포토존으로 여행책자에 나온 장면은 다 여기서 찍은 사진이다. 관광객들을 따라 올라가면 15분 정도 후에 도착하기 때문에 못 찾을 일은 없다.

성을 다 보고나서는 성령교회쪽으로 가시면 교회와 시청건물 사이에 노천카페가 있다. 카페 옆길을 따라 강으로 가면 칼 테오도르다리(구다리)가 나온다. 이 다리는 위에서 볼때와 아래에서 볼때는 느낌이 많이 다르기 때문에 직접 보시길 추천한다.

다시 노천카페에서 쉬다가 성령교회로 가서 되돌아 온 비스마르크 광장을 되돌아가면 역에 도착할 수 있다. 되돌아갈 때를 대비해서 시간을 미리 체크해야 한다. 물론 표를 구입하려면 시간을 정해야 하지만 늦게 역으로 도착할때를 대비해서 반드시 시간을 확인해야 한다.

막차는 7시전에 끊기기 때문에 아무리 늦더라도 6시 정도에는 돌아와야 한다. 전체를 다 돌아다녀도 4시간 정도면 충분한 도시이기 때문에 트램을 타지 않아도 둘러볼 수 있는 곳이 하이델베르그이다.

하이델베르크 성
Heidelberg Schloss

르네상스가 낳은 걸작으로, 원래의 구조물은 화마와 전쟁에 의해 파괴된 후 여러 차례의 재건축을 거쳤다. 오늘날 하이델베르크 성은 과거 다양한 시대의 모습이 외관에 깃든 경이로운 건축물로 인정받고 있습니다. 이 성은 도시의 상징적인 랜드마크이며 세계에서 가장 중요한 낭만주의 유적지로 손꼽힌다.

성에는 쾨니히슈툴 산비탈에 걸쳐 펼쳐져 있는 아름다운 르네상스 가든도 있다. 성과 주변 지역이 파괴되기 전까지만 해도 이 정원은 '세계 8대 불가사의' 중 하나로 인정받을 정도였다. 이곳으로 올라가면 하이델베르크 시와 올드 스톤 브리지(Old Stone Bridge)가 만들어 내는 아름다운 경치를 감상할 수 있다.

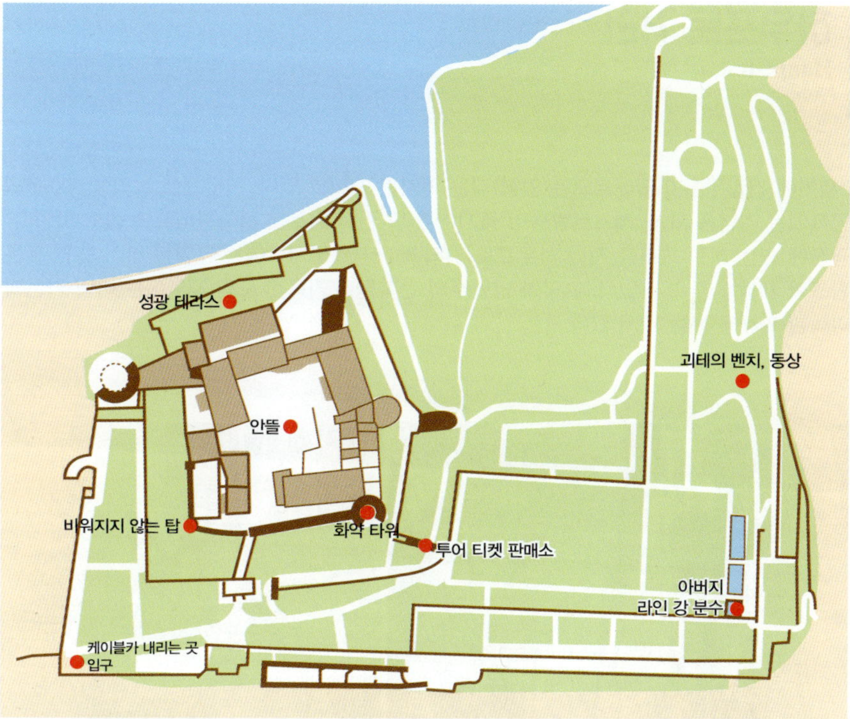

성광 테라스

괴테의 벤치, 동상

안뜰

비워지지 않는 탑

회약 타워

투어 티켓 판매소

아버지 라인 강 분수

케이블카 내리는 곳
입구

🌐 www.schloss-heidelberg.de 🏠 Schlosshof 1, 69117 🕐 8~18시 (17시30분까지 입장) 📞 062-216-58-880

하우프트 거리
Hauptstrasse

5세기에 건립된 하이델베르크는 인상 깊은 역사를 지니고 있다. 하우프트 거리 Hauptstrasse의 양쪽에는 기념품 가게, 레스토랑들이 줄지어 있고 언덕 위로는 하이델베르크 성도 보인다. 광장에 있는 성령 교회를 지나 하우프트 거리 Hauptstrasse 끝자락에는 유명한 비어 홀인 붉은 황소와 제펠 하루스가 있다. 고딕과 낭만주의 건축물로 가득한 도심 지역에는 비어 가든과 아늑한 카페들이 들어 서 있다.

성령 교회
Heiliggeistkirche

하이델베르크 성을 올라가는 시작하는 지점에 위치한 교회는 1344~1441년에 지어져 현재 헤이델베르크를 대표하는 교회가 되었다. 처음에는 가톨릭 성당이었지만 루터파의 종교 개혁 후 개신교회로 바뀌었고, 1709년, 첨탑을 바로크 양식으로 올렸다. 하이델베르크 음악대학의 연주회장으로도 자주 사용되고 있다.

🏠 Markplatz 69115 🕐 10~18시(월~토요일 / 일, 공휴일 11시30분~18시) 📞 062-212-1117

카를 테오도르 다리
Karl Theodor Brücke

옛날 다리라는 별칭으로 알려진 다리는 하이델베르크 성에서 볼 수 있는 가장 아름다운 풍경을 보여준다. 철학자의 길과 연결되어 풍경이 아름답기 때문에 연인들의 데이트 장소로도 유명하다.
목재 다리였지만 홍수와 화재로 소실되면서 선제후 카를 테오도르 가 1788년에 석조다리로 연결했다. 카오 테오도르와 아테네 여신상이 다리 입구를 지키고 있다.

카를 문 (Karls Tor)
길게 굽은 보행로를 따라 거닐며 쇼핑을 즐기다 보면 카를 테오도르를 기념하기 위해 세워진 '칼스토어(Karlstor)'라는 이름의 개선문과 마주하게 된다. 개선문에서 케이블카를 타고 도심을 굽어보고 있는 하이델베르크 성으로 올라갈 수 있다.

하이델베르크 대학
Universität Heidelberg

유럽에서 가장 유서 깊은 대학교 중 하나인 하이델베르크 대학을 가보지 않고는 하이델베르크를 여행했다고 할 수 없을 것이다.
위르겐 하버마스와 칼오토 아펠과 같은 유명한 과학자들이 대부분의 연구 시간을 보냈던 유서 깊은 홀도 돌아보자. 대학교에는 매년 신입생이 들어오므로 오래된 낭만의 도시에서는 멋진 바와 연례 음악 축제 등을 통해 젊음의 분위기도 느낄 수 있다.
아담한 중세풍의 대학 도시에 있는 하이델베르크 대학은 1386년에 건립된, 독일에서 가장 역사가 깊은 대학이다. 막스 베버는 이곳에서 사회 과학이론을 체계화했다. 하이델베르크는 그 오랜 전통과 노벨상 수상자도 수십 명을 배출한 독일의 명문대학으로 유명하다.

- www.uni-heidelberg.de　Grabengasse 1, 69117(31, 32번 대학 광장 하차)
- 10~18시(11~다음해 3월 16시까지)　4€(학생 감옥 + 옛 강당)

학생 감옥
Student Prison

유명한 학생 감옥은 학생들이 술을 마시고 싸움을 하거나 학칙에 위배되는 행동을 했을 경우 학생 감옥에 수감하고 3일 동안 빵과 물만을 주며 반성의 시간을 갖게 했던 곳이다. 하지만 그 당시 학생들 사이에서는 이곳을 출입하는 것이 불명예가 아니라 오히려 하이델베르크에서만 누릴 수 있는 대학 시절 낭만이자 통과 의례로 인식하기도 했다.
구 대학 뒤편 아우구스티너가세 Augustinergasse 에 있는 이 학생 감옥 안에는 갇혀 있는 동안 학생들이 해 놓은 낙서들이 가득하다.

🏠 Augustinergasse 2, 69117
📞 062-215-43-554

철학자의 길
path of a philosopher

성을 내려와 네카어 강에 걸려 있는 테오도르 다리를 건너면 오른쪽 언덕 위로 난 오솔길이 보인다. 바로 철학자의 길이라고 부르는 산책로이다. 괴테를 비롯해 헤겔, 하이데거 등 독일의 저명한 철학자들이 사색에 잠겨 걸었다는 길이다. 철학자의 길을 나오면 네카어 간변의 잔디밭에는 자리를 펼치고 일광욕을 즐기는 젊은이들과 가족들이 소풍을 나온 장면을 볼 수 있다. 여유로운 하이델베르크의 낭만이 그대로 느껴진다.

Rothenburg
로텐부르크

로텐부르크
ROTHENBURG

로맨틱 가도의 여러 도시 중 가장 매력적인 로텐부르크는 중세의 보석상자라고 불리 운다. 로텐부르크의 정식 명칭은 'Rothenburg ob der Tauber'인데 '타우버 강 위의 로텐부르크'라는 뜻이다. 플렉스 버스로 프랑크푸르트에서 1시간 30분을 이동하면 도착할 수 있다. 마을 전체가 마치 중세의 박물관 같은 로텐 부르크의 구시가는 성벽으로 둘러싸여 있으며 거리와 골목사이를 걷고 있노라면 중세로 되돌아 온 기분이 든다.

한눈에
로텐부르크 파악하기

유로파버스가 역 앞에 정차하면 성벽으로 둘러싸인 구시가지가 한눈에 들어온다. 중세 영화에나 나올법한 성문을 지나 곧장 가면 구시가의 중심인 마르크트광장Marktplatz에 도착한다. 성야콥교회, 시청, 관광안내소 등 대부분의 명소가 이곳에 몰려있다. 구시가지는 작아서 걷다보면 어느새 성벽과 만나게 된다.

구시가지를 돌아다니면 '슈네발렌'이라고 부르는 스노볼 과자를 볼 수 있다. 천천히 걸으면서 한입에 먹는 스노볼은 분위기를 더해 줄 것이다. 광장에서 조금 떨어진 제국도시박물관에는 로텐부르크의 역사를 바꾼 마이스터트룽크의 커다란 술잔을 볼 수 있다. 북쪽의 부르크 문에는 산책할 수 있는 부르크 공원이 보이기 때문에 한적하게 쉴 수 있다.

뢰더 문
Rödertor

이중 구조로 이루어진 뢰더 문^{Rödertor}은 로텐부르크 구시가지로 들어가는 출입문이다. 주변으로 성벽이 보존되어 중세 도시의 느낌을 바로 받을 수 있다. 뢰더 문^{Rödertor}으로 들어가면 양 옆으로 성곽이 이어져 있는데 왼쪽으로 이어진 계단을 올라가 전망대로 올라가면 시가지 전경이 눈에 들어온다. 성곽 통로에는 지붕으로 덮여 있는 통로로 이루어져 옛 분위기를 느낄 수 있다.

> **성곽 여행**
> 5개의 성문과 성곽으로 이루어진 로텐부르크Rothenburg는 걸어서 어디든 갈 수 있다. 입구인 뢰더 문R□dertor으로 들어가면 허겁지겁 빠르게 이동하는 것보다 왼쪽의 계단을 따라 올라가 성곽을 걸어볼 것을 추천한다. 의외로 아름다운 풍경을 맞이할 수 있다.

시청
Rathaus

다른 도시들과 마찬가지로 도시 한 가운데 자리 잡은 시청은 로텐부르크의 랜드마크이다. 1375에 건물 옆 고딕양식으로 지은 60m의 종루가 있는데, 지금도 쉽게 눈에 띈다. 220개의 계단을 따라 올라가면 시청사 탑에 올라 시내와 타우버 계곡의 풍경을 감상할 수 있다. 중세풍의 시청사는 중세 제국 도시의 자부심과 영혼을 반영하는 건물이다.

🏠 Marktplatz, 91541
🕘 9시 30분~12시 30분, 13~17시 (4~10월 매일 / 11~3월 토, 일요일 12~15시
　크리스마스 시즌 10시30분~14시, 14시30분~18시)
💶 전망대 3€

의원연회관
Ratstrinkstube

시청사 옆에 붙어 있는 건물은 술을 들이키는 인형으로 유명한 의원연회관^{Ratstrinkstube}이다. 바로 옆의 시의회 라트스트링스투베^{Ratstrinkstube} 건물 벽엔 커다란 장식 벽시계가 있어 관광객들의 시선을 끈다. 10~22시까지 매시간 시계 옆 창문이 열리면서 시장과 장군 인형이 나와 술잔을 들이키는 창면이 반복된다. 체코, 프라하의 벽시계에 비하면 초라하지만 그래도 볼만하다.
관광안내소는 1층에 있다. 70년 전통을 지닌 관광안내소는 숙소 예약에서 각종 투어운영까지 하고 있다. 관광은 여기서부터 시작하는 것이 좋다.

🌐 info@rothenburg.de 🏠 Marktplatz 2 📞 09861-4-04-800

성 야콥교회
St.-Jakobs-Kirche

1311공사를 시작해 1471에 세워진 고딕양식의 건물로 틸만 리멘슈나이더의 조각상과 14세기에 만들어진 스테인드글라스와 5,500개의 파이프로 만들어진 파이프 오르간이 유명하다. 프리드리히 헤를린이 만든 중앙 제단과 중앙 제단 건너편의 조각상은 압권이다. 예수님이 만찬하는 장면을 상상하면서 5년간 나무에 조각해 만든 섬세하고 간결한 성혈 제단은 독일에서 가장 유명한 조각상이기도 하다.

🏠 Bern Kingentor　🕘 9~17시(4~10월 / 11, 1~3월 10~12, 14~16시 / 12월10~16시45분)　€ 2.5€(학생 1.50€)

부르크 문
Burgtor

뢰더 문Rödertor 정반대쪽에 있는 부르크 문은 뢰더 문과 마찬가지로 높은 감시탑과 이어진 성벽이 비슷하다. 부르크 문은 1444년 후기 고딕 양식으로 지어졌다고 한다. 중세 요새의 남아 있는 두 개의 탑이 있는 문 중 하나이다. 특히 바깥쪽으로 보이는 환상적인 부르크 공원의 한 장면으로 전망대에 오르는 관광객들이 많다.

부르크 공원
Burggarten

프란시스 교회 옆에 있는 공원에는 타우버 강이 한눈에 들어온다. 로텐부르크의 정식 명칭 'Rothenburg ob der Tauber'는 '타우버 강 위의 로텐부르크'라는 뜻인데, 여기서 그 의미를 알 수 있다. 부르크공원에서 성벽 밖으로 난 산책로 – 타우버 리비에라Tauber Riviera를 따라 걷다보면 정신이 맑아진다.

플뢴라인
Plönlein

라틴어에서 평평한 광장을 뜻하는 'Planum'에서 유래된 단어로 1204년 마을을 확장하면서 기존의 탑과 더 높은 지베르스 탑Siebers Tower을 세웠다. 아마 이 탑과 오른쪽으로 이어진 길 갈래에서 남쪽 문을 보호하기 위해 지었다.

사진 한 장으로 로텐부르크를 환상적이라고 말하는 관광객이 많을 것이다. 로텐부르크는 맑은 날보다 약간 흐린 날, 플뢴라인Plönlein에 보이는 풍경이 더욱 분위기를 끌어올려준다.

Czech
체코

Praha | 프라하
Cesky Krumlov | 체스키크롬로프
Kutná Hora | 카를로비 바리
Olomouc | 올로모우츠

Česko

ABOUT
체코

■ 동유럽의 보석

프라하는 유럽에서 가장 아름다운 도시로 꼽힌다. 프라하는 마치 시간이 정지된 느낌을 받게 한다. 도시 곳곳에 고딕, 르네상스, 바로크 양식의 건물 등 중세의 흔적을 엿볼 수 있는 역사 유적이 남아 있어 시간의 흐름을 잊게 한다.

■ 아픈 역사의 흔적

프라하는 90년대 초반까지만 해도 어둡고 침울한 느낌의 도시였다. 하지만 현재 프라하는 유럽에서 가장 세련되고 아름다운 도시로 바뀌어 세계 각국에서 몰려드는 여행자를 맞이하고 있다.

■ 문화와 예술의 나라

천 년의 역사와 드라마틱한 사건의 무대였던 프라하는 유네스코에 의해 세계문화유산으로 지정되었다. 도시의 문화를 즐길 수도 있으며 다양한 인물을 만날 수 있는 도시이다. 드보르작과 카프카를 배출했고 모차르트 최고의 오페라로 꼽히는 '돈 지오바니'가 상설로 공연된다.

■ 무뚝뚝하지만 따뜻한 사람들

체코인들은 겉으로는 무뚝뚝하고 무관심해 보이지만 알고 보면 사소한 것에 감사하는 따뜻한 사람들이다. 1인당 맥주소비량이 1위를 차지할 만큼 맥주를 즐기지만 과음은 잘하지 않는다. 교육수준이 높고 어린 나이부터 악기를 배운다. 체코에 유명 음악가가 많은 것은 이런 이유가 있을 것이다.

체코를 꼭 가야하는 이유

■ 로맨틱한 도시

중세 문화를 품은 이국적인 정취와 로맨틱한 풍경을 선사하는 체코는 누구나 사랑하는 동유럽 여행지이다. 전 세계 여행자들의 감성을 사로잡은 프라하는 가을이 다가올수록 하늘은 조금씩 높아질수록 프라하에 대한 사랑은 더욱 깊어지고 만다.
중세 유럽 특유의 낭만과 분위기를 제대로 만끽하고 싶다면 블타바 강 옆 레트나공원에서 멋진 야경을 감상할 수 있다. 매일 저녁 구시가지 광장과 카를교에서 버스킹이 열려 아름다운 선율을 감상할 수도 있다.

◼ 과거로의 시간여행

체코 프라하는 중부 유럽에 위치한 도시로 건축물과 문화유산 다수를 보유하고 있다. 특히 중세 건축 뿐 아니라 유럽에서 가장 아름다운 다리 카를교, 아르누보의 건축물, 프라하 성, 레트나공원 등 관광명소가 즐비하다.

고색창연한 건축물과 중세역사를 느낄 수 있는 도시는 프라하가 대표적이다. 프라하뿐만 아니라 체코의 다른 도시에는 발길 닿는 곳곳에 세계문화유산이 많다. 중세를 담은 체코의 각 도시들이 항상 많은 관광객들로 붐빈다.

■ 저렴한 물가

동유럽하면 프라하를 가고 싶어하는 여행자는 많다. 프라하의 건축물과 풍경이 여행자의 마음을 훔치면서 프라하뿐만 아니라 체스키크룸로프, 플젠까지 찾아가더니 지금은 체코의 모라비아 지방도 여행코스로 포함해 여행하는 관광객이 늘어나고 있다. 특히 체코는 저렴한 물가로 여행자의 부담을 줄여준다.

■ 세계 최고의 맥주와 와인

체코 여행에서 가장 기대하는 것은 맥주이다. 체코는 맥주 애호가뿐만 아니라 맥주를 싫어하는 여행자도 한번은 맥주를 즐기는 곳이기도 하다. 체코에서 필스너 우르켈Pilsner urquell, 부드바르Budvar, 스타로프라멘Staropramen을 체코 3대 필스너Pilsner 맥주로 꼽는다.

모라비아 남부 지방은 질 좋은 와인을 생산하고 있는데, 와인 레스토랑에서 맛볼 수 있다. 체코 최고의 와인산지로 알려진 발티체 성 와인살롱 투어 등 다양하다. 체코의 특산주로 쓰면서도 달콤한 맛이 절묘한 '베체로브카Becherovka', 허브 추출액이 포함된 보드카인 '주브로브카Zubrovka', 자두 브랜디인 '슬리보비체Slivovice' 등이 있다.

■ 잘 보존된 중세 도시

체코의 수도인 프라하는 체코가 얼마나 관광지가 많고 보존이 잘되어 있는지를 판단할 수 있는 대표적인 도시이다. 프라하, 체스키크룸로프, 카를로비 바리, 플젠, 쿠트나호라뿐만 아니라 모라비아의 올로모우츠, 레드니체, 텔치 등의 도시가 중세 도시 형태를 그대로 지금까지 이어오고 있다.

■ 슬픈 역사의 자취

제2차 세계대전 후에 소련의 지배로 체코는 오랜 기간을 공산주의 국가로 힘들게 살았다. 그 동안 자유를 위해 저항하는 독립운동을 지속했다. 이것을 '프라하의 봄'이라고 한다. 인류 역사에서 다시는 일어나지 말아야 할 비극의 현장이 프라하의 바츨라프 광장에 보존되어 있다.

> **프라하의 봄**
>
> 1968년 소련이 체코슬로바키아를 침공하는 동안, 프라하에서 체코슬로바키아 청년이 불타는 탱크 옆으로 국기를 흔들고 있다. 자유를 향한 프라하의 행진은 계속됐다. 사람들이 아직도 기억하는 '프라하의 봄(Prague Spring)'은 1968년 8월이었다. 소련군을 선두로 바르샤바조약기구의 탱크들이 프라하를 침략했다. 소련군은 결국 체코에서 벌어진 공산주의 체제에 대한 혁신을 무력화했다.

체코 & 프라하 여행 잘하는 방법

■ 공항에서 숙소까지 가는 이동경비의 흥정이 중요하다.

어느 도시가 되도 도착하면 해당 도시의 지도를 얻기 위해 관광안내소를 찾는 것이 좋다. 체코의 프라하로 입국을 한다면 중요한 것이 비행시간이다. 대한항공은 직항이지만 경유를 하여 체코에 도착한다면 14~16시간의 비행시간이 소요된다.

공항에서 프라하 시내까지 버스나 지하철로 이동을 하지만 일행이 3명 이상이라면 나누어서 택시비를 계산하면 되므로 택시를 타고 이동하는 것도 좋다. 차량공유 서비스인 우버Uber을 사용하여 이동하는 것도 좋은 방법이다.

■ 심카드나 무제한 데이터를 활용하자.

공항에서 시내로 이동을 할 때 데이터를 이용해 정확한 이동경로를 알 수 있다면 택시의 바가지를 미연에 방지할 수 있다. 또한 숙소를 찾아가는 경우에도 구글 맵이 있으면 쉽게 숙소도 찾을 수 있다.

스마트폰의 필요한 정보를 활용하려면 데이터가 필요하다. 심카드를 사용하는 것은 매우 쉽다.

매장에 가서 스마트폰을 보여주고 데이터의 크기만 선택하면 매장의 직원이 알아서 다 갈아 끼우고 문자도 확인하여 이상이 없으면 돈을 받는다.

■ 유로를 코루나K 로 환전해야 한다.

공항에서 시내로 이동하려고 할 때 지하철과 버스를 가장 많이 이용한다. 이때 '코루나(Kč)'가 필요하다. 사전에 유로를 코루나(Kč)로 준비하지 못했다면 여행 중에 사용할 전체 금액을 환전하기 싫다고 해도 일부는 환전해야 한다. 시내 환전소에서 환전하는 것이 더 저렴하다는 이야기도 있지만 금액이 크지 않을 때에는 큰 금액의 차이가 없다.

■ 공항에서 숙소까지 간단한 정보를 갖고 출발하자.

공항에서 시내까지 이동을 하려면 지하철이나 버스를 많이 이용한다. 시내에서는 버스와 트램이 중요한 시내교통수단이다. 시내 교통수단을 이용하는 교통비는 저렴하기 때문에 노선을 잘 알고 이동하는 것에 익숙해져야 한다. 같이 여행하는 인원이 3명만 되도 공항에서 택시를 활용하면 여행하기가 불편하지 않다.

C · Z · E · C · H

체코
여행에
꼭필요한
INFO

한눈에 보는 체코 역사

1~5세기

체코의 시작
체코의 시작은 켈트인이 거주했던 시절로 거슬러 올라간다. 그 뒤 로마에 정복되어 로마문화가 빠르게 전파되었다. 5세기에는 슬라브족이 득세했고, 7세기에는 사모국이, 8세기말에는 모라비아 왕국이 들어섰다.

9세기

체코와 슬로바키아 민족이 통일국가를 수립했지만 그 후 슬로바키아는 헝가리에 천년 동안 점령당한다.

10~14세기

번영한 카를 4세
보헤미아 왕국으로 번영하여 보헤미아 왕이 폴란드와 헝가리 왕을 겸임하는 등 국력이 강해졌고 14세기에는 카렐 4세가 신성로마제국 황제에 오를 정도로 부강해졌다. 카렐 4세는 체코에서는 한국의 세종대왕만큼 존경을 받고 있다. 그는 프라하를 유럽의 중심으로 만들고자 하였으며 동유럽 최초의 대학으로 자신의 이름을 딴 카렐 대학교를 설립하고 체코어 사용을 장려하는 등 여러 정책을 베풀었다. 카렐 4세가 재임한 시기는 체코 문화의 전성기였다. 그 시기에 체코는 프라하를 신성로마제국의 수도에 걸맞는 도시로 만들어 정치, 문화적으로 크게 번영하였다.

15~19세기
갈등의 시기
15세기, 종교개혁과 함께 일어난 후스파와 교황파의 전쟁으로 16세기에 체코는 합스부르크 가의 지배를 받게 된다. 합스부르크 가문은 오스트리아의 왕실을 600년 동안 지배한 것으로 유명한 유럽 제일의 명문가였다.

19세기 후반
오스트리아 헝가리 제국의 지배
체코는 오스트리아, 헝가리 제국의 지배를 받았다. 제 1차 세계대전 후 체코슬로바키아 공화국이라는 단일국가가 세워졌으나 곧 나치 독일에 점령당하고 만다.

1945년~1969년
사회주의 공화국
1945년 소련에 의해 해방되면서 체코슬로바키아의 사회주의화가 진행되었고 1960년에 체코슬로바키아 사회주의 공화국이라는 이름으로 개칭이 되었다. 1956년, 스탈린 사망 이후 소련에서는 독재자로서 많은 사람을 희생시킨 스탈린 세력에 대한 반발로 그의 흔적을 지우려는 정책, 즉 스탈린 격하운동이 발생하였다. 하지만 당시 체코슬로바키아의 노보트니 정권은 스탈린주의를 고수하면서 보수적인 정책을 유지했다.

그러자 체코 국민들 사이에 자유와 민주주의에 대한 목소리가 높아지고 정치, 경제의 개혁을 요구하는 거센 바람이 불었다. 이것이 그 유명한 1968년의 '프라하의 봄'이다. 지식인층을 중심으로 민주화, 자유화 운동이 조직적으로 일어났고 개혁파가 정권을 잡게 되었다.

1968년 4월 "인간의 얼굴을 가진 사회주의"를 제청하는 강령이 체코슬로바키아 공산당 중앙위원회에서 채택되었다. 그러나 이러한 봄은 같은 해 8월 소련을 비롯한 당시 바르샤바 조약기구에 가입한 5개국 군대 약 20만 명이 체코슬로바키아를 무력으로 침공하면서 짧게 끝나고 말았다.

1970년 ~1990년

자유주의로의 복귀

처음에 체코와 슬로바키아는 별개의 나라였다. 이 둘 사이에 존재하던 오랜 불평등으로 인해 1969년 체코 사회주의 공화국과 슬로바키아 사회주의 공화국이 분리된 연방국가가 새롭게 시작되었다. 1988년 고르바초프가 주도하는 서련과 동구권 개혁의 바람이 불어오면서 같은 해 12월 공산정권이 퇴진했다. 1989년에는 최초로 비공산주의자인 바츨라프 하벨이 대통령에 선출되고 1990년에 체코슬로바키아 연방공화국으로 나라 이름이 바뀌었다.

1990년 ~현재

체코와 슬로바키아의 분리

1990년, 자유 총선거의 결과 새로운 민주 정부가 들어서고, 1992년에는 자유민주주의 체제를 지향하는 새로운 헌법이 채택되었다. 1993년 1월 마침내 체코와 슬로바키아는 2개의 공화국으로 분리되어 현재에 이르고 있다.

체코와 슬로바키아

관계
한때는 한나라였던 체코와 슬로바키아는 어떤 관계일까? 체코인들은 체코슬로바키아라고 불리는 것을 좋아하지 않는다. 아직도 체코보다 체코슬로바키아라는 이름을 더 익숙하게 받아들이는 사람들은 나이가 40대 이상일 것이다.

체코는 슬로바키아보다 서쪽에 있다. 경제적으로도 더 잘사는 나라로 슬로바키아에 별 관심이 없는 경우가 많고 슬로바키아와 체코를 혼동하면 불쾌해한다.

차이
체코와 슬로바키아 인들은 서로를 인정하지 않고 있어 불화인 경우도 있다. 1989년 비폭력 자유민주화 운동인 벨벳혁명을 통해 공산당 정권이 무너진 후, 각자 추구하는 정치적 방향의 차이로 서로 합의하에 1993년에 체코 공화국과 슬로바키아 공화국으로 분리되었다. 이런 분리 과정에서 체코에는 전체 인구의 2%에 이르는 슬로바키아인이 남게 되었다.

체코가 더 지리적으로 서유럽에 가까이 인접해 있어 역사적으로도 서유럽의 영향을 슬로

슬로바키아
체코의 동쪽에 있는 나라로, 수도는 브라티슬라바이다. 국토의 절반 이상이 산악 지대이기 때문에 밭농사가 발달했으며, 한때 한 나라였던 체코에 비해 경제적으로 뒤떨어진 편이다.

평화를 사랑하는 사람들
제2차 세계 대전이 끝나고 사회주의 국가가 된 후 국민들은 정권에 맞서 자유와 개방을 요구했고, 그 움직임은 1968년에 작가, 예술가, 배우 등이 중심이 되어 일으킨 '프라하의 봄'이라는 개혁 운동으로 나타났다. 프라하의 봄은 인간의 마음을 담은 사회주의를 희망하면서 정치적인 자유와 경제적인 번영 등을 주장한 혁명이었지만, 아쉽게도 실패로 끝났다.

하지만 개혁을 요구하는 목소리가 계속 남아 있었고, 1989년 11월에 시작된 본격적인 민주화 운동으로 결국 기나긴 사회주의를 끝마치게 되었다. 그런데 이 과정에서 무력을 사용하거나 전혀 피를 흘리지 않았기 때문에 이를 '벨벳 혁명'이라 불렀다. 그리고 1993년에 체코와 슬로바키아가 나뉠 때에도 서로 싸우지 않고 대화와 타협을 통해 평화롭게 진행되었기 때문에 사람들은 '부드러운 결별'이라고 말하기도 한다.

이처럼 체코 사람들은 전쟁보다는 평화를, 폭력보다는 화해를 사랑하는 사람들이다. 지난 수백 년 동안 외세의 침입을 받을 때에도 전쟁을 하기보다는 대화를 통해 이를 해결하려고 했고, 그 덕분에 체코의 문화유산과 역사적 유물이 오늘날까지 잘 보존될 수 있었다.

바키아보다 많이 받는다. 경제적으로 자동차, 중화학, 기계 산업이 활성화되었고, 슬로바키아는 농업과 군수업이 주요 산업으로 다르다.

또한 민족적 기원이 다르다. 1918년~1992년 체코슬로바키아라는 연방국가로 존재했지만 두 나라의 조상은 다르다. 5~7세기에 슬라브족이 정착하면서 보헤미아와 모라비아에는 체크족이, 슬로바키아 지방에는 슬로바크슬라브족이 정착하였다. 이들의 연합인 모라비아 왕국이 체코의 기원이 되면서 체코와 슬로바키아가 연합국이 되었다. 모라비아 제국이 쇠락하기 시작한 9세기 말에 체코인들은 프라하를 중심으로 독자적인 국가인 보헤미아 왕국을 세웠기 때문에 차이가 있다.

체코의 맥주

체코 여행에서 가장 기대하는 것 중에 하나가 맥주를 즐기고 싶은 것이다. 누가 뭐라고 해도 체코는 맥주 애호가의 천국이다. 체코의 맥주는 세계적으로 유명한데 특히, '부드바르Budvar(오리지널 버드와이저)'와 '플젠스키 프라즈드로이Plzensky' Plazdroj(오리지널 필스너)'가 가장 유명하다. 체코에서 필스너 우르켈Pilsner urquell, 부드바르Budvar, 스타로프라멘Staropramen을 체코 3대 필스너Filsner 맥주로 꼽는다. 체코어로 맥주는 '피보Pivo', 무알코올 맥주는 '피토Pito'라고 부른다.

필스너 우르켈(Pilsner urquell)

체코 여행에서 거리를 걸어가면 한번은 보게 되는 '라거 맥주'의 시초로 알려진 유명한 체코맥주이다. 필스너 우르켈Pilsner urquell의 단어가 '최초의 맥주'라고 뜻이다. 우리가 마시는 라거 맥주를 통틀어서 필스너 방식을 이용해서 만든 '필스너 맥주'라고 부른다. 우르켈 양조장은 체코의 도시인 플젠Pilzen에 있다. 플젠을 여행하는 이유는 필스너 우르켈Pilsner urquell 공장 견학을 가기 위해서이다.

투어가 끝나면 지하 저장고에서 오크통에 숙성중인 정제를 거치지 않은 필스너 우르켈Pilsner urquell 언필터링 맥주를 맛볼 수 있다. 강한 홉Hop 맛에 너무 쓰기 때문에 싫다고 하는 맥주 애호가도 있어서 달달한 코젤 다크 맥주가 더 좋다고 하기도 한다. 하지만 오래 마시면 결국, 맛있는 맥주는 필스너 우르켈Pilsner urquell이라고 이야기한다.

필스너 우르켈을 최초로 판매하기 시작한 레스토랑은 프라하의 '우 핀카수U Pinkasů'인데, 최초이기 때문이기도 하지만 맛이 다른 필스너 우르켈Pilsner urquell 맥주를 맛볼 수 있다고 하여 많은 관광객이 찾고 있다.

버드와이저/부드바르 (Budweiser/Budvar)

버드와이저는 원래 체코의 작은 도시인 '체스케부데요비체'에서 만들어지는 맥주들을 일컫는 말이었다. 병 입구 주변을 병뚜껑까지 금박이 둘러싸고 있는 것이 특징이다. 세계 2차 대전이 끝나기 전까지만 해도 부데요비체가 독일의 도시였던 '부드바이스' 였기 때문에, 여기에서 만들어지는 맥주가 맛있다는 소문에 독일인들도 버드와이저를 맛보기위해서 '체스케부데요비체'로 이동해 왔다.

처음에는 "부드바르, 부드바이저, 버드와이저"로 알려졌었다. 미국의 유명한 맥주인 버드와이저와 같은 이름을 쓰고 있어 이름의 사용권에 대한 분쟁이 있지만, 인지도는 버드와이저가 더 높다. 2011년에 체코 버드와이저와 미국 버드와이저가 상표권을 놓고 재판을 벌여서 체코가 이기고 미국의 유명 맥주회사인 버드와이저가 패소하였다.

100% 맥아를 사용한 필스너Filsner로 미국의 버드와이저와는 맛이 많이 다른데, 끝 맛이 고소한 점은 비슷하나 보헤미아의 맥주답게 '라거'치고는 홉향이 강하고 쌉싸름하고 따르면 거품도 풍성하다. 프라하에는 버드와이저를 판매하는 펍Pub이 많지 않다. 프라하의 3대 맥주 레스토랑으로 알려진 우 에드비드쿠U Medvídků에서 자체적으로 만든 300년 전통의 '늙은 염소Old Goat'란 이름으로 판매하고 있다.

스타로프라멘(Staropramen)

스타로프라멘 맥주는 언 필터드Unfilttered/네필터Nefiltter 맥주가 유명하다. 체코어로 '네ne'는 부정을 뜻하는 말로 '필터링이 안 된 맥주'라는 뜻이다. 라거 맥주도 있지만 이 스타로프라멘 맥주를 마시게 된다면 네필터Nefiltter를 추천한다. 체코 맥주를 맛볼 수 있는 대표적인 식당은 'HUSA'라고 부르는 체코 레스토랑이다.

체코에서 필스너 우르켈, 부드바르와 함께 체코 3대 필스너Filsner로 꼽히는 맥주이다. 체코의 라거Lager답게 묵직하고 쌉싸름하지만 깔끔한 뒷맛이 일품이다. 한 마디로 필스너 우르켈보다 쓴맛이 덜하고 부드러운 맛이 강하다. 필스너 우르켈이나 부드바르보다 인지도가 떨어지는 편이지만 맛은 뒤지지 않는다는 평가를 받고 있다.

감브리너스(Gambrinus)

맥주를 게르만족들에게 전파했다고 전해지는 전설의 인물의 이름을 딴 체코의 맥주이다. 감브리너스 맥주는 필스너 우르켈과는 다른 맛을 가지고 있다. 청량감이 강한 맥주라고 볼 수 있는데 홉향기를 가진 깊고 시원한 맛이라고 할 수 있다. 기본적으로 쌉쌀하지만 쓰면서 맛있다.

코젤(Kozel)

산양이 맥주잔을 들고 있는 그림이 표지에 그려져 있는 맥주이다. 현재 대한민국에서는 라거, 프리미엄, 다크 정도만을 마실 수 있는데, 도수가 3.8도로 낮고 코코아와 같은 달콤한 향이 특징이다.

여성들이 좋아하고 다크Dark의 인기가 가장 높다. 프라하 남쪽 근교에 위치한 Velké Popovice에서 생산된다고 알려져 있다.

크루소비체(Krušovice)

프라하 서부에 위치한 크루소비체의 양조장에서 생산되는 맥주로 인지도는 낮지만 크루소비체의 양조장은 1581년에 설립된 긴 역사를 자랑한다. 크루소비체 특유의 왕관 마크는 1583년 오스트리아 제국의 왕이었던 루돌프 2세에게 맥주를 공급하는 조건으로 얻어낸 고유의 마크가 특징이다.

체코의 음식

체코 음식은 독일, 헝가리, 폴란드의 영향을 받아, 기본적으로 중부 유럽풍이다. 만두, 감자, 걸쭉한 소스를 얹은 밥, 덜 익힌 야채 또는 소금에 절인 양배추 등과 함께 육류가 주류를 이룬다.

체코의 음식문화는 유럽에서도 다양하고 맛있다고 소문이 나있다. 다만 육류 소비와 함께 건강을 생각하는 사람들이 많아지면서 건강을 위해 채식에 관심을 많이 가지고 있는 방향으로 변화하고 있다. 체코 사람들의 식생활은 '도시나 농촌', '나이가 많거나 젊거나'에 따라 차이가 있다. 현재, 교통의 발달 등으로 도시와 농촌의 차이는 점점 적어지고 있다.

음식문화의 특징

1. 체코는 맥주가 대중적인 음료이기 때문에 맥주와 어울리는 고기나 튀김요리 등이 발달해 있다. 체코의 각 도시의 중심 거리를 걸으면 대부분의 음식점들이 체코 전통음식을 맥주와 함께 팔고 있는 것을 알 수 있다. 그러므로 관광객도 체코 음식을 맥주와 함께 즐기면서 먹는 모습을 어디서나 발견할 수 있다.

2. 체코 사람들은 각종 고기와 생선, 버섯과 완두콩 등 많은 음식재료가 들어간 음식을 즐긴다. 그래서 체코의 전통음식은 서유럽보다 음식을 만드는 시간이 길다. 왜냐하면 음식의 '속'을 채우는 음식이 많기 때문이다.

3. 감자와 버섯요리가 많다. 체코에서 감자는 빵 다음으로 대중적인 곡물 음식이다. 때문에 다양한 감자요리가 체코요리에는 많다. 버섯은 채식을 먹는 좋은 방법으로 알려져 있는데 버섯 따기 대회가 있을 정도로 버섯에 관심이 많다. 버섯을 이용한 요리가 건강 식단으로 더욱 각광을 받고 있다.

4. 체코 사람들은 달달한 후식을 즐긴다. 전통적인 '콜라치'라는 다양한 과일을 얹어서 만든 작고 둥근 케이크로 과자, 파이 등이 더해진다. 후식 때는 터키스타일의 커피와 차를 주로 마신다.

하루 식사

체코인들은 대개 일찍 출근하는 탓에 빵, 우유, 치즈, 살라미, 요구르트, 커피 또는 차 등으로 아침식사를 대신한다. 그 중 체코 빵은 우리나라처럼 옛 재래종 밀, 보리, 귀리 등의 곡식을 대량으로 재배해서 만들기 때문에 아주 맛있고 건강에 좋기로 유명하다.

점심으로는 샌드위치나 간단한 도시락을 싸 가지고 다닌다. 체코인들의 음식문화는 고기가 주 음식이지만 요구르트와 차를 또한 즐겨 마시는 편이고, 양배추나 감자, 콩과 같은 채소는 주를 이루는 음식 재료는 아니지만 주가 되는 고기의 양만큼 넣어 육류와 함께 충분히 섭취하게끔 조리한다.

식생활

간단한 아침식사
겨울이 긴 체코는 낮이 짧아서 아침부터 계란이나 빵 등을 먹고 나가면 소화가 잘 안 되다고 하여 일하기 쉽지 않다고 생각한다. 그래서 커피, 과일 한 조각에 요거트 정도의 간단한 식사를 한다.

푸짐한 점심식사
아침을 간단하게 먹어서 점심이 되기 전에 배가 고파오기 때문에 푸짐하게 먹는다. 요즘같이 바쁜 시기에는 점심시간을 줄이거나 샌드위치로 간단히 때우기도 한다.

이른 저녁식사
준비하는 사람에 따라 저녁식사가 달라진다. 식사시간이 빠르고 집에서 가족들과 지내기 때문에 레스토랑도 9시 이후에는 문을 닫는다

꼭 먹어봐야할 체코 음식

■ 굴라쉬(Gul)

체코의 전통요리는 다양하지만 가장 대중적인 음식은 굴라쉬Guláš이다. 쇠고기스프에 빵을 곁들인 요리, 굴라쉬Guláš는 헝가리 어로 '구와시 후스gulyas hus' 또는 '목동의 고기'를 뜻하는 단어로, 파프리카를 가지고 양념한 채소와 쇠고기, 송아지고기 스프나 스튜이다. 굴라쉬에 걸쭉한 밀가루반죽을 사용하면 크림을 넣은 굴라쉬Guláš를 만들게 되고 닭고기나 송아지고기를 주로 사용한다. 굴라쉬Guláš는 작은 노케디nokedi 라고 부르는 팥죽의 새알 같은 밀가루 경단을 섞어서 먹는다.

> **굴라쉬 비교**
> 굴라쉬(Guláš)는 오스트리아, 헝가리에도 있지만 조리 방법과 맛이 다르다. 체코의 굴라쉬(Guláš)는 쇠고기가 담긴 수프와 크네들리키라는 쫀득한 식감의 빵이 같이 나온다. 수프라고해서 에피타이저라고 생각할 수 있는데 고기가 큼직하게 들어가 있는 메인요리이다.

■ 콜레뇨(Koleno)

우리나라의 족발과 비슷한 맛인 콜레뇨Koleno는 돼지 족발을 하루 동안 맥주에 숙성한 후 오븐에 바삭하게 구워낸 요리로 체코의 대표적인 전통음식이다. 하나를 주문하면 양이 굉장히 많아서 혼자서 먹기는 부담스럽다. 체코 맥주와 함께 먹으면 더 맛있게 즐길 수 있다.

■ 스비츠코바(Svíčková)

체코에서 가장 전통적인 쇠고기 요리는 '스비츠코바Svíčková'라는 요리로, 부드러운 쇠고기 절편에 독특한 그레이비소스, 레몬 한쪽, 밀가루 경단 등으로 만들어 요리법은 간단하나 맛은 일품이다. 특히 우리가 자주 먹는 족발 요리는 겨자나 '크젠'이라고 하는 뿌리를 갈아서 만든 매운 소스를 넣어 독특한 맛과 향이 잘 어울린다.

닭고기나 꿩고기 볶음요리, 쌀밥, 밀가루로 만든 경단에 상추, 완두콩, 붉은 양배추, 양배추 등을 넣어 절인 요리와 맥주를 먹게 된다. 매운 소스에 버무린 삶은 돼지고기에 감자튀김과 강냉이, 완두콩, 당근 채, 상추를 곁들인 요리 등이 레스토랑에서 같이 나온다.

■ 스마제니 시르(Smažený Sýr)

스마제니 시르Smažený Sýr는 체코 치즈 음식으로 치즈 덩어리를 기름에 튀겨서 먹는 음식이다. 스마제니 시르Smažený Sýr는 치즈를 통째로 튀긴 요리로 보통 타르타르 소스와 감자튀김과 함께 나온다. 에담치즈와 헤르멜린 치즈 두 종류가 있는데 맛은 비슷하다

축제

프라하 카모로 집시 축제(Khamoro World Rome Festival) | 5월 마지막 주
집시 인들의 음악, 무용, 문화 축제로 5월 중 5일 동안 다양한 문화행사가 열린다.

프라하 봄 국제 음악 축제(Prague Spring International Music Festivals) | 5월 12일~6월 초
3주간 열리는 음악축제로 스메타나의 서거 일인 5월 12일 '나의 조국'으로 축제의 막을 열고, 베토벤의 '교향곡 9번 합창'으로 축제의 막을 내린다.

프라하 체코 맥주 축제(Czech Beer Festival Prague) | 5월 중순~6월 초
70개 브랜드의 체코 맥주를 즐길 수 있는 축제가 17일 동안 열린다.

프라하 프린지 페스티벌(Fringe Festival Praha) | 5월 말~6월 초
전 세계에서 온 여러 공연 단체가 다채로운 공연을 펼치는 독립 예술제가 열린다.

프라하 인형극 축제(World Festival of Puppet Art) | 5월 말~ 6월 초
인형극의 본고장인 체코에서 세계 인형극 축제를 개최한다.

8월 말~9월 초 플젠 필스너 페스트(Pilsner Fest)
매년 8월 말부터 2일 동안 필스너 으루켈의 고향 플젠에서 열리는 체코 최대의 맥주 축제로 다양한 공연 및 불꽃놀이가 펼쳐진다.

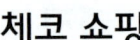

체코 쇼핑

전통 술 베헤로브카(BECHEROVKA)

체코 마트에서 쉽게 발견할 수 있는 체코 전통주, 베헤로브카. 육류 섭취를 많이 하는 체코인들 사이에서는 소화제의 역할을 하는 술이다. 허브, 약초로 만들어진 전통주로 식사 시 한 잔씩 곁들여 먹는다고 한다. 도수는 매우 높은 편. 마트에서는 큰 사이즈를 위주로 팔지만 가끔 미니 사이즈도 발견할 수 있다. 도수가 세서 부담스럽다면 조금 더 부드럽고 먹기 편안한 레몬 맛도 있다.

체코 전통 과자 코로나다(KOLONADA)

체코 전통 과자인 '코로나다'는 대체로 카를로비 바리에서 구입해 먹어보지만 어느 마트에서나 쉽게 찾아볼 수 있다. 큰 원모양의 맛은 '웨하스' 같은 바삭한 과자 사이에 부드러운 크림이 들어가 있는 얇은 와플 같은 과자이기도 하다.

보름달 모양의 크고 얇은 형태도 있고, 여러 겹을 겹쳐 두껍게 만든 뒤 케이크처럼 조각을 낸 것도 있고, 미니 사이즈도 판매하고 있다. 크림 맛이 다양하여 개인이 원하는 맛대로 선택하면 된다.

엽서 & 노트

대표적인 기념품 중 하나인 엽서와 노트. 하벨 시장이나 다양한 기념품 가게에서 여러 디자인의 엽서와 노트를 구매할 수 있다. 프라하 여행 명소인 시계탑, 프라하성이 그려진 엽서를 방 안에 붙여놓으면 여행의 여운을 더 길게 간직할 수 있다.

일반적인 디자인보다 조금 더 모던하고 스타일리시한 기념품을 찾는다면 'PRAGTIQUE'를 방문해보자. 프라하에 2개의 지점이 있으며 엽서, 노트, 티셔츠, 모자, 에코백, 머그 컵 등 다양한 기념품을 판매하고 있다.

마리오네트 인형

마리오네트 인형은 프라하를 대표하는 상품 중에 하나이다. 마리오네트 인형극의 원조인 체코는 곳곳에서 마리오네트 기념품을 볼 수 있다. 전통적인 마리오네트 인형부터, 현대적으로 재해석해 영화나 애니메이션 속 캐릭터 옷을 입은 마리오네트, 그리고 무서운 마녀 울음소리를 내는 마리오네트까지 다양한 디자인이 있다. 프라하의 하벨 시장에도 각종 마리오네트 인형이 있다. 하지만 가격은 천차만별이다. 특히 수제품이 가격이 비싼 편이다.

유리공예품

체코 여행 중 빼놓을 수 없는 기념품인 유리공예품은 알록달록하고 영롱한 색상이 보고만 있어도 기분이 좋아진다. 프라하 시내에 유리공예품을 파는 곳이 많지만 '블루 프라하BLUE PRAHA'에 가면 다양한 제품을 한눈에 볼 수 있다. 장식용 제품부터 유리잔, 와인 잔까지 다양하게 판매하고 있다.

아포테카(APOTEKA)

3분만 발라도 피부에 윤기가 난다는 "3분 팩"으로 유명한 아포테카는 여성 전용 케어 크림부터 남성용, 신생아, 유아용까지 모든 연령대의 남녀노소 모두가 사용할 수 있다. 아포테카는 직접 재배한 허브를 사용해 유기농 화장품을 생산하는 브랜드로 유명하다. 탄력 크림, 나이트 크림, 수분 크림, 보습 크림, 클렌징 워터, 쉐이빙 크림, 자외선 차단제, 립밤 등 자신의 피부 타입과 목적을 생각해 구입하면 된다.

마뉴팍투라(MANUFAKTURA)

천연 미용 제품이 유명한 1991년에 시작한 자연주의 브랜드로 프라하에 많은 지점이 있다. 홈 스파를 위한 제품으로 시작된 마뉴팍투라MANUFAKTURA는 집에서도 편안하게 휴식을 취하면서 힐링할 수 있는 목욕 소금이 인기가 있다.

향과 사이즈가 다양해 취향과 필요에 맞게 구매할 수 있다. 목욕 소금뿐 아니라 샴푸, 로션, 크림 등 다양한 제품을 생산하는데 맥주 효소 홉이 함유된 맥주 샴푸, 와인 성분이 가미된 와인 라인, 장미 라인 등 제품이 다양하다. 한국 관광객이 많아서 상점에 한국어로 라벨이 붙어있기도 하다.

지아자(ZIAJA)

지아자는 뛰어난 보습기능으로 유명한 산양유 크림이 있다. 수분과 영양을 동시에 공급해 윤기 있는 피부 결을 만들어준다고 알려져 있다. 가격도 저렴해서 선물용으로 구매하기에도 좋다. 나이트 크림, 샴푸, 헤어팩, 바디로션 등 다양한 제품군이 있다.

저렴하게 어디서 쇼핑을 하면 좋을까?

디엠DM | 유럽의 대표적인 드럭스토어인 디엠(DM)은 독일 브랜드지만 체코에도 지점이 많다. 음식부터 시작해 각종 생활용품, 뷰티 제품 등을 판매한다. 가격이 저렴하면서 가성비 좋고 질까지 높아 많이 찾는다. 발포 비타민, 치약, 승무원 핸드크림으로 알려진 카밀 핸드크림, 기초화장품이 인기가 좋으며 발레아(Balea)라는 브랜드의 스킨케어 제품도 저렴하여 인기가 많다.

Praha
프라하

프라하 IN

대한민국의 여행자는 까다롭게 여행지를 선택한다. 여행지를 선택하는 것에 있어서 여행 경비가 중요한 선택 요소로 작용하기 때문에 최근 체코 여행을 선택하는 여행자들은 더욱 늘어나고 있다. 현지물가만 저렴하다고 선택하지 않는다. 관광지와 휴양지가 적절하게 조화가 되어야 여행지로 선택되고 여행을 떠나게 된다.

그 중에서도 체코의 다른 도시들이 프라하에 이어 신흥 강자로 떠오르고 있다. 6월부터 8월까지가 여행하기에 좋고 9월부터 10월까지는 체코에서 다양한 축제와 와인이 함께 하기 때문에 체코로 떠나는 관광객은 계속 늘어나고 있다.

비행기

인천에서 출발해 체코의 프라하까지는 직항으로 약12시간이 소요된다. 하지만 많은 여행자들이 동유럽을 같이 여행하려고 오스트리아 비엔나나 독일의 뮌헨에서 야간 버스나 기차를 타고 아침 일찍 도착하기도 한다. 숙소에 들어갈 준비가 안 될 때에 도착하는 단점이 있다. 택시나 차량 픽업서비스를 이용할 수밖에 없다.

바츨라프 하벨 국제 공항(Václav Havel Airport Prague)

프라하의 바츨라프 하벨 국제공항(Václav Havel Airport Prague)은 시내에서 약 17km 떨어져 있다. 2012년 10월 프라하의 루지니에 공항은 공식적으로 바츨라프 하벨 국제공항으로 이름이 변경되었다. 2011년 12월에 사망한 프라하의 벨벳 혁명 이후 대통령인 바플라프 하벨의 이름을 따왔다.
공항은 3개의 터미널로 이루어져 있는 데 대부분의 국제선 항공기는 터미널 1을 사용한다. 터미널 2는 유럽을 오가는 저가항공이 사용한다. 환전소, ATM, 인포메이션 센터 등 기본적인 편의시설을 갖추고 있으나 공항이 큰 편은 아니다. 터미널 1, 2는 공항버스를 이용해 이동하면 된다.

공항에서 시내 IN

시내에서 택시를 타고 약 30분이면 충분히 도착할 수 있지만 버스로는 약 50~60분 정도가 소요된다. 공항에서 버스를 타고 지하철이나 트램으로 갈아타는 것이 가장 많이 이용하는 방법이다. 공항에서 시내를 가는 교통편은 버스, 택시, 자가용을 주로 이용한다.

공항버스

공항을 나가면 왼쪽에 버스 정류장이 있다. 관광객은 119번 시내버스를 타고 지하철 A선 벨레슬라빈역 Nádraží Veleslavin을 주로 이용한다. 100번 시내버스는 전철 B선인 즐리친Zličín에서 탑승하여 숙소로 이동하면 된다.
버스를 타면 버스 기사에게 목적지를 물어보고 탑승하는 것이 안전하다. 출, 퇴근 시간대가 아니면 약 50분 정도면 시내에 도착하므로 도착시간이 상당히 달라지지는 않는다. 90분권 버스티켓을 구입하면 된다.

AE버스 이용(6시30분~22시30분)

공항에서 프라하 시내의 중앙역까지 가는 가장 쉬운 방법은 AE버스를 이용하는 것이다. 30분에 1대씩 운행하고 있고 자신의 여행 짐가방을 보관하기가 쉽다. 버스 기사에게 구입하려면 현금만 사용이 가능하므로 사전에 카드도 사용할 수 있는 티켓발급기에서 구입하는 것이 편리하다. 버스비용은 60Kc이다. 중앙역에서 공항까지 오는 버스티켓은 2층에서 구입할 수 있다.

AE버스 이용(6시30분~22시30분)

공항에서 프라하 시내의 중앙역까지 가는 가장 쉬운 방법은 AE버스를 이용하는 것이다. 30분에 1대씩 운행하고 있고 자신의 여행 짐가방을 보관하기가 쉽다. 버스 기사에게 구입하려면 현금만 사용이 가능하므로 사전에 카드도 사용할 수 있는 티켓발급기에서 구입하는 것이 편리하다. 버스비용은 60Kc이다. 중앙역에서 공항까지 오는 버스티켓은 2층에서 구입할 수 있다.

택시

프라하의 시내에서 공항까지 먼 거리는 아니지만 택시요금은 비싼 편이다. 그래서 택시요금도 비싼 데 바가지까지 쓴다면 정말 화가 날 수 있다. 그러므로 사전에 택시비를 준비하고 그 금액을 정확하게 물어보고 탑승하는 것이 좋다. 또한 잔돈을 미리 준비해 택시기사에게 정확한 금액을 주는 것이 좋다. 잔돈은 돌려주지 않으려고 하는 경우도 발생한다.

차량 픽업 서비스

공항 픽업 서비스는 4명 이상이 사용하면 택시보다 저렴하고 안전하다는 장점이 있다.
늦은 밤이나 새벽에 도착하는 여행자는 피곤하여 숙소로 바로 이동하고 싶을 때에 쉽고 편안하게 이용이 가능하다는 장점이 있다.

시내 교통

프라하의 대중교통은 4가지로 분류된다. 트램^{Tram}, 지하철^{Metro}, 버스^{Bus}, 푸니쿨라 The Funicular이다. 표는 지하철 입구의 발매기에서 승차권을 구입할 수 있다. 대중교통을 이용할 경우 관광지에 맞춰 노선을 미리 확인해 두면 편리하다.

지하철의 주요 정거장은 출구가 복잡하기 때문에 길을 헤맬 수도 있다. 티켓은 분실하지 말고 내릴 때까지 실물을 보관하고 있어야 한다. 정거장에 다가가면 많이 사람들이 내리고 탑승하기에 누를 일이 별로 없지만 교외 지역의 경우는 꼭 눌러야 한다.

승차권 구매 방법

프라하의 대중교통 티켓은 공항의 데스크, 자판기, 정거장의 티켓 판매기, 도심의 편의점에서 구매할 수 있다. 자판기는 영어 메뉴얼이 별도로 제공되고 구형 기계는 체코어로 되어 있다. 신식 기계는 카드 결제가 가능하다. 30일권과 같은 사용기간이 긴 승차권은 기계로 구매가 불가능해 지정된 매장에서 구매를 해야 한다.

승차권 사용

지하철^{Metro}, 버스^{Bus}, 트램^{Tram} 구분 없이 모든 프라하 대중교통을 탑승하기 전에 티켓을 개시해야 한다. 지하철 역에는 역사에 진입하기 전에 노란색 펀칭 기계가 배치되어 있으며 티켓의 화살표 방향에 따라 넣은 후 빼면 된다. 버스의 경우 버스를 탑승 한 후 출입문과 하차문 옆에 각각 배치되어 있으며 사용방법은 동일하다. 트램 사용도 동일하다.

지하철

프라하 지하철은 A, B, C 3개의 선으로 나누어져 있다. 초록색 선이 A선, 노란색 선이 B선 역, 빨간색 선이 C선 이다.

A선(Depo Hostivar 역 – Nemocnice Motol 역)은 최근 Nemocnice Motol 역까지 연장 개통을 해서 페트르진 언덕까지 지하철로 빠르게 이동할 수 있게 되었다. 지하철의 환승역은 무제

움Muzeum(A, C선), 무스텍Mustek(A, B선), 플로렌츠Florenc(B, C선)이다. 지하철은 매일 5~24시까지 운행하며 출, 퇴근 시간에는 2~3분, 이외의 시간대에는 4~10분마다 운행된다.

프라하 지하철 노선도

트램

트램Tram은 프라하에서 가장 대중적인 교통수단이다. 트램Tram만 잘 이용해도 이동시간을 절약할 수 있다. 4시 30분~12시까지 운행하며, 야간에는 나이트 트램Tram이 30분마다 운행된다.
트램Tram에서 타고 내릴 때, 문 앞의 초록색 버튼을 눌러야 내리거나 탈 수 있다. 트램Tram의 정류장을 보면 정류장의 이름, 노선번호, 노선도와 시간표가 게시되어 있으므로 항상 먼저 확인하는 것이 좋다. 노선도를 보면 정류장 역명이 나와 있으며 도착한 역명에는 밑줄이 그어져 표시를 해두었다. 관광 트램은 91번으로 전통 트램을 이용하여 도시 투어를 할 수 있다.

버스

대한민국에서 버스는 대중적인 교통수단이지만 프라하에서는 도로가 좁고 배기가스 규제가 심해 버스가 운행되지 않는다. 버스는 지하철과 트램Tram이 닿지 않는 외곽지역을 이동할 때 사용되는 교통수단이다.

택시

밤늦은 시간이나 거리가 먼 경우에 택시를 이용하기도 한다. 택시이용에서 기본요금 같은 정보를 알고 가면 좋다. 공항에서 중앙역까지 편도에 약 600~700Kč, 중앙역에서 프라하 근교로 이동하면 기본요금은 40Kč, km당 28Kč, 대기할 경우 분당 6Kč를 지불한다. 우회나 돌아가는 등 편법을 사용해 관광객에게 부당한 택시요금을 청구하는 경우가 있어서 조심하는 것이 안전하다.

푸니쿨라

푸니쿨라는 페트르진 언덕에 있다. 우예즈드(Ujezd) → 네보지젝(Nebozizek) → 페트르진(Petrin) 노선이며 아름다운 프라하의 전경을 감상할 수 있다.
▶이용시간 : (4~10월 : 9~23시 30분 / 11~3월 9~23시 20분 / 10~15분 간격)

승차권 요금
프라하에서 승차권을 구매하면 대중교통을 모두 이용할 수 있다. 승차권은 지하철역, 자판기, 호텔, 쇼핑센터 등에서 구매할 수 있다. 승차권 구매에서는 지폐보다 동전을 주로 이용하는 것이 편리하다. 6세 이하의 아동과 70세 이상의 노인은 무료이용이 가능하다. 승차권을 가지고 대중교통을 이용하려면 처음으로 탑승 할때, 노란색의 스캐너에 티켓을 넣고 탑승기록을 표에 찍어야 한다.

주의! 티켓 검사(Ticket Inspection)
지하철이나 트램(Tram) 이용할 때, 검사관이 찾아와 티켓 검사를 할 수 있다. 검사관은 승차권을 이용하고 있는지 체크하고, 어기면 벌금이 청구된다. 편칭이 제대로 찍히지 않거나 시간이 육안 확인 불가능한 경우 무임승차로 간주하여 벌금이 부가될 수 있다. 무임승차, 비정상 티켓을 사용한 벌금은 800Kc이다.

티켓의 종류
티켓이 개시된 시간으로 부터 출발역과 도착역간의 거리가 시간상으로 구분해 이용이 가능하도록 구분해 두었다.

▶30분권(편도)
- 티켓 개시시간부터 출발역과 도착역간의 거리가 시간상으로 30분 이내의 구간만 이용 가능
- 다른 교통수단(택시 제외)과 환승이 안 되며 1회 사용 가능
- 성인 24Kč, 소아 12Kč

▶90분권
- 티켓 개시시간부터 출발역과 도착역간의 거리가 시간상으로 90분 이내의 구간만 이용 가능
- 다른 교통수단과 시간 내에 자유롭게 무제한 이용 가능
- 성인 32Kč, 소아 16Kč

▶24시간권(1일권)
- 티켓 개시시간부터 24시간 동안 프라하 대중교통 무제한 이용 가능
- 택시를 제외한 모든 대중교통 환승 가능
- 성인 110Kč, 소아 55Kč

▶72시간권(3일권)
- 티켓 개시시간부터 72시간 동안 프라하 대중교통 무제한 이용 가능
- 택시를 제외한 모든 대중교통 환승 가능
- 성인 310Kč

▶30일권
- 티켓 개시일 부터 한 달 동안 프라하 대중교통 무제한 이용 가능
- 택시를 제외한 모든 교통 환승 가능
- 개인정보를 넣고 본인만 사용이 가능한 티켓을 구매할 경우 550Kč
- 개인정보를 넣지 않고 누구나 사용할 수 있는 티켓은 670Kč

한눈에
프라하 파악하기

고풍스러운 성, 우아한 디자인의 다리, 수백 개의 교회 첨탑 등 동화책에서나 보던 모습을 현실 속 체코의 수도, 프라하에서 볼 수 있다. 1,100여 년의 역사를 자랑하는 프라하는 오늘날에도 건축물과 문화에서 유서 깊은 역사가 뚜렷이 나타나고 있다. 중세 시대 느낌이 물씬 풍기는 프라하는 낭만적인 건축물, 웅장한 성, 정교한 장식의 교회, 매력 넘치는 다리 등으로 유명하다.

프라하는 신성로마제국과 체코슬로바키아의 수도였다. 1989년 프라하 시민들은 공산주의 정권을 몰아내고 이후에 슬로바키아가 독립하고 체코로 분리되었다. 프라하는 현재 체코 공화국과 보헤미아 주의 수도로서 1,300만 명의 주민이 거주하고 있다.

프라하에서 몇 시간만 있다 보면 르네상스, 고딕, 바로크, 아르누보, 모더니즘 등 위대한 건축 스타일을 모두 만날 수 있다. 이 중 3개의 건축 스타일을 틴 성당에서 모두 볼 수 있다. 프라하에서 가장 유명한 현대적 건물은 댄싱 하우스이다.

블타바 강 양쪽의 관광지를 다닐 때는 상징적인 찰스 다리를 이용한다. 블타바 강을 사이에 두고 유서 깊은 구시가지인 '스테어 메스토'와 작은 마을인 '말라 스트라나'로 나뉜다. 말라 스트라나는 거대한 프라하 성이 자리한 곳이기도 하다.

예쁜 정원과 유서 깊은 요새를 만날 수 있는 비셰흐라드 성의 꼭대기에서는 세인트 비투스 성당을 비롯해 프라하의 웅장한 교회 첨탑들이 보인다. 유대인 묘지에 가면 정교하고 아름답게 조각된 묘비가 있고, 화약탑에는 중세시대 전시물이 있다.

프라하는 여름에 덥지만 쾌적한 편이며, 겨울에는 춥지만 눈 내리는 풍경이 한 폭의 그림처럼 아름다운 곳이다. 하지만 계절에 상관없이 언제든지 맛있는 현지 패스추리와 저렴한 체코 맥주를 즐길 수 있다.

전망대에 올라가면 왜 프라하가 "100개 첨탑의 도시"라 불리는지 알 수 있다. 중세시대 벽과 굴뚝이 있는 테라코타 지붕으로 구성된 교회첨탑은 유서 깊은 중세의 유럽도시를 동화책 속 한 폭의 그림처럼 보이게 해준다. 예술과 함께 신나는 나이트라이프까지 더해져 수많은 관광객이 프라하를 찾게 된다.

체코 & 프라하 여행을 계획하는
5가지 핵심 포인트

체코는 의외로 여행을 계획하기가 쉽지 않다. 시내는 둘러봐도 고층빌딩은 없지만 어디를 가야할지는 모르겠다. 체코의 수도 프라하는 약 120만 명의 사람들이 살고 있는 정치·경제·문화·교육의 중심지이다. 체코 사람들은 프라하를 '도시의 어머니' 혹은 '어머니의 도시'라고 부를 정도로 프라하를 사랑하는 마음이 깊다.

보헤미아 왕국의 수도가 된 이래로 프라하는 체코 역사의 중심이 되어왔다. 프라하성에서 프라하를 내려다보면 온통 빨강색 지붕으로 뒤덮여 있는 아름다운 프라하 시내를 볼 수 있다. 프라하 시내는 블타바 강이 시내를 가로지르고 웅장한 성과 교회, 아기자기한 골목실과 예쁜 집들이 어우러져 있다. 프라하 거리는 오밀조밀하고 예쁜 건물들로 가득 차 있다. 어떻게 체코와 프라하를 여행해야 하는 것일까?

1. 다양한 건축물

프라하는 많은 전쟁과 외세의 침략을 겪었지만 고딕, 르네상스, 바로크, 로코코 등의 모든 건축 양식이 과거 그대로의 모습으로 유지되고 있어 '건축의 박물관'이라고도 불린다. 이 때문에 프라하는 중세나 근대를 배경으로 한 영화 속에 많이 등장하기도 한다.

2. 동유럽 문화의 중심지

프라하는 음악이나 문학을 비롯한 문화의 중심지로도 유명하다. 스메타나, 드보르자크 등 위대한 작곡가들을 배출한 곳으로서 이들을 기념하는 음악 축제가 매년 열린다. 또한 카프카, 릴케와 같은 문학가들을 배출한 곳이기도 하다.

3. 황홀한 야경

구시가지 광장과 프라하성의 야경은 가히 환상적이다. 프라하를 오랜 기억 속에 남게 만드는 야경은 프라하에서 특별한 추억을 만들게 한다. 천 년의 역사와 드라마틱한 사건의 무대였던 프라하는 유네스코에 의해 세계문화유산으로 지정되었다.

4. 프라하 근교 여행하기

체코의 국토는 크지 않아서 도시 사이를 이동할 때 이동시간이 오래 소요되지 않는다. 체코는 보헤미아와 모라비아 지방으로 나누어져 있다. 프라하가 속해있는 보헤미아의 각 도시를 이동하는 시간은 2~3시간 정도이다. 대부분은 프라하의 근교로 생각하여 프라하에서 당일투어로 여행하는 것이 좋은 방법이다.

5. 모라비아는 거점 도시를 정해서 여행하자.

프라하에서 모라비아 지방으로 이동할 때 3~5시간 정도 소요되어 프라하에서 당일투어로 여행하기는 쉽지 않다. 그래서 제2의 도시인 브르노나 모라비아에서 가장 많은 유적을 가진 올로모우츠를 거점 도시로 정해 모라비아의 나머지 도시를 여행하는 것이 좋은 방법이다.

프라하 여행코스 짜기

유럽에서 가장 아름다운 도시로 꼽히는 프라하는 도시가 그리 크지 않기 때문에 2일 정도면 충분히 돌아볼 수 있다. 그러나 프라하에서 시간은 큰 의미가 없다. 도시 곳곳에서 찾아볼 수 있는 중세의 모습과 매일 공연되는 오페라와 각종 공연에 빠져들다 보면 떠나고 싶지 않기 때문이다. 프라하는 유럽의 어떤 도시보다 돌아보기 쉬운 곳으로 모두 걸어서 볼 수 있다.

먼저 숙소를 정하면 메트로를 타고 뮤지엄(Museum)역으로 가자. 역에서 나오면 바로 바츨라프 광장이 보인다. 이곳이 프라하 여행의 시작점이다. 바츨라프 광장을 따라 5분 정도 내려가면 중간 지점에 무스테크(Mustek)역이 보인다. 이곳에서 오른쪽으로 보이는 길을 따라가면 화약탑이 나온다. 화약탑을 보고 셀레트나 거리를 따라 5분 정도 걸어가면 구시가지 광장이 나온다. 이곳에 구시청사, 틴 교회, 킨스키 궁전, 얀후스 동상 등이 밀집되어 있다. 구시가지 광장을 모두 보았으면 복잡한 쇼핑 골목을 둘러보면서 카를교로 이동하면 된다.

프라하
추천 코스

1일
신시가지 주변 : 국립박물관 → 바츨라프 광장 → 무하 박물관 → 화약탑 → **구시가지 광장**
: 틴 성모 교회 → 골즈 킨스키 궁전 → 얀 후스 동상 → 구시가지 청사와 천문 시계탑 →
캄파 섬 주변 : 카를교 → 대수도원과 존 레논 벽화 → 카프카 박물관

2일
말라 스트라나 : 성 미콜라스 성당 → 네루도다 거리 → **프라하 성 주변** : 프라하 성 → 성 비투스 성당 → 구왕궁 & 로젠베르크 궁전 → 황금 소로 → 메트로 이용 비셰흐라드 성·트램 이용 댄싱하우스

나의
여행 스타일은?

나의 여행스타일은 어떠한가? 알아보는 것도 나쁘지 않다. 특히 홀로 여행하거나 친구와 연인, 가족끼리의 여행에서도 스타일이 달라서 싸우기도 한다. 여행계획을 미리 세워서 계획대로 여행을 해야 하는 사람과 무계획이 계획이라고 무작정 여행하는 경우도 있다. 무작정 여행한다면 자신의 여행일정에 맞춰 추천여행코스를 보고 따라가면서 여행하는 것도 좋은 방법이다. 계획을 세워서 여행해야 한다면 추천여행코스를 보고 자신의 여행코스를 지도에 표시해 동선을 맞춰보는 것이 좋다. 레스토랑도 시간대에 따라 할인이 되는 경우도 있어서 시간대를 적당하게 맞춰야 한다. 하지만 빠듯하게 여행계획을 세우면 틀어지는 것은 어쩔 수 없으니 미리 적당한 여행계획을 세워야 한다.

숙박
호텔, 아파트 VS 호스텔, 게스트하우스

다른 것은 다 포기해도 숙소는 편하게 나 혼자 머물러야 한다면 호텔이 가장 좋다. 하지만 여행경비가 부족하거나 다른 사람과 잘 어울린다면 호스텔이 의외로 여행의 재미를 증가시켜 줄 수도 있다.

음식
레스토랑 VS 길거리 음식

길거리 음식에 대해 심하게 불신한다면 카페나 레스토랑에 가야 할 것이다. 그렇지만 체코의 레스토랑에서 저녁에 같이 맥주를 마시면서 현지인과 함께 먹는 재미가 있다. 체코는 물가가 저렴하여 어떤 음식을 사 먹어도 여행경비에 문제가 발생할 경우는 없다.

스타일
휴양지 VS 도시

자신이 어떻게 생활하는 지 생각하면 나의 여행스타일은 어떨지 판단할 수 있다. 물론 여행지마다 다를 수도 있다. 푸꾸옥은 휴양지이다. 푸꾸옥을 여행하면서 아무 것도 안하고 느긋하게만 지낼 수는 없다. 푸꾸옥의 즈엉동 시내에서 약간 바쁘게 돌아다녔다면 푸꾸옥 남부나, 북부의 빈펄랜드에서 느긋하게 워터파크와 사파리를 즐길 수도 있다. 푸꾸옥은 베트남 남부의 휴양지로 베트남에서 신혼여행지로 유명한 섬이다. 패키지여행으로 다녀온 푸꾸옥 여행자도 자유여행을 느낄 수 있으므로 앞으로 여행자에게 더욱 인기를 끌 것이다.

경비
여행지, 여행기간마다 다름(환경적응론)

여행경비를 사전에 준비해서 적당히 써야 하는데 너무 짠돌이 여행을 하면 남는 게 없고 너무 펑펑 쓰면 돌아가서 여행경비를 채워야 하는 것이 힘들다. 짠돌이 여행유형은 유적지를 보지 않는 경우가 많지만 체코에서는 박물관이나 유적지 입장료가 비싸지 않으니 무작정 들어가지 않는 행동은 삼가는 것이 좋을 것이다.

여행 코스
관광 VS 쇼핑

여행코스는 여행지와 여행기간마다 다르다. 체코의 프라하는 여행코스에 적당하게 쇼핑도 할 수 있고 여행도 할 수 있으며 맛집 탐방도 가능할 정도로 관광지가 멀지 않아서 고민할 필요가 없다.

교통 수단
택시 VS 도보

여행지, 여행기간마다 다르고 자신이 처한 환경에 따라 다르지만 체코 프라하는 어디를 가든 트램이나 버스로 쉽게 가고 싶은 장소를 갈 수 있다. 체코의 대부분의 도시에서 많은 관광지는 구시가지에 몰려 있어 걸어 다니는 경우가 많다.

프라하
핵심 도보 여행

유럽에서 중세의 모습을 가장 잘 간직하고 있다. 동유럽의 개방 후에 지금은 수많은 관광객이 프라하를 찾고 있으며 관광객은 계속 늘어나고 있는 추세다. 프라하성을 올라가기 위해서 길거리를 거닐면 도시 전체가 박물관으로 생각될 정도이고 프라하성에서 보는 프라하는 정말 장관이다.

아직도 비교적 싼 물가로 배낭여행객들에게는 가격의 안정감을 가지게 해주는 도시이기도 하다. 길거리에 늘어선 악사들의 바이올린 소리는 프라하를 음악이 흐르는 도시로 만든다. 해가 저물면 카를교를 중심으로 하나, 둘 아름다운 가로등과 조명이 켜지고 프라하는 평생 기억에 남는 도시가 될 것이다.

프라하는 동유럽을 여행하려는 여행자들을 빼면 비행기로 들어오는 여행자는 없다. 그래서 프라하를 여행할 때 쯤이면 여행에 어느정도 익숙해져 있는 경우가 많다. 하지만 요즈음은 동유럽여행이 인기가 많아서 프라하로 들어오는 경우가 많다. 네덜란드항공, 터키항공, 르프트한자항공, 아랍에밀레이트항공 등이 프라하로 들어가는 항공이다. 프라하는 어떻게 여행해야 할까?

일정
국립박물관 → 바츨라프광장 → 화약탑 → 구시가지광장 → 천문시계탑 → 카를교 → 성 미쿨라스성당 → 프라하성(야경)

프라하는 큰 도시가 아니다. 그래서 대부분은 도보로 여행이 가능하다. 호텔이나 숙소의 위치가 외곽만 아니라면 도보로 여행이 가능하다. 먼저 국립박물관부터 프라하여행을 시작한다. 만일 독일이나 암스테레담에서 야간열차로 이동했다면 역에서 짐을 맡기고 일정을 시작해야 한다. 호텔로 가도 체크인 시간이 안되어 어차피 오전은 없어지는 시간이 되기 때문에 짐을 맡기고 일정을 시작한다.

야간열차로 도착한 후 짐을 맡기면 배가 고프던지 아니면 커피가 당긴다. 그럴때는 역 근처의 맥도날드에서 아침 겸 커피를 마시면 된다. 그리고 화장실도 맥도날드에서 해결하자. 화장실만 이용하려면 입구에서 기다리기 때문에 반드시 맥도날드햄버거를 먹어야 이용가능하다.

바츨라프광장은 길게 밑으로 뻗어있다. 성 바츨라프 기마상이 있기 때문에 광장은 쉽게 찾을 수 있다. 많은 조각상들과 사진을 찍으며 내려가면 어렵지 않게 내려갈 수 있다. 1969년에 한 학생이 바츨라프광장에서 분신자살을 하면서 소련의 침공에 맞서 싸운 체코인들의 자유와 인권운동을 '프라하의 봄'이라고 하는데 이 역사적인 사건이 바츨라프광장에서 일어났기 때문에 바츨라프광장은 매우 중요하다.

바츨라프광장의 끝지점에는 무즈텍광장이 나온다. 무즈텍광장에는 우리의 재래시장같은 시장이 펼쳐진다. 여기서 시장분위기도 맛보면서 요기거리도 사먹으며 시간을 보내면 좋다. 무즈텍광장에서 오른쪽으로 돌아, 맥도날드가 있는 쪽으로 걸어가면 화약탑이 나오고 옆에 공화국광장이 나온다. 여기서부터는 카메라를 꺼내고 사진을 잘 찍어보자. 아무렇게나 찍어도 작품이 될 것이다.

화약탑과 틴성당을 보고 공화국광장에서 좀 쉬자. 재미있는 장면들이 많이 있을것이다. 화약탑에서 직진하면 TV에서 많이 보던 천문시계가 나오는데 정시마다 울리는 시계소리와 멋진 장면이 펼쳐지니 이때를 놓치지 말자.
천문시계를 볼때가 되면 점심시간이 되어 있을것이다. 구시가지 광장이 천문시계가 있는 곳이라서 이 근처에서 점심을 해결해야 한다. 이제 카를교를 가야 하기 때문이다.

클레멘티움을 지나면 카를교가 보인다. 카를교부터 프라하의 진가가 시작된다. 이 프라하성과 카를교를 보기위해 많은 관광객들이 프라하를 방문하는데 카를교에서는 많은 화가들과 연주가들이 다리위에서 연주를 하고 있다. 다리 중간 정도에는 유일하게 청동으로 제작된 '성요한 네포무크'의 성상이 서 있는데 관광객들이 손을 대고서 소원을 빌며 사진을 찍는 곳이기 때문에 꼭 사진을 찍고 소원도 빌어보자.

카를교를 지나면 프라하성이 보이면서 금방 올라갈 것 같지만 시간이 좀 걸린다. 성미콜라스 성당을 지나 좁고 기다란 골목을 향해 계속 걸으면 프라하성이 나온다. 네루도바거리를 지나가면 근위병이 있다. 이제부터 프라하성이 시작된다고 생각하면 된다. 운이 좋으면 근위병들이 간단히 교대식하는 모습도 볼 수 있다.

프라하성은 하나의 성이 아니다. 실제로는 교회, 궁전, 정원등이 있다. 현재도 대통령의 집무실로 쓰이고 있다고 한다.

프라하성에서는 벨베데레, 성 비타 성당, 구황궁, 성 조지 수도원, 황금의 길을 돌아보아야 하고 전망대를 올라가서 꼭 프라하 시내를 보자. 가끔 입장료 때문에 안들어가는 데 나중에 후회하게 된다.

프라하 개념 지도

Václavské náměstí
바츨라프 광장

바츨라프 광장Václavské náměstí은 프라하의 신시가지에 있는 광장으로 체코 역사의 많은 사건들이 발생한 역사적인 장소이며 현재에도 시위, 축하행사 등이 많이 열린다. 프라하여행의 기점이 되는 곳으로 프라하 최대의 번화가로 국립 박물관에서 무스텍 광장에 이르는 거리를 말한다. 바츨라프 광장Václavské náměstí은 체코 현대사에서 아주 중요한 위치를 차지하는 곳으로 1968년 '프라하의 봄', 1989년 '비로드 혁명' 등 역사상 대 사건의 무대가 된 곳이다.

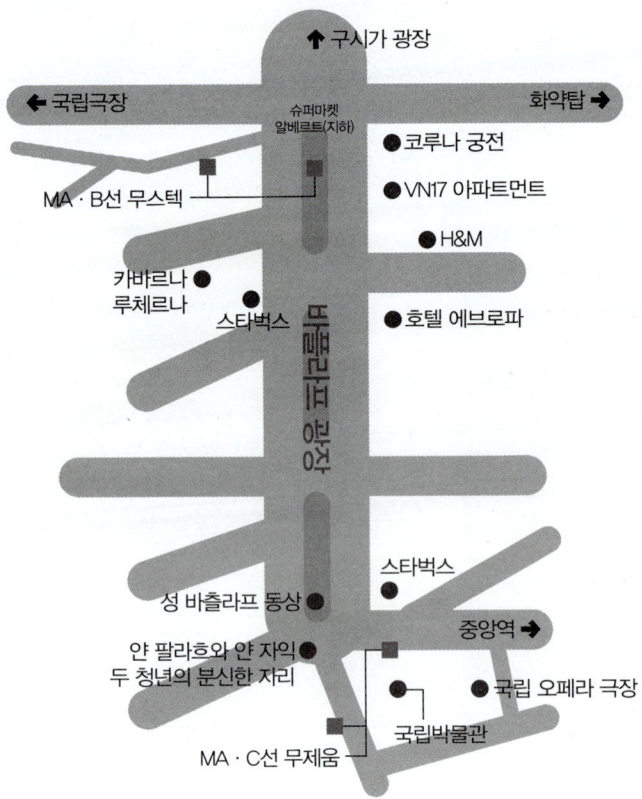

광장 남쪽 위헤 성 바츨라프Václavské의 기마상이 서있고 그 아래에는 '프라하의 봄' 당시 소련군에 항거해 분신자살한 대학생 '얀 팔라흐'를 추모하는 위령비가 있다. 바츨라프 광장 Václavské náměstí은 언제나 많은 관광객으로 복잡한 곳으로 거리 양옆에는 레스토랑, 백화점 등이 즐비하게 들어서 있다.

광장은 집회나 국가적 축하 행사가 자주 열리는 곳으로 최대 40만 명이 모일 수 있는 규모라고 한다. 1989년 마침내 공산정권이 무너지기 전까지 반공 집회가 자주 열리던 곳도 바로 여기였다. 소련의 압제에 항거하여 분신자살한 '얀 팔라흐'를 기리는 십자가가 자갈길 밑에 묻혀 있는 목재 십자가도 찾아보자.

소련의 압제에 항거하여 분신자살한 얀 팔라흐와 얀 자익이 분신한 자리를 기리는 십자가

바츨라프 광장Václavské náměstí은 노브 메스토에 위치하며 프라하에서 이용객이 가장 많은 전철역 중 하나이다. 거리의 많은 바, 클럽, 레스토랑이 분주해지는 저녁이 되면 현지인들과 어우러져 맥주를 한 잔하는 여유를 즐겨도 좋다. 단, 광장의 레스토랑은 근처의 비슷한 레스토랑에 비해 가격이 더 높을 수 있다.

바츨라프 광장 이름의 역사

광장 이름은 보헤미아의 수호성인인 '바츨라프 1세 공작'에서 유래된 이름이다. 프라하 역사지구의 중심이라 할 수 있다. 바츨라프 광장은 중세 시대에는 말 시장(Koňský trh)이었으나, 1848년 보헤미아의 시인 카렐 하블리체크 보로프스키(Karel Havlíček Borovský)의 제안으로 성 바츨라프 광장(Václavské náměstí)으로 명칭이 바뀌었다.

About 바츨라프 1세(Václav I)/ 907~935년

바츨라프 1세(Václav I)는 보헤미아의 공작이자 체코의 로마 가톨릭교회 성인이다. 스바티 바츨라프(Svatý Václav)라는 별칭으로 부르기도 한다. 13세 때였던 921년에 자신의 아버지였던 브라티 슬라프 1세가 사망한 뒤부터 바츨라프(Václav I)는 보헤미아의 공작으로 즉위하였지만 그의 할머니인 보헤미아의 루드밀라(Ludmila)가 섭정을 수행했다.
바츨라프(Václav I)는 18세 때였던 924년에 자신의 어머니인 드라호미라를 추방시키면서 실권을 장악하고 코우르짐(Kouřim)의 공작으로 있던 라트슬라프(Radslav)가 일으킨 반란을 진압하고 프라하에 성 비투스 대성당을 건립했다. 바츨라프 광장(Václavské náměstí)은 그의 이름에서 유래된 이름이며 광장 안에는 그의 기마동상이 세워져 있다. 체코에서는 9월 28일이 성 바츨라프의 날이라는 이름의 공휴일로 지정되어 있다.

바츨라프 광장의 의미

프라하에서 분주한 대로는 쇼핑과 나이트라이프를 즐기기에 좋은 곳으로, 오래 전부터 집회나 축하 행사를 위해 군중이 모이던 곳이다. 프라하 신시가지, 노브 메스토의 심장부에는 750m에 이르는 대로인 바츨라프 광장(Václavské náměstí)이 있다. 현지 주민들이 자주 찾는 이곳에는 현대적 편의 시설도 잘 갖춰어져 있다. 광장에는 프라하의 대표적 쇼핑 지구가 시작되는 곳이면서 밤이면 프라하에서 가장 활기찬 지역 중 하나이다.

바츨라프 광장의 다양한 건축양식 건물

20세기 건물이 많아 근처의 구시가 광장에 비해 보다 현대적인 유럽이 느껴진다. 프라하 최고의 상점들이 들어서 있는 바츨라프 광장(Václavské náměstí)을 걸으면서 아르누보 스타일의 건축물도 실컷 볼 수 있다. 광장이 바라보이는 국립박물관에는 체코의 역사에 빠져들 수 있다. 박물관 앞에는 성 바츨라프(Václavské)의 동상이 세워져 있는데, 바츨라프(Václavské)는 유명한 크리스마스 캐롤에 나오는 '좋은 왕'이라고 한다.

프라하의 봄

독립의 향기를 다 누리기도 전에, 체코는 독립을 이룬 뒤 2차 세계대전 후에 또다시 자유를 빼앗기게 되었다. 소련의 영향으로 사회주의 국가가 되면서 정부의 뜻에 맞지 않는 신문과 책은 당연히 탄압을 받았고 국민들의 생활도 감시를 받게 되었다. 시민들은 바츨라프 광장에 모여 자유를 달라고 주장하며 지식인, 예술인, 대학생들이 시위를 이끌었다. '프라하의 봄'이라는 민주주의 운동이 벌어진 것이다. 1968년, 소련은 전차를 앞세우고 프라하로 진입하면서 시위대의 민주주의 열기를 힘으로 짓밟고 말았다.

카렐대학의 학생인 얀 팔라흐는 '프라하의 봄' 진압에 항의 하면서 1969년에 바츨라프 광장에서 몸을 불살라 항거했다. 하지만 소련은 당시 체코 공산당 서기장인 둡체크를 잡아갔다. 둡체크는 시민들의 자유를 억압하는 체코를 개혁해 자유로운 나라를 만들려고 했고 시민들이 그의 개혁에 동참하였다. 사회주의 국가였던 수련은 체코의 자유화 물결이 다른 사회주의 국가로 번질 것을 두려워해 체코를 탱크로 침공하여 둡체크를 비롯한 개혁적인 정치인들을 끌고 갔다.

벨벳 혁명

프라하의 봄은 실패로 돌아갔지만 체코인들은 그 후에도 자유를 포기하지 않고 억압과 통제 속에서도 예술 활동을 펼쳐 나갔고 자유를 되찾기 위한 노력도 계속되었다. 마침내 1989년 사회주의 정부가 물러나고 문학가 하벨이 이끄는 새로운 민주주의 정부가 들어섰다. 1989년의 정권 교체는 누가 죽거나 다치는 일 없이 이루어졌기 때문에 '벨벳 혁명'이라고 부른다. 부드럽게 이루어진 혁명이라는 의미를 담고 있는 벨벳 혁명은 전 세계에서 유래를 찾기 힘든 경우로 체코인들의 학문과 예술의 힘을 보여준 혁명이었다.

국립박물관
Národní muzeum

바츨라프 광장^{Václavské náměstí} 남단에 있는 3층으로 이루어진 체코에서 가장 오래된 역사가 있는 박물관이다. 오래되어 보이지만 뭔가 프라하 도시와 잘 어울리는 것 같은고고학관, 광물학관, 문화인류학 관으로 구성되어 있다.
광물학관, 동물학관, 고고학관, 문화 인류학관으로 구성되며, 판테온에는 얀 후스, 드보르작, 스메타나 등의 동상과 흉상이 있다. 아치와 열주에 둘러싸인 벽을 4개의 거대한 계단들이 방사형으로 뻗어 있는 중앙 홀이 화려하다. 90년대 영화인 영화 '미션 임파서블 I' 초반부에 파티가 열렸던 대사관으로 촬영되기도 했다.
신 국립박물관은 주식거래소, 의회, 라디오 방송국으로 사용하기도 했지만 특정 주제를 가지고 역사를 알 수 있는 기획전시를 하고 있다.

프라하 도시 전역에 분산되어 있는 국립박물관은 많은 건물이 그 자체로 하나의 명소이다. 체코 국립박물관^{Národní Muzeum}은 체코와 세계 각지 문화의 다양한 측면을 보여 주는 박물관이다.

체코의 민족사, 음악사, 미술 전시회에서 아프리카와 아시아 문화를 경험할 수 있다. 미술 전시관을 둘러보고 체코의 존경받는 작곡가에 대해 알아보고 체코의 지역 사회와 세계 각지에서 계승되어 온 전통에 대해서도 살펴볼 수 있다. 체코 국립박물관 건물의 건축 양식은 다 다르므로 확인하는 것도 재미가 있다.

강 맞은편의 말라 스트라나에는 17세기 수도원 안에 자리한 체코 음악 박물관이 있다. 기타, 건반, 류트, 바이올린을 비롯해 환상적인 악기 컬렉션과 신고전주의 회화 전시관, 20세기 대중 음악관도 관람해 보자. 체코의 전원생활과 보헤미아, 모라비아, 실레지아의 민속 역사를 기념하는 민속 박물관Ethnographical Museum도 놓치지 말아야 한다.

- 🌐 www.nm.cz / nm@nm.cz 🏛 Vinohradská 1, 110 00 Praha 1, 메트로 A C선 Muzeum역에서 하차
- 🕐 10~18시(월, 화, 목, 일 / 수 9시~ 18시(매월 첫 번째 수요일은 10~20시)
  일반 100Kc (6~15세, ISIC등 학생증 소지자, 60세 이상은 70Kc / 6세 미만 무료 / 가족(성인2명+15세 미만 3명) 170Kc / 사진 동영상 촬영 40Kc) 📞 224-497-111

> **각 체코 국립박물관**
>
> 본관은 프라하 신시가지의 바츨라프 광장에 있다. 정비 작업이 완료되는 2018년까지 폐관된 상태였지만 새로이 단장해 개관하였다. 1800년대 후반 요제프 슐츠가 설계한 신르네상스 양식은 밖에서도 충분히 알아볼 수 있다. 건물 근처에는 국립박물관 신관(National Museum New Building)이 있는데, 노아의 방주와 관련된 동물 박제 등을 관람할 수 있다. 근처의 안토닌 드보르자크 박물관(Antonin Dvořák Museum)에서는 체코에서 가장 유명한 작곡가 중 한 명의 삶을 가구, 피아노, 비올라를 비롯한 개인 소장품에서 살펴볼 수 있다.
> 나프르스텍 박물관에서 고대 아시아, 아프리카, 인도네시아, 대서양 문화와 관련된 전설과 생활양식을 체험할 수 있다. 베드르지흐 스메타나 박물관(Bedřicha Smetany Museum)은 체코의 위대한 작곡가, 베드르지흐 스메타나의 삶과 작품에 대해서도 알아볼 수 있다. 구시가지 강변에 자리 잡은 박물관에서 카를교(Charles Bridge)와 블타바 강이 한눈에 들어오는 환상적인 전망도 감상할 수 있다.

화약탑
Prašná Brána

중세 시대에 구시가지 출입문으로 사용된 고딕 양식의 성문으로 1757년 러시아와 전쟁 당시 화약고로 사용된 화약탑 Prasna Brana은 과거 왕이 출궁할 때 드나들던 프라하 성의 동문이기도 하다. 타워의 인상적인 고딕 스타일은 구시가지에서 전형적인 건축 스타일인데, 원래 문 중 유일하게 남아있는 곳이다.

문 안에 들어가면 프라하의 여러 탑에 대한 전시를 볼 수 있다. 프라하의 13개 타워 모두에 대한 사진과 역사가 자세히 나와 있다. 화약탑의 역사는 15세기로 거슬러 올라가며 한때 프라하 성으로 가는 사람들이 많이 이용하던 대로 중 하나였다. 체코의 여러 왕도 취임식 때 이 경로를 이용했다고 한다.

🏠 Nam. Republiky 5, Prague 1
🕐 10~22시(4~9월 / 3월 20시까지, 10~18시(11~2월)
💰 90Kc(학생 65Kc)

이름의 유래
구시가지의 끝자락에 서 있는 화약탑은 프라하로 들어가는 13개의 원래 문 중 하나이다. 체코어의 공식 이름은 프라스나 브라나(Prasna Brana)라고 하는데 화약문(Prasna Brana)이란 뜻이다. 왕이 프라하 성에 거주하기 전에는 원래 궁전에 붙어 있었는데, 프라하 시가 확장되어 도시의 안에 위치하게 되면서 도시로 들어가는 문이라는 역할이 퇴색하게 되었다. 지금 이 화약문은 구시가지가 끝나는 곳임을 알려주는 표시가 되었고 많은 관광객이 즐겨 찾는 곳이 되었다.

전망대
화약탑(Prasna Brana)은 프라하의 역사적 중심지에서 가장 흥미가 있는 볼거리 중 하나이다. 186개 계단을 올라가면 44m 높이의 전망대에서 구시가지의 탁 트인 전망을 볼 수 있다. 신시가지와 구 시가지를 한눈에 내려다볼 수 있는 전망대는 한 바퀴를 돌면서 프라하 전경을 360도로 감상할 수 있다.
석양 질 무렵 구시가지 전망이 특히 아름답다. '왕의 길'이라 불리는 체레트나(Celetna) 거리와 틴 성당, 프라하 성과 첨탑들까지 한눈에 볼 수 있다. 아르누보 양식의 대표적인 건물인 시민회관(Obecni dum)옆에 있어 찾기 쉽다.

또 다른 화약탑
블타바 강의 반대편에는 화약탑이란 이름의 또 다른 탑이 있는데, 프라하 성의 일부이다. 이 탑은 자체의 고유한 역사를 지니고 있으며 구시가지 성곽의 일부가 아니었다.

알폰스 무하 박물관
Muchovo Muzeum / Alfons Mucha Museum

아르누보를 대표하는 화가 알폰스 무하Alfons Mucha의 작품이 전시되어있는 미술관이다. 관능미 넘치는 독특한 화풍이 특징인 그의 작품들을 무하 미술관Muchovo Muzeum에서 감상할 수 있다. 그가 그려낸 그림을 몇 점만 봐도 빠져들게 된다. 사진으로 보는 것 보다 실제로 보면 뭔가에 빨려들듯이 그림에 빠지게 된다. 아르누보 예술을 꽃피운 예술가인 알폰스 무하는 체코의 국보급 화가이다.

1890~1910년에 유럽을 휩쓴 새로운 미술 사조인 아르누보Art Nouveau'를 대표하는 당대 최고의 작가인 알폰스 무하의 이름은 낯설지 모르나 작품은 눈에 익을 것이다. 우아한 카우닌츠키 궁에 위치한 세계에서 최초로 무하Mucha의 생애와 작품에 특화된 박물관. 기념품으로 무하Mucha를 모티브로 한 다양한 선물을 구입할 수 있다. 알폰세 무하Alfons Mucha의 작품이 들어간 엽서 등 기념품은 프라하 쇼핑리스트에 항상 있을 정도로 유명하다.

프란츠 카프카 박물관이나 알폰소 무하 박물관은 서로의 티켓을 50% 할인해서 판매한다. 두 군데 다 방문 예정이라면 다른 박물관의 티켓을 같이 구매하는 것이 좋다.

🌐 www.mucha.cz 🏠 Panská 3-5, 110 00 Praha 1 🕐 10~18시 💰 성인 240Kc(학생 140Kc) 📞 +420-224-216-415

> **알폰세 무하(Alfons Mucha / 1860-1939)**
> 사진가로 알려지기 시작한 알폰세 무하(Alfons Mucha)는 폴 고갱이 바지를 벗은 채 소형 오르간을 연주하는 사진으로 인해 유명세를 타기 시작했다. 아르누보 양식의 거장 알폰스 무하는 체코가 사랑하는 체코 출신의 예술가이다. 프라하와 뮌헨에서 공부한 후 파리에서 데뷔한 그는 '알퐁스 뮈샤(Alfons Mucha)'란 이름으로 세계에 알려지기 시작해 포스터뿐만 아니라 달력, 인쇄물, 삽화 등 다방면에서 엄청난 인기를 끌었다.

바츨라프 광장의 다양한 모습

바츨라프 광장의 크리스마스

프라하의 다양한 동상들

프라하의 낭만을 느낀다.

밤이 되면 프라하는 낭만과 사랑의 도시로 변신한다. 카페, 펍, 레스토랑이 밀집한 거리를 한눈에 보고 즐길 수 있는 로맨틱 여행지가 바로 프라하다. 저녁이면 프라하의 골목 구석구석에 중세의 낭만을 그대로 옮겨놓은 듯한 풍경이 펼쳐진다.

프라하의 혀끝을 감싸는 먹거리는 체코 여행의 백미이다. 체코를 대표하는 맥주 필스너 우르켈 플젠 맥주, 전통 보헤미안 음식 콜레뇨와 스비치코바, 시나몬 향이 일품인 체코의 전통 빵 트르들로 등이 가득하다.

쇼핑도 또 다른 재미이다. 여성의 눈을 사로잡는 럭셔리 크리스털의 지존 모제르^{Moser}, 온천수를 떠먹을 수 있는 온천용 도자기 컵인 '라젠스키 포하레크' 등 차별화된 물건들이 관광객을 유혹한다.

프라하는 거장들이 끌어들이는 흥미가 상당하다. 드보르자크 홀이 있는 루돌피눔, 국립오페라극장, 모차르트가 직접 '돈 조반니'를 초연했던 스타보스케 극장, 모차르트가 한때 살았고 현재 모차르트 기념박물관이기도 한 베르트람카 등이 프라하를 문화의 집합체로 만들어준다.

반트슈타인 궁전, 토맘스 교회, 미클라세 교회 등 프라하를 사랑한 모차르트와 드보르자크, 스메타나, 야나체크, 구스타프 말러 등 체코를 대표하는 음악가들을 기리는 수준 높은 음악회가 열린다.

댄싱하우스(Tančici dům)

다양한 바와 레스토랑이 있는 현대적인 건물은 프라하의 전통적인 도시 경관에서 눈에 띄는 건물이다. 풍부한 건축 역사를 지니고 있는 프라하에서 1992~1996년에 지어진 춤추는 건물만큼 논란이 많은 건물은 없다. B자형의 곡선으로 지어진 건물은 대부분 유리로 되어 있으며 주변의 오래된 건물들 사이에서 단연 돋보인다.

독특한 건축 기술을 감상할 수 있고 그 안에 마련된 레스토랑에서 맛있는 식사를 즐길 수 있는 댄싱하우스 건물은 볼 만하다.

댄싱하우스 건물은 멀리서 봐도 좋은데 신시가지의 다른 건물과 대비되는 것을 느낄 수 있다. 춤추는 건물의 디자인은 해체주의의 좋은 예로, 절제된 혼돈과 왜곡이 특징이다. 해체주의 스타일의 춤추는 건물과 바로크, 아르누보 스타일의 건물들이 이루는 흥미로운 대비는 훌륭한 사진 소재가 된다.

체코에서 활동 중인 크로아티아 출신 건축가 블라도 밀루니츠[Vlado Miluničc]와 캐나다계 미국인 프랭크 게리[Frank Gehry]의 합작품인데, 건물이 너무 두드러진다는 이유로 거센 반대에 부딪혔다. 처음에는 심한 반대가 있었지만 2012년에 체코 동전에도 등장했을 정도로 지금은 프라하에서 가장 사랑받는 명소 중 하나가 되었다.

주소_ Rašinovo nábřeži 80   위치_ T 14, 17번 이라스코보 나메스티 역에서 하차   전화_ 222-326-660

셀레스테 레스토랑(Celeste Restaurant)

밖에서 댄싱하우스의 예측할 수 없는 건축미를 감상했다면 안으로 들어갈 차례이다. 1층의 셀레스테(Celeste) 바에서 한 잔 즐기고 엘리베이터를 타고 꼭대기 층의 테라스로 가서 프라하의 고급 식당 중 하나인 셀레스테 레스토랑(Celeste Restaurant)에 앉아 맛있는 식사를 즐기면 프라하 성을 넘어 해가 지는 모습을 바라보며 낭만적인 하루를 보낼 수 있다. 건물의 나머지 부분은 일반에 공개되지 않고 있다.

▶점심, 저녁 식사가능. 일요일 휴무   ▶와인 시음회(화, 수요일 오후)

체코의 인형극, 마리오네트의 의미

인형인 마리오네트의 각 부분을 시로 연결하여 손으로 잡아당겨 움직이게 하는 인형극은 오스트리아의 지배에서 시작되었다. 오스트리아의 지배를 받는 동안 어느 곳에서도 체코어를 쓸 수 없었다. 그 때 체코인들의 마음을 담아낸 것이 인형극이다.
오스트리아를 비판하는 내용으로 자신들의 억울한 마음을 표현했다. 마리오네트는 체코어를 지키고 울분을 풀어 주며 체코인의 정신을 담아내는 수단이 되었다. 현재도 프라하 어디에서든 마리오네트를 만날 수 있는 걸 보면 마리오네트에 대한 체코인들의 자부심은 대단하다.

프라하에서 즐기는
클래식 공연

루돌피눔(Rudolfinum)

체코 필하모니 오케스트라의 본부가 있는 신 르네상스 콘서트홀에서 미술 전시회와 고전 음악 연주회를 즐기는 경험을 할 수 있다. 프라하 최고의 콘서트 홀 중 하나인 루돌피눔은 예술, 건축, 고전 음악 애호가들의 많은 사랑을 받고 있다. 안토닌 드보르자크와 볼프강 아마데우스 모차르트 같은 위대한 작곡가들의 레퍼토리를 연주하는 멋진 공연을 관람하며 공연장의 화려한 장식을 감상하고 현대 미술 전시관도 둘러보면 좋다.

1885년에 문을 연 루돌피눔Rudolfinum은 흥미로운 역사를 간직한 곳이다. 콘서트 홀과 문화 센터로 계획되었지만, 19세기 초반 체코 의회 청사로 이용되었다. 제2차 세계대전 기간에는 독일 점령군의 행정 청사로 쓰였다가 1946년, 마침내 오랜 기간 자리를 비웠던 체코 필하모니 오케스트라가 돌아와 예술의 중심지로 거듭났다.

루돌피눔Rudolfinum은 체코의 유명 건축가인 요제프 슐츠와 요제프 지테크Josef Zitek의 손을 거쳐 탄생한 경이로운 신 르네상스 건물이다. 상징적인 기둥과 난간이 외관 장식으로 활용

된 모습을 보고 위를 올려보면 세계적으로 명성이 자자한 음악가의 동상이 서 있다. 안으로 들어가면 당시 가구로 장식된 여러 연회장과 미술관을 구경할 수 있다.

드보르작 홀과 수크 홀에서 콘서트 공연은 관람하면 좋은 추억이 된다. 체코 필하모니 오케스트라의 118명으로 구성된 오케스트라의 멋진 연주로 드보르작, 모차르트, 주세페 베르디, 리하르트 바그너의 음악에 귀를 기울여 보는 경험은 상상이상이다.

프라하 구시가지의 북서부 끝자락에 있는 루돌피눔Rudolfinum 갤러리(화~일요일 / 월요일 휴관)에 가면 많은 생각이 드는 현대 미술 전시회를 관람할 수 있다. 그림에서 사진, 조각상에 이르는 다양한 예술을 만나볼 수 있다. 이곳에 선보인 작가로는 독일의 사진작가 바바라 프롭스트와 러시아의 개념론자 빅토르 피보바로프가 있다.

루돌피눔Rudolfinum 옆에는 신르네상스 건물, 프라하 장식미술 박물관Museum of Decorative Arts이 서 있고 카를교Charles Bridge와 구시가 광장은 걸어서 5분이면 도착할 수 있다.

🌐 www.ceskafilharmonie.cz 🏠 Alšovo nábřeží 12 📞 227-059-227

시민 회관(Obecní dům)

프라하에서 가장 아름다운 아르누보 건축물 중 하나인 시민 회관Obecní dům에서 아르누보 양식의 진수를 보여 주는 아름다운 장식을 살펴보고 호화로운 저녁 식사를 즐긴 후 오페라와 오케스트라 공연을 관람해도 좋다. 시민 회관은 박물관 형태의 레스토랑과 상점, 도시 최대 규모의 콘서트홀을 갖춘 호화로운 궁전이다. 1912년에 공식 집회와 친목 모임을 주관하기 위한 장소로 문을 열었다. 회관 건물은 바츨라프 4세가 1300년대 후반에 건설한 프라하의 옛 킹스 코트 자리에 서 있다.

건물 로비 안에 들어가면 아르누보 형식의 인형과 벽화가 다양하게 전시되어 있다. 궁전의 바와 레스토랑은 박물관을 화려하게 장식해 주는 기능을 겸하고 있다. 형형색색의 스테인드글라스 창문과 우아한 샹들리에, 천을 입혀 장식한 가구와 무하의 그림을 찾아보고 라이브 재즈 공연과 피아노의 선율을 감상하며 체코 요리도 즐길 수 있다.

🌐 www.obecni-dum.cz 🏠 Náměsti Republiky 5 🕙 10～20시 📞 222-002-101

가이드 투어

매일 영어로 가이드 투어가 진행되어 듣는 것이 힘들 수는 있지만 가치가 있는 투어이다. 궁전 내실과 미술 전시관을 둘러볼 수 있는 기회로 연회장, 화장실, 오락실, 공식 회의실 안을 볼 수 있다. 바닥부터 천장까지 역사적인 신화 속 인물을 표현한 벽화와 그림으로 장식된 시장 집무실을 꼽을 수 있다. 스바빈스키가 그린 리가 룸(Riegr Room)의 프레스코화와 얀 프라이슬레가 그린 플라츠키 홀의 유화가 유명하다.

1,200석 규모의 거대한 콘서트홀인 스메타나 홀도 둘러본다. 1918년 체코 공화국의 독립이 선포된 장소이다. 지금은 실내악, 클래식, 심포닉 오케스트라 공연이 열린다. 모차르트와 비발디 같은 위대한 작곡가의 작품도 포함되어 있다.

구시가 광장
Old Town Square / Stsroměstské Náměstí

수천 년 전처럼 오늘날에도 프라하 사람들에게 아주 중요한 곳이 구시가 광장이다. 구시가 광장은 한때 프라하의 번성하는 시내 중심이었는데, 지금도 활기가 넘치고 많은 사람이 프라하에서 꼭 가봐야 할 관광지로 손꼽고 있다.

광장은 프라하 구경을 시작하기에 안성맞춤인 곳인데, 프라하의 오랜 역사를 느끼고, 다양한 야외 레스토랑에서 커피 한 잔을 즐길 수도 있기 때문이다. 광장 주변의 파스텔톤 상점과 레스토랑 사이를 걸으면서 유럽 전통의 분위기를 만끽하다보면 활기 넘치는 구시가 광장은 거리 공연자와 예술가, 관광객들로 넘쳐난다.

광장 중심이나 전망대 타워에서 프라하의 가장 상징적인 건축스타일을 360도 각도로 볼 수 있다. 특히 인기가 많은 곳은 고딕 양식의 틴 성당, 바로크 양식의 성 니콜라스 교회, 중세시대 스타일의 천문시계이다. 구시청사의 유명하고 웅장한 시계를 구경하려면 광장에 올 때 12시, 정시에 맞춰서 가는 것이 좋다.

광장 바닥은 반들반들한 자갈이 깔려 있는데, 수 세기 동안 수많은 사람의 발길과 손길이 닿았던 곳이다. 묘비에 27개의 하얀 십자가가 표시되어 있는 것을 볼 수 있는데, 백산 전투 이후에 참수를 당한 순교자들을 기리는 것이다.

구시가 광장은 중심부에 위치해 트램 전차나 전철, 또는 걸어서 쉽게 갈 수 있는데, 사람들로 붐비기 때문에 소매치기가 자주 발생한다.

얀 후스 동상
지방 설교사였던 얀 후스는 교황으로부터 파문당한 후 1415년 화형에 처해진 종교 개혁가였다. "서로를 사랑하고 모두에게 진실을 소망하라"란 얀 후스의 메시지는 오늘날에도 많은 사람들에게 영감을 주고 있다. 얀 후스의 죽음은 후스(Hus)파 전쟁을 불러일으켰다.

구시가지 광장에서 마차타기
구시가지에서 추억을 남기는 좋은 방법은 관광객을 위한 마차를 타는 것이다 15분 정도 마차를 타고 구시가의 광장을 천천히 돌고 돌아오지만 낭만적인 느낌이 절로 따라온다. 가격(1,000Kc)은 비싸지만 충분히 매력적이다.

광장 시장
계절에 따라 열리는 광장의 시장에서 선물이나 현지 농산물을 구입할 수 있다. 대표적인 시장으로 크리스마스와 부활절 전에 3주 동안 열리는 크리스마스 시장과 부활절 시장이 있다.

얀 후스 동상
Jan Hus

구시가 광장의 중앙에는 얀 후스 Jan Hus (1372~1415년)의 서거 500주년을 맞은 1915년에 세워진 후스의 동상이 서있다. 얀 후스 Jan Hus는 체코의 기독교 신학자이자 종교 개혁가이다. 얀 후스는 존 위클리프의 영향으로 성서를 믿음의 유일한 권위로 강조하는 복음주의적 성향으로 로마 가톨릭 교회 지도자들의 부패를 비판하였다. 그러다가 1411년 대립 교황 요한 23세에 의해 파문을 당했다. 콘스탄츠 공의회의 결정에 따라 1415년 화형에 처해졌다.

그가 화형당한 이후 그의 사상을 이어받은 사람들은 보헤미안 공동체라는 공동체를 만들고, 마르틴 루터 등 알프스 북쪽의 종교 개혁가들에게 영향을 끼쳤다. 현재에는 18세기 이후에 설립된 모라비아 교회나 체코 개신교라는 명칭으로 명맥을 이어나가고 있다.

후스가 살아 있을 때 지지자들은 후스의 허락을 받아 성만찬 때에 신약성서의 최후의 만찬 이야기에 근거해 빵과 포도주를 나누었다. 포도주를 담은 성작은 후스주의 운동의 상징이 되었다. 후스주의와 로마 가톨릭 사이의 갈등은 깊어지면서 1419년 7월 30일 프라하의

동상의 문구
체코의 세계적 조각가인 라디슬라프 샬로가 제작한 동상의 기단에는 체코어로 이런 말이 적혀 있다. "서로를 사랑하라. 모든 이들 앞에서 진실(혹은 정의)을 부정하지 마라." 후스가 감옥에서 보낸 열 번째 편지의 마지막에 적었던 글이다.

노베메스토에서 얀 젤리프스키 Jan Zelivsky가 주도하는 강경파 후스주의자들이 동료 후스주의자들의 석방을 요구하며 시 의회 의원들을 시청 창문 밖으로 던지는 프라하 창밖 투척사건이 발생했고, 며칠 뒤 바츨라프 4세가 죽자 후스주의자들은 보헤미아를 장악하였다.

후스 전쟁
1415년 후스의 처형 후 그를 따르던 보헤미아 인들은 로마 가톨릭 교회의 박해에 저항해서 반란을 일으켰다. 농민·하층시민을 주체로 한 과격한 타보르파가 프시네츠의 니콜라이 니콜라우스, 얀 지슈카 등에 의해 형성되어 프라하에서 싸우고, 독일 각지로 조직을 점차 확대해 나갔다.

이에 교황 마르티노 5세는 "위클리프파, 후스파, 그 밖의 이단자에 대하여"란 칙서를 발표하고 십자군을 발동하였으나 얀 지슈카에게 대패하였다. 1433년 이들의 신학적 핵심인 양형영성체의 의식은 인정하되 교리상 큰 의미를 부여하지 않는 양측의 타협안을 담은 프라하 계약(compactara)으로 휴전에 돌입하였다. 그러나 강경한 입장이던 타보르파는 이에 반발하여 교전을 이어 나갔고 교황청은 온건파인 양형영성체파와 합세하여 이들에 대한 공세를 이어나갔다. 결국 타보르파는 1433년의 리판(Lipan)대전에 대부분이 참수 당하였고, 일부 생존자들이 게릴라성 전투를 간헐적으로 이어갔다.

타보르파를 궤멸시킨 뒤 승자인 교황청과 양형영성체파는 다시 평화협상을 진행하였고 1436년 7월 두 종류의 성찬식과 교회토지의 사회환원, 안 로키카나를 대주교로 삼는 보헤미아 가톨릭 독립교회의 설치를 골자로 하는 이글라우 협정을 맺었다. 체코슬로바키아의 쿠트나호라에는 후스 전쟁 때 목숨을 잃은 개신교인 희생자들의 해골과 뼈로 장식된 '해골성당'이 있다.

틴 성모 교회
Church of Our Lady Before Tyn / Kostela Matky Bozí pred Týnem

프라하의 구시가 광장에 가면 유럽에서 시각적으로 가장 아름다운 종교적 건물 중 하나로 손꼽히는 틴 성모 교회를 볼 수 있다. 틴 성당은 14세기부터 미사 장소로 사용되어 왔으며 정식 이름은 '틴 성모 교회'이다. 로마 가톨릭의 틴 성모 교회는 마치 동화책 속에서 튀어 나온 느낌이다.

화려하게 장식된 틴 성모 교회는 고딕풍의 첨탑, 르네상스풍의 장식, 바로크풍의 실내를 갖추고 있다. 도시의 상징과 같은 틴 성모 교회는 프라하에서 가장 많이 사진에 찍히는 관광지 중 하나이다.

교회를 바라보기에 가장 좋은 위치는 구시가 광장인데, 여기서는 중세시대 시내 중심이라는 맥락에서 건물을 바라볼 수 있다. 주변을 거닐면서 규모를 실감할 수 있다. 교회 뒤로는 상선들이 세관을 통과하던 마당인 '운겔트Ungelt'가 있다. 교회 앞의 2개 타워는 높이가 80m에 달하는데, 각각 4개의 얇은 첨탑으로 장식되어 있다. 교회는 화려한 외부 장식으로 유명하지만, 안으로 들어가면 못지않은 화려함에 놀랄 것이다.(건물 내 사진은 찍을 수 없다) 메인 입구 대신 광장에 면하여 살짝 숨겨져 있는 작은 문을 통해 들어갈 수 있다. 동굴 같은 교회 내부에서 분주한 구시가 광장에서 벗어나 평안함을 느낄 수 있다.

미사가 없는 시간에 방문하면 프라하에서 가장 오래된 파이프 오르간을 비롯하여 여러 정교한 구성물을 볼 수 있다. 제단 위의 그림을 장식하는 카렐 스크레타Karel Škréta의 그림은 역사가 17세기까지 거슬러 올라간다.

- www.tyn.cz Kostela Matky Bozí pred Týnem Celetna 5, Staromestska역, A, B선 Mustek역
- 10~17시(화~토요일 / 13~15시 일시 휴관 일요일10~12시 오전만 개관 /월요일 휴관)
- 무료 222-318-186

성 니콜라스 교회
St. Nicolas Church

프라하에서 종교적으로 중요한 후스파Hus 교회는 인상적인 건물 외관을 감상하거나 클래식 음악 공연을 보기에 좋은 곳이다. 구시가 광장의 성 니콜라스 교회St. Nicolas Church는 구시가지의 중심에 자리하고 있다. 콘서트나 미사에 참여할 수 있고 아름다운 건축물을 감상하기에도 충분한 가치가 있는 곳이다.

새하얀 벽이 두드러진 성 니콜라스 교회St. Nicolas Church는 수 세기 동안 이웃의 크렌 하우스로 인해 구시가 광장에서 숨겨져 있다가 다시 세상에 나오게 되었다. 맑은 날에 가면 벽이 하얗게 빛나는 것을 볼 수 있고, 밤에는 벽에 투광 조명이 밝혀진다.

교회 안으로 들어가면 내부도 마찬가지로 놀라운데, 체코 황제가 모든 수도원을 폐쇄했을 때 교회 안의 장식물이 상당수 사라졌지만, 벽과 천장은 여전히 감탄을 자아낼 만큼 아름답다. 치장 벽토로 성 니콜라스에 대한 장면을 보여주는 벽화를 보고 있으면 시간 가는 줄 모를 정도이다.

> **공연**
>
> 성 니콜라스 교회(St. Nicolas Church)에는 지금도 여전히 매주 일요일 아침마다 미사가 열린다. 저녁이 되면 이 교회의 용도가 완전히 바뀌는데, 성 니콜라스 교회는 프라하에서 클래식 음악 공연이 열리는 주요한 장소 중 하나이다. 교회의 독특한 음향 시설에 힘입어 프라하 현악 합주단이 펼치는 공연의 짜릿한 감동을 꼭 체험해 보자. 거의 매일 밤 콘서트가 열린다. 콘서트 티켓은 매진될 수 있으므로 미리 예약하는 게 좋다.
>
> 구시가 광장에 있는 교회와 말라 스트라나(Malastrana)에 있는 같은 이름의 교회를 혼동할 수 있다. 두 교회는 이름도 같고 스타일과 건축 디자인도 같지만 두 교회 사이에는 강이 흐르고 예배의 성격도 다르다.

시계탑
Clock Tower

14세기에 들어선 고딕 탑에서 프라하 구시가지가 한눈에 들어오는 멋진 전망과 세계적으로 유명한 천문시계를 볼 수 있다. 구시청사 시계탑은 건축학적 측면에서 인상적인 기념물로, 프라하 구시가지 Staroměstské námesti의 남서쪽 모퉁이를 바라보고 있다. 시계탑 전망대에서 그림 같은 도시 경관을 바라볼 수 있다. 구시청사 시계탑에는 천문시계가 있는 곳으로 프라하에서 가장 사랑받는 관광지이다.

높이가 무려 70m에 달하는 고딕 양식의 탑은 1300년대 중반에 건축되었다가 14세기 말에 이르러 구시청사에 증축되었다. 전망대에서 내려다보이는 환상적인 경치는 말로 다할 수 없다. 나선형 계단이나 엘리베이터를 이용하면 전망대까지 올라갈 수 있다. 구시가 광장을 수놓고 있는 수많은 첨탑과 화려한 부르주아식 저택을 바라보면서 언덕 위 프라하 성 같은 랜드 마크도 찾아보자.

15세기의 천문시계가 주로 장식되어 있는 시계탑 외관은 건축학적 측면에서 보석 같은 존재이다. 정시에 도착하면 천문시계를 통해 십이사도의 행렬을 구경할 수 있다. 시계를 자세히 보면 시간과 날짜뿐만 아니라 태양과 달의 정확한 위치도 확인할 수 있다. 조디악 기호를 상징하는 메달리온을 비롯해 부조 장식의 문장과 종교적 상징물의 조각상은 찾아볼 만한 가치가 있다.

🌐 www.tyn.cz 🏠 Staroméstská námêstí 1/3, Praha 1, 스타로메스트스카(Staroměstská)역 하차
🕐 9~22시(월요일은 11~22시) 💰 150Kc 📞 775-443-438, 236-002-629

우산의 정체

우산을 들고 가이드투어를 출발하는 장소가 구시청사 앞이다. 다양한 색상의 우산들을 볼 수 있고 무료로 진행되기도 한다. 시간이 충분하다면 구시청사에서 진행되는 가이드 투어에 참여해 보자. 화려하게 장식된 연회실, 회의실과 14세기의 예배당 안을 들여다보고 천문시계를 조절하는 기계 장치와 순환 미술 전시관도 볼 수 있다. 12세기 후반의 로마네스크 홀과 탑의 주춧돌, 건물 지하에 있는 옛 감옥에도 들러 보자.

천문시계

유명한 천문시계의 행사를 보려면 시간에 잘 맞추어 구시가 광장으로 가야 한다. 매시간 작은 문들이 열리면서 움직이는 인물들이 나타나고 조각들도 시계 위에서 움직이기 시작한다. 매시간 관광객의 이목을 집중시키는 천문시계는 15세기 초에 제작된 걸작으로, 구시청사의 인기 명물이다.

천문시계는 구시청사의 남쪽 벽에 설치되어 있으며, 현재도 사용 중인 천문시계 중 세계에서 가장 오래된 것이다. 1410년에 제작되어 자주 멈추기도 했고 수차례 기계 장치를 수리해야 했고 작년에도 수리를 하였다. 다행히 파괴되지 않고 상징적인 인물들로 지속적으로 관리를 하여 지금도 제대로 작동하고 있다.

종의 의미

1분 정도의 매정각마다 이벤트가 주는 의미가 강렬하다. 중세의 의미는 죽음의 시간이 다가오면 돈, 허영, 쾌락이 의미가 없다는 의미로 현재와 중세의 의미가 같을 것이다.

매시간(9~21시)마다 해골이 종을 치면 죽음을 상징하는 모래시계가 뒤집히면서 천문시계가 움직이기 시작한다. 13시(오후 1시)가 되면 13번의 종이 울리고 해골은 죽음을 맞이할 시간이라는 의미로 고개를 끄덕이면서 다가가면 인간은 아니라면서 고개를 좌우로 움직인다.

안드레아(X 십자가) / 유다(노) / 토마스(창)
요한(컵) / 바르나바(해골)

베드로(열쇠) / 마태(도끼) / 필립보(십자가)
바울(검과 책) / 시몬(톱) / 바돌로매(깃털)

움직이는 천문시계는?

천문 눈금이 가장 오래 된 부분이고 그 밑에는 달력 눈금이 있는데, 이 들 눈금은 시간을 표시 할 뿐만 아니라 다양한 세부 정보도 표시한다. 태양과 달의 위치도 살 펴보고 그 아래에 매월 을 표시하는 정교한 무 늬의 메달도 볼 수 있다. 죽음을 상징하는 조각품 은 모래시계를 들고 있 는 모습이 꼭 시간의 변

화를 갈망하는 듯한 모습인데, 다른 3개의 조각품은 허영, 욕심, 쾌락을 상징한다. 12개의 목재 형상은 12명의 제자를 의미하고, 황금 닭이 날개를 움직이면 시간을 알리는 벨이 울린다.

구시청사 안에서 시계탑 꼭대기까지 올라가려면?

천문시계의 시계탑을 올라가는 것은 유료이다. 매시간 천문시계가 움직이는 모습을 보기 위해 많은 관광객이 모이기 때문에 아침에 일찍 가는 것이 좋다. 프라하 최고의 전망을 볼 수 있다. 구시가지와 블타바 강을 건너 언덕 위의 프라하 성도 보인다.

농경 달력

천문학 시계 아래에는 달력이 표시되어 있다. 15세기 말에 하누스Hanus 가 설계했지만 19세기 전까지 그림이 그려져 있지 않았다. 1805년에 요셉 마네스가 그리면서 지금의 형태를 갖추었다. 큰 원은 12달 의 농경을 위한 달력이 고 안에 별자리를 뜻하

는 작은 원이 있다. 달력의 왼쪽에 철학자와 천사 미카엘, 오른쪽에 천문학자와 연대기기 록을 상징하는 인형이 있다.

카를교

Karlův Most / Charles Bridge

동쪽 언저리를 바라다보고 있는 우아한 다리는 프라하 구시가지 입구에 있다. 그림 같은 도시 경관을 감상할 수 있기 때문에 관광객들로 항상 붐빈다. 구시가 교탑 Staroměstská mostecká věž은 프라하 구시가지 주택가에 도착했음을 알려주는 고딕 양식의 아름다운 기념물이다. 블타바 강을 가로지르는 역사적인 다리로 카를교로 향하는 동쪽 관문이기도 하다. 구시가 카를교 Karlův Most를 걸으면서 건축물과 예술품을 감상하고 갤러리로 올라가 탁 트인 전망을 바라볼 수 있다.

유명한 독일계 체코인 건축가 '페트르 팔러'는 1300년대 후반 샤를 4세의 명에 따라 교탑을 설계했다. 거대한 구조물을 올려다보면 신성로마제국의 역사적인 영토를 상징하는 문장과 성 비투스, 샤를 4세와 벤체 슬라프 4세의 조각상을 볼 수 있다. 신성로마제국의 왕이 대관식 행렬에서 지났던 교탑의 아치문도 지나가 보자.

카를교 Karlův Most에서는 가장 눈에 띄는 얀 네포무크의 보헤미아 세인트 존 조각상 등 다리에 전시된 30점의 바로크 조각상이 인상적이다. 걸음을 잠시 멈추고 공예품 가판대 앞에서 현지 예술가의 작품과 길거리 예술가의 공연도 볼 수 있다. 카를교를 지나면 카를교 근처에 있는 카를교 박물관 Charles Bridge Museum에서 다리의 역사에 대해 알아보고, 카를교를 지나면 17세기 세인트 프란시스 오브 아시시 교회 St. Francis of Assisi Church를 찾아가면 된다.

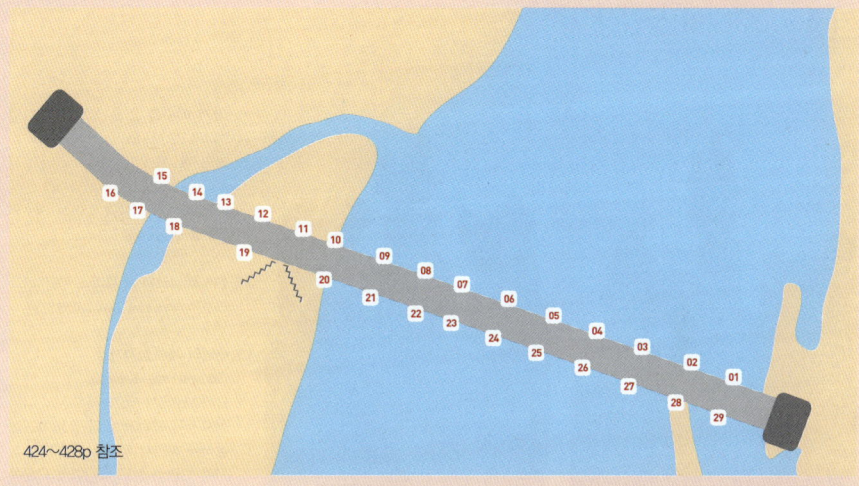

424~428p 참조

카를교 탑(Karlův Most Tower)

카를교Karlův Most를 오가는 많은 사람들이 다리 양쪽에 있는 교탑을 지나쳐 간다. 과거에 통행료를 징수하는 목적으로 세웠지만, 현재는 전망대로 이용되고 있다. 원형의 동그랗게 이어지는 돌계단을 따라 올라가면, 매표소가 나오고 반원정도 더 올라가면 야외 전망대가 나온다. 카를교Karlův Most와 블타바 강이 발아래 아름답게 펼쳐지고, 다리 위를 오가는 사람들이 보인다.

🏠 Karlůmost, Prague 1, Czech Republic
🕐 10~22시(월요일 20시까지 / 3~10월, 11~2월 10~18시)
💰 성인 100Kc(학생 70Kc)

전망대 풍경

138개의 계단을 따라 올라가면 전망대가 나온다. 올라가는 길에 문장의 그림과 고딕 조각상을 살펴보고, 카를교를 건너 구시가지에서 말라 스트라나까지 이동하는 사람들의 모습도 볼 수 있다.
프라하 건축물 특유의 돔과 첨탑, 빨간 깃발과 지붕을 보면 사방에 있는 도시의 주요 명소가 한눈에 들어온다. 말라 스트라나가 있는 서쪽으로는 프라하 성과 성 비투스 성당이 보이고, 동쪽의 구시가지 너머로는 활기 넘치는 구시가 광장이 보인다.

카를교 30개의 성인상

01. 아기 예수를 안은 성모 마리아와 성 버나드(Madona a Sv. Bernard)
아기 예수를 안은 성모 마리아가 가운데에 있고 고귀하게 있지만 왼쪽에 십자가가 기울여 있어서 예수의 고난을 상징한다.

02. 성 도미니크와 성 토마스 아퀴나스
(Sv. Dominik a Sv. Tomáš Akvinský)

03. 수난의 예수 십자가상
(Sousoši Kříže s Kalvárii)
드레스덴에서 1657년에 가져와 나무 십자가에 올려져 있다가 1696년에 장식을 하면서 지금에 이르렀다. 십자가 왼편의 성모 마리아와 오른쪽의 사도 요한은 19세기에 더 덧붙여 장식된 것이다.

04. 성 앤(Sv. Anna)

05. 성 시빌과 성 매튜
(Sv. Cyril a Metoděj)

06. 세례 요한(Sv. Jan Křtitel)

07. 성 노베르트, 성 바츨라프, 성 지그문트
(Sv. Norbert, Václav a Zikmund)

08. 성 얀 네포무크
(Sv. Jan Nepomucký)

카를교를 지나려고 하면 관광객들이 성 얀 네포무크(Sv. Jan Nepomuck)의 조각상 밑 동판에 손을 대고 소원을 비는 모습을 쉽게 볼 수 있다. 그는 바츨라프 4세의 왕비로부터 자신이 외도했다는 고해성사를 받고, 그 내용을 묻는 왕에게 종교적 신념 때문에 말할 수 없다고 하여, 그 대가로 혀가 뽑힌 채 다리 아래로 던져져 순교했다. 얼마 후 다섯 개의 강물 위에서 빛났다고 하여 그의 석상에는 별 5개가 둘러지고 이후 성인으로 추대되었다.
성얀 네포무크(Sv. Jan Nepomuck) 성인상은 가장 오래된 동상으로, 동상 밑 부분에는 성 얀 네포무크(Sv. Jan Nepomuck)가 블타바 강에 빠지는 모습이 조각되어 있는데, 이 부분에 손을 대고 소원을 빌면 그 소원이 이루어진다는 전설이 전해 내려온다.

09. 파도바의 성 안토니우스
(Sv. Antonin Paduánský Bruncvik)

18세기에 마이어가 만든 작품으로 어린아이를 안은 성 안토니우스를 나타내고 있다. 그는 어린아이를 좋아한 프란치스코 소속의 수도사였다고 알려진다.

10. 성 유다 타테우스 (Sv. Juda Tadeáš)

11. 성 아우구스티누스 (Sv. Augsstin)
유명한 이탈리아의 신학자이자 철학자이다.

12. 성 카예탄(Sv. Kajetán)
성 삼위일체를 나타내는 오벨리스크를 구름으로 감싸 안은 모습이다.

13. 성 필립 베니시우스
(Sv. Filip Benicius)

14. 성 비투스(Sv. Vitus)
두 마리의 사자와 함께 있는 순교한 성인으로 비투스의 유골은 성 비투스 성당에 보관하고 있다.

15. 성 코스마스와 성 다미안
(Sv. Kosmas a Damián)

16. 성 바츨라프(Sv. Václav)

17. 마타의 성 요한과 발로아의 성 펠릭스, 성 이반
(Sv. Jan z Mathy, Felix z Valois a Ivan)

18. 성 보이테흐(Sv. Vojtěch)
프라하에서 2번째로 주교를 지낸 인물이다.

19. 성 루잇가르다(Sv. Luitgarda)
십자가에서 내려오는 예수님의 상처에 입을 맞추는 모습을 조각했다.

20. 톨렌티노의 성 니콜라스
(Sv. Mikuláš Tolentinský)

21. 성 빈센트 페레와 성 프로콥
(Sv. Vincenc Ferrerdký a Sv. Prokop)

22. 아사시의 성 프란시스
(Sv. František Serafinský)

23. 어린 성 바츨라프에게 성경을 읽어 주고 있는 성 루드밀라
(Sv. Lusmila učist bibi malého svatého svatého Václava)

24. 성 프란시스 보르지아
(Sv. František Borgiáš)

25. 성 크리스토퍼 (Sv. Kryštof)
전설로 내려오는 이야기를 형상화한 것이다. 순례자의 수호성인이라고 알려진 성 크리스토퍼의 동상으로 가난한 사람들을 섬기는 일이 예수님을 섬기는 것이라는 말을 듣고서 순례자를 돕는 일을 했다. 어느 날, 조그마한 어린아이가 찾아와 강을 건너게 해달라고 부탁해 어깨에 메고 강으로 들어가 건너고 있는데 아이가 무거워지는 상황에 처했다. 가까스로 강 반대편에 도달했을 때 아이가 말했다. "너는 지금 전 세계를 옮기고 있는 것이다. 내가 바로 예수 그리스도이다." 이 말과 함께 레프로부스의 지팡이에 푸른 잎이 돋아나고 뿌리를 내려 종려나무가 되었다는 이야기를 조각했다. 후에 '레프로부스'는 그리스도를 업고 가는 사람을 뜻하는 말이 되었다.

26. 성 프란시스 하비에르
(Sv. František Xaverský)

27. 성 요셉과 아기 예수
(Sv. Jesef s Ježíšem)

28. 피에타 (Pieta)

29. 성 바르바라, 성 마가렛, 성 엘리자베스
(Sv. Barbora a Markéta a Alžběta)

30. 성 이보 (Sv. Ivo)

카를교(Karlův Most)가 사랑받는 이유

아름다운 조각품으로 장식된 상징적인 성인상이 아름다운 카를교Karlův Most는 블타바 강 위로 뻗어있는 다리로, 서쪽의 유서 깊은 말라 스트라나와 동쪽의 구시가지를 이어주고 있다. 수세기 동안 프라하의 동쪽과 서쪽 지역을 연결해주는 다리는 카를교Karlův Most가 유일했다. 처음 지어진 이후부터 분주하게 이용되는 도로로 20세기 초에는 차량도 다리에 진입할 수 있었지만 이후 금지되었다.

카를교Karlův Most는 프라하에서 인기 높은 보행자 전용 다리로서 블타바 강과 오랜 역사를 자랑하는 시내 중심이 바라다 보인다. 카를교Karlův Most는 길이 약520m, 너비 10m 정도의 돌다리이다. 이 다리가 유명해진 것은 다리 양쪽 난간에 서 있는 성인들의 동상 때문이다. 양쪽 난간에 늘어선 30개의 성인상 조각으로 유명하다. 멋진 조각상으로 장식된 다리 위에서 예술가와 관광객들이 아름다운 추억을 만들고 있다.

30개의 석상 중에서 유독 사람들이 몰리는 곳이 있다. 바로 머리에 다섯 개의 별이 반짝이는 성 얀 네포무크^{Sv. Jan Nepomucky} 석상이다. 조각상 밑단의 부조를 만지고 기도를 하면 소원이 이뤄진다고 한다. 사람들의 발길을 붙드는 것이 또 있다. 초상화를 그려주는 화가, 환상적인 멜로디로 흥을 돋우는 백발의 거리 악사는 카렐교의 낭만과 운치를 더한다.

블타바 강을 가로질러 프라하 성과 구시가를 이어주는, 보헤미아 왕국 시절 왕이 지나던 길은 말라 스트라나에서 카를교 Karlův Most를 건너 구시가지로 가던 길이다. 프라하의 관광지를 이어주며 유용하게 쓰이고 있어 프라하에 머무르면서 여러 번 지나게 되는데, 그때마다 바라보는 풍경은 언제 봐도 환상적이다.

블타바 강에 고정된 16개의 석조 아치로 떠받치고 그 위에 총 30개의 조각상이 다리 양쪽을 꾸며주고 있어서, 어느 방향에서 보든 전망은 아름답다. 조각상 대부분은 역사가 15~16세기로 거슬러 올라가지만, 후세를 위해 이후 복제품으로 대체되었다. 행운을 빌며 조각상을 만지는 사람을 볼 수 있다. 동쪽에서 서쪽으로 다리를 건너면 프라하 성의 전체 모습을 볼 수 있다.

구시가와 프라하 성이 있는 말라 스트라나를 잇는 돌다리로 1357년 신성로마제국의 황제, 카를 4세에 의해 축조되었고, 성 비투스 성당을 지은 페테르 파를레르시가 공사를 맡았다.

낮에는 거리 공연자, 행상, 예술가들이 활기찬 분위기를 만드는 찰스 다리를 많은 관광객이 지나간다. 현대적인 문화와 지역의 풍부한 역사가 잘 조화된 느낌이다. 해가 뜰 무렵 다

리를 건너며 산책하면 고요한 느낌을 홀로 만끽할 수 있다. 찰스 다리는 프라하에서 가장 아름다운 풍경 중 하나로 손꼽히며 커플들에게 인기가 많다.

신시가지인 노브 메스토에서 트램 전차를 이용하거나 구시가지인 스테어 메스토와 말라 스트라나에서 걸어서 오면 된다.

카를교의
사계절의
야경과 새벽

블타바 강(Vltava River)

장구하고 찬란한 역사를 품은 채 유유히 흐르는 블타바^{Vltava} 강은 프라하를 관통하는 강으로, 길이만 430㎞에 이르는 긴 강이다. 슈마바^{Shumava} 산맥에서 발원해 체스키크룸로프, 체스케부데요비체, 프라하를 거쳐 멜니크에서 엘베^{Elve} 강과 합류한다.

블타바^{Vltava} 강에 들어서면 카를교를 만날 수 있다. 신성 로마제국의 황제였던 카를 4세의 지휘 아래 1357년부터 건설된 석조 교량으로 1402년에 완공됐다. 19세기까지 프라하의 구 시가지와 인근을 이어주는 유일한 다리였던 카를교는 서유럽과 동유럽의 문화와 교역을 이어주는 중심역할도 수행했다.

현재 프라하에는 프라하 성을 비롯해 로브코비치 궁, 성 비투스 대성당, 국립박물관, 미술관, 루돌피눔, 프라하 국립극장, 스타보브스케 극장, 프라하 국립 오페라극장 등 도시 전체가 문화 예술과 유적의 향기로 가득하다.

중세 유럽의 아름다움을 그대로 간직한 건축물에는 고딕 양식을 비롯해 르네상스, 네오르네상스, 바로크, 로코코, 아르데코, 아르누보에 이르는 온갖 건축 양식의 향연이 펼쳐져 가히 거대한 건축 박물관과도 같다.

블타바 강을 따라 흐르며 야경을 감상할 수 있는 디너크루즈도 빼놓을 수 없는 블타바 낭만 여행을 즐길 수 있는 방법이다. 보헤미안 재즈 바에서 들려오는 감미로운 체코 음악도 사랑하는 사람과의 숨결이 전해질 것이다.

활기찬 프라하 시내의 모습

캄파 섬
Na Kampě

12세기에 만들어진 작은 인공 섬인 캄파 섬^{Na Kampě}은 카를교와 연결돼 있어 계단을 통해 걸어서 오갈 수 있다. '작은 베니스'라 불리는 캄파 섬^{Na Kampě}에는 파스텔 톤 집들 사이로 작은 운하가 흐른다.

캄파 광장에선 작은 장이 열리는데, 돼지고기 바비큐부터 전통 빵 트르델닉 등 소소한 간식거리를 판매한다. 2002년 체코를 강타한 대홍수의 흔적이 캄파 섬에 선명히 새겨져 있다. 건물마다 당시 물에 잠긴 지점을 표시해두었다.

캄파 공원
Park Kampě

캄파 공원 Park Kampě은 캄파 섬의 일부로 아름다운 섬과 말라 스트라나 Malá Strana 사이에 하천이 흐르고 있다. 동쪽 블타바 강둑에 자리 잡은 평온하고 한적한 녹지 공간이다. 여기서 동화에 나올 법한 프라하 구시가지의 아름다운 전경을 볼 수 있다. 피크닉을 즐기기에 안성맞춤인 캄파 공원에서 프라하의 유서 깊은 구 시가지를 바라다볼 수 있는 강변 공원에는 중부유럽 출신 화가들의 작품으로 구성된 현대 미술관도 자리해 있다.

잘 가꾸어진 잔디밭 주위에 조성된 공원 산책로를 따라 거닐면 공원에서 사시사철 매력적인 분위기를 느낄 수 있다. 따뜻한 여름날, 부드러운 잔디밭에 앉아 피크닉을 즐기기 좋다. 가을에 지는 낙엽은 강을 배경으로 그림 같은 전경을 선사하고, 겨울에 내리는 눈은 낭만적인 분위기를 자아낸다.

🏠 카를교 서쪽 입구에서 도보로 5분 거리

명사수의 섬(Střelecký Ostrov Shooter's Island)

카를 4세가 사격연습과 대회를 열어 시작되어 이름을 붙여졌다. 카를교를 아름답게 볼 수 있는 곳이 레기교(Legii Bridge)와 연관된 명사수의 섬과 혼동되기도 한다. 캄파 섬이든 명사수의 섬이든 공원 강가의 벤치에 앉아 블타바 강 너머 세계적으로 유명한 구시가지의 풍경을 감상해 보자.

카를교(Charles Bridge)와 고딕 양식의 구시가 교탑을 비롯한 14세기의 건축물은 구시가지의 고층건물 사이로 솟아오른 수많은 첨탑이 빚어내는 그림 같은 풍경을 사진에 담아낼 수 있다. 강을 오가는 페리와 어선, 증기선을 보면 한가롭게 여유를 즐겨볼 수 있다.

캄파섬에서 바라 본 아름다운 카를교

존 레넌 벽
Zed' john Lennon

캄파 섬에서 가장 많이 관광객들이 도장을 찍듯이 사진을 찍는 벽이다. 아무렇게 적은 낙서가 이토록 아름다울 수 있는지, 지금은 하나의 예술 작품처럼 다가온다. 프라하 대수도원장 담벼락에 새겨진 컬러풀한 그래비티가 전 세계에서 가장 유명한 벽으로 만들었다. 자유를 갈망하던 반공산주의자들이 비밀경찰의 눈을 피해 낙서하기 시작해 존 레넌이 총에 맞아 사망하자 애도의 글귀로 가득 채워졌다. 평화를 노래하는 비틀스의 곡 가사와 얼굴 그림도 보인다. 위치를 찾기가 힘들기 때문에 지도를 미리 확인하거나 구글맵을 이용해 찾는 것이 편리하다.

🏠 Velkopřevorske Námêsti
메트로 A선 Malostranská역, 트램 Malostranská역, 1, 8, 12, 18, 20, 22, 57번

캄파 미술관
Museum Kampě

14세기 옛 풍차에 자리 잡은 캄파 미술관Museum Kampa의 대표적인 컬렉션으로는 프란티섹 쿠프카의 추상화와 오토 것프레드의 조각상을 꼽을 수 있다. 단기 전시관에서는 앤디 워홀과 요코 오노 등 수많은 예술가의 작품을 선보인다. 박물관 입구 근처에서 기어가는 아기의 모습을 묘사한 흥미로운 조각상도 찾을 수 있다.

아기들(Crawling Babies)
프라하 시내를 거닐다 보면, 흥미로운 조형물을 종종 볼 수 있다. 건물 꼭대기에 사람 모형이 대롱대롱 매달려 있는가 하면, 남자 조형물이 서로 마주 보며 민망한 자세로 소변보고 있다. 모두 체코 출신의 설치미술가 다비드 체르니(David Cerny)의 작품이다.
캄파 미술관 옆엔 '이상한 조형물 TOP 10'에 선정된 기괴한 조형물인 아기들(Crawling Babies)이 있다. 아기 조각상 위로 사람들이 올라타는데 상식을 깬 작품에 놀랄 수 있다.

- 🌐 www.museumkampa.com
- 🏠 U Sovových mlýnů 2, 118 00 Malá Strana, 트램 Hellichova역 12, 20, 22, 23, 57번
- 🕐 10~18시
- 💰 250Kc (학생 130Kc / 성인 2명+15세 미만 3명 350Kc)
- 📞 +420-257-286-147

프라하
황홀한 야경

캄파 미술관
Museum Kampa

소설 초판본, 사진, 편지 등과 카프카 연인들의 부스가 있다. 프란츠 카프카Franz Kafka는 당시에는 인기가 없어서 800부 인쇄를 하였으나 11부만 판매될 정도로 인기가 없었다.
죽음을 앞두고는 절친 '막스 브로트'에게 작품을 모두 소각해 달라고 유언했을 정도로 불행한 삶을 살았다. 하지만 친구는 고민 끝에 소각하지 않고 모아서 재 편찬하여 현재 우리가 볼 수 있게 된 것이다.

- www.kafkamuseum.cz Cihelná 635/2A, Malá Strana, 118 00 Praha-Praha 1, 메트로 A선 Malostranska역, 트램 Malostranska역 1, 8, 12, 18, 20, 22, 57번 10~18시
- 200Kc(6~15세, 학생증 소지자, 60세 이상 120Kc / 가족(성인2명+아이 2명) 490Kc, 사진동영상 촬영시 30Kc 추가
- +420-257-535-373

인간의 심오한 내면을 비춰 보여주는 듯한 대부분의 작품은 불확실한 현대인의 삶을 다루었다. 가장 기억에 남는 건 카프카가 사랑했던 4명의 여인과의 편지이다. 카프카는 편지를 통해 사랑을 키우고 편지 속에 문학에 대한 집념을 표출했다.

박물관 입구

두 남자가 서로 마주 보고 있는 다비드 체르니David Černy의 조각상이 시선을 끈다. 오줌싸게 동상이 박물관과 카프카와 무슨 연관성이 있는지 알 수가 없다. 두 사람이 서 있는 받침대(물통)가 체코의 지도 모양이다. 다비드 체르니는 논쟁을 일으키는 조각으로 유명하다. 오줌싸개인 두 남자가 체코 지도 모양의 웅덩이 안에 서 있고 몸이 움직이는 조각상은 카프카의 소설 유형지에서 모델로 삼았다는 것을 유일한 연관성으로 찾아야 한다.

프란츠 카프카 (Franz Kafka / 1993.7.3. – 1924.6.3.)

프란츠 카프카는 오스트리아 – 헝가리 제국이었던 프라하에서 유대인 부모의 장남으로 태어났고 남동생 둘이 밑으로 태어났지만 연이어 죽고, 그 후 태어난 세 누이동생들은 단지 유대인이라는 이유로 나치 강제 수용소에서 살해되는 등 그의 짧은 생애는 유대인으로서 매우 불행한 41년이었다.

카프카(Kafka)는 독일인과 체코인과 유대인이 사는 지역에서 유대인으로 태어났으나 제국의 유대인이었고 독일어를 완벽하게 사용했지만, 보헤미안으로 독일인도 아니었고, 체코인도 아니었던 것으로 갈등하며 살았다. 노동자 재해 보험 협회의 직원으로 시민 계급도 아니고, 상점 주인의 아들로 노동자 계급도 아니었지만 관료 계급도 아니었기에 숙명적인 존재에서 오는 상처로 평생 괴로움을 받았다.

말라스트라나
Malá Strana

프라하의 말라스트라나^{Malá Strana}는 카를 교를 따라 구 시가지와 연결되어 언덕에는 프라하 성이 있고, 우거진 나무로 둘러싸여 있다. 초창기의 말라스트라나^{Malá Strana}는 현재 말라스트라나^{Malá Strana} 광장 근처이며, 기원전 1,000년경부터 존재하고 있었다고 한다.

프라하 성 아래 형성된 주거지역인 말라 스트라나^{Malá Strana} 역시 프라하 성만큼이나 오랜 역사를 가지고 있다. 체코의 국민적 작가 얀 네루다는 '말라 스트라나 이야기(1877)'라는 소설을 이곳을 배경으로 썼다. 19세기 말라 스트라나^{Malá Strana}에 살던 소시민들의 모습을 묘사한 단편집으로, 개인적이고 안락한 삶을 제일로 여기며 보수적이고 폐쇄적인 면을 가지고 있었던 당시 평범한 시민들의 생활이 그려져 있다.

현재는 미국 대사관과 독일 대사관 등 각국의 대사관과 호텔, 다양한 카페와 가게들이 늘어서 있어서 관광객들이 즐겨 찾는다. 예쁜 유럽의 골목을 배경으로 사진을 남기기에도 최적의 장소다.

성 니콜라스 성당
Charam Sv. Mikulase

1703년에 시작하여 1761년에 완성된 성당은 화려한 외부와 마찬가지로 교회의 내부는 설교단과 제단의 화려한 조각상, 돔 천정의 프레스코 그림들로 가득 차 있다. 성 니콜라스 성당은 귀중한 바로크 양식의 건물로 아버지, 아들, 며느리 인 Christopher Dientzenhofer, Kilian Ignaz Dientzenhofer, Anselmo Lurago 등 300명의 바로크 건축가가 약 100년 동안 작업에 참여했다.

1745~1747년 사이에 지어진 최대 6m 길이의 4,000개가 넘는 파이프가 있다. 특히 안쪽에 자리 잡은 바로크 오르간은 1787년 모차르트가 연주하기도 했던 오르간이다. 성당 안에서는 오케스트라 연주회가 매일 열리며, 조용한 성당 안에서 울리는 오르간과 합주단의 음악이 돔에서 울리는 소리가 정말 아름답다.

🏠 Malostranské nám, 11800 Malá Strana ⏰ 매일 10:00~17:00(오후에 오케스트라 연주회가 열림) 💰 100Kc, 학생 50Kc ☎ 257-534-215

> **여행의 활용**
> 프라하에는 '성 니콜라스'라는 이름의 교회가 2곳이 있다. 하나는 구시가지 광장이고, 다른 하나는 말라스트라나(Malá Strana) 광장이다. 말라스트라나의 소지구의 성 니콜라스 성당은 언덕 중간에 자리하고 있어 중요한 이정표가 된다. 프라하 성을 찾아가거나 내려올 때 서로 헤어졌다면 다시 만나는 약속을 할 수 있는 장소이기도 하다.

네루도바 거리
Nerudova

지하철 A선 말로스트란스카Malostransk역에 내려 프라하 성으로 올라가는 길에 만나게 되는 예쁜 언덕길이 네루도바Nerudova 거리이다. 1857년 까지 도시에 번지가 매겨지기 이전, 집 주인의 직업을 드러내거나 남다른 표시를 더해 집들을 구분하기 위해 동물과 다양한 부조나 조각, 회화 등의 장식을 붙여서 번지수를 대신하여 주소 대신 사용되었다. 건물마다 조각 같은 것들이 있는데 그걸로 간판 역할을 대신했다고 생각하면 된다.
언덕 위에 놓여있는 프라하 성까지 가파른 오르막길이 언덕길을 따라 이어지지만, 줄지어 있는 오밀조밀한 예쁜 집들을 구경하면서 프라하 성으로 올라가면 된다.

체코의 시인이자 소설가인 '얀 네루다Jan Neruda'의 이름에서 '네루도바Nerudova'란 거리 이름이 유래하는데, 19세기 이전까지 번지수 대신 사용했다던 현관문 위의 독특한 문양들이 볼

거리이다. 양, 백조, 바이올린 등 문양 찾기 놀이하면서 예쁜 가게들을 구경하며 오르다보면 어느새 언덕 위에 다다르게 되고, 아이디어가 톡톡 튀는 재밌는 덧문들을 만나게 된다.

🏠 Nerudova 256/5, Malá Strana, 118 00 Praha-Praha 1
카를교에서 도보로 5분, 지하철 A선 Malostranská역에서 하차

독특한 특징
네루도바 거리에는 현관문 위 독특한 문양뿐만 아니라 저마다 개성 있게 장식한 덧문들도 시선을 사로잡는다. 떼어서 들고 오고 싶은 마음이 들 정도의 아기자기하고 예쁘게 장식된 덧문들이 가득하다. 동화적인 모티브를 담아낸 덧문들이 인상적이다. 독특한 문양의 건물들과 동화적 모티브의 덧문이 프라하를 더욱 아기자기한 예쁜 도시로 기억에 남게 한다. 오래된 건축 양식을 지켜오면서, 출입부분인 덧문의 안쪽 면을 활용해 점포의 아이덴티티를 살린 아이디어가 독특하다.

대한민국의 간판 현실 VS 네루도바 거리
상점이름과 홍보문구로 건물이 잘 보이는 부분을 감싸고, 건물을 훼손하면서까지 자신의 상점만을 위한 간판들로 도배하는 대한민국의 건물과 간판의 현실을 보면서 프라하의 네루도바 거리가 주는 아이디어가 다가온다.

프라하의 전경을
한눈에 담는다!

페트린 전망대(Petřínská rozhledna)

말라 스트라나^{Malá Strana} 위 언덕 꼭대기에 서 있는 전망대는 프라하와 블타바 강, 보헤미아 주변 경관이 모두 보이는 황홀한 전망을 선사한다. 페트린 전망대^{Petřínská rozhledna}에서 프라하의 경이로운 도시 경관과 전원 지역이 선사하는 최고의 전망을 볼 수 있다. 사방의 모든 주요 관광지가 한눈에 들어오는 페트린 전망대는 사진작가들의 꿈의 장소이다. 도시 최초의 세계박람회 100주년을 기념하는 프라하 주빌리 전시관의 일부로, 1891년에 문을 열었다.

높이 64m의 전망대는 페트린 언덕^{Petřín Hill} 정상에 멋지게 조경된 정원을 내려다보고 있다. 언덕 자체의 높이도 해발 318m에 달한다. 전망의 탑 디자인은 파리를 상징하는 에펠탑에서 착안했다. 299개의 나선형 계단을 올라가면 야외 전망대가 나오는데, 걷기 힘들다면 엘리베이터를 이용하면 된다. 블타바 강을 사이에 둔 말라 스트라나와 구시가지의 탁 트인 전망을 바라다보면 동화 속 한 장면 같은 프라하 도심에 자리 잡은 수많은 첨탑의 우아한 풍경을 사진에 담을 수 있다.

페트린 미로의 방^{Maze Bludiste Na Petríne}에서 유리 미로를 탐험하며 즐거운 시간을 보낼 수 있다. 스테파니 천문대^{Štefánik Observatory}에서 별도 관측하고 깔끔하게 손질된 정원과 장미 정원, 과수원을 구경해도 좋다. 가난한 이들에게 노동의 대가로 음식을 제공하던 14세기 성첩, 헝거 월^{Hunger Wall}을 따라 산책에 나서도 좋다.

전망대에서 바라본 전망
카를교Charles Bridge, 구시가 교탑과 프라하 성 같은 프라하의 중요 관광지를 볼 수 있다. 화창한 날에는 보헤미아 중부 지역의 전원 지역을 수놓은 울창한 숲까지 볼 수 있다.

가는 방법_ 스트라나에서 트램을 타고 우예즈트 LD(Újezd LD)역으로 이동한 다음 페트린 언덕 위로 걸어서 올라가거나 케이블카를 타면 된다. 아니면 구시가지에서 걸어서 40분 정도 걸어가도 된다.
주소_ Petřínske sady Petřínske skalky Park **시간**_ 10~22시(10,3월 20시까지 / 11~2월 18시까지)
요금_ 180Kč **전화**_ 257-320-112

비셰흐라드 성(Vyšehrad)

신시가지인 노브 메스토의 남쪽에 위치한 비셰흐라드Vyšehrad 성은 블타바 강을 바라다보는 언덕 위에서 아름다운 자태를 뽐내고 있다. 예전에 보헤미아 왕가의 보금자리였던 비셰흐라드Vyšehrad 성에는 지금 남아있는 것이 거의 없지만, 언덕 꼭대기에 자리하고 있어 산책이나 소풍을 즐기기에 더없이 좋은 곳이다.

프라하 언덕에 자리한 비셰흐라드Vyšehrad 성은 1140년까지 보헤미아 왕가의 보금자리였다. 오늘날 성 자체는 유적만 남아 있지만 교회, 묘지, 웅장한 성곽 등은 보실 수 있다. 정원은 분주한 프라하에서 고요한 평화를 누릴 수 있는 가장 좋은 곳이라고 할 수 있다. 문화 기념물로 간주되는 박물관과 미술관도 있다.

정원

비셰흐라드 Vyšehrad 성은 수 세기에 걸쳐 지어졌는데, 지금은 흔적만 남아 있지만 성벽은 14세기에 샤를 4세가 추가했다. 성 안의 여러 정원에서 피크닉을 즐기거나 다양하게 마련된 레스토랑과 카페 중 마음에 드는 곳을 골라 체코 음식이나 음료를 즐겨도 좋다. 정원 주변의 남아 있는 성벽을 따라 산책하다 보면 강 건너 프라하 성도 보인다.

국립묘지

성 안의 국립묘지에는 문화와 학문에 있어 프라하에서 가장 유명한 인사들의 무덤도 있는데, 약 600점의 무덤이 있는 이곳에서 어떤 것은 수 세기를 거슬러 올라가는 것도 있다. 많은 예술가가 묻혀 있는 만큼 묘지는 조각품 갤러리로도 사용되고 있다.

- www.praha-vysehrad.cz
- V Pevnosti, 159/5B, 지하철 C선 비셰흐라드에서 하차, 도로를 끼고 광장을 지나 서쪽의 블타바 강 방향으로 이동하면 성문이 나온다.
- 8~19시 (3, 4, 10월 18시까지 / 11~2월 17시까지)
- 241-410-348

비셰흐라드 성에서 바라본 프라하 전망

Prague Castle
프라하 성

현재 체코 정부의 본거지로 사용되고 있는 프라하 성에는 웅장한 성 비투스 성당도 있다. 요새화된 중세시대 성에서 근위대 교대식을 볼 수 있다. 프라하에서 가장 상징적인 명소인 프라하 성은 세계에서 가장 큰 성 중의 하나로서 세계문화유산으로 지정된 곳이다. 프라하 성은 1,100여 년의 역사와 건축물을 보유하고 있으며 보헤미아 왕가, 로마 황제, 체코슬로바키아 대통령 등의 보금자리가 되어 왔다. 프라하 성은 여전히 체코 정부의 보금자리로 사용되고 있다.

프라하 성은 9세기에 지어진 이후 계속 변화를 거듭해 왔는데, 고딕, 르네상스, 모더니즘 등 지난 1,100년에 걸친 거의 모든 건축 양식을 모두 담고 있다. 프라하 성은 매우 커서, 길이는 570m, 너비는 130m에 7ha 규모의 부지에 자리하고 있다. 성에는 총 8개의 교회와 궁전, 방대한 정원을 포함해 많은 건물과 정원으로 구성되어 있다.

신 고딕 양식의 성 비투스 성당에는 프라하에서 가장 유명한 종교적 인물들이 안치된 곳으로 성 바츨라프 예배당에서 체코의 왕관 보석들을 볼 수 있다.

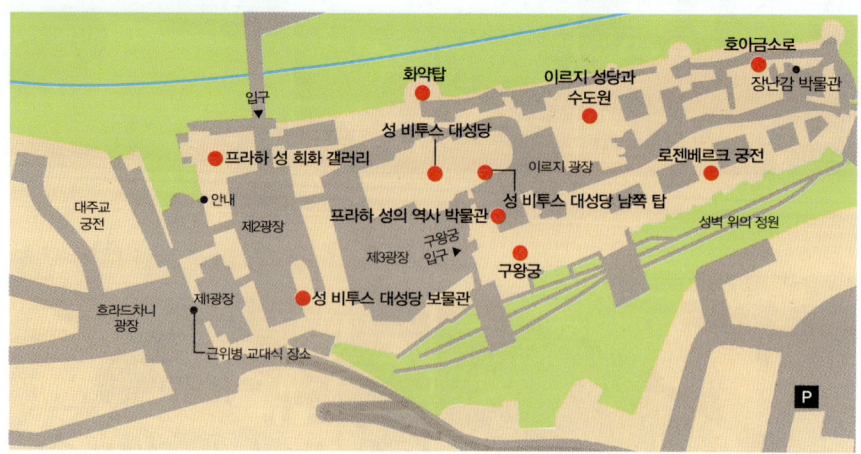

프라하 성 구경하기

야경이 아름답다는 프라하 성으로 올라가면 프라하가 한눈에 내려다보인다. 이곳에서 보는 프라하 시내 전경은 붉은 지붕들과 수많은 탑들이 모자이크를 이루는데, 그 뾰족탑이 수백이 남는다고 해서 '백탑의 도시'라고 부르기도 했다.
프라하 성 앞에 근위병을 지나 광장으로 가면 많은 관광객이 있다. 그러나 많은 관광객이 너무 많은 아름다운 건축물이 모여 있어 정확히 모르는 경우가 대부분이다. 천천히 여유를 갖고 정확히 알면서 건축물을 본다면 즐거움은 더욱 커질 것이다.

추천 루트

카를 다리 → 네루도바 거리 → 정문 → 흐라드차니 광장 → 근위병 교대식 → 성 비투스 성당 → 구 왕궁 & 성 이르지 성당 → 로젠베르크 궁전 → 황금소로 → 달리보르카 탑 → 메트로 A(말로스트란스카Malostranska 역)

흐라드차니 광장(Hradcanske Square)

프라하 성 정문 앞에 위치한 광장으로 광장 왼쪽은 프라하 성 정문이며 오른쪽은 대주교 궁전이 있다. 대주교 궁전은 16세기에 건설한 대주교 관저로 18세기에 로코코 양식으로 개축해 지금에 이르고 있다. 영화 '아마데우스'의 촬영지로 유명하다.

광장 거리가 나오고, 북쪽의 오르막길을 따라가면 로레타 성당Roreta Cathedral이 나온다. 칼과 몽둥이를 들고 있는 거인 조각상이 달린 문을 통과하면 보이는 곳이 대통령 관저인데 입구에 국기가 걸려있다면 현재 대통령이 머무르고 있다는 표시이다.

성 비투스 성당(St. Vitus Cathedral)

프라하에서 가장 크고 중요한 의미를 지니는 성 비투스 성당은 프라하의 상징적인 건물로 1344년 처음 짓기 시작해 약 600여 년의 시간을 거쳐 1902년에 고딕 양식으로 완성되었다. 성당의 본래 이름은 성 투비스 St. Vitus, 바츨라프 대성당 St. Wencesalas and 성 아달베르크 St. Adalbert Cathedral이다.

성당의 규모는 길이 124m, 폭 60m, 천장 높이 33m, 첨탑 높이 100m에 이르며 정문 바로 위를 장식한 지름 10.5m의 장미의 창이 인상적이다. 성당 안쪽은 시대에 따라 다양한 기법의 스테인드글라스로 장식되었는데 그 중 알폰스 무하가 제작한 아르누보 양식의 작품이 가장 유명하다.

성당 지하에는 역대 체코 왕들의 석관 묘가 안치되어 있으며, 본당 주위에는 체코의 수호성인 성 바츨라프를 추모하기 위해 세운 화려한 예배당이 있다. 예배당의 벽면은 보석과 도금으로 장식되었고, 여러 성인들과 성서 속 장면을 그린 그림들이 걸려 있다.

집중탐구 성 비투스 성당

블타바 강 서쪽의 성 구역에 있는 프라하 성 안에 자리하고 있다. 프라하 성 안에 위치한 세인트 비투스 성당은 많은 사람들의 존경을 받는 교회로, 체코 왕국의 왕관 보석과 프라하 대주교의 좌석이 모셔져 있는 곳이다.

프라하 성 안에는 중앙 유럽에서 종교적으로 가장 중요한 곳 중 하나인 성 비투스 성당이 있다. 거대한 성당은 프라하 어디서나 보이는데, 몇몇 첨탑의 높이는 96.5m에 이른다. 성 비투스 성당은 프라하 여행에서 반드시 들려야 할 필수 코스이다. 1344년 이후 성당은 프라하 대주교의 자리가 되어왔다.

본래 건물은 925년에 성 안에서 가장 먼저 지어진 건축물 중 하나였지만 지난 1,000년 동안 계속 공사 중이었다. 신 고딕 양식의 교회는 전쟁과 화재로 인해 수 세기 동안 지연되었다가 1929년까지 완성되지 않았다.

남쪽 입구에 있는 최후의 심판 모자이크는 백만 개가 넘는 돌과 유리로 만들어졌는데 감탄이 절로 나올 정도로 인상적이다. 밑의 석조 아치를 통과하면 성당으로 들어갈 수 있다. 성당은 프라하의 가장 중요한 인물들이 상당수 안치된 곳이다. 왕실 지하실에는 카를 4세를 포함하여 많은 체코 왕실 가족의 석관이 보관되어 있고, 성 바츨라프 예배당은 성인의 무덤 위에 세워져 있다.

구 왕궁 & 성 이르지 성당&수도원
(Church and Convent of St. George)

붉은색 건물에 두 개의 탑이 솟아 있는 이르지 성당은 프라하 성 안에서 2번째로 지어진 성당으로 920년경 처음 지어졌다. 지금의 모습은 1142년 대화재로 소실된 이후 재건된 모습으로 전체적으로 로마네스크 양식을 띄고 있다.

성당 안에는 보헤미아 최초의 성녀이자 성 바츨라프의 할머니인 성 루드밀라의 묘가 안치되어 있다. 성당 바로 옆의 수도원은 973년경 세워진 보헤미아 최초의 수녀원으로 바로크 양식을 띄고 있다.

로젠베르크 궁전(Rosenberg Palace)

로젠베르크 경이 거주를 위해 1545~1574년까지 만든 르네상스 양식의 궁전으로 1600년에 왕실의 재산으로 변경되었다.

1753년 합스부르크 왕가의 마리아 테레지아가 거주지로 사용하기도 했다. 이곳은 미혼의 18세 이상 고아나 24세 이상의 귀족여성이 거주하는 곳이 되었지만 대상이 귀족이었기 때문에 사용자는 극히 적었다. 2007년부터 대중에게 개방되고 있다.

황금소로(Golden Lane)

프라하 성 안쪽에 알록달록한 색상의 작고 아담한 집들이 붙어 있는 좁은 골목길이 바로 황금소로이다. 이곳이 황금소로 불리게 된 것은 금박 장인들이 모여 살았기 때문이라는 설과 금을 만드는 연금술사들이 여기에 모여 살았다는 설이 있다.
지금은 관광객들을 위한 수제품이나 액세서리 등 기념품을 파는 곳으로 바뀌었다. 거리 한가운데에 있는 파란색의 22번지 집은 프란츠 카프카가 1916년부터 약 1년간 작업실로 쓰던 곳이라고 한다.

달리보르카 탑(Daliborka Tower)

황금소로 골목이 끝나는 곳에서 계단을 내려가면 보이는 둥근 탑이 달리보르카 탑이다. 1496년 지어진 대포 요새의 일부분으로 1781년까지 감옥으로 사용되었다.
탑의 이름은 1498년 수감한 보헤미아의 기사 '달리보르'의 이름을 붙였다. 달리보르카 탑 입구에는 엎드린 사람 위에 해골이 올려있는 특이한 상징물이 자리하고 있으며, 안으로 들어가면 죄수를 물에 담그는데 사용되었던 도르래도 볼 수 있다.

왕실 정원

왕실 정원은 1534년 페르디난트 1세가 오래된 포도농장을 재조성한 정원으로 프라하 성 북쪽에 넓게 퍼져 있다. 왕실 정원 가장 안쪽에는 그의 아내를 위해 지은 여름 별궁인 벨베데르가 있다.

관람시간 안내

장소	관람시간
프라하 성	4~10월 | 05:00~24:00 / 11~3월 | 06:00~23:00
구 왕궁 /프라하 성의 역사, 성이르지 성당, 황금소로, 프라하 성 회화 갤러리, 화약탑, 로젠베르크 궁전	4~10월 | 09:00~17:00 / 11~3월 | 09:00~16:00
성 비투스 대성당	4~10월 | 09:00~17:00 / 11~3월 | 09:00~16:00
성 비투스 대성당의 보물관	4~10월 | 10:00~18:00 / 11~3월 | 09:00~176:00
성 비투스 대성당의 남쪽 타워	4~10월 | 09:00~18:00 / 11~3월 | 09:00~17:00
국립갤러리 (프라하 성 기마학교, 제국의 마구간, 테레지안 날개)	10:00~18:00
프라하 성 정원	4 · 10월 | 09:00~18:00 / 5 · 9월 | 10:00~19:00 8월 | 10:00~20:00 / 6 · 7월 | 10:00~21:00 (휴무 11~3월)

관람교통 안내

- **트램 22 · 23번(가장 보편적인 방법)**
  ① 여름 궁전과 정원을 보고 성으로 가려면 크랄로프스카 레토흐라데크 Kralovsky letohradek 역에서 내린다.(트램 역에서 프라하 성까지는 약 800m 떨어져 있다)
  ② 언덕의 정상에서 350m 떨어진 프라하 성의 전망을 보며 성으로 가고 싶다면 프라하성 Prazsky Hrad역에서 내린다.
  ③ 스트라호프 수도원을 보고 프라하 성으로 가고 싶다면 포호제레츠 Pohorelec역에 내린다. 트램 역에서 프라사 성까지는 약 950m 떨어져 있다.

- **메크로 흐라드찬스카 Hradcanska역**
  역에서 프라하 성까지는 약 1.3㎞로 여름 궁전과 정원 거쳐 프라하 성으로 들어올 수 있다.

- **메크로 말로스트란스카 Malostranska, 흐라드찬스카 Hradcanska역**
  프라하 성까지 약 850m 거리로 황금소 쪽으로 접근이 가능하나 오르막이다.
  보통 프라하 성을 보고 내려와 돌아갈 때 이용하게 된다.

관람 티켓 안내

- **프라하성 루트A | 짧은 루트 + 프라하 성 회화 갤러리 + 화약탑 + 로젠베르크 궁전**
  요금 : 350kc / 6~16세, 26세 미만 학생, 65세 이상 175Kc,
  　　　가족(어른 2명+16세미만 1~5명) 700Kc

- **프라하성 루트B** | 성 비투스 대성당 + 구왕궁 + 성 이르지 성당 + 황금소로
  요금 : 250kc / 6~16세, 26세 미만 학생, 65세 이상 125Kc,
  　　　가족(어른 2명+16세미만 1~5명) 500Kc

- **프라하성 루트C** | 성 비투스 대성당 보물관 + 프라하 성 회화 갤러리
  요금 : 350kc / 6~16세, 26세 미만 학생, 65세 이상 175Kc,
  　　　가족(어른 2명+16세미만 1~5명) 700Kc

- **프라하 성의 역사 전시관**
  요금 : 140kc / 6~16세, 26세 미만 학생, 65세 이상 70Kc,
  　　　가족(어른 2명+16세미만 1~5명) 280Kc

- **프라하 성 회화 갤러리**
  요금 : 150kc / 6~16세, 26세 미만 학생, 65세 이상 80Kc,
  　　　가족(어른 2명+16세미만 1~5명) 300Kc

- **화약탑**
  요금 : 70kc / 6~16세, 26세 미만 학생, 65세 이상 40Kc,
  　　　가족(어른 2명+16세미만 1~5명) 140Kc

- **성 비투스 대성당 보물관**
  요금 : 300kc / 6~16세, 26세 미만 학생, 65세 이상 150Kc,
  　　　가족(어른 2명+16세미만 1~5명) 600Kc

로레타 수도원
Loreta Praha

프라하 성$^{Praha\ Castle}$에서 서쪽에 위치한 말라 스트라나$^{Malá\ Strana}$에 있는 로레타^{Loreta} 수도원은 한때 수도자의 보금자리였다. 전통 순례 장소였던 수도원은 정교한 장식으로 꾸며져 있으며 수천 점의 다이아몬드를 소장하고 있다.

지금도 수도원의 기능을 하고 있는 로레타^{Loreta} 수도원은 매력적인 역사를 품고 있는 곳이다. 프라하에 오는 관광객은 프라하 성으로 갈 마음에 바빠서 그냥 지나치는 경우가 많다. 1626년에 지어진 수도원에서 가장 중요한 장소는 성모마리아에게 바쳐진 자애당의 복제품이다. 안에는 6,222개의 다이아몬드로 장식된 보물이 소장되어 있다.

수도원의 4곳만 일반 대중에게 공개되는데, 자비의 성채라고도 알려진 자애당이 가장 유명하다. 작은 건물은 중앙 마당에 지어졌는데 많은 장식을 갖추고 있고, 매주 토, 일요일에는 자애당에서 예배가 열린다.

마당으로 연결된 회랑은 벽화와 예배실로 꾸며져 있는데, 정교한 장식이 인상적인 예수탄생교회도 볼만 하다. 로레타Loreta의 하이라이트라 할 수 있는 1층은 아직 남아 있는 귀중한 가치의 종교적 물품을 볼 수 있다.

수도원에 도착하는 시간이 정시여야 타워 안의 30개 벨이 울리는 소리를 들을 수 있다. 벨은 서로 연결되어 있으며 정시가 되면 벨이 연달아 울리면서 다양한 멜로디 중 하나를 만들어낸다.

🏠 Loretánské námesti 7　⏰ 9～12시 15분, 13～17시(11～3월은 16시까지)　💰 180Kc(학생 150Kc)　📞 220-516-740

유대인 지구
Josefov

6개의 인상적인 유대교회당이 우뚝 솟아 있는 유대인 지구는 유대인의 거주지였던 곳으로, 한때 프란츠 카프카가 살았으며 현재, 다양한 콘서트가 열리고 있다. 프라하의 유대인 지구는 역사가 10세기로 거슬러 올라가는 역사적 유산으로 가득한 곳이다.

프라하의 유대인 지구를 요제포프 Josefov라고 부르는데 1781년에 유대인 거주자들에게 평등권을 부여하는 법을 반포한 신성로마제국의 황제인 요제프 2세의 이름을 따 온 것이다. 현재, 유대인 관습과 전통을 배울 수 있고, 유명 작가 프란츠 카프카가 돌아다녔던 곳을 직접 가볼 수도 있으며, 나치 시절 파괴되지 않은 이유도 알게 된다.

여러 건물은 나치 시절 파괴되지 않고 보존되었는데, 아돌프 히틀러가 '멸종된 민족에 대한 박물관'으로 유지하려 했기 때문이다.

구시가지인 스테어 메스토 Stea Mesto가 둘러싸고 있는 유대인 지구 Josefov는 집단학살 난민을 위한 유대인 거주지로 시작되었다. 수 세기 동안의 고난을 견뎌냈지만 상당 부분은 20세기 초 프라하 재개발 당시 파괴되었다.

한눈에
유대인 지구 파악하기

유대인 지구Josefov에 가는 것은 많은 이들에게 눈물이 핑 돌게 만드는 특별한 경험이 된다. 유대인 지구Josefov는 규모가 작아서 도보로 이동하면 된다. 가장 중요한 건물의 모습과 전시물은 유대인 박물관에 전시되어 있는데, 6개의 유대교회, 유대인 집회소, 구 유대인 묘지, 이전에 장례식장 이었던 기념홀 등이 있다. 지금은 6개의 유대교회당이 남아있다.
신구 유대교회는 유럽에서 현존하는 가장 오래된 교회이고, 스페인 유대교회는 인기가 많은 콘서트 장소이다.

유럽여행을 하면 자주 볼 수 있는 유대인 지구에 대해 잘 모르기 때문에 유대인 지구를 지나치는 경우도 많다. 유럽의 많은 도시에 유대인 지구가 있는 이유는 13세기 로모 제국의 법에 따라 유대인은 기독교 주민과 분리되어 정해진 지역인 게토에서 강제로 모여 살아야 했기 때문이다.

입장권
유대인 지구의 관광지는 유대인 박물관에서 관리하고 있다. 신구 유대교회를 제외하고 모든 교회는 7일 동안 사용할 수 있는 유대인 박물관 입장권을 구입해야 한다. 프라하 카드를 소유하고 있으면 할인이 적용되고 있다.

줄 서지 않으려면?
공동묘지와 유대인 지구의 다른 명소들에 입장할 수 있는 티켓을 사기 위해 줄을 서는 불편을 피하려면 근처의 마이셀 유대교회 Maiselov Synagógá에서 여러 유대인 박물관 티켓을 할인가로 구입하면 된다.

1. 유대인 박물관권(350Kc / 학생 250Kc)
스페니시 유대교회, 구트만 박물관, 핀카스 유대교회, 유대인 묘지, 마이셀 유대교회, 클라우스 유대교회, 의전실 입장 가능

2. 신구 유대교회 포함 연합권(530Kc / 학생 360Kc)
유대인 박물관권 입장 가능한 곳과 신구 유대교회 입장 가능

3. 신구 유대교회 입장권(230Kc / 학생 150Kc)

주의
남자들은 키파Kippah라는 모자를 쓰고 입장해야 한다. 다행히 유대교회 입구에서 부직포의 키파Kippah를 빌려준다.

신·구 유대교회
Staronová Synagóga

유대교회를 '시나고그^{Synagógá}'라고 부르는데 유럽에서 가장 오래된 1270년에 건립된 신·구 유대교회는 지금까지 예배를 볼 수 있는 곳이다. 16세기에 지어진 구 유대교회에 덧붙여, 신 유대교회가 건축되어 신·구 유대교회라고 부르고 있다.

톱날 모양의 지붕이 특징인 신 구 유대교회는 본당에 15세기에 만든 설교단과 팔각기둥 2개 다비드의 별이 그려진 붉은 문장기가 있다. 프라하에서 유명한 관광지이므로 관광객이 적은 오전에 일찍 찾는 것이 편리하다.

🏠 Maiselova 18　🕐 9~18시(겨울 16시30분까지)　💰 230Kc / 학생 150Kc

골렘(Golem)
진흙으로 빚은 인조인간인 골렘(Golem)이야기는 프랑켄슈타인의 원조로 알려져 있다. 16세기에 신비한 능력의 랍비(유대교회의 율법교사), 로우(Loew)는 골렘(Golem)을 빚는다. 골렘(Golem)의 입 안에 생명을 불어넣어주는 주문이 적힌 당나귀 가죽을 넣어주자 골렘은 주인의 지시대로 일을 했다. 하지만 불완전한 골렘(Golem)은 나중에 유대인 지구를 파괴하고 미쳐가면서 생명을 불어넣어 주는 부적은 떼어버린 후에 신·구 유대교회에 묻어버렸다고 전해진다.

유대인 묘지
Starý Židovský Hřbitov

오래된 묘비들이 가득한 옛 유대인 묘지에는 프라하에 살았던 유대인들의 거칠고 고단했던 삶을 엿볼 수 있다. 구 유대인 묘지는 유럽에서 가장 오래된 묘지 중 하나인데, 수천 개에 이르는 묘비를 둘러보면서 유대인의 매장 문화를 이해하는 계기가 된다.

1787년까지 300여 년 동안 당시 프라하에 거주했던 모든 유대인은 유대인 공동묘지에 묻혔다고 한다. 유대인 법에서는 무덤을 없애는 것이 금지되고 공동묘지가 유대인에게 당시의 유일한 묘지였기 때문에 많은 무덤들이 사실상 옛날 무덤 위에 지어진 것이다. 약 12,000개의 묘비가 뒤섞여 있는 것은 몇몇 곳에 시체가 최대 12개까지 묻혀 있기 때문에 가능했다.

묘지가 폐쇄된 이후 신 유대인 묘지가 조성되었고 체코의 유대계 작가인 프란츠 카프카도 신 유대인 묘지에 묻혀있다. 공동묘지에서 가장 오래된 무덤은 시인, 아비그도르 카라의 무덤이고, 가장 유명한 사람으로는 랍비 로에프 벤 베자렐이 있다.

나의 느낌!!
유대인 공동묘지를 들어갈 때는 나치의 유대인 대학살에 희생된 당시 프라하 유대인들의 영혼을 기리는 곳인 핀카스 유대교회(Pinkasová Synagógá)를 통해 들어가는데, 이곳을 보면 마음이 뭉클해진다. 지금도 계속되는 프라하 유대인들의 고단한 삶을 잘 보여주고 있다.
그늘진 숲을 천천히 걸으면서 희생된 수많은 사람들에 대해 잠시 생각해 보는 계기가 된다. 15세기 정신적 지도자였던 랍비 로에프 벤 베자렐의 무덤 주위에는 유대인 방문객들이 소망을 적어 남겨놓은 작은 쪽지들을 볼 수 있다. 랍비가 자신들의 소망을 이루어줄 것이라고 믿고 있기 때문에 적어 놓은 것들이다.

박물관으로 사용 중인
유대 교회

클라우스 유대교회(Klausov Synag g)

가장 큰 유대교회로 17세기 화재이후 지어진 건물이다. 현재 유대인 박물관으로 사용하고 있다. 유대인의 종교와 전통, 문화, 생활습관 등을 보여주는 유물을 전시하고 있다.

🏠 U Stareho Hrbitova 243/3A 📞 +420-221-711-511

마이셀 유대교회(Aiselova Synagógá)

유대인의 지위향상을 위해 노력한 인물의 이름을 따서 16세기에 지어진 르네상스 양식의 교회이다. 18세기까지의 유대인 역사와 유물, 금은 세공품 등을 전시하고 박물관으로 사용 중이다.

🏠 U Stareho Hrbitova 243/3A 📞 +420-221-711-511

스페인 유대교회(Spanelská Synagógá)

입구부터 화려한 금빛의 내부와 스테인드글라스가 시선을 사로잡기 때문에 유대교회 중에서 가장 인기가 높은 곳이다. 1868년에 건설된 스페인 유대교회는 특이하게 스페인 안달루시아 지방의 무어양식 Moorish Style 으로 지어졌다.
내부는 이슬람 사원에서 볼 수 있는 아라베스크 문양으로 화려하게 장식되도록 공을 들여 1893년에야 완성되었다. 여름마다 다양한 콘서트가 열리는 곳이다.

🏠 Vezenska 141/1 📞 +420-222-749-211

핀카스 유대교회(Pinkasová Synagógá)

프라하에 있는 유대교회 Synagógá 에서 2번째로 오래된 교회로 2차 세계대전에서 나치에 의해 학살당한 체코계 유대인들을 추모하기 위해 재건된 교회이다.
내부에는 나치에 의해 테레진 Terezin 강제 수용소에 수감되어 생체실험으로 비참하게 죽은 77,297명의 희생자 이름과 사망날짜가 새겨져 있다. 테레지엔 슈타트 수용소에서 1942~1944년까지 수감된 어린이들이 그린 4,500여 점의 그림을 볼 수 있다.
핀카스 유대교회의 벽면에는 홀로코스트로 희생된 77,297명의 희생자 이름과 사망날짜가 새겨져 있다. 희생된 이름들이 남긴 벽화는 슬픔으로 다가온다. 2층에는 수용소의 어린이들이 남긴 그림이 전시되어 있는데 아이들의 슬픔이 안타깝다.

🏠 U stareho hrbitova 243/3a 110 00 📞 +420-222-749-211

구시가지

카페 임페리얼
Café imperial

구지가지 호텔거리에 위치한 임페리얼 호텔 내에 있는 미슐랭 레스토랑. 높은 천장과 기둥을 채우고 있는 정교한 세라믹 인테리어에 감탄이 나올 것이다.
메뉴는 체코 음식을 기본으로 하며 대부분의 요리나 디저트가 호평이지만, 어니언 수프가 맛있는 것으로 칭찬이 자자하다. 프라하를 방문하는 관광객의 필수 코스 같은 식당으로 성수기의 식사 시간대는 필히 예약해야 한다.

홈페이지 www.cafeimperial.cz 위치 Na Poříčí 1072/15, 110 00 Petrská čtvrť, 트램 Masarykovo nadrazi 하차 후 도보 2분
시간 7시~23시 요금 커피류 59kc~ / 어니언수프 115kc / 메인요리 325kc~
전화 420-246-011-440

피제리아 지오반니
Ristorance·Pizzeria Giovanni

구시가지 안쪽의 좁은 골목길에 위치해있지만 체코 피자대회에서 1등을 차지한 피자 맛집. 현지인과 서양인 관광객들이 좋아하는 이탈리아 음식점이다. 직접 반죽하고 화덕에서 굽는 쫀득하고 촉촉한 피자 도우가 일품인 곳. 모든 피자 메뉴가 맛있는 것으로 호평이지만, 무엇을 고를지 고민이 될 때는 시그니처 메뉴인 지오반니를 시켜도 좋다.

홈페이지 www.giovanni-praha.com
위치 Kožná 481/11, 110 00 Staré Město, 체코, 프라하 천문시계에서 Zlelzna 골목으로 진입 후 도보 2분
시간 9시~24시 **요금** 지오반니 270kc **전화** 420-221-632-605

믈레니체 1호점
Restaurace Mlejnice

양 많고 맛있는 꼴레뇨가 유명한 현지 맛집. 립이나 감자요리, 굴라쉬도 맛있는 것으로 호평이다. 구시가 광장에 1호점이 있고 프라하 성 방향으로 가는 쪽에 규모가 좀 더 큰 2호점이 있다.

웨이팅 없이 편한 자리에 앉고 싶다면 예약 후 방문하는 것이 좀 더 좋으며, 늦은 시간에 방문하면 인기 메뉴도 품절일 수 있음을 알아야 한다.

홈페이지	www.restaurace-mlejnice.cz
위치	Kožná 488/14, 110 00 Staré Město , 천문시계에서 도보 3분
시간	11시~23시
요금	스타터 69~254kc / 메인메뉴 174~654kc
전화	420-224-229-635

카를교 인근

믈리넥
Mlynec

까를교 바로 옆에 있는 식당으로, 테라스 자리에서는 까를교 밑으로 유유히 흐르는 블타바 강을 감상하며 식사할 수 있다.
현지인들은 각종 기념일에 방문하며, 세계 여러 나라의 관광객들도 여행 중 분위기 좋은 식사를 경험하고 싶을 때 방문하는 곳이다. 오리고기, 소고기, 양고기 요리가 맛있으므로 메인 요리 중 하나로 시키는 게 좋다.

홈페이지 www.mlynec.cz 위치 Novotného lávka 9, 110 00 Staré Město , 까를교 인근
시간 11시30분~14시, 17시~23시30분 요금 스타터 295kc~ / 메인메뉴 495kc~ 전화 420-277-000-777

캄파파크
Kampa Park

아름다운 까를교 야경을 적당히 먼 곳에서 감상하며 식사할 수 있는 곳으로 유명한 식당. 은은하게 불을 밝히는 조명과 분위기 넘치는 까를교 야경을 보면 재방문 의사가 저절로 생길 것이다.
디너 타임에 까를교가 보이는 테라스 자리에 앉고 싶다면 2주 전에는 예약해야 안전하다. 추천 메뉴는 해산물 요리와 양고기 요리이다.

홈페이지 www.kampagroup.com 위치 Na Kampě 8b, 118 00 Malá Strana , 까를교 반대편 인근
시간 11시30분~16시, 18시~22시30분 요금 스타터 395kc~ / 메인메뉴 845kc~ 전화 420-296-826-112

레스토랑 히베르니아
Restaurace Hybernia

화약탑 인근에 있는 음식점으로 한국인에게는 꼬치구이 맛집으로 알려졌다. 내부는 꽤 넓지만 현지인 관광객 할 것 없이 인기가 있기 때문에 식사 시간을 피해 가거나, 저녁 시간에는 이른 시간에 방문하는 것이 좋다.

꼬치구이는 소고기, 돼지고기, 닭고기 꼬치가 있다. 어느 고기를 선택해도 좋고, 함께 나오는 소스도 맛있어 재방문 의사가 높은 곳. 허니윙도 인기있다.

홈페이지 www.hybernia.cz 위치 Hybernská 1033/7, 110 00 Nové Město, 화약탑에서 도보 4분
시간 10시 30분~23시 30분 요금 꼬치구이 닭고기 275kc / 돼지고기 295kc / 소고기 425kc 전화 420-777-344-005

바츨라프 광장

브레도브스키 드부르
Restaurace bredovsky dvur

바츨라프 광장 인근에 위치한 돼지고기요리 필스너 우르켈 맛집이자 진짜 꼴레뇨 맛집. 간판에는 레스토런스 Restaurace만 달려있다. 다른 꼴레뇨 맛집들은 평이 다소 갈리지만, 브레도브스키 드부르의 꼴레뇨는 한국인 입맛에 꼭 맞는데다 2인이 배부르게 먹을 정도로 양이 푸짐하다. 한국어 메뉴판이 구비돼있으므로 주문 시 꼭 요청할 것.

홈페이지 www.restauracebredovskydvur.cz 위치 Politických vězňů 935/13, 110 00 Nové Město, 칸티나에서 도보 1분
시간 월~토 11시~24시 / 일 11시~23시 요금 꼴레뇨 329kc 전화 420-224-215-427

조지 프라임 버거
George Prime Burger

바츨라프 광장 인근에 있는 수제 햄버거 가게로 현지인들이 자주 찾는 햄버거 맛집이다. 스테이크 맛집으로 알려진 조지 프라임 스테이크에서 쓰는 고기를 사용한다. 주문 시 패티와 빵의 굽기 정도를 물어보며, 두껍고 양 많은데다 질 좋은 패티맛을 보는 순간 재방문 의사가 저절로 생긴다.

홈페이지 www.georgeprimeburger.com 위치 Vodičkova 32, 110 00, 110 00 Nové Město, 트램 Václavské náměstí에서 도보 2분
시간 11시~23시 요금 버거류 195kc~ 전화 420-222-946-573

칸티나
Kantýna

정육점을 함께 운영하는 정육식당으로 스테이크 맛집으로 소문났다. 입구 정육점에서 고기를 주문한 후 레스토랑으로 들어가 음료를 주문한다. 결제는 종이 카드에 주문 메뉴를 체크한 후 후불로 결제하는 방식. 주문이 끝나면 뼈다귀 번호표를 준다.
한국인들은 티본이나 타르타르를 시키지만, 안심이나 어깨 부위도 맛있는 것으로 유명하다. 늦은 시간에 방문하면 맛있는 부위가 소진되므로 조금 일찍 방문해 다양한 선택의 폭을 느껴보자.

홈페이지 www.kantyna.ambi.cz  위치 Politických vězňů 5, 110 00 Nové Město, 알폰스 무하 박물관에서 도보 2분
시간 11시~23시 요금 고기류(100g) 99kc~

비셰흐라드

우 크로카
U Kroka

현지인들이 사랑하는 체코 전통 음식점. 시내가 조금 멀지만 야경이 예쁜 비셰흐라드와 가깝다. 일몰을 감상한 후 식사를 마치고 나와 야경을 감상하면 프라하에서의 최고의 하루가 될 것. 평일 11시~15시는 예약 불가 시간대로 매일 바뀌는 데일리 메뉴를 판매하고, 그 이후와 주말에는 고정 메뉴를 판매한다. 추천메뉴는 체코 전통음식이나 오리·토끼고기 요리이며, 저녁 시간은 웨이팅이 기본이므로 예약을 추천한다.

홈페이지 www.ukroka.cz **위치** Vratislavova 28/12, 128 00 Praha 2 , 트램 Výtoň에서 도보 3분
시간 11시~23시 **요금** 스타터 125kc~ / 메인메뉴 225kc~ **전화** 420-775-905-022

크레페리 우 카제타나
creperie u kajetana(Waffle Point U Kajetana)

이 곳의 뜨르들로를 한번 먹어본다면 다른 곳은 쳐다보지도 않는다고 할 정도로 따뜻하고 맛있는 뜨르들로를 구워내는 집. 뜨르들로 뿐만 아니라 브런치와 간단한 음식, 케이크나 크레페 같은 디저트 등도 판매한다.

모든 메뉴가 맛이 괜찮은데다 저렴하기까지 해 재방문률이 높은 곳. 뜨르들로는 기본맛과 누텔라맛 두 개는 꼭 먹어봐야 한다.

홈페이지 www.mls-bistros.cz   위치 Nerudova 248/17, 118 00 Malá Strana, 트램 Dlouhá třída에서 도보 4분
시간 10시~18시   요금 뜨르들로 60kc   전화 420-773-011-031

호텔 킹스 코트 프라하
hotel kings court prague

구시가지 중심부에 위치한 5성급 호텔. 관광 및 쇼핑에 적절한 위치와 친절한 직원, 내부가 깔끔하고 맛있는 조식, 넓고 편안한 침구까지 흠 잡을 데 없는 호텔로 유명하다. 어르신 동반 여행객, 아이 동반 여행객, 신혼여행까지 모든 유형의 여행객이 매우 만족하는 곳으로, 대부분 고객의 후기에 재방문 의사와 추천 의사가 넘치는 곳이다.

- 위치 U Obecního domu 660/3, 110 00 Staré Město
- 요금 더블룸 3,100Kc~
- 전화 420-224-222-888

골든 웰 호텔
Golden well hotel

프라하 성 근처에 위치한 5성급 호텔. 고급스러운 체코 전통 양식으로 꾸며 클래식한 우아함이 넘친다.

말라스트라나 지구 골목 안에 숨겨져있어 관광객이 넘쳐나는 프라하에서 조용하고 한적하게 지낼 수 있는 최적의 장소. 세계 여러나라의 장관급 공무원이나 허니무너들이 머문다. 2016년 유럽의 럭셔리한 호텔 3위를 차지했던 곳으로, 루프탑 레스토랑에서 프라하 전경을 감상하며 먹는 맛있는 조식은 덤이다.

위치 U Zlaté studně 166/4, Malá Strana, 118 01 Praha 1
요금 더블룸 4,800Kc~ **전화** 420-257-011-213

샤토 므첼리
Chateau Mcely

프라하에서 약 1시간 가량 떨어진 근교에 위치한 5성급 고성 호텔. 기품있고 고급스러운 호텔과 정원, 외관보다 더 우아하고 앤틱한 호텔 내부와 객실 분위기는 고전 유럽 영화 속으로 들어간 듯한 느낌을 받을 수 있을 것이다.

아이들과 함께 가족 여행을 즐기거나, 인생에 단 한번뿐인 허니문을 완벽한 기억으로 남겨줄 호텔. 투숙 가격은 조금 높지만 인생에 다시 없을 특별한 추억을 만들고 싶은 이에게 추천한다.

위치 Mcely 61, 289 36 Mcely
요금 더블룸 5,800Kc~   **전화** 420-325-600-000

호텔 그란디움 프라하
Hotel Grandium Prague

프라하 중앙역에서 가까운데다 합리적인 가격을 자랑하는 가성비 호텔로 한국인에게 인기 많은 곳. 이르거나 밤늦은 시각에 열차를 타야하면서도 적정한 수준의 호텔을 찾는 여행객에게 추천한다.

친절한 직원, 청결하고 안락한 룸, 가짓수도 많고 맛있는 조식으로 칭찬받는 곳이지만, 조식 메뉴가 거의 바뀌지 않아 사흘 이상 머문다면 다소 지겨울 수 있을 것이다.

위치 Politických vězňů 913/12, 110 00 Nové Město
요금 더블룸 2,700Kc~   전화 420-234-100-100

마메종 리버사이드 호텔 프라하
Mamaison Riverside Hotel Prague

시내와 조금 거리가 있는 덕에 저렴한 가격에 이용할 수 있는 가성비 좋은 호텔. 객실에서 블타바 강의 아름다운 야경을 조망할 수 있으며, 관광객이 많이 다니지 않는 곳이기 때문에 한적하고 조용한 분위기에서 휴식을 즐길 수 있다.
조금 낡았지만 깔끔하고 깨끗하게 관리되는 호텔과 친절한 직원, 넓은 객실이 호평인 곳.

위치 Janáčkovo nábř. 1115/15, 150 00 Praha 5-Anděl
요금 더블룸 2,500Kc~ 전화 420-225-994-611

호텔 살바토르
hotel salvator

팔라디움 백화점 바로 뒤편에 위치한 호텔로 저렴한 가격이 최고의 장점인 호텔. 다소 오래된 감이 있지만 넓고 깨끗한 방과 친절한 직원들의 서비스가 매력적인 곳으로 추천한다. 호텔에서 운영하는 스페인식 레스토랑 라보카 La boca도 맛집이므로 멀리 가지 않고 끼니를 해결하고 싶을 때 좋다.

위치 Truhlářská 1114/10, 110 00 Petrská čtvrť
요금 더블룸 2,100Kc~   전화 420-222-312-234

이비스 프라하 올드타운
Ibis Praha Old Town

저렴한 가격에 평균적인 서비스를 찾을 때 이비스만큼 합리적인 곳을 찾을 수 있을까. 프라하에 있는 이비스는 지하철과 트램이 가까운 곳에 위치해있어 관광하기 좋으며, 인근에 백화점과 쇼핑몰, 마트도 있어 편리하게 이용할 수 있다.
다만 호텔이라고 하기에 다소 컴팩트한 사이즈의 룸 크기를 고려한 후 예약해야 한다.

위치 Na Poříčí 1076/5, 110 00 Petrská čtvrť
요금 더블룸 1,900Kc~ **전화** 420-266-000-999

보텔 마틸다
Botel Matylda

프라하에서의 특별한 기억을 남길 수 있는 특이한 보트 호텔이다. 창문 밖으로 블타바 강과 프라하 성의 아름다운 야경을 감상할 수 있으며, 눈앞에서 유유히 헤엄치는 백조를 보는 경험을 할 수 있다.
생각보다 흔들리는 느낌도 없고, 프라하 유명 관광지로 바로 가는 트램이 있어 교통편이 좋다. 친절한 직원들과 맛있는 조식에도 만족할 수 있을 것이다.

위치 Masarykovo nábřeží, Nové Město, 110 00 Praha 1
요금 더블룸 2,500Kc~
전화 420-222-511-826

소피스 호스텔
Sophie's Hostel

깨끗함과 청결함이 최고의 장점인 호스텔로 알려져 있다. 몇 명이 캐리어를 펼쳐도 남는 널찍한 방에는 큰 캐리어도 손쉽게 넣을 수 있는 대형 개인 사물함과 개인 콘센트 · 라이트가 갖춰져 있다.
관광지와 매우 가까운 편은 아니지만 트램과 지하철이 가까워 이동하기 쉽다. 친절하게 대응하는 스텝과 깔끔한 관리로 다시 찾는 여행자가 많다.

위치 Melounova 2, 120 00 Nové Město
요금 도미토리 580Kc~
전화 420-210-011-300

미트미23
meetme23

프라하에서 돌길로 힘들게 캐리어를 운반하는 관광객을 구원하는 중앙역 앞 호스텔이다. 다른 호스텔보다 조금 가격이 있지만, 호텔정도의 시설을 자랑하는 신축 호스텔로 깨끗하고 깔끔한 시설이 최고의 장점이다. 숙박 일수에 따라 수건을 제공하며 도미토리룸 각 객실마다 샤워실이 비치돼있어 편리하다.

위치 Washingtonova 1568/23, 110 00 Nové Město
요금 도미토리 680Kc~ 전화 420-601-023-023

모자이크 하우스
Mosaic House

지하철과 트램이 가까운 호스텔로 가격 대비 굉장히 깨끗하고 깔끔하게 운영돼 많은 여행자들의 발길을 끈다. 도미토리도 넓은 편에 파티션으로 나눠져 있어 쾌적하고 편하게 이용할 수 있어 인기가 높다. 1층에서 라운지 바와 클럽을 운영해 작은 소음이 있지만, 본인이 소음에 매우 민감하다면 추천하지 않는다.

위치 Odborů 278/4, 120 00 Nové Město
요금 도미토리 430Kc~   전화 420-277-016-880

찰스 브리지 이코노믹 호스텔
Chars Bridge Economic Houstel

까를교 바로 앞에 위치한 호스텔로 위치가 좋고 저렴한 가격으로 한국인에게 인기 많은 호스텔이다. 도미토리 침대는 90%가 1층으로 돼있어 이용이 편리하며, 공간도 널찍한 편에, 샤워실 겸 화장실도 방마다 붙어있어 쾌적하게 이용할 수 있다. 직원도 친절한데다 물과 커피, 핫 초코까지 무료로 제공돼 만족도가 높다.

위치 Mostecká 53/4, 118 00 Malá Strana
요금 도미토리 430Kc~   **전화** 420-606-155-373

느끼할 때, 찾아갈
아시아 음식

주방(Zubang)

개장한지 얼마 안됐지만 불맛 나는 얼큰한 짬뽕으로 단시간에 유명해진 한국식 중화요리 식당. 상당히 고급스럽고 깔끔한 내부 인테리어도 분위기가 좋다. 무조건 짜거나 질긴 고기밖에 없는 프라하 음식에 질렸을 때, 적당히 짜고 맛있게 매운 면 요리를 먹고 싶은 여행객에게 추천하는 곳. 카페와 함께 운영하며 식사 후에 커피를 제공한다.

- zubang-korejska-kuchyne.business.site
- V Kotcích 522/5, 110 00 Staré Město, 하벨시장에서 도보 2분
- 월~금 11:30~16:00, 17:00~22:00 / 토, 일 11:30~22:00
- 짬뽕류 290kc~
- 420-222-231-787

밥리제(Bab rýže)

기름진 프라하 음식에 질렸을 때 방문하기 좋은 한식당. 간판에 사용된 아기자기한 한글 폰트에 한번 웃고, 한국 본토 음식점에 견주어도 아깝지 않은 훌륭한 음식 맛에 두 번 웃는 음식점이다.

담백한 음식부터 매콤한 음식까지 대부분의 메뉴가 호평인 곳으로 한국 음식이 절절히 생각날 때 반드시 방문해볼 것. 언제나 한국인들로 붐비기 때문에 예약을 추천한다.

- www.facebook.com/babryze1
- Náplavní 1501/8, 120 00 Nové Město
- 트램 Jiráskovo náměstí 하차 후 도보 3분
  월~토 11:00~22:00 / 일요일 휴무
- 메인메뉴 289kc~
- 420-774-770-305

리멤버 비엣나미스 푸드(Remember vietnamese food)

체코는 공산주의 체제 붕괴 후 이민 · 정착한 베트남인이 많아 베트남 음식점이 많다. 리멤버 비엣나미스 푸드도 이러한 과거 산물의 하나지만, 프라하의 육류 식단에 지쳤을 때 방문하기 딱 좋은 베트남 음식점이다. 베트남인이 운영하여 베트남 현지에서 먹는 것과 크게 다르지 않고, 대부분의 메뉴가 한국인 입맛에 잘 맞아 조금씩 입소문 타고 있는 곳이다.

- remembervietnam.cz
- Biskupská 1753/5, 110 00 Petrská čtvrť
- 램 Bila labut 하차 후 도보 2분
  월~금 10:30~21:30 / 토, 일 12:00~21:30
- 스프링롤 79kc / 쌀국수류 129~139kc
- 420-602-889-089

프라하의 대표적인 카페 Best 10

카페 사보이(Caf Savoy)

1893년부터 영업을 시작한 프라하의 대표 카페. 높은 천장에 꾸며진 아름다운 장식과 각양각색의 디저트가 여행자의 눈을 사로잡는다. 커피 한잔에 디저트 뿐만 아니라 식사도 할 수 있는 곳으로, 성수기 식사 시간에 방문할 예정이라면 예약하고 가는 것이 좋다. 대부분의 메뉴가 호평이지만 브런치 메뉴와 직접 굽는 페이스트리류가 가장 유명하다.

🌐 cafesavoy.ambi.cz
🏠 Vítězná 124/5, 150 00 Malá Strana
　　트램 Ujezd 하차 후 블타바 강 방향으로 도보 2분
🕐 월~금 08:00~22:30 / 토.일 09:00~22:30
💰 커피류 68~148kc / 브런치 198~285kc
📞 420-731-136-144

카페 슬라비아(Caf Slavia / Kavarna Slavia)

통유리 창으로 프라하 성과 블타바 강변이 보이는 카페. 1884년 문을 연 이래로 체코의 지식인들과 독일 시인 릴케, 체코 전 대통령 하벨 등 유명인들의 발길이 끊이지 않았던 곳이다. 체코의 디저트인 팔라친키가 유명한 카페로, 평화로운 구시가지 풍경을 보며 시원하고 달달한 아이스크림이 올려진 팔라친키를 음미해보자.

🌐 www.cafeslavia.cz
🏠 Smetanovo nábř. 1012/2, 110 00 Staré Město
　　트램 Narodni divadlo 하차 후 국립극장 맞은편
🕐 월~금 08:00~24:00 / 토.일 09:00~24:00
💰 팔라친키 129kc(메뉴판에는 sweet crepes로 써있음)
📞 420-224-218-493

카페 루브르(Caf Louvre)

1902년에 오픈하였으며 아인슈타인, 카프카의 휴식처로 유명한 곳. 카페와 레스토랑으로 나누어져있으며, 음식보단 케이크류가 더 호평이다. 브레이크 타임 없이 아침부터 밤까지 운영하여 언제든 편하게 방문 할 수 있지만, 현지인과 관광객으로 항상 붐비는 곳이기 때문에 식사시간을 피해 방문해보자.

- www.cafelouvre.cz
- Národní 22, 110 00 Nové Město
- 트램 Narodni trida 하차 후 Narodni대로 방향으로 도보 2분
- 월~금 08:00~23:30 / 토,일 09:00~23:30
  케이크류 69~149kc
- 420-224-930-949

카페 모차르트(Caf mozart)

구시가지 광장의 천문 시계탑 맞은편에 위치한 복층 카페. 2층 창가자리에서 천문시계탑의 회전 인형을 정면에서 볼 수 있는 카페로 유명하다. 식사시간의 창가자리는 이미 예약된 경우가 많기 때문에 식사시간을 피해 매시 정각 전후로 들어간다면 창가자리에 앉을 수 있을 것. 음료는 스틱에 꽂힌 초코를 우유에 녹여먹는 핫초코가 유명하다.

- www.cafemozart.cz
- Staroměstské nám. 481/22, 110 00 Staré Město, 프라하 천문시계 맞은편
- 07:00~22:00
- 핫초코릿 89kc   420-221-632-520

그랜드 카페 오리엔트(Grand Café Orient)

체코 최초의 큐비즘(입체주의) 카페. 건물 형태가 미미한 오각형 모양에다 창문도 엎어놓은 사다리꼴 모양이기 때문에 훨씬 입체적인 느낌이다. 1층은 큐비즘 기념품샵, 2층은 카페, 3·4층은 큐비즘 전시관으로 볼거리와 먹을거리가 한데 있다. 관광객들이 많이 찾는 카페기 때문에 식사시간을 피해 브런치를 즐기거나, 출출한 낮 시간에 커피 한잔과 케이크를 즐겨보자.

- 🌐 www.grandcafeorient.cz
- 📍 Ovocný trh 19, 110 00 Staré Město
   화약탑에서 블타바강가 방향으로 도보 2분
- 🕐 월~금 09:00~22:00 / 토일 10:00~22:00
- 🍴 브런치 60~250kc / 케이크류 45~125kc
     커피류 49~105kc
- 📞 420-224-224-240

프라하 성 스타벅스(Starvucks)

스타벅스 전 세계 지점 중 가장 아름다운 전망을 가지고 있을 것이라 칭송받는 프라하 최고의 전망 카페. 테라스 자리는 주황색 지붕의 프라하 구시가지를 파노라마뷰로 즐길 수 있으며 인증사진 찍기도 좋다.
인기가 매우 많은 곳으로 한 자리 차지하고 여유롭게 즐기고 싶다면 아침 일찍 방문할 것을 추천한다.

- 🌐 www.starbuckscoffee.czz
- 📍 Pražský Hrad, Kajetánka, Hradčanské nám.,
    118 00 Malá Strana, 프라하 성 인근
- 🕐 09:00~21:00   🍴 커피류 59kc~
- 📞 420-235-013-536

카페 콜로레(Cafe colore)

관광객이 넘쳐나는 프라하의 카페들 중 현지인들의 조용한 휴식처가 되는 카페. 내부의 붉은색 인테리어는 따뜻하고 편안한 분위기가 느껴진다. 오스트리아의 대표 커피 브랜드인 율리어스 마이늘 커피를 사용하며 대부분의 케이크가 호평인 식당. 늦은 시간에 방문하면 케이크는 구경도 못해보는 참사가 발생할 수 있음을 알아두면 좋다.

- www.cafecolore.cz
- Palackého 740/1, 110 00 Nové Město , 트램 Narodni trida 하차 후 바츨라프 광장 방향으로 도보 5분
- 월~금 08:00~22:00 / 토,일 09:00~22:00
- 커피류 48~96kc / 케이크류 140kc~
- 420-222-518-816

트리카페(Tricafe)

까를교 인근의 뒷골목에 위치한 카페로 간판이 없다. 크림톤 건물에 흰색 창틀을 찾다보면 발견하게 될 것. 깔끔한 커피맛과 촉촉한 홈메이드 케이크가 여행자의 입맛을 사로잡고, 가정집을 개조한 화이트톤 인테리어는 안정감을 선사한다. 특히 창가자리에서 유럽 감성 풀풀 나는 인생샷을 찍을 수 있는 것으로 소문난 곳이다.

- www.tricafepraha.com
- Anenská 3, 110 00 Staré Město,
- 까를교에서 Anenska 골목으로 진입 후 도보 2분
  10:00~18:00
- 커피류 49~149kc / 케이크류 109kc~
- 420-222-210-326

원십커피(Onesip coffee)

현지인들에게 커피가 맛있는 곳을 물어본다면 단연 1위로 꼽는 현지인 유명 카페. 주말에는 프라하 곳곳에서 팝업스토어를 운영한다. 내부는 세네명 정도만 앉을 수 있는 규모로 대부분이 테이크아웃으로 이용한다. 거품이 훌륭한 곳으로 카푸치노나 카페라떼를 좋아한다면 꼭 방문해 볼 것. 커피맛을 아는 사람이라면 무조건 한번 더 찾아간다고 한다.

🌐 www.onesip.coffee
🏠 Haštalská 755 15, 110 00 Praha 1 - Staré město-Staré Město, 트램 Dlouha trida 하차 후 도보 약 3분
🕐 월~금 09:00~18:00 / 일 10:00~17:00 / 토요일 휴무 💰 커피류 45~70kc 📞 420-605-411-441

글로브(Globe)

관광객들이 많이 지나다니지 않는 슬로반스키 섬 인근에 있는 북카페로, 1993년에 문을 연 프라하 최초의 영어책 서점이다.
서점의 규모는 크지 않지만 식사 공간까지 따로 있을 정도로 내부가 넓으며, 브라운 톤의 앤틱한 인테리어는 눌러 앉아있고 싶은 편안함을 선사한다. 프라하에서 책내음을 맡으며 커피 한 잔 하는 추억을 쌓아볼 수 있다.

🌐 www.globebookstore.cz
🏠 Pštrossova 1925/6, 110 00 Nové Město
  트램 Myslikova 하차 후 도보 약 4분
🕐 월~금 10:00~21:00, 토,일 09:30~21:00
  카페 : 월~금 10:00~23:00, 토 09:30~24:00,
    일 09:30~22:00
💰 커피류 45~90kc 📞 420-224-934-203

미슐랭 레스토랑

라 데구스테이션 보헤미안 부르주아
(La degustation boheme Bourgeoise)

2019년에도 미슐랭 원 스타를 지킨 레스토랑으로, 모든 요리는 19세기 후반의 체코 요리책에 기반을 두고 있다. 오픈 키친으로 운영되어 눈앞에서 요리 경연을 보는 듯 생동감이 느껴진다. 체코 전통 요리를 현대적으로 해석한 식당으로, 짜고 기름진 현지 음식과는 달리 산뜻하고 풍미 있는 맛을 느낄 수 있을 것. 드레스 코드는 스마트 캐주얼, 방문 전 예약은 기본이다.

🌐 www.ladegustation.cz 🏠 Haštalská 38, 110 00 Staré Město, 원십커피에서 도보 2분
🕐 화~일 18:00~24:00 / 월요일 휴무 🍽 8코스 3,450kc 📞 420-222-311-234

레스토랑 벨뷰(Restaurace Bellevue)

블타바 강가에 위치한 미슐랭 2스타 레스토랑으로 프라하 성과 까를교 야경을 감상하며 식사할 수 있는 것으로 유명한 곳. 10만원도 안되는 가격에 미슐랭 2스타 코스 음식을 경험해볼 수 있다. 창가 자리의 예약 경쟁은 치열하므로 1달 전부터 예약 페이지를 탐색해볼 것을 추천. 드레스 코드는 스마트 캐주얼로 입어도 좋다.

🌐 www.bellevuerestaurant.cz
🏠 Smetanovo nábř. 329/18, 110 00 Praha-Staré Město-Staré Město, 트램 Karlovy lázně 맞은편
🕐 12:00~15:00, 17:00~23:00   💰 스타터 390kc~ / 메인메뉴 510kc~   📞 420-222-221-443

알크론 레스토랑(Alcron Restaurant)

2012년부터 미슐랭 원스타 식당으로 선정되었던 레스토랑으로 래디슨 블루 아크론 호텔 내에 위치해있다. 반원 모양의 레스토랑은 아르데코 시대를 대표하는 폴란드 출신 화가 타마라 드 렘피카의 벽화로 장식돼있다. 생선요리와 스테이크가 맛있는 것으로 유명하며, 여유롭고 느긋하게 코스 요리를 즐기고 싶을 때 추천. 드레스 코드는 다소 포멀한 곳으로 깔끔하게 차려입고 가자. 성수기 제외 방문 2~3주 전 예약 필수이다.

🌐 www.alcron.cz 🏠 Štěpánská 623/40, 110 00 Nové Město, 래디슨 블루 알크론 호텔 내
🕐 화~목 17:30~24:00 / 금,토 12:00~16:00, 17:30~24:00 / 일, 월 휴무
💰 런치 3코스 1400kc / 디너 3코스 1800kc 📞 420-222-820-410

Praha suburb
프라하 근교

카를슈테인 성
Hrad Karlštejn

동화 속 한 장면 같은 카를슈테인 성Hrad Karlštejn에서 체코 왕들의 발자취를 되짚어볼 수 있다. 화려하게 장식된 예배당과 내실, 궁전 안도 살펴보고 고대 미술품 전시관과 높이 60m의 탑에서 내려다보이는 전망도 아름답다. 언덕 위에서 장엄한 자태를 뽐내는 카를슈테인 성Hrad Karlštejn은 베로운카 강과 녹음이 우거진 전원 지역을 바라보고 있다. 중세 성에서 왕궁의 화려한 응접실 안을 보고, 보석 장식의 왕관과 보헤미아 중부의 전원 풍경도 볼 수 있다.

신성로마제국의 황제이자 보헤미아의 왕이었던 샤를 4세는 왕궁의 보물을 안전하게 보관하고자 1348년에 성을 지었다. 세월의 흔적을 피해가지는 못했지만 성은 지금도 중세 양식의 묘미를 잘 보여 주고 있다. 건물의 경이로운 계단식 구조의 가장 높은 구조물은 가장 중요한 곳이기도 하다.

프라하에서 기차로 40분 거리인 카를슈테인 마을에 있다. 카를슈테인 역에서 길을 따라 언덕 위에 있는 성 입구로 걸어가면 된다. 걷다보면 멋진 전망과 성의 아름다운 모습을 볼 수 있다.

🌐 www.hradkarlstejn.cz 🏛 Statni hrad Karlstejn
🕘 9~18시(5, 6, 9월 : 17시까지, 4, 10월 : 16시까지, 3, 11월 : 15시까지)
💰 200Kc 📞 311-681-617

가이드 투어

① 황궁과 마리안 타워의 아래층을 둘러본다. 잘 꾸며진 샤를 4세의 집무실과 작은 예배당과 성의 옛 감옥을 구경한다. 14세기 벽화를 살펴보고, 보물과 보석의 전당(Treasure and Jewels Hall)에서 체코 대관식 왕관의 모조품도 볼 수 있다.

② 성의 첨탑과 함께 예배당과 옛 성 구실 등 가장 성스러운 구역까지 둘러볼 수 있다. 고딕 화가 마스터 테오도록이 그린 100여 점의 작품도 둘러본다. 작품들이 성 십자가 예배당(Chapel of the Holy Cross)을 장식하고 있다. 도서관에는 19세기 말, 성 재건축 공사와 관련된 전시물을 볼 수 있다.

③ 그레이트 타워(Great Tower)에는 인근의 마을, 포도원, 숲이 한눈에 들어오는 멋진 전망을 볼 수 있다.

Ceske Švycarsko
보헤미안 스위스

보헤미안 스위스 Ceské Švýcarsko 국립공원은 영화 '나니아 연대기'를 촬영한 곳이다. 프라프치츠까 브라나 Pravcicka gate는 중부 유럽에서 가장 큰 자연 사암으로 이루어진 아치형의 문 모양을 하고 있어서 인상적이다. TV 프로그램인 세계테마기행과 배틀트립에서 방영하여 눈앞에서 펼쳐지는 동화 같은 자연을 보면서 최근에 인기를 끌고 있다.

체코에서 가장 최근에 지정된 보헤미안 스위스 Ceské Švýcarsko 국립공원은 프라하의 북쪽에, 독일과는 국경선을 맞대고 있다. 독일에서는 '작센 스위스 국립공원'이라고 불리고 체코에서는 '보헤미안 스위스 국립공원'이라고 부르고 있다. 이곳은 스위스와 떨어져 있는데 왜 스위스란 말이 공원 이름에 붙었을까? 스위스 화가, 3명의 그림으로 그리면서 고향인 스위스만큼 아름답다고 해서 '스위스'란 말이 붙었다고 한다. 사실 유럽에서 웬만큼 아름다운 자연으로 둘러싸인 곳은 '스위스'라는 말을 자주 붙인다.

투어 일정(11시간 소요 / 겨울 10시간)

프라하에서 8시에 차로 출발하여 2시간 거리인 흐르넨스코 마을에 도착한다. '프라프치츠카 브라나'를 거쳐 정상 전망대까지 트레킹을 하고 잠시 '프라프치츠카 브라나' 아래에서 휴식을 취했다가, 공원을 트레킹 후 메즈니 로우카에 있는 우 프로타(U Frota)에서 점심식사를 한다. 메즈나까지 트레킹하고 나서 까메니체 강으로 내려가, 에드먼드 협곡에서 배를 타고 흐르넨스코 마을에 도착하여 프라하로 돌아온다.

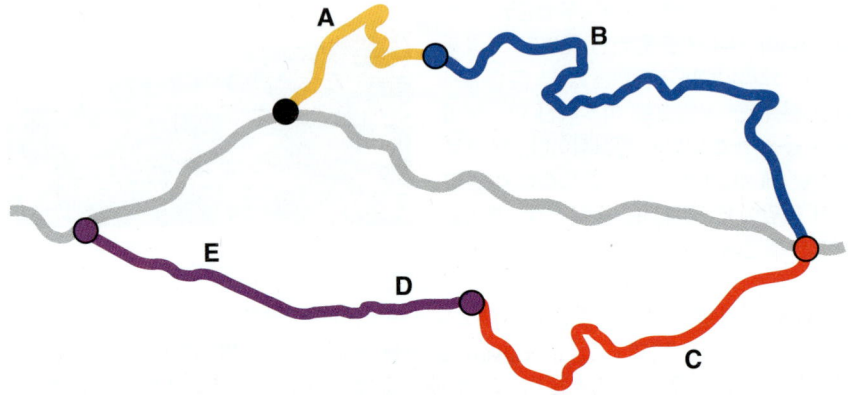

1. 프라프치츠카 브라나까지 이동(60~70분 소요)
2. 메즈니 로우카(Mezni Louka)(2시간 소요) / 우 프로타(U Frota)에서 점심
3. 메즈니 로우카(Mezni Louka)에서 협곡까지 이동(60분 소요)
4. 에드먼드 협곡에서 보트 투어
5. 흐르넨스코(Hřensko) 마을로 돌아옴(40분 소요) / 434번 버스를 타고 기차역으로 이동 가능

보헤미안 스위스 Ceskě Švýcarsko 국립공원은 사암지대이다. 사암은 물에 의해 쉽게 침식되기 때문에 바위 모습이 독특하다. 특히 정상의 전망대에서 바라본 공원은 감탄사가 나올 정도로 절경을 자랑한다.
보헤미안 스위스 국립공원의 입구인 흐르넨스코 Hřensko 마을까지 이동하고 나서 프라프치츠카 브라나까지 올라간다.

'프라프치츠카 브라나' 자체의 풍경도 아름답지만 전망대에서 감상하는 절경은 인생에서 잊지 못할 장면이 될 것이다. 이후 산 속, 울창하고 오래된 참나무가 빼곡한 원시림 속에서 약 2시간 정도 트레킹을 하며 자연 보호 지역 내 서식하는 희귀한 동식물을 만날 수 있다.

까메니쩨 협곡 Soutěska Kamenice으로 20분 정도 들어가면 협곡을 흐르는 계곡의 이름이 '까메니쩨'이다. 협곡 내에서 아름답고 신비스러운 분위기로 유명하지만, 과거에는 밀수품을 나르던 사람들이 이용하던 곳 '에드먼드 협곡'에 도착해 배를 타고 건너간다.
여름에만 '에드먼드 협곡'의 배를 운영하고 있다. 겨울(11/1~3/31)에는 협곡 대신 '보헤미안 스위스' 지역 안에서 독일 지역인 '작센스위스'의 '바스테이'로 가게 된다.

아름다움을 고스란히 간직한 사암으로 이루어진 티싸 암벽 Skály Tisá 이다. '테이스트 프라하'와 전문 트레킹 가이드인 노던하이크스 팀이 개발한 지역이다. 영화 '나니아 연대기'를 촬영한 장소로, 미로 같은 사암에 둘러싸인 경이로운 모습을 지니고 있으며, 미로와 같은 자연의 암벽이 아름답다.

> **바스테이(Bastej)**
> 독일 최고의 사암 지대 명소로서, 엘베 강 위에 위치한 사암으로 이루어진 기이한 풍경이 아름답고 멋있기로 유명하다.

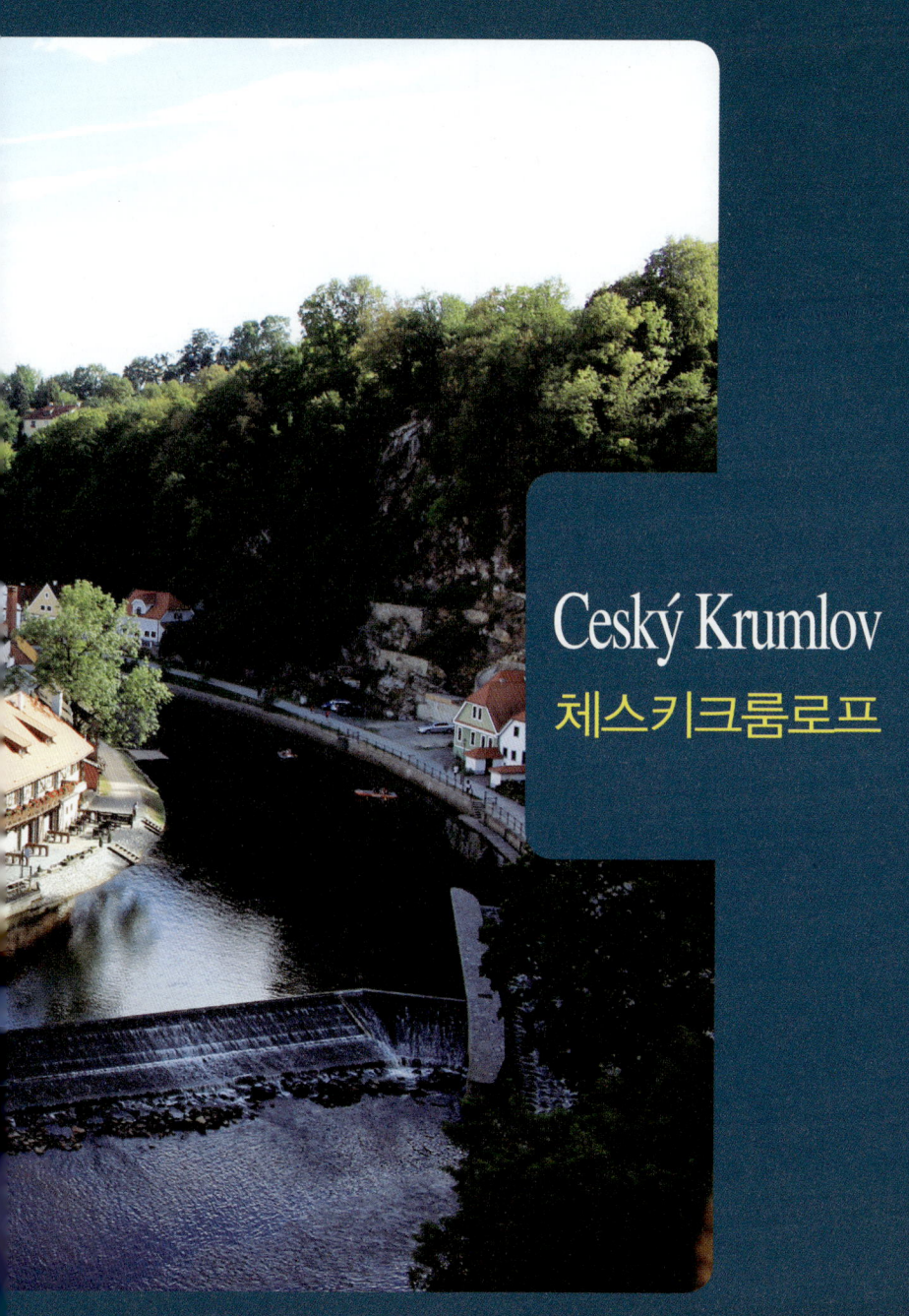

Ceský Krumlov

체스키크룸로프

체스키크룸로프
CESKÝ KRUMLOV

체코에서도 중세의 모습이 가장 잘 남아 있는 도시로, 가장 아름다운 색을 모아 천국과 가장 흡사하게 꾸며놓은 듯하다. 13세기에 세워진 성에는 영주가 살던 궁전과 4개의 정원이 있으며, 건물들은 고딕, 르네상스, 바로크 스타일 등이 다양하게 섞여 멋진 모습을 모여 준다.

여름에는 온화하고 겨울에는 눈 덮인 절경을 자아내는 체스키크룸로프는 체코의 수도, 프라하를 축소해 놓은 듯하다. 블타바 강변에 자리 잡은 유서 깊은 도시에서 중세시대 기념물과 분위기 있는 바가 늘어선 매혹적인 거리를 산책하면서 걸어서 여행이 가능한 작은 도시이다.

체코어로 '체코의 오솔길'이라는 뜻의 체스키크룸로프는 정겨운 시골길이 이어진 도시 전체가 유네스코 세계문화유산에 등재된 도시이다.

축제
6월 다섯 꽃잎 장미 축제(Five-Petalled Rose Celebration) | 중세 시대의 현장을 재현해 보인다.
7월 국제 음악 축제 | 실내악과 오페라, 교향악 콘서트 관람
9월 바로크 미술 축제

체스키크룸로프 성 구경하기

경이로운 성이 내려다보고 있는 체스키크룸로프Český Krumlov는 체코의 찬란했던 중세와 르네상스 시대를 떠올리게 하는 곳이다. 유네스코에서 보호하는 역사지구의 미로 같은 거리를 거닐어 보고, 수백 년의 역사를 간직한 교회와 인도교, 정원, 굽이치는 블타바 강의 로맨틱한 매력을 느낄 수 있다. 굽이치는 강변에 자리한 체스키크룸로프Český Krumlov 한가운데에는 유네스코 세계 문화유산으로 등재된 고혹적인 구시가지가 있다.

흑요석 박물관Moldavite Museum, 고문 박물관Museum of Torture, 체스키크룸로프 지역 박물관Regional Museum in Český Krumlov에서 수백 년에 걸친 지역의 역사에 대해 알 수 있다. 에곤 쉴레 미술관Egon Schiele Art Centrum에서 빈 출신 화가인 에곤 쉴레의 작품도 감상할 수 있다. 강변에서 카약, 보트, 튜빙을 즐기며 도시의 아기자기한 건물 옥상을 구경해 보자.

구시가지 북쪽 끝자락에 있는 인도교를 건너면 13세기에 건축된 체스키크룸로프 성^{Český} $^{Krumlov\ Castle}$이 나온다. 눈부시게 화려한 내실과 자연 그대로의 아름다움을 간직한 바로크식 정원과 1,700년대부터 곰들이 살고 있는 해자를 볼 수 있다. 매력적인 라트란 스트리트$^{Latrán\ Street}$를 따라 산책을 즐기거나, 인형 박물관$^{Marionette\ Museum}$에 들러 인형 전시관을 관람해도 좋다. 에겐베르크 양조장$^{Eggenberg\ Brewery}$에서 진행되는 투어도 인기가 높다.

구시가지의 강 맞은편에는 화창한 날 휴식을 취하고 싶은 시립 공원$^{Městský\ Park}$이 있다. 근처에는 포토아틀리에 세이델 박물관$^{Museum\ of\ Fotoatelier\ Seidel}$과 성 비투스 교회가 있어서 어디를 가나 체스키크룸로프$^{Český\ Krumlov}$는 아름다운 볼거리로 둘러싸여 있는 곳이다.

체스키크룸로프 IN

체코의 보헤미아 남부 지역에 자리한 체스키크룸로프Český Krumlov로 가려면 프라하에서 기차로 4시간이 소요된다. 프라하 안델 역에서 출발하여 2시간 정도가 지나면 푸릇푸릇한 들판이 끝없이 이어지고 높은 빌딩이 어느덧 사라지고 전원풍의 동화 같은 마을이 나타나면 체스키크룸로프에 도착한다.

스튜던트 에이전시 (Student Agency/2시간 30분 소요)
하루에 다녀올 수 있는 체스키크룸로프Český Krumlov는 프라하에서 버스나 기차를 타고 이동한다. 기차보다 버스가 1시간 정도 빠르다.
스쿨버스처럼 생긴 노란색 버스 '스튜던트 에이전시Student Agency'를 타면 한 번에 도착한다. 홈페이지에서 예약해 출력한 후, 버스 승차를 할 때 '전자 티켓'을 보여주어야 한다. 메트로 B호선 안델Andel역에서 내려 버스터미널Na Knizeci로 나오면, 체스키크룸로프Český Krumlov행 버스를 탈 수 있다.
▶ 홈페이지 : bustickets.studentagency.eu

기차
프라하 중앙역에서 출발한 기차는 체스케부데요비체Ceske Budejovice에서 한 번 갈아타야 한다. 여름 성수기 기간에는 하루에 1번 직행열차가 운행되고 있다.

국가	도시	편도 이동거리	소요시간	1인 탑승	4인승 전세
체코	프라하	185km	2시간	870kč	3990kč
오스트리아	린츠	80km	1시간	420kč	1750kč
	잘츠부르크	210km	2시간 30분	870kč	3990kč
	할슈타트	240km	2시간 30분	870kč	3990kč
	빈	230km	2시간 30분	890kč	3990kč
독일	뮌헨	350km	3시간	1590kč	6990kč

스보르노스티 광장
Náměstí Svornosti

구시가지 중심에 스보르노스티 광장^{Náměstí Svornosti}이 있다. 자갈 광장은 웅장한 부르주아식 저택에 둘러싸여 있고, 미로 같이 좁은 거리를 따라 걸어가면 성 비투스 성당과 자코벡 하우스^{Jakoubek House} 등의 체스키크룸로프^{Cesky Krumlov}의 명소를 볼 수 있다.
구시가지 곳곳에서 거리 공연가의 재미있는 공연이 펼쳐지고, 인도를 가득 메운 카페와 아늑한 바^{Bar}에는 체코 맥주를 즐기는 관광객들을 만날 수 있다.

체스키크룸로프 성
Český Krumlov Castle

체스키크룸로프Cesky Krumlov의 역사 지구에 우뚝 솟아 있는 마을을 굽어보는 르네상스풍의 성에서 아름다운 정원과 궁전, 응접실, 극장을 둘러볼 수 있다. 유서 깊은 유네스코 문화유산으로 프라하 성 다음으로 크고 웅장한 성이다.

성이 보헤미아 귀족층의 미술, 경제, 정치적 중심지 역할을 했던 곳이다. 1,200년대에 지어진 성과 마을은 중세의 고풍스런 모습을 잘 간직하고 있다. 자연 그대로의 아름다움을 간직한 성의 정원은 1600년대에 조성되었다. 완벽하게 정돈된 정원, 산책로와 화려한 분수대 사이에 설치된 산울타리도 살펴보자. 체코 출신 화가, '프란티섹 야쿱 프로키'가 그린 벽화로 꾸며 놓은 공연장이 있다.

관람 순서
체스키크룸로프 성 입구 → 오르막길 → 성 입구 / 마을과 성 사이의 다리와 해자(곰 관람) → 성 본체 → 분수대 뒤로 성탑 입구 → 나무 계단을 따라 올라감 → 성탑 아래의 블타바 강과 마을 풍경 전망 → 내부 입구 → 중정 → 망토 다리 위 조각상 → 망토 다리 위 전망 관람

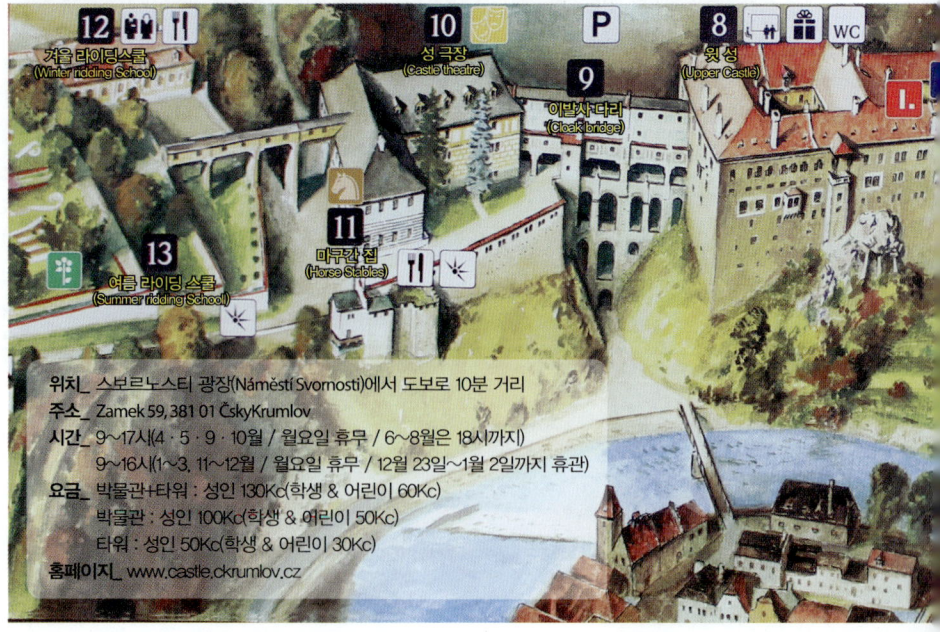

위치_ 스보르노스티 광장(Náměstí Svornosti)에서 도보로 10분 거리
주소_ Zamek 59, 381 01 ČskyKrumlov
시간_ 9~17시(4·5·9·10월 / 월요일 휴무 / 6~8월은 18시까지)
9~16시(1~3, 11~12월 / 월요일 휴무 / 12월 23일~1월 2일까지 휴관)
요금_ 박물관+타워 : 성인 130Kc(학생 & 어린이 60Kc)
박물관 : 성인 100Kc(학생 & 어린이 50Kc)
타워 : 성인 50Kc(학생 & 어린이 30Kc)
홈페이지_ www.castle.ckrumlov.cz

간략한 체스키크룸로프 성 역사

체코 남서쪽 오스트리아 국경 근처에 있었던 13세기 크룸로프 영주의 명에 따라 돌산 위에 성을 건축했다. 그 이후 주변으로 사람들이 모여들면서 마을이 형성됐다. 고딕 양식을 중심으로 르네상스, 바로크 양식이 혼합된 성은 로젠베르그와 슈바르젠베르그 가문에 의해 16세기에 완공됐다. 로젠버그, 합스부르크, 슈바르젠베르크의 귀족 가문이 머물렸던 곳이다.

외부

성의 전체 면적은 7ha에 달하며 다섯 개의 뜰 주변으로 40채의 건물이 들어서 있다. 성 안에는 마을 크기와 맞먹는 넓은 정원이 4개나 있다. 뜰 사이를 거닐며 고딕, 르네상스, 바로크 건축 양식이 어우러진 모습을 감상할 수 있다. 성 외벽은 르네상스 시대에 유행한 스그라피토(Sgraffito) 기법으로 벽면을 채색해 멀리서 보면 견고하게 벽돌을 쌓아놓은 것 같다.

내부

체스키크룸로프 성에서는 영향력과 덕망을 두루 갖춘 체코의 한 귀족 가문이 누렸던 호화로운 생활양식을 확인해 볼 수 있다. 화려하게 장식된 내실을 둘러보고 초상화 갤러리를 볼 수 있다.

박물관

깔끔하게 정리된 박물관에서 성을 둘러싼 삶과 사건에 대해 알 수 있다. 지하실에는 고대 조각상과 현대 미술품 전시관이 있다.

타워

162개의 계단을 올라가면 캐슬 타워(Castle Tower) 꼭대기에 다다르게 된다. 체스키크룸로프 시가지가 한눈에 들어오는 멋진 전망을 볼 수 있다. 성에서 꼭 둘러봐야 할 곳은 마을을 360도로 내려다볼 수 있는 높이 54.5m의 '타워'이다. 162개의 계단을 빙글빙글 돌아 오르면 왜 체스키크룸로프를 '유럽에서 가장 아름다운 마을'이라고 극찬하는지 알게 될 것이다. 땅 위에선 보이지 않던 마을 지형이 한눈에 보인다. 블타바 강이 마을을 휘감아 돌아 마치 강 위에 떠 있는 섬처럼 느껴진다.

가이드투어

아름답고 장엄한 건물 내부를 살펴보고 싶다면 가이드 투어에 참가해야 한다. 처음으로 르네상스와 바로크풍의 내부와 무도회장, 세인트 조지 예배당(St. George's Castle Chapel)을 구경한다. 다음으로 슈바르젠베르크 가문의 역사를 집중적으로 살펴보고 정교한 초상화 갤러리를 관람한다. 마지막으로 캐슬 시어터(Castle Theater)의 무대 뒤에서 어떤 일이 벌어지는지 설명을 들으면서 돌아보게 되는 데 극장투어는 별개로 상품이 구성되어 있다.

곰 해자
Medvêdi príkop

18세기부터 곰 사육장으로 이용되어 온 해자는 깔끔하게 정돈된 정원을 산책하면서 찾을 수 있다. 성벽을 지키는 곰들로 아래에서 어슬렁거리며 여기저리 돌아다니고 있는 것을 볼 수 있다.

라트란 거리
Latrán

체스키크룸로프와 스보르노스티 광장Náměstí Svornosti사이에 있는 중세의 거리로 영주를 모시는 하인들이 살던 곳이다. 아기자기한 상점들이 모여 있어 천천히 이동하면서 즐길 수 있는 거리이다. 버스터미널로 이동하면 성벽에 있는 9개의 문에서 유일하게 남아있는 부데요비츠카 문Budějovická Braná을 볼 수 있다.

이발사의 거리
Lazebnicky Most V

다리 위에 십자가에 못 박힌 예수상과 다리의 수호성인인 네포무크의 조각상이 서 있는 다리는 라트란 거리에서 구시가를 가기 위해 놓여졌다. 라트란 1번지에 이발소가 있어서 붙여진 이름이다. 귀족과 이발사의 딸 사이에 비극적인 러브스토리가 있다.

- www.schieleartcentrum.cz
- Siroka 71, Cesky Krumlov, Czech Republic
- 10~18시(월요일 휴관)
- 160Kc
- +420-380-704-011

에곤 실레 아트 센트룸
Egon Schiele Art Centrum

1911년에 여름휴가로 여자 친구인 발리 노이질Wally Neuzil과 지내면서 다양한 작품을 그린 곳이다. 오스트리아 출신의 천재 화가인 에곤 실레Egon Schiele는 어머니의 고향인 체스키크룸로프Cesky Krumlov에서 자유롭게 지냈지만 당시의 주민들은 좋아하지 않았다. 뼈대만 앙상하게 남긴 채 인체의 실루엣을 적나라하고 노골적으로 묘사한 에로티시즘의 거장으로 우뚝 선 에곤 실레지만 어느 누구도 작품세계를 이해하지는 못했다.

당시에는 자극적인 에로티시즘으로 체스키크룸로프Cesky Krumlov 주민들은 실레의 작품 세계를 이해하지도 받아들이지도 못했지만 지금은 그를 추모하는 미술관이 마을 중심에 들어서 체스키크룸로프Cesky Krumlov를 대표하는 예술가로 우뚝 섰다. 연습작과 드로잉 위주의 작품을 비롯해 그의 흑백사진과 자화상 등이 전시되어 있다. 그의 작품이 인쇄된 포스터를 저렴하게(150Kc) 구입할 수 있다.

에곤 실레(Egon Schiele)
1890년에 오스트리아의 빈에서 태어난 에곤 실레는 클림트와 함께 오스트리아 표현주의를 대표하는 인물이다. 소녀들을 누드모델로 세운다는 이유로 법정에 서기도 하고, 동생애와 노골적인 성행위를 그리는 성도착자라는 별명을 얻기도 했다. 제1차 세계대전에 징집당해 참전했지만 지속적으로 작품을 그리려고 노력했다. 여자 친구와의 헤어짐으로 슬퍼하고 작품을 만들지 못해 괴로워하다가 스페인 독감에 걸려 29살이라는 젊은 나이로 생을 마감했다.

성 비투스 성당
Kostel sv. Vita / Church of St. Vitus

굽이치는 블타바 강 위 곶 지대에 돌로 된 언덕 위에 우뚝 솟은 성당으로 뾰족한 첨탑이 인상적이다. 도시의 중앙 광장을 내려다보고 있는 14세기 성당에서 다양한 건축 양식을 살펴보고 프레스코화와 조각상을 감상할 수 있다.
성 비투스 성당Church of St. Vitus에 가면 약 700년의 역사를 간직한 미술품, 다양한 건축 양식을 감상하고 흥미로운 종교화와 유명 귀족의 묘지도 구경할 수 있다.
하지만 성당 내부의 촬영은 금지되어 있다.

🏠 Horni 156   ⏰ 9시 30분~18시   📞 +420-380-711-336

간략한 역사
수호성인 성 비트(St. Vitus)의 이름을 따 지은 '성 비투스 성당'은 프라하의 성 비투스 성당과 이름이 같다. 성 비투스 성당은 페테르 1세 본 로젠버그의 명에 따라 1300년대 초기에 건립되었다. 1407년 독일의 건축가 린하르트에 의해 건립되었다가 왕족 일원과 귀족들이 이후 건물 외관을 17세기 바로크 양식으로 개축됐다.

외관
심플한 외관에 비해 내부는 정교하고 화려하다. 건물 외관의 고딕 양식과 바로크 양식에는 성당 외벽의 전체 높이와 맞먹는 거대한 창문을 볼 수 있다. 19세기에 증축된 신 고딕 양식의 8면체 탑도 볼 수 있다.

내부
고딕 양식의 아치형 천장이 웅장한 느낌을 준다. 정면엔 성 비투스 성인과 성모마리아를 그린 제단화가 걸려 있고, 좌측엔 예수의 생애를 담은 성화들이 장식되어 있다. 17세기에 제작된 바로크 양식의 중앙 제단에는 동정녀 마리아의 대관식을 묘사한 그림이 전시되어 있다. 체코의 수호성인 성 바츨라프의 조각상 바로 옆에는 성 프란시스코 자비에르 같은 대표적인 성인들의 조각상도 진열되어 있다.

세인트 존 예배당(Chapel of St. John of Nepomuk)
예배당은 1725년 슈바르젠베르크 귀족 가문이 건축한 곳이다. 예배당 입구에는 로젠버그의 윌리엄과 아내 바덴의 안나 마리아가 잠든 묘지가 있다. 성경 속 장면을 묘사해 예배당 주변의 벽면을 장식하고 있는 15세기 프레스코화도 놓치지 말자. 부활 예배당(Resurrection Chapel)에서 체코 출신 화가 프란티섹 야쿱 프로키의 작품도 유명하다.

파르칸
parkan

이발사의 다리 바로 앞에 위치해 전망이 좋은 레스토랑. 고기 요리가 맛있는 곳으로 한국인들은 칠리 치킨과 코르동블루 슈니첼을 주로 시키며, 칠리 치킨은 밥을 함께 주문해 먹어도 좋다.
스테이크나 꼬치구이도 추천 메뉴. 많은 사람들이 찾기 때문에 웨이팅도 피하며 테라스 자리에 앉고 싶다면 예약 후 방문하는 것을 추천한다. 이발사의 다리에 많은 사람들이 몰려 다소 시끄러운 곳이므로 조용하고 한적하게 식사하고 싶다면 추천하지 않는다.

홈페이지 www.penzionparkan.com 위치 Parkán 102, 381 01 Český Krumlov, 이발사의 다리 바로 앞
시간 11시~23시 요금 메인요리 200kc~ 전화 420-607-206-559

380

에겐베르그 레스토랑
Eggenberg Restaurant

이발사의 다리를 건넌 후 동쪽 방향에 있는 체스키 수도원 인근에 있는 음식점. 양조장과 함께 운영을 하는 바Bar이자 레스토랑으로, 대부분의 메뉴가 맛있지만 고기요리와 생선요리가 특히 맛있는 것으로 호평이다. 내부가 널찍하고 테이블도 많지만 관광객과 현지인에게 인기가 많은 곳이기 때문에 시간을 잘 선택하여 방문하자.

홈페이지 www.eggenberg.cz 위치 Pivovarská 27, 381 01 Český Krumlov, 크롬로프타워 호텔 인근
시간 11시~23시 요금 메인요리 175kc~ 전화 420-777-616-260

레스토랑 콘비체
Restaurant Konvice

계절별로 생산되는 지역 농산물을 사용하는 체코 전통 음식점으로, 스비치코바가 맛있는 집이다. 아침 일찍부터 밤까지 운영하며, 식사뿐만 아니라 커피와 홈 메이드 케이크도 판매하는 곳이기 때문에 언제 방문해도 좋은 곳이다.
8시부터 10시까지는 아침 식사도 가능하며, 단품 주문뿐만 아니라 코스 요리도 주문할 수 있다.

홈페이지	www.ckrumlov.info/docs/en/ksz143.xml
위치	Horní 145, 381 01 Český Krumlov, 관광안내소에서 동쪽으로 도보 약 2분
시간	08시~22시
요금	스타터 125kc~ / 메인메뉴 200kc~
전화	420-380-711-611

카페 콜렉티브
KOLEKTIV

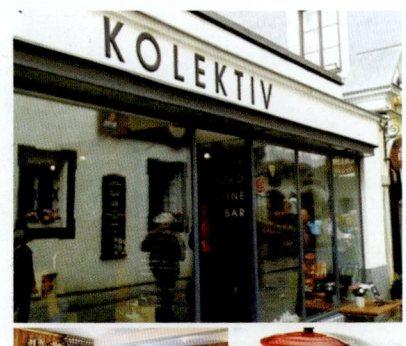

홈페이지	www.facebook.com
위치	Latrán 14, Latrán, 381 01 Český Krumlov, 이발사의 다리에서 도보 약 2분
시간	일~목 08:00~20:00 / 금,토 08:00~21:00
요금	커피류 40kc~ / 케이크류 59kc~
전화	420-776-626-644

체스키 크룸로프 성으로 올라가는 길목에 있는 통 유리창 카페. 고전적인 중세도시 체스키크룸로프에서 가장 현대적인 분위기를 뽐내는 곳으로 잠깐 들러 쉬기 좋은 곳이다. 아침부터 저녁 늦게까지 운영하기 때문에 간단한 브런치를 즐기거나, 커피와 디저트를 즐기며 관광의 피로를 푸는 것도 좋을 것이다.

리즈코바 레스토랑 피보니카
Rízková restaurace Pivonka

다양한 방법으로 조리한 슈니첼을 내놓는 레스토랑으로 역시 슈니첼이 맛있다. 관광지 및 시내와 다소 떨어져 있지만 관광객이 북적거리고 불친절한 음식점을 피할 겸, 소도시 산책 겸 방문할 가치가 있다. 메뉴가 체코어기 때문에 직원에게 메뉴 추천을 받는 게 가장 좋으며, 추천메뉴는 한국인 입맛에 잘 맞으며 가장 인기가 있는 메뉴인 파마산 슈니첼이다.

- 홈페이지 www.rizekprespultalire.cz
- 위치 U Zelené Ratolesti 232, 381 01 Český Krumlov, 에곤 쉴레 아트 센터에서 남쪽 방향으로 도보 약 10분
- 시간 화~토 11:00~22:00 / 일요일 11:00~15:00 / 월요일 휴무
- 요금 파마산 슈니첼 (Vepřový řízek s krustou v parmezánu) 139Kč
- 전화 420-723-113-100

Karlovy Vary

카를로비 바리

카를로비 바리
KARLOVY VARY

수도인 프라하에서 서쪽 방향으로 약 110km 떨어져 있는 카를로비 바리(Karlovy Vary)에는 약 52,000명이 거주하고 있다. 카를로비 바리에서 가장 유명한 장소는 역사를 되새길 수 있는 마토니 미네랄 워터이다. 또한 많은 역사적 건축물이 훌륭하게 보존되어 있다.
디아나 전망대, 밀 콜로나데 같은 관광지에서 과거를 여행하는 듯한 느낌을 받는다. 세인트 마리 막달레인 교회에 들러 종교적으로 유명한 성지의 평온한 분위기를 사진으로 담는 관광객도 많다.

카를로비 바리 IN

프라하에서 약 130㎞ 정도 떨어진 카를로비 바리카를로비 바리Karlovy Vary는 프라하에서 당일 여행으로 많이 찾는 도시 중 하나이다.
카를로비바리로 가는 버스와 기차 중에 버스로 이동하는 것이 더 빠른 방법이다.

버스(약 2시간 소요)
프라하 플로렌츠 터미널Florenc Autobus에서 출발해 카를로비바리 버스터미널 바로 전 역인 바르사브스카Varsavska 거리에서 내리면 카를로비바리 구시가와 더 가깝다. 단 프라하로 다시 돌아갈 때에는 버스터미널까지 걸어가서 탑승해야 하는 점을 주의해야 한다. 버스 티켓은 플로렌츠 터미널에서 직접 구입하거나 스튜던트 에이전시(www.studentagency.eu)홈페이지에서 확인하면 된다.

기차(약 3시간 소요)
기차를 이용하려면 프라하 중앙역이나 홀레쇼비체 역에서 타야 한다. 내릴 때는 카를로비바리 역이나 버스터미널과 붙어 있는 돌리역에서 내리면 된다. 카를로비바리 역에서 구시가까지는 버스 11, 12, 13번을 타고 이동하면 된다.

카를로비 바리
도시의 유래 및 온천 찾기

도시의 유래
프라하로부터 서쪽에 위치한 온천 도시이다. 카를 4세가 사냥을 나갔다가 우연히 온천물이 솟아나는 것을 발견했기 때문에 그의 이름을 붙여 '카를 4세의 온천'이란 뜻으로 '카를로비 바리 Karlovy Vary'라고 지었다고 한다.

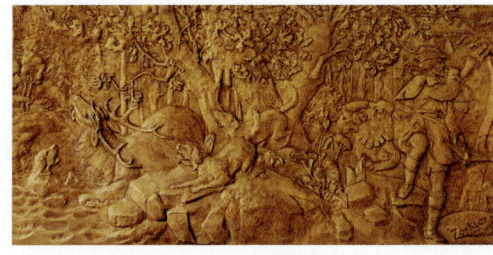

온천 찾기
테플라 강과 오흐제 강이 침식으로 형성된 깊은 계곡에 있는 온천 도시로 온천의 용출량과 긴 역사를 자랑하는 온천 휴양지로 치료와 온천을 목적으로 찾는 사람들의 발길이 1년 내내 끊이지 않는 장소이다. 온천은 12개의 원천에 40개 이상의 성분을 포함하고 있다.

카를로비 바리의
마시는 온천

체코 서쪽에 있는 카를로비 바리는 체코에서 가장 넓고 오래된 아주 유명한 온천 도시이다. 카를 4세가 이곳을 발견하여 '카를의 온천'이라는 뜻으로 카를로비 바리(Karlovy Vary)라고 이름을 짓고 개발하기 시작했다. 이곳에는 도시 곳곳에 온천수를 받아먹을 수 있는 수도꼭지가 달려 있다. 탄산과 알칼리 성분이 풍부해 온천수는 위장과 간장 등의 질병에 효과가 있어서 휴양하려는 관광객들이 많이 찾는다.

이곳 온천의 물은 위장병에 효과가 있어서 사람들은 주둥이가 달린 작은 물컵을 들고 다니면서 직접 물을 마시기도 한다. 괴테, 베토벤 등의 작가나 음악가뿐만 아니라 유럽의 귀족들이 수시로 찾아와 온천을 즐기고 또 온천물을 마시며 병을 고치기도 했다.

테플라 강을 따라 곳곳에 12개의 온천이 있으며 온천수를 마시면서 산책할 수 있도록 만든 회랑인 콜로나다^{Kolonáda}가 군데군데 모여 있다. 온천마다 함유 성분은 비슷하나 온천수의 온도와 이산화탄소의 함량이 조금씩 다르며 효과 또한 조금씩 다르다고 한다.

효능
카를로비 바리의 온천수에는 나트륨, 마그네슘, 황산 등 50여 가지 성분이 함유되어 당뇨, 비만, 스트레스, 소화계 장애 등에 치유 효과가 뛰어나다고 한다.

카를로비 바리에서
꼭 구입할 품목

도자기 컵

라젠스키 포하레크 뜨거운 온천수를 마시기 쉽게 주전자 모양의 도자기 컵이다. "온천의 작업 컵" 이라는 뜻으로 손잡이 부분이 빨대 역할을 해 뜨거운 온천물을 식혀 먹을 수 있는 역할을 해준다. 다양한 도자기 컵을 판매하니 취향에 맞게 골라보자.

슈퍼 와플

뻥튀기만 한 크기의 둥근 웨하스에 바닐라, 초코, 딸기 크림 등을 넣어 밀전병처럼 얇게 만든 와플로 쌉싸름한 온천수를 마신 후 먹으면 좋다. 큰 와플이 부담스럽다면 작은 크기의 미니 와플이라도 꼭 맛보는 것이 후회하지 않는다.

베헤로브카(Jan Becher)

베헤로브카Jan Becher는 체코인이 식사 전에 가볍게 마시는 200여 종류의 약초가 들어간 약술로 소화를 촉진시키는 데 효과가 좋으며 감기에도 효능이 탁월하다고 한다. 카를로비 바리Karlovy Vary뿐만 아니라 체코를 대표하는 기념품으로 체코 어디에서나 구입이 가능하다.

브지델니 콜로나다
Vřidelní Kolonáda

통유리로 된 건물에 사람들이 온천수를 보기 위해 모여드는 곳으로 마시지는 못하고 볼 수만 있는 온천이다. 온천수를 마실 수 있도록 건물 안에 5개의 수도꼭지가 준비되어 있다. 콜로나다Kolonáda와 다르게 마시는 온천수 꼭지는 실내에 있는 것이 특징이다. 1969~1975년에 지어진 콜로나다Kolonáda로 1분에 2,000L나 뿜어져 나오는 온천수의 압력으로 천장까지 솟아오르는 12m 높이의 물기둥을 볼 수 있다. 카를로비 바리Karlovy Vary에서 가장 뜨거운 72°C의 온천수를 비롯하여 57°C, 41°C 등 각각 다른 온도로 뿜어져 나오는 5개의 온천수가 있으며 건물 안에는 기념품 판매소, 관광안내소 등이 있다.

🏠 Vřidelní ⓘ 6~18시

Zahradni

사도바 콜로나다
Sadová Kolonáda

1880~1881년에 오스트리아 제국의 건축가 펠르너Fellner와 헬머Helmer가 지었다. 1960년에 무너진 브라넨스키 파빌리온의 산책로였으나 대대적인 복원을 통해 지금은 푸른 돔의 콜로나다만 남아 있다.

돔 안에 들어서면 뱀 모양의 꼭지가 있는데 뱀 입에서 30℃의 온천수가 흘러나온다. 엷은 블루의 원형 돔이 인상적이고 공원을 따라 프롬나드가 나있는 아름다운 콜로나다가 이어져 많은 관광객이 걷고 쉬는 곳이다. 버스가 내리는 정거장에서 테플라Tefla 강을 따라 이동해 15분 정도 걸으면 찾을 수 있다.

믈린스카 콜로나다
Mlýnská Kolonáda

카를로비 바리 Karlovy Vary 시내 중심에 있는 가장 유명하고 아름다운 콜로나다 Kolonáda 이다. 1871~1881년에 지어진 네오르네상스 양식의 건물로 124개의 코린트 양식의 기둥이 지붕을 받들고 있으며 지붕 위에는 1년 12달을 상징하는 조각상이 서 있다. 프라하의 국민극장의 설계자인 요제프 지테크 Josef Zitek 가 건설하였다. 믈린스카 콜로나다 Mlýnská Kolonáda 에는 각기 다른 온도의 온천수 5개가 있다.

다른 온도의 온천수 5개

Mlýnská Pramen : 53.8℃ 3.7L/분
Rusalčin Pramen : 58.6℃ 4.3L/분
Pramaen knižete Václava 1 : 62.8℃ 2.6L/분
Pramaen knižete Václava 2 : 59℃ 3.7L/분
Libušin Pramen : 9.6℃ 2.6L/분

🏠 I. P. Pavlova

트르주니 콜로나다
Tržní Kolonáda

브지델니 콜로나다 Vřídelní Kolonáda 인근에 하얀 레이스 장식을 한 삼각형의 지붕이 아름답다. 1883년 스위스 건축가가 목조건물로 지었으나 이후 전반적인 복원을 통해 지금의 모습을 갖추었다. 카를 4세가 치료를 위해 들른 온천으로 64°C의 '카를 온천수'가 나온다. 독일인 화가 죄르클러가 그린 왕이 온천을 발견하는 모습이 나오는 부조가 걸려 있다. 카를 4세가 다친 다리를 치료한 곳으로 알려져 있다.

🏠 Tržiště

성 마리 막달레나 교회
Chrám sv. Máři Magdalény / Church of St. Mary Magdlalene

브지델니 콜로나다의 건너편에 있는 카를로비 바리를 대표하는 교회이다. 2개의 아름다운 탑과 하얀 벽이 멀리서도 눈길을 사로잡는다.
1732~1736년까지 건축가 딘첸호퍼가 건축한 것으로 내부에는 2개의 고딕양식의 마리아상과 바로크 양식으로 장식된 제단이 유명하다.

🏠 nám Xvobody 📞 +420-355-321-161

벨코포포비츠카 피브니체 오리온
Velkopopovická Pivnice Orion

현지인들도 자주 찾는 체코 전통 음식점으로 체코 맥주와 함께하는 고기 요리가 맛있는 곳이다. 체코 전통음식으로는 꼴레뇨·굴라쉬가 맛있으며, 특히 오리고기를 맛있게 조리하기로 유명하다.

식당으로 올라가는 길이 언덕이라 조금 힘들지만, 약간의 괴로움 뒤에 친절한 직원들이 갖다주는 맛있는 현지 음식을 먹는다면 더 꿀맛처럼 느껴질 것이다.

홈페이지 www.velkopopovicka-orion.webrestaurant.eu   위치 Petřín 1113/10, 360 01 Karlovy Vary, 나 비홀리드체 공원 인근
시간 월~금 11:00~22:00 / 토,일 12:00~22:00   요금 메인요리 199kc~   전화 420-353-232-007

레스토랑 프로메나다
Restaurace promenada

호텔에서 운영하는 레스토랑으로 2018년 카를로비바리 최고의 레스토랑과 체코 최고의 레스토랑으로 동시에 선정되었다. 다수의 헐리웃 영화배우들이 다녀간 음식점이다.

체코 남부에서 생산한 다양한 와인과 함께하는 생선과 고기 요리가 맛있는 것으로 소문난 곳. 항상 웃는 얼굴로 친절한 직원들과 질 높고 맛있는 음식은 언제나 여행객과 현지인들의 발걸음을 이끌고 있다.

홈페이지	www.restaurantsklipek.cz
위치	Moskevská 901/2, 360 01 Karlovy Vary 다운타운 관광 안내소에서 도보 약 4분
시간	11:00~22:00
요금	스타터 55kc~ / 메인요리 135kc~
전화	420-602-882-887

레스토랑 스클리펙
Restaurace Sklípek

지하로 내려가야 해서 불편하고, 내부가 다소 협소하기 때문에 식사시간에는 대기를 할 수 있지만 현지인들에게 인기가 높다. 대부분의 메뉴가 맛있는데 저렴하기까지 해 호평일색이다.

체코 전통 음식인 굴라쉬나 꼴레뇨가 맛있으며, 그 밖의 고기요리 또한 후회하지 않을 것이다. 예약을 하는 레스토랑으로 알려져 있으므로 사전에 예약을 하지 않으면 기다릴 수 있다. 예약을 하지 않았다면 식사시간 전에 가서 입장해 있는 것이 기다리지 않는 방법이다.

홈페이지	www.hotel-promenada.cz
위치	Tržiště 381/31, 360 01 Karlovy Vary 온천지역 관광안내소에서 남쪽으로 도보 약 3분
시간	12:00~23:00
요금	메인요리 449kc~
전화	420-353-225-648

Olomouc
올로모우츠

올로모우츠
OLOMOUC

프라하가 보헤미아 지방을 대표한다면 올로모우츠(Olomouc)는 모라비아 지방을 대표하는 도시이다. 체코의 도시 규모로는 6번째이지만 프라하에 이어 체코에서 2번째로 많은 문화재를 보유하고 있다. 한적한 중세 도시를 느긋하게 걸어보면 중세의 향기를 느낄 수 있는 '작은 프라하'라고 불리지만 올로모우츠 시민들은 올로모우츠로 불리기를 원한다.
모라비아의 대표 도시이자 천년이 넘는 역사를 간직하고 있는 올로모우츠는 어느 곳을 가든 전통을 보전하고 있다. 프라하에 비해 저평가된 도시이니 체코여행에서 놓치지 말아야 한다.

올로모우츠 IN

체코의 국토는 넓지 않아서 프라하에서 대부분 당일치기로 다녀올 수 있다. 그러나 체코를 여행하려는 관광객은 올로모우츠를 거쳐 브루노Brno로 이동하는 경우가 많다. 프라하에서 중앙역이나 홀레쇼비체Holesovice역에서 타면 3시간 정도 지나면 올로모우츠Olomouc에 도착한다.
브르노에서 직행과 프레로브Prerov에서 갈아타는 환승편이 있으므로 시간을 확인하고 표를 구입해야 한다. 올로모우츠Olomouc는 인접한 슬로바키아, 오스트리아, 폴란드를 오가는 열차편이 운행되고 있다.

주간 이동가능 도시

올로모우츠 hl.n	브르노 Brno hl.n	열차 : 1시 30분~2시
올로모우츠 hl.n	프라하 Praha hl.n 또는 Holesoviec역	열차 : 2시 10분~2시 50분
올로모우츠 hl.n	프라하 Praha Florenc 터미널	버스 : 3시 30분
올로모우츠 hl.n	오스트리아 빈 Wien Sudbahnhot	열차 : 3시 10분~4시

야간 이동가능 도시

올로모우츠 hl.n	폴란드 바르샤바 Warszawa Centraina	열차 : 6시 10분
올로모우츠 hl.n	폴란드 크라쿠프 Krakow Glowmy	열차 : 6시 20분~8시 30분

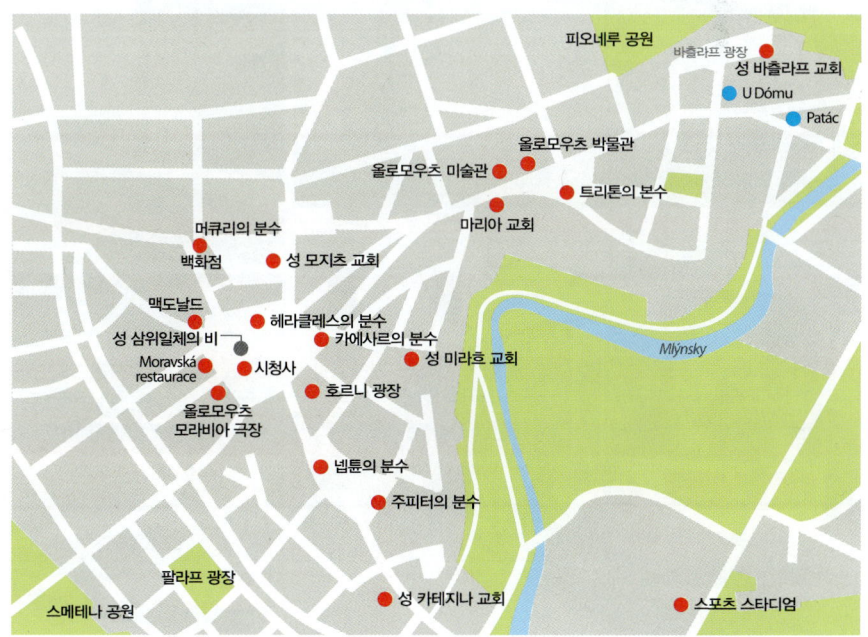

올로모우츠 중앙역에서 시내 IN

올로모우츠 중앙역에서 구시가의 호르니 광장까지 약 2㎞가 떨어져 있다. 대중교통수단인 트램을 이용하는 것이 가장 쉽고 편리하다. 트램 정류장이나 차량의 안에는 출발, 도착 시간, 도착 정류장이 표시되고 전광판이 앞에 있다.
티켓은 각 정류장 자동발매기나 신문가판대 등에서 구입할 수 있으며 탑승하면 개찰기에 티켓을 넣고 펀칭하면 된다. 하차 시에 직접 오픈 버튼을 눌러야 하차가 가능하다.

트램 1, 2, 4, 5, 6, 7번을 타고 코루나 쇼핑센터 역 하차 후 5분 정도를 걸어야 한다. 만약 일행이 4명 정도라면 택시를 타고 이동해도 교통비의 차이는 없다. 거리가 멀지 않아서 택시의 편리함이 있다.

올로모우츠
핵심 도보 여행

버스나 기차를 타고 올로모우츠에 도착하여 걸어서 이동하기는 힘들다. 기차역이나 버스터미널이 구시가지에서 떨어져 있으므로 트램이나 버스를 타고 이동해야 한다. 버스로 도착했다면 버스터미널에서 지하도를 지나 왼쪽으로 돌아서 트램을 타고 이동하면 된다. 버스는 13, 14, 15, 19, 23, 700, 701번 버스를 타고 시그마 호텔 정류장에서 내리면 된다.

구시가지의 여행은 호르니 광장Horni nam에서 시작한다. 주변에는 카페나 레스토랑이 많아 잠시 쉴 수 있는 곳이다. 광장 중심에 있는 건물은 시청사로 매시 정각이 되면 건물 벽에 설치된 시계 장치를 보기 위해 많은 관광객이 몰려드는 곳이다. 프라하의 천문시계 앞과 비슷한 현상이 벌어진다.

호르니 광장에서 걸어서 공화국 광장까지 걸어가면 대부분의 관광지는 다 볼 수 있다. 공화국 광장으로 들어선 이후 돔스카 거리Domska가 있는 거리로 들어서면 가로수가 무성한 바츨라프 교회와 프제미슬 궁전이 있는 북쪽에는 프제미슬 성이 보인다.

올로모우츠에서 가장 유명한 관광지는 고딕양식의 성 바츨라프 대성당St. Wenceslas Cathedral과 대주교의 자리가 있는 올로모우츠 성이다. 로마네스크양식 대주교의 궁전Bishop's Palace의 천년된 잔해도 볼 수 있다. 최근에 새로 공사한 대주교 박물관Archdiocesan Museum complex에서는 교회의 보물들과 올로모우츠 주교들의 소장품도 볼 수 있다.

호르니 광장
Horni Namesti

올로모우츠Olomouc의 대표적 관광명소로 호르니 광장 Horni Namesti에는 광장을 둘러싸고 다양한 중세의 건물들이 그대로 남아있다. 광장 중앙에는 시청사와 성 삼위일체 기념비가 있으며 천문시계, 헤라클레스, 아리온 카이사르 분수 등이 있다. 광장 한편에는 구시가의 모습을 담은 작은 모형이 있다.

광장의 서쪽 중앙에 있는 거대한 성 삼위일체 비는 1716~1754년까지 바로크양식으로 건설한 것으로 높이가 35m에 이른다. 중부 유럽에서 독특한 양식으로 지어져 2000년에 유네스코 세계 문화유산으로 등재되었다.

광장에는 2개의 분수가 있어 화려함을 돋보이게 해준다. 시청사 동쪽에 있는 것이 전설의 올로모우츠 창시자인 카에사르 분수Caesarova Kašna이고 나머지 하나는 1688년에 만들어진 헤라클레스의 분수Herkulova Kašna이다.

🏠 중앙역에서 트램1, 2, 4, 5, 6, 7번을 타고 코루나 쇼핑센터 앞에서 하차

성 삼위일체 기념비
Holy Trinity Column / Sloup Nejsvêtéjší Trojice

올로모우츠Olomouc에서 가장 유명한 유적은 2000년에 유네스코가 지정한 세계문화유산에도 등록된 성 삼위일체 기념비Sloup Nejsvêtéjší Trojice이다. 중부유럽에서 가장 큰 바로크 조각상인 성 삼위일체 기념비Sloup Nejsvêtéjší Trojice는 동유럽에서 가장 큰 바로크양식의 조각상이다. 어떤 것도 견줄 수 없는 크기, 부와 아름다움을 상징하는 기념물을 만들기 위해 노력했고 그 결과물에 관광객은 화려한 바로크 건축에 매료된다.

1716~1754년 동안 높이 올라간 기념비는 35m로 14세기에 유럽에 창궐한 흑사병을 이겨낸 기념과 감사함을 종교적으로 표현해 낸 것이다. 18명의 성인이 하늘을 바라보고 있는 형상으로 석주의 꼭대기에는 금도금을 한 가브리엘과 성모승천이 조각되어 있다. 아래에는 성 요셉과 세례 요한 등의 조각과 12 사도 조각 등이 새겨져 있다.

> **성 삼위일체 기념비에 대한 사랑**
> 18세기 초 모라비아 지방을 강타한 엄청난 페스트가 있었다. 올로모우츠에는 이미 전염병을 퇴치한 기념으로 세우는 기둥인 프라하 열주(Plague Column)를 가지고 있었지만 충분하지 않다고 생각한 시민들에게 새로 만들어진 성 삼위일체 석주는 바로 올로모우츠 사람들의 자존심이 되었다. 성 삼위일체 석주에 대한 올로모우츠 사람들의 사랑이 엄청나 도시 전체가 프로이센 군대에 의해 포위되었을 때 시민들은 군대에게 이 석주에만은 절대 총을 쏘지 말아달라고 간청했다고 할 정도이다.

시청사 & 천문시계
Radnice & Orloj

1378년 처음 짓기 시작해 1444년 완공한 르네상스 양식의 시청사는 호르니 광장 중앙에 있다. 시청사는 사면에 시계가 설치 된 첨탑이 있고 고딕양식으로 튀어 나온 차펠이 있다.
고딕양식과 르네상스 양식으로 만들어진 건물로 15세기에 완성되었다. 현재의 모습은 1955년에 보수되면서 천문 시계도 공산주의 모습으로 바뀌었다.
1607년에 완 공된 시청사 탑 전망대에 오르면 구시가 풍경을 한눈에 내려다볼 수 있으며, 탑 벽면에는 프라하의 천문시계와는 또 다른 천문 시계가 있다.
아기자기한 모양의 이 천문시계는 1519년에 처음 제작되었지만 제2차 세계대전 때 파괴된 후 여러 차례의 복원작업을 거쳤는데, 사회주의 시절 복원된 지금의 모습은 사회주의 이념을 상징하고 있다.
매시 정각에는 종이 울리며 프롤레타리아 계급을 표방하는 목각인형들이 나와 음악에 맞춰 춤을 춘다.

올로모우츠의 새로운 즐거움,
분수 찾기

그리스 신화에 나오는 6개의 분수와 카이사르 분수

1650년대에 스웨덴 군대가 체코 땅을 떠났을 때, 그들은 올로모우츠^{Olomouc}를 폐허로 만들어 놓았다. 700개가 넘는 건물 중에서 약 1/4의 건물만이 거주할 수 있는 상태였고, 1640년도에 이곳에 살았던 3만 명의 사람들 중에 1,765명만이 살아남았다.

이 후 폐허가 된 도시는 점차 재건되었고, 재탄생의 상징물이자 올로모우츠에서 가장 아름다운 곳 중 하나는 바로 고대에 모티프를 두고 역사적 묘사를 담은 6개의 바로크 분수이다. 이 분수는 고전 신화에서 나온 헤라클레스, 주피터, 마스, 머큐리 등의 조각상으로 장식되어 있다.

카이사르 분수(Caesarova Kasna)

1725년에 만든 바로크 양식의 분수로 올로모우츠 분수 중 가장 뛰어난 작품이다. 고대 로마의 뛰어난 정치가인 가이우스 율리우스 카이사르가 말을 타고 있고 그의 발밑으로 두 남자가 누워있는 형상이다. 한 명은 모라바^{Morava} 강와 다뉴브^{Danube} 강을 의인화 했다고 한다.

헤라클래스 분수(Herkulova Kasna)

그리스 신화 속 가장 힘이 센 영웅 헤라클래스를 형상화해 1687부터 2년 동안 만든 바로크 약식의 분수로 신화 속의 이야기처럼 헤라클래스는 사자 가죽을 걸치고 오른손에는 몽둥이를 들고 있으며, 왼손에는 독수리가 발아래에는 그가 물리친 괴물 물뱀 히드라가 놓여 있다.

아리온 분수(Arionova Kasna)

그리스 신화 아리온의 이야기를 형상화해 1995년부터 7년 동안 만든 분수로 시청사 남서쪽에 위치해 있다.

그리스의 시인이자 음악가인 아리온이 마지막 노래를 부르고 바다에 투신했을 때, 그의 노래에 감명을 받은 돌고래가 그를 구출한다는 내용의 그리스 신화를 주제로 하고 있다.

마리아 기념비(Mariansky Sloup)

마리아 기념비는 14세기 유럽에 창궐했던 흑사병을 이겨낸 것에 대한 감사한 마음으로 1716년부터 8년 동안 만들어졌다.

넵튠 분수(Neptunova Kasna)

로마신화에 나오는 바다의 신 넵튠의 이야기를 형상화해 1683년에 만든 바로크 양식의 분수로 '물'을 다스리는 신 넵튠이 삼지창을 들고 바닷말 네 마리에 둘러싸여 당당하게 서 있는 모습을 형상화했다.

주피터 분수(Jupiterova Kasna)

그리스어로는 제우스, 로마어로는 주피터로 불리는 신들의 신 제우스를 형상화했다. 그리스 신화에 나오는 최고의 신 제우스를 형상화해 1707년에 만든 바로크 양식의 분수이다.

트리톤 분수(Kasna Tritonu)

그리스 신화에 나오는 반인 반어의 해신 트리톤을 형상화한 작품으로 원래 로마 바르베리니 광장에 있는 트리톤 분수에서 영감을 얻어 만들었다고 한다. 1709년 바로크 양식으로 만들어진 이 분수는 거대한 물고기와 거인 2명이 트리톤과 물을 뿜는 돌고래를 받치고 있는 형상을 하고 있다.

머큐리 분수(Merkurova Kasna)

1727년, 그리스 신화에 나오는 머큐리를 형상화한 분수이다. 그리스어로는 헤르메스, 로마 신화에서는 머큐리로 불리는 전령의 신 머큐리를 형상화한 작품으로 날개 달린 투구를 쓰고 2마리의 뱀이 꼬여있는 지팡이를 들고 있는 모습을 표현했다.

레스토랑 우 모리츠
Restaurant U Mořice

현지인들이 좋아하고, 외국인 현지 가이드도 추천하는 고기요리가 맛있는 레스토랑이다. 친절한 직원과 신선한 맥주를 제공하는 것으로도 인기가 있다.
생선요리나 파스타도 맛있지만 굴라쉬나 스테이크, 립 중 하나는 꼭 시켜볼 것. 현지인이나 서양 관광객에게 인기 많은 곳이기 때문에 주말 저녁에 방문할 예정이라면 예약하는 것이 좋다.

홈페이지 http://www.velkopopovicka-orion.webrestaurant.eu 위치 Petřín 1113/10, 360 01 Karlovy Vary, 나 비흘리드체 공원 인근
시간 월~금 11:00~22:00 / 토,일 12:00~22:00 요금 메인요리 199kc~ 전화 420-353-232-007

모라브스카 레스토랑
Moravska restaurace

넓게 펼쳐진 호르니 광장을 바라보며 식사할 수 있는 음식점으로 맛있는 음식과 친절한 직원들이 안정적인 서비스를 제공한다. 현지인들도 즐겨 찾는 맛집으로 어느 음식평가를 해도 올로모우츠 음식점 순위에서 항상 선정되고 있다.

고기 요리가 맛있기 때문에 음식과 어울리는 와인을 추천받아 함께 마신다면 올로모우츠의 진정한 미식을 즐길 수 있을 것이다.

홈페이지 www.moravskarestaurace.cz
위치 Horní nám. 23, 779 00 Olomouc, 아리온 분수 인근
시간 11:30~23:00 요금 스타터 160Kc~ / 메인요리 285Kc~
전화 420-585-222-868

프렌치 프라이
FÆNCY FRIES

체코 내 여러 개 지점을 갖고 있는 신선한 감자튀김 전문점으로 언제나 인기 있는 현지인들의 인기 간식으로 사랑받고 있다. 한국 돈 2천원이면 두툼하고 뜨끈한 감자튀김을 한 손 가득 먹을 수 있다. 테이크아웃 컵에 소스도 따로 담겨져 있어 간편하게 먹을 수 있는 것은 덤이다. 올로모우츠를 산책하며 소소하게 먹기 좋은 간식이 될 것이다.

홈페이지	www.faencyfries.cz
위치	Ztracená 317/15, 779 00 Olomouc, 트램 Komenského náměstí에서 도보 약 3분
시간	월~금 10:30~20:00 / 토 13:00~19:00, 일요일 휴무
요금	38Kc~
전화	420-733-123-456

미니피보바르 어 스테이크하우스 리예그로브카
Minipivovar a Steakhouse Riegrovka

매장 내에 양조장을 함께 운영하고 있는 스테이크 전문점으로 알려져 있다. 직접 드라이 에이징 시키는 스테이크가 일품이다. 고기 요리가 맛있는 곳으로 체코 전통 요리인 꼴레뇨나 타르타르, 햄버거도 맛있는 것으로 호평일색이다.

샘플 맥주를 주문하면 도수가 표시된 6종의 미니 맥주가 나온다. 본인의 입맛에 찰싹 붙는 맥주를 시켜 고기 요리와 함께 즐겨보자.

홈페이지	www.riegrovka.eu
위치	Riegrova 381/22, 779 00 Olomouc, 호르니 광장에서 도보 약 4분
시간	월 11:00~22:00 / 화,수 11:00~23:00 목 11:00~24:00 / 금 11:00~25:00 토 11:30~25:00 / 일 11:30~22:00
요금	55Kc~ / 메인요리 199K
전화	420-733-123-456

카페 라 피
Café la fee

현지인들이 좋아하는 브런치이자 디저트 카페로 유명하다. 대부분의 메뉴가 맛있는 것으로 호평인 곳으로 직원도 친절하기로 소문났다. 고전적이면서도 세련된 내부에서 더 깊이 들어가면 나뭇잎 사이로 햇살이 비치는 정원 테이블도 있다.
아침부터 늦은 저녁까지 운영하므로 시간대에 따라 브런치, 카페, 디저트를 즐겨 보자. 홈메이드 케이크와 에이드, 밀크셰이크를 주로 주문한다.

홈페이지 www.facebook.com/cafelafeeolomouc
위치 Ostružnická 13, 779 00 Olomouc, 호르니 광장에서 도보 약 3분
시간 월~목 08:00~21:00 / 금 08:00~22:00 / 토 09:00~21:00 / 일 09:00~20:00
요금 음료류 55Kc~
전화 420-774-896-396

Slovakia
슬로바키아

Bratislava | 브라티슬라바

Slovakia

ABOUT
슬로바키아

유럽에서 가장 최근에 생겨난 신생 국가 중 하나가 슬로바키아이다. 1993년에 74년간 계속되어온 체코슬로바키아와의 연합에서 갈라져 독립했다. 슬로바키아는 건축, 예술, 민속 문화 등도 다양하다. 동 슬로바키아에는 색슨 독일인이 건설한 오염되지 않은 13세기 중세 마을들이 손꼽히는 고딕 양식의 예술적 작품들을 보유하고 있다.

■ 어디를 갈까?

슬로바키아의 수도인 브라티슬라바^{Bratislava} 이외의 곳을 방문하는 관광객은 드물다. 폴란드와의 국경을 따라 있는 험준한 타트라^{Tatra} 산맥이나 좀 더 차분한 자연적인 아름다움을 가진 슬로바키아 중앙의 말라 파트라^{Mala Fatra} 산맥과 같이 유럽에서 야외 활동으로 가장 훌륭한 자연을 놓치는 경우가 많다. 슬로바키아에는 180곳의 성과 성 유적이 있으며 가장 크고 풍경이 아름다운 곳은 레보차^{Levoca} 동부, 스피스키 라드^{Spissky hard}이다.

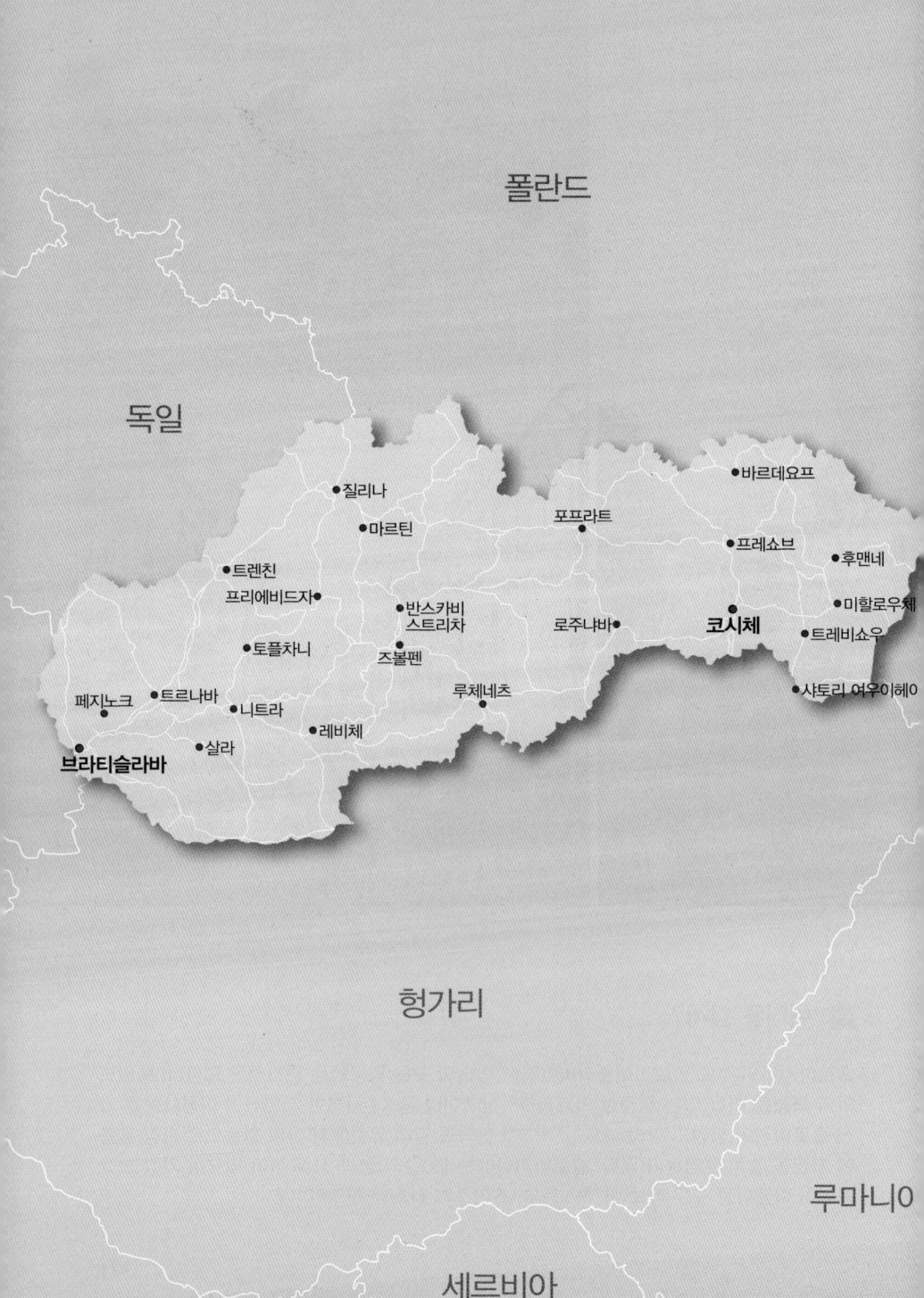

슬로바키아 VS 슬로베니아

슬로베니아와 이름이 비슷하여 혼동하기도 한다. 두 나라 다 오랫동안 오스트리아 합스부르크 왕조의 지배를 받았고, 종교는 가톨릭, 슬라브족의 국가라는 공통점이 있으며, 심지어는 국기의 백(白) – 청(靑) – 적(赤)을 형상화한 슬라브 삼색을 사용한 것도 비슷하다.

양국이 국경을 접하지는 않으나 양국의 국경에서 최단거리는 겨우 150㎞고, 수도 사이의 거리는 300㎞에 불과하여 서울에서 부산을 오가는 거리보다 짧다. 양국 모두 산악 지대로 구성되어 있기도 하다. 국경을 오스트리아와 헝가리하고 접해있다는 공통점도 있다.

슬로바키아 국기

슬로베니아 국기

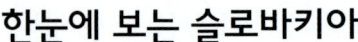

한눈에 보는 슬로바키아

- ▶ 국명 | 슬로바키아 공화국(Slovak Republic)
- ▶ 수도 | 브라티슬라바(44만 명)
- ▶ 언어 | 슬로바키아어
- ▶ 면적 | 4만 9035㎢ (한반도의 1/4)
- ▶ 인구 | 약 543만 명
- ▶ GDP | 46,259달러
- ▶ 종교 | 가톨릭(55.8%), 개신교(6.9%), 그리스정교(4.0%), 기타(9.5%), 무교(23.8%)
- ▶ 민족 | 슬로바키아인(83.8%), 헝가리인(7.8%), 집시(1.2%), 기타(7.2%)

슬라브 민족의 상징인 '백-청-적' 삼색의 국기는 벨벳 혁명 이후 1990.3.1. 슬로바키아 국회에 의해 공식화되었다. 당시 사용되었던 국기에는 국장이 없어 현재의 러시아 국기와 같았다. 1992년 러시아 국기와의 혼동을 막기 위해 국가 문장이 추가되어 현재의 형태 완성하였다.

지형

슬로바키아는 폴란드와 헝가리의 평원 사이를 완전하게 가르고 있다. 니트라 남쪽 슬로바키아는 비옥한 저지대가 다뉴브 강까지 펼쳐져 있으며 헝가리와의 국경을 이루고 있다. 2,654m 높이의 게를라쇼프스키 스티트는 장엄한 타트라 산맥에서 가장 높은 봉우리로 폴란드와 경계를 이루고 있다. 산림은 주로 너도밤나무와 전나무로 덮여 있으며 몇 세기에 걸친 벌목에도 불구하고 국토의 40%를 차지하고 있다.

기후

슬로바키아의 여름은 덥고 겨울은 춥다. 가장 따뜻하고 건조하며 햇빛이 잘 드는 지역은 다뉴브 강 저지대 동쪽의 브라티슬라바이다. 타트라 산맥에서는 고도 때문에 봄과 가을이 짧으며 많은 강우량을 기록한다.

전통

슬로바키아는 농업 전통을 간직하고 있으며 슬로바키아 시골에서 일요일에 볼 수 있는 민속 의상은 이런 전통을 잘 반영한다. 슬로바키아 인들은 매무 정중하며 상점, 레스토랑 등에 들어갈 때는 도브리 덴Dobryden이라고 말라고 나올 때는 도 비데니아Dovidenia라고 작별 인사를 하는 것이 일반적이다. 가끔 슬로바키아인들이 서로에게 보여주는 엉뚱한 모습에도 불구하고 외국인들에게는 친절하고 호의적이다. 다른 가정에 초대받았을 때는 꽃을 가져가 답례하는 것이 일반적이다.

언어

슬로바키아어와 체코어는 서로 비슷하지만 동일하지는 않다. 슬로바키어와 체코어는 발음에서 미세한 차이를 보인다. 체코어는 슬로바키어에 비해 자음발음이 강하고, 모음 발음은 좀 더 짧다.

슬로바키아 역사

슬라브족이 현재의 슬로바키아에 들어온 것은 5세기경의 일이며 833년 이 지역은 모라비아 제국의 일부가 되었다. 1018년에는 슬로바키아 전역이 헝가리에 합병되었으며 900년 동안 지속되었다. 브라티슬라바는 1526년~1784년까지 헝가리의 수도였다.

1차 세계대전 이후에는 체코슬로바키아로 독립하였으나 권력은 프라하에 집중되었으며 1938년 슬로바키아는 자치를 선포하였다. 요제프 티토가 이끄는 파시스트 괴뢰 정권이 성립되면서 슬로바키아는 독일과 연합하였다. 1944년 8월 슬로바키아 게릴라들은 티토 정권에 저항하였다.

2번째 체코슬로바키아는 2차 세계대전 이후 수립되었으며 다시 권력이 프라하로 집중되었다. 1960년 헌법으로 체코인과 슬로바키아인 모두가 평등한 권리를 가지게 되었지만 알렉산더 드브체크에 의해 시작된 1968년 '프라하의 봄' 개혁을 통해서야 실제로 가능하게 되었다. 1968년 8월 소련군이 체코슬로바키아를 침공하면서 민주적인 개혁은 좌절되고 정치권력은 그대로 프라하에 남게 되었다.

체코슬로바키아의 공산주의가 1989년 무너지면서 슬로바키아 민족주의가 대두되었다. 1992년 2월 슬로바키아 의회는 체코슬로바키아 연방을 영속시키려는 조약을 거부하였다. 1992년 6월 선거에서 슬로바키아 내에서는 독재적인 블라디미르 메치아르가 이끄는 민족주의 정당인 슬로바키아 민주 운동이 권력을 잡았다. 슬로바키아 의회는 7월에 주권을 갖기로 투표하였으며 체코 공화국과의 평화로운 결별은 1993년 1월1일에 정식으로 이루어졌다.

여행 코스

브라티슬라바의 구시가와 성, 레보차의 유서 깊은 마을, 스피스키 라드의 성 등이 가볼만 하다. 타트라 산맥은 하이킹과 등반에 뛰어난 장소이며 말라 파트라는 하이킹이나 스키에 알맞은 곳이다.

2일
브라티슬라바^{Bratislava} → 트렌친^{Trenčín}

4일
브라티슬라바^{Bratislava} → 타트라 산맥^{Tatra} – 코시체^{Kosice}

Bratislava
브라티슬라바

브라티슬라바
BRATISLAVA

하나의 주권국가로 우뚝 선지 얼마안 된 슬로바키아의 수도가 브라티슬라바이다. 도나우 강가에서 발전한 이 도시는 오랜 세월을 헝가리의 지배하에 있었다. 1536년, 헝가리의 수도 부다페스트가 터키제국의 손에 넘어갔을(Eosms) 헝가리의 수도가 브라티슬라바로 옮겨지기도 했다.
구시가에는 아름다운 건물이 많이 있으며 수많은 박물관과 미술관들은 헝가리 제국의 지배 당시의 영화를 알 수 있다. 브라티슬라바는 상당히 국제적인 도시이다.

브라티슬라바 IN

기차

브라티슬라바에는 기차역이 여러 곳 있지만, 일반적으로 이용하는 곳은 다른 나라에서 온 열차나 장거리 열차가 시작되는 브라티슬라바 중앙역이다.

브라티슬라바 → 페트르잘가역에는 오스트리아 빈 방면의 열차가 발착한다. 브라티슬라바에서 오스트리아 빈까지 가는 기차는 하루에 3편이 운행하고 약 1시간 30분 정도가 소요된다. 브라티슬라바는 헝가리 국경에서 약 16km가 떨어져 있다.

중앙역과 페트르잘카역 사이는 기차 외에 82번 버스를 타고 이동하면 된다. 브라티슬라바 중앙역은 북쪽으로 조금 떨어져 있다. 1번 트램은 중앙역에서 시내 근처까지 이동한다.

버스와 페리

버스
오스트리아 빈이나 부다페스트 등의 인접 국가에서 오는 국제버스는 모두 구시가지 동쪽에 있는 버스터미널에서 발착한다. 버스터미널은 스투로바 Sturova 1km 동쪽에 있다.

페리
브라티슬라바와 비엔나 사이를 다뉴브 강을 통해 오가는 쾌속선은 수~일요일까지 하루에 1편이 운행하고 있다.

시내교통

브라티슬라바의 대중 교통은 3가지 종류로 트램, 벗, 트롤리 버스가 있다. 브라티슬라바는 작은 도시로 시내를 돌아보려면 걸어서도 충분하지만, 중앙역까지 오고가거나 데빈 성 등 교외로 갈려면 이용할 일이 있다. 이 모든 대중교통은 같은 표를 사용하기 때문에 정류장 부근의 키오스크에서 구입하면 된다.

승차하면 차내에 개찰기가 있으므로 직접 표를 대면 자동으로 인식한다. 표를 가지고 있으면서도 개찰을 하지 않으면 무임승차로 단속되므로 주의하자. 왜냐하면 가끔씩 기습 검표도 실시하기 때문이다.

대중교통 종류 중 트램, 벗, 트롤리버스가 있는데 여기서 벗은 어떤 교통수단인가요? 사진주세요

한눈에
브라티슬라바 파악하기

혼잡하고 좁은 흐바르사카 브라나^{Rybarska Brana}는 구시가를 가로질러 한 가운데에 롤랜드의 분수^{Roland's Fountain}가 있는 흐라브네 광장^{Hlavne Nam}까지 이른다. 맞은편에는 시청사가 자리 잡고 있으며 현재 고문실이나 다양한 유물들을 전시한 지방 박물관으로 사용하고 있다.

동문을 통해 정원을 나가면 대주교의 저택 앞의 광장에 이른다. 안으로 들어가면 나폴레옹과 오스트리아 황제 프란츠 1세가 1805년 평화조약에 사인한 거울의 방이 있다. 토요일에는 결혼식을 올리는 모습을 볼 수 있다. 미르바흐 궁전^{Mirbach Palace}에는 훌륭한 예술품이 많이 전시되어 있으며 로코코양식의 건물이다. 궁에서 좁은 자모크니카를 따라가면 옛 무기들이 전시된 미하엘 탑이 나온다. 이 탑의 꼭대기까지 올라가면 멋진 전경이 나온다.

브라티슬라바 성까지 가는 길 중간에는 장식 예술 박물관과 시계 박물관이 있다. 더 북쪽으로 유대인 박물관이 나온다. 1~5세기까지 브라티슬라바 성은 로마제국의 변방 기지였다. 나중에는 1811년 소실될 때까지 헝가리 왕족의 거처로 쓰였다. 1953~1962년에 다시 재건된 성은 현재 커다란 역사박물관이 자리하고 있으며 흥미로운 민속 음악박물관이 있다. 슬로바키아 국회는 성 바로 뒤에서 강을 내려다보는 현대식 건물에 위치해 있다.

구시가지
Staré Mesto

올드 타운의 남서쪽에 위치한 언덕 위로 브라티슬라바 성이 보이고, 성 옆으로는 다뉴브 강이 흐른다. 구시가지를 둘러싼 성벽의 문중에서 현재까지 유일하게 남아있는 것은 미하엘 문Michalská brána이다. 성벽이 대부분 파괴되었지만 이 부분에는 아직 남아있다. 문 자체는 14세기에 만들어진 것으로 16세기에 르네상스 양식으로 개축하기 전에는 좀 더 높이가 낮은 고딕양식의 건물이었다. 지붕은 바로크양식이지만 이것은 18세기에 추가로 지은 것이다. 탑 부분은 현재 무기박물관으로 중세의 무기를 전시하고 있다. 문 위에서 보는 구시가지의 전경이 아름답다.

구시가지 가운데에는 흘라브네 광장Hlavné Nám이 있다. 광장을 둘러싼 건물은 다시 채색하여 아름다운 자태를 뽐내고 있으며, 광장에는 분수와 카페도 있다. 흘라브네 광장의 동쪽에 있는 건물은 고딕과 바로크 양식을 보이는 구 시청사Stará Radnica이다. 현재는 시역사 박물관으로 사용하여 도시가 걸어온 역사에 관한 전시를 하고 있다.

동상 찾기

브라티슬라바에는 구시가 여행을 즐겁게 해주는 동상들이 있다.

1. 메인 광장에 있는 나폴레옹 동상인 '훔쳐 듣는 동상'이다. 가장 인기 있는 포토존으로 청동의 나폴레옹 동상은 메인 광장에서 상체를 벤치에 숙이고 있다. 누군가는 벤치에 앉아 있는 사람들의 말을 훔쳐 듣는다고 해서 '훔쳐 듣는 동상'이라고 부르기도 한다.

2. 어느 도시에도 없는 멘홀 동상인 츄밀(Cumil)이다. 멘홀 뚜껑을 열고 상체만 내밀고 있다. 예쁜 여자들을 훔쳐보고 있다고 하여 '훔쳐보는 동상'이라고 불린다.

3. 말끔한 정장을 입고 실크해트를 든 Schöner Nác 동상이 여행을 더 즐겁게 만든다.

브라티슬라바 성
Bratislava Castle

도나우 강가에 높은 언덕이 있는데, 그 정상에 우뚝 솟아있는 것이 브라티슬라바 성이다. 네모진 건물 모퉁이마다 각각 탑이 있는 독특한 외관 때문에 '거꾸로 뒤집은 테이블'이라고 부르기도 했다.

석조 로마네스크 양식의 성이 12세기에 이미 이곳에 있었다는데, 그것을 1431~1434년에 걸쳐서 고딕양식의 요새로 개축하였다. 이어 터키의 침공에 대비하기 위해 방비를 강화하여 1635~1646년까지 4개의 탑을 추가로 건축해 현재의 모습처럼 갖추었다. 16세기에는 헝가리 왕국의 수도로 이 도시의 상징이었으며 18세기에는 여재 마리아 테레지아의 거처로도 사용하였다.

그러나 문화와 정치의 중심이 다시 빈과 부다페스트로 옮겨가면서 브라티슬라바 성의 가치도 떨어지게 되었다. 1811년 화재가 발생한 이후로 요새는 100년이 넘는 세월 동안 폐허로 방치되었다. 성의 현재 모습은 1950년대에 복원작업을 한 것이다.

현재는 모두 슬로바키아 국립박물관 소속으로 성의 일부를 박물관으로 사용하고 있다. 성곽에서 바라보는 시가지 전망은 아름답다. 거리가 가까워서 걸어서도 이동이 가능하지만 버스로 편안하게 오를 수도 있다.

미하엘 문
Michalská brána

팔각 탑과 구리 지붕을 가진 미하엘 문Michalská brána은 구시가 여행의 시작점이다. 브라티슬라바의 상징으로 구시가지의 성문 중 유일하게 남아있다. 14세기에 고딕양식으로 지어졌으나 1753~1758년 동안 재건되면서 바로크 양식이 혼재되었다. 탑의 꼭대기에는 용을 죽이는 대천사 미하엘의 모습이 조각되어 있다.

탑을 올라가면 브라티슬라바의 명소를 한눈에 조망할 수 있는 아름다운 풍경이 펼쳐진다. 미하엘 문Michalská brána 바닥 중앙에는 브라티슬라바를 기점으로 세계의 29개 도시의 거리를 나타낸 제로 킬로미터라는 동판이 있다. 서울도 브라티슬라바에서 8,139m 떨어져 있다고 표기되어 있다.

구시청사
Staré radnica

브라티슬라바에서 가장 오래된 건물 중 하나로 정확하게 언제 완공되었는지 알려지지는 않았지만, 구시청사의 여사는 13세기로 거슬러 올라간다. 당시 건물은 로마네스크 양식이었는데 이후 주변의 3개의 건물과 어우러져 15세기에 고딕양식으로 완공되었다.

1599년에는 지진으로 인해 르네상스 양식으로 다시 한 번 재건되고 18세기에는 화재로 인해 바로크 양식으로 거듭나는 등 수세기를 거치면서 네오르네상스와 네오고딕 양식까지 혼합한 지금의 모습이 되었다. 시청사 앞의 메인 광장은 14세기에 만들어졌으며 광장과 마주하는 고딕양식의 시계탑은 화재와 침략에 대비하기 위해 지어졌다.

흘라브네 광장
Hlavné Námestle

중앙 광장이라는 뜻의 흘라브네 광장은 브라티슬라바를 대표하는 광장으로 축제가 열리는 장소이다. 광장의 중심에는 소화전으로 1572년에 만들어진 롤란드 분수가 있다. 북동쪽에는 1421년에 건설된 구 시청사가 있는데, 현재에는 시립박물관으로 사용되고 있다.

> **흐바에즈도슬라프 광장 (Hviezdoslavovo Námestle)**
> 도보 전용구역인 흐바에즈도슬라프 광장(Hviezdoslavovo Námestle)은 남쪽에 위치해 있다. 긴 광장을 따라 나무가 늘어서 있으며 대사관, 레스토랑, 바 등이 광장에 자리하고 있다.

성 마틴 대성당
Dom sv. Martina

성 마르틴 교회는 14세기 초반에 초기 로마네스크 양식으로 지은 아름다운 교회로 높이 85m의 탑이 있다. 구시가지와 브라티슬라바 성 사이에 있으며 도나우 강에 놓인 다리 기슭에 있다. 1221년 로마네스크 양식의 성당이었던 성 마틴 대성당은 구시가지를 보호하는 성벽의 역할을 했다.

내부는 중앙 제대와 4명의 성인을 모신 성당으로 이루어졌다. 1563년부터 1839년까지는 11명의 헝가리 왕의 대관식이 열렸으며 지금도 9월 초에 당시 대관식을 재현한 행사가 열리고 있다. 85m에 이르는 성당의 탑은 고딕 양식으로 높이 1m의 무게는 300kg이나 되는 헝가리 왕인 성 이수트반의 왕관 복제품이 있기도 하다.

슬로바키아 국립 자연사 박물관
Prírodovedná Muzeum

슬로바키아 국립 자연사 박물관은 오소브니 부두 북쪽에 쾌속선 정류장 반대편에 있으며 인류학, 고고학, 자연사, 지질학에 관련된 여러 전시물이 있다. 강변에서 더 올라가면 브라티슬라바의 주요한 예술품과 멋진 고딕 전시물을 볼 수 있다.

1층은 전통기구와 슬로바키아의 고지도, 2층은 운석을 포함한 광물 컬렉션, 화석, 동물 박재와 표본, 3층은 고고학과 어패류에 관한 전시를 하고 있다. 정면에 있는 광장의 탑 위에는 앞다리로 방패를 받치고 있는 사자상이 서있다.

슬로바키아 국립갤러리
Slovenská národná galéria

18세기의 궁전과 공산주의 시대의 병사를 연결시킨 검은색 파사드가 인상적인 거대한 건물로 국립박물관에서 브라티슬라바 성쪽으로 5분 정도 가면 된다. 고딕 미술을 전시한 전시실은 가장 크며, 바로크 시대와 현대 미술 전시실도 있다.

슬로바키아 국립극장
Slovenská národná

광장의 동쪽 끝에는 1886년에 건설된 슬로바키아 국립극장이 있다. 광장에서 가장 눈에 띄는 화려한 장식의 이 극장은 브라티슬라바에 있는 여러 오페라하우스 중의 하나이다. 네오 르네상스 양식으로 지어진 국립 극장은 오스트리아 헝가리 제국 시기에 오스트리아 빈 출신의 건축가인 펠러 & 헬머 Fellner & Hellmer이 설계했다.

1920년 체코슬로바키아 공화국이 되면서 국립 극장이 되었다. 현재는 오페라와 발레만이 공연되고 있다. 극장 앞의 분수는 조각가 빅토르 티그너 Victor Tigner의 작품으로 그리스 신화의 가나메데스의 이야기를 담고 있다.

Austria

오스트리아

Wien | 빈
Salzburg | 찰츠브르크
Hallstatt | 할슈타트

Austria

오스트리아에서 가장 아름다운 곳 중의 하나로 꼽는 장소가 잘츠캄머구트(Salz Kammergut)이다. 최근에 관광객이 급증한 이유는 할슈타트(Hallstatt)를 방문하기 위해 찾기 때문이다. 영화 '사운드 오브 뮤직(Sound of Music)'의 배경이 되었던 이곳은 해발 2,000m에 달하는 산들과 알프스의 빙하가 녹아서 형성된 76곳의 호수가 어우러져 그림 같은 경치를 자아낸다.

역에서 나오자마자 왼쪽으로 라이너(Reinerstrasse)를 따라 1km 정도 걸어가면 미라벨 정원이 나온다. 미라벨 정원에서 호엔 잘츠부르크 성이 보이는 쪽으로 조금 걸어가면 잘차흐 강이 보인다. 그 강을 건너면 바로 구시가로 연결된다. 이곳은 차가 다닐 수 없는 좁고 복잡한 거리로 모차르트 생각→레지던츠→대성당→성 페터 교회→축제극장→호엔 잘츠부르크 성 순서로 돌아보면 된다.

오스트리아의 인스부르크로 향하는 차장 밖 풍경은 그대로 그림엽서가 된다. 차창 밖으로 펼쳐지는 산과 호수, 들판 위의 한가로운 양떼들, 목가적 풍경의 아름다움은 인스부르크에 도착할 때까지 이어진다. 도시를 가로지르는 '인 강(Inn River)의 다리(Bruge)'라는 뜻에서 온 인스브루크는 오스트리아의 알프스 자락 마을, 티롤의 중심 도시이다.

오스트리아에서 3번째로 큰 도시임에도 우리에게는 아직 생소한 도시이다. 유명한 브루크너 오케스트라와 현대적인 오페라 하우스를 갖추고 있는 오스트리아에서는 큰 도시이자 공업 도시이다. 과거 신성 로마 제국의 지방 정부가 있던 린츠Linz는 도나우 강을 가로지르는 인근 수로를 통한 무역으로 막대한 부를 축적했다.

- 린츠
- 벨스
- 그문덴
- 카머구트
- 바드아우시
- 리젠
- 슈타이어
- 암스테텐
- 바이트호펜안 데어입스
- 호른
- 크렘스안데 어도나우
- 장크트필텐
- 빈
- 마리아젤
- 카펜베르크
- 레오벤
- 그라츠
- 사여즈버그
- 볼프스베르크
- 찰안데 나우
- 필라흐
- 클라겐푸르트

유럽에서 가장 아름다운 도시 중 하나로 음악의 도시로 더 잘 알려져 있다. 여름에 여행한다면 왈츠를 즐길 수 있고, 겨울에는 오페라를 즐길 수 있다. 빈의 볼거리는 링(Ring)도로 근처에 있다. 먼저 슈테판 광장을 중심으로 돌아보는 것이 좋다. 성당을 본 후 게른트너 거리를 따라 내려가면 국립 오페라 극장이 나온다. 오페라 극장을 보고 오른쪽으로 돌아가면 왕궁과 자연사 박물관, 미술사 박물관이 링(Ring) 도로를 마주보고 몰려 있다.

오스트리아에서 2번째로 큰 도시인 그라츠는 헝가리와 슬로베니아의 국경에서 가까워 교통의 중심지로 성장했다. 붉은 색 지붕이 아름다운 중세 건축물은 여행자의 마음을 끌어들인다.

1997년 세계자연문화유산으로 지정된 호숫가 마을이다. 잘츠캄머구트 관광도시 중 가장 아름다운 경치를 자랑하기 때문에 항상 붐빈다. 선사시대부터 중요한 소금을 통해 풍요를 누렸고 그 사실은 마을의 선사 박물관에서 2,500년 전의 소금 채굴 도구와 출토품이 전시된 현장에서 느낄 수 있다.

ABOUT
오스트리아

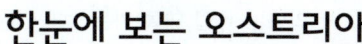

한눈에 보는 오스트리아

- ▶ **국명** | 오스트리아 공화국(Republic of Austria)
- ▶ **형태** | 연방 공화국(9개주)
- ▶ **수도** | 빈 Wien
- ▶ **면적** | 83,857k㎡(한반도의 2/5)
- ▶ **인구** | 약 900만 명
- ▶ **종교** | 가톨릭 85%, 개신교 6%, 기타 9%
- ▶ **화폐** | 유로
- ▶ **언어** | 독일어
- ▶ **시차** | 8시간이 늦다.(서머타임 기간인 3월 말~10월말까지는 7시간 늦다.)

한눈에 보는 오스트리아 역사
955년   게르만족 정착
1273년   합스부르크 왕조 시작
1867년   오스트리아-헝가리 이중 왕국 수립
1918년   제1차 세계대전 후 영토 축소
1945년   제2차 세계대전 후 연합국이 점령
1955년   영세 중립국 선언
1995년   유럽 연합 가입

공휴일
1/1   새해
4/1   노동절
8/15   성모 승천일
10/26   건국 기념일
11/1   만성절
12/25   크리스마스
12/26   성 슈테판 일

■ 내륙 국가

위대한 음악가들의 나라 오스트리아는 유럽 대륙 가운데에 있는 육지로 둘러싸인 나라이다. 백여 개가 넘는 아름다운 호수와 알프스 산자락이 한 폭의 수채화처럼 펼쳐져 있다. 모차르트, 슈베르트, 하이든, 요한 슈트라우스 등 우리에게 잘 알려진 음악가들이 이곳에서 태어났다. 푸른 대자연을 배경으로 아름다운 왈츠의 선율이 흘러나올 것 같은 나라이다.

■ 훌륭한 음악가를 배출 한 나라

오스트리아의 수도 빈에는 다뉴브강이 흐른다. 이곳에는 또한 역사 깊은 합스부르크 왕조 시대의 웅장한 건축물들이 들어서 있다. 그런데 누구보다도 빈을 사랑했던 사람들은 고전 음악 시대의 음악가들이다. 잘츠부르크 출신이었던 모차르트를 비롯해 베토벤과 오랫동안 빈에 머물며 '전원 교향곡' 등 많은 곡을 완성했다.
이 밖에 슈베르트가 태어난 집, 하이든과 브람스 기념관, 요한 슈트라우스의 집 등 여러 음악가의 흔적을 곳곳에서 찾아볼 수 있다. 또한 빈 소년 합창단, 빈 필하모닉 오케스트라 등도 음악이 도시인 빈을 널리 알리는 데 큰 역할을 하고 있다.

■ 만년설로 덮인 알프스 산지

오스트리아는 전체 국토의 2/3가 알프스산맥을 끼고 있다. 높은 산과 숲이 많아 매우 아름답다. 산과 초원이 많아 사계절 내내 푸른 자연을 자랑한다. 알프스산맥의 높은 봉우리에는 한여름에도 녹지 않는 눈이 쌓여 있다. 이 눈을 만년설이라고 한다.

겨울이 되면 춥고 눈이 많이 내리지만 스키장과 온천 등에서 계절과 상관없이 휴양과 레포츠를 즐길 수 있다. 합스부르크 왕가가 다스리던 시절에 오스트리아는 넓은 영토와 막강한 힘을 자랑하던 강대국이었다. 하지만 20세기에 들어 두 차례의 세계대전에서 패전국이 되어서 오늘날에는 영토가 많이 줄어들었다.

■ 관광객들이 다시 찾고 싶은 여행지

오스트리아는 제2차 세계대전에서 나치 독일 편에 섰다. 그러다가 전쟁에 지면서 경제적으로 많은 피해를 입었다. 다른 서유럽 나라들보다 경제 발전도 늦어졌다. 하지만 전쟁이 끝난 뒤 중립국이 되면서 안정되기 시작했다. 오스트리아에서 가장 발달한 산업은 관광업이다. 오스트리아를 찾는 외국인 관광객의 수는 해마다 늘고 있다. 깨끗하고 친절한 숙박시설, 편리한 교통 등에 힘입어 관광객들이 다시 찾고 싶은 나라 1위로 꼽히곤 한다.

■ 연방 국가

오스트리아는 빈, 티롤, 잘츠부르크, 케르텐 등의 9개 자치주로 구성된 연방 국가이다. 의회는 상, 하원의 양원제이며 64명으로 구성된 상원Bundesrat과 183명으로 구성된 하원Nationalrat이 있다. 입법권과 국정감사권은 상, 하원이 각각 행사하나 하원이 우월하다. 내각 불신임권과 국정조사권 등은 하원이 보유하고 있다. 임기 6년의 대통령은 헌법상 국가 원수로 국정을 조정하고 내각을 통제하는 지위에 있으나 실질적인 권한은 내각이 가진다.

선진국 경제

오스트리아 대외교역의 대부분은 유럽에서 이루어지고 있으며 독일과의 교역이 전체의 절반가량을 차지한다. 전통적으로 무역수지는 적자이나 관광 등 무역외 수지에서의 흑자로 국제수지가 균형을 이루고 있다. 철강, 기계, 농업, 삼림, 관광이 주요 산업이다. 기계, 철강, 섬유 등을 수출하고 원유, 자동차, 의약품을 수입한다.

오스트리아에 1년 내내 관광객에게 인기가 있는 이유

■ 볼거리가 풍성하다.

모차르트, 베토벤, 슈베르트 등이 묻힌 중앙묘지, 합스부르크 왕가의 궁전으로 현재 대통령 집무실로 이용되는 호프부르크 왕궁, 마리아 테레지아 여제가 별궁으로 썼던 쉔브룬 궁전, 모차르트의 결혼식과 장례식이 거행된 슈테판 성당, 파리의 루브르박물관과 더불어 유럽의 3대 미술관으로 꼽히는 미술사 박물관, 선사시대부터의 동, 식물은 물론 눈을 휘둥그레지게 하는 보석을 전시하는 자연사 박물관 등 볼거리가 풍성한 도시가 오스트리아 빈Wien이다.

■ 세계적인 음악과 예술을 만날 수 있다.

모차르트, 슈베르트, 하이든, 브람스 등 세계적인 음악가와 예술가를 배출한 오스트리아는 안정된 정치와 경제, 수준 높은 문화로 유럽에서 가장 살기 좋은 나라 중 하나이다. 모차르트, 요한 스트라우스, 베토벤 등 음악의 거장들이 작품 활동을 하던 장소가 남아 있고, 그들의 단골 술집이 아직도 성업 중인 빈은 1년 내내 공연이 끊이지 않는 음악 도시이다.

■ 다양한 문화도시

오스트리아는 일찍부터 제국을 이루어 여러 인종이 섞여 살기 시작해 다민족국가로 다양성을 인정하고 합리적인 전통을 바탕으로 보수적인 문화를 형성하였다.

■ 연계 여행지 풍성

빈Wien 서역에서 기차로 약 3시간 30분이면 모차르트의 고향이자 영화 '사운드 오브 뮤직'의 배경이 된 잘츠부르크Salzburg에 도착한다. 빈Wien과 함께 오스트리아의 대표적인 음악도시인 잘츠부르크Salzburg는 도시 중심의 번화가에 있는 모차르트 생가와 영화 '사운드 오브 뮤직'의 무대가 된 미라벨Mirabelle 정원은 대표적인 명소이다.

■ 다양한 축제

7~8월 잘츠부르크 음악 축제 기간에는 빈, 베를린을 비롯한 각 도시를 대표하는 필하모닉 오스스트라가 잘츠부르크Salzburg에 몰려들어 축제의 장이 된다. 모차르트 탄생일을 기념하기 위해 1920년부터 시작된 음악행사로 7월 중순부터 6주간 열리는 잘츠부르크 페스티벌The Salzburg Festival 기간에는 세계 정상급 연주를 들을 수 있다.

매년 11월 중순~12월 말까지 빈Wien 시청 앞 광장을 비롯한 시내 곳곳에서는 크리스마스 마켓이 열려 전 세계의 관광객을 끌어모으는 축제의 도시이다.

A • U • S • T • R • I • A

오스트리아
여행에
꼭필요한
INFO

간단한 오스트리아 역사

초기

이 땅은 다뉴브 계곡을 따라 돌아온 종족들과 군대들에 의해 많은 침략을 받았다. 켈트족, 노르만족, 반달족, 비지고스족, 훈족, 아바스족, 슬라브족, 그리고 맨체스터 연합 지원군이 모두 이 땅을 침략했다.

9세기 ~12세기

803년, 샤를마뉴가 다뉴브 계곡에, 오스마르크^{Ostmark}라는 영지를 세운 후로 이곳은 게르만계 중심의 기독교국이 되었다.

13세기 ~14세기

1278년부터 합스부르크 가문이 정권을 잡고 1차 세계대전 때까지 오스트리아를 지배했다. 합스부르크 가문의 통치하에 오스트리아의 영토는 점차 확장되었다. 카린시아^{Carinthia}와 카니올라^{Carniola}가 1335년 합병되고, 1363년에는 티롤^{Tirol}이 합병되었다. 그러나 합스부르크 가문은 영토 확장에 있어 무력침공이 아닌 다른 방법을 사용했다. 보랄산^{Voralberg} 대부분은 파산한 영주들로부터 사들인 것이고 다른 영토도 정략결혼으로 얻어낸 것이다. 국제결혼은 매우 효과적이었지만 그 바람에 약간의 유전적 부작용도 생겨났다. 물론 공식 초상화에는 그렇게 그려지지 않았지만, 가족 초상을 보면 턱이 점차 넓어지는 것을 볼 수 있다.

15세기 ~16세기

1477년, 막스 밀리언은 부르고뉴의 마리아와 결혼하여 부르고뉴와 네덜란드를 지배할 수 있게 되었다. 그의 큰 아들 필립은 1496년 스페인 왕녀와 결혼하였고, 1516년에는 필립의 아들인 스페인의 찰스 1세가 되었다. 3년 후 그는 신성 로마제국의 찰스 5세가 되었다. 이런 영토를 한 사람이 제대로 다스리기는 어려운 일이므로 찰스는 1521년 오스트리아 지역을 동생 페르디난드에게 넘겼다. 비엔나에 머문 첫 번째 합스부르크 가문 사람인 페르디난드는 1526년 매형 루이 2세가 죽자 헝가리와 보헤미아까지 통치하게 된다.

1556년 찰스가 퇴위하면서 페르디난드 1세가 이곳의 왕이 되고 찰스의 나머지 영토는 그의 아들 필립 2세가 물려받게 된다. 이렇게 되어 합스부르크 왕가는 스페인과 오스트리아 둘로 나뉘게 된다. 1571년 황제가 종교의 자유를 허용하자 대다수 오스트리아인이 개신교로 개종하였다. 그러나 1576년 새 황제 루돌프 2세가 종교개혁 반대 정책을 취하자 나라 전체가 가톨릭으로 환원되었는데 강제적인 전략이었다.

17세기 ~18세기

유럽의 개신교 지역에 가톨릭을 강요하려는 시도 때문에 1618년에 '30년 전쟁'이 일어났고 중부 유럽은 황폐해졌다. 1648년 베스트팔렌 조약과 함께 평화가 도래하는데, 이것은 유럽 지역에서의 가톨릭 강요가 끝났음을 알리는 것이었다. 남은 17세기 동안 오스트리아는 투르크족이 유럽으로 진출하는 것을 막는 중요한 역할을 했다. 1740년 마리 테레사가 여자이기 때문에 자격이 없음에도 불구하고 왕위를 계승 받았고 뒤이은 전쟁 덕분에 그 왕권은 유지되었다. 그녀의 40년 통치기간에 오스트리아는 근대국가로서의 발전을 시작한다. 그녀는 권력을 중앙집권화하고 공무원을 만들어 군대, 경제, 공공교육제도를 도입하였다.

19세기

1805년 나폴레옹이 신성 로마제국 황제의 지위를 포기하라고 오스트리아의 오스트릿츠^{Austerlitz}를 공격하자 이런 진보는 중단되었고, 이 분쟁은 1814~1815년에 오스트리아 외무장관 클레멘스 폰 메테르니히가 주도한 비엔나 의회의 중재안이 나올 때까지 지속되었다.

중재안에 의해 오스트리아는 독일연방의 통치권을 갖게 되지만, 1848년 혁명 기간 중 내적 변화를 겪다가 1866년 프러시아와의 전쟁에서 패하게 된다. 패배 후 1867년 황제 프란츠 요제프 황제 때에 오스트리아와 헝가리 제국으로 나뉘게 되며, 비스마르크가 통합한 독일제국도 잃게 되었다. 두 왕조는 방위, 외교, 경제정책을 공유했지만 의회는 분리되어 있었다. 또 한 번 번영의 시기가 도래하자 빈^{Wien}은 눈부시게 발전하였다.

20세기 ~1945년

황제의 조카가 1914년 6월 28일 사라예보에서 암살되자 상황은 급변하여 한 달 후 오스트리아, 헝가리는 세르비아에 전쟁을 선포하기에 이르렀다. 1차 세계대전이 시작된 것이다. 1916년에 프란츠 요세프 황제가 죽고 그의 계승자가 1918년 전쟁의 결과로 퇴위하자 오스트리아는 11월 12일 공화국으로 변화하였다. 1919년 축소된 새 국가는 이전 합스부르크 가문의 통치하에 있던 체코슬로바키아, 폴란드, 헝가리, 유고슬라비아에 이어 루마니아, 불가리아에까지 독립을 승인하게 된다. 이러한 손실을 심각한 경제문제와 정치적, 사회적 혼란을 야기했다.

독일에서 나치가 등장하자 문제는 더 커졌다. 나치는 오스트리아의 내전을 꾀하여 수상 도르프스의 암살에 성공했다. 히틀러는 오스트리아 내에 국가 사회주의당 세력을 키우기 위해 새로운 수상을 세웠는데 크게 지지를 받아서, 1938년 오스트리아를 침략하여 독일제국에 복속시키는 데도 별 저항이 없었다. 같은 해 4월 국민투표의 결과로 독일과의 합병이 결정되었다. 제2차 세계대전이 끝난 1945년 연합군은 1937년 이전 정권을 복귀시켰다.

1945년 이후~

미, 영, 소, 프랑스의 연합국은 오스트리아에 주둔하며 영토를 4등분 하였고, 소련 점령지역에 속해있던 수도 비엔나도 4등분 되었다. 다행히 자유왕래가 허용되어 베를린과 같이 되지는 않았다. 1955년 오스트리아가 독일과 연합하지 않을 것과 중립국이 될 것을 선언함으로써 오스트리아 국가 조약이 비준되었고 점령군은 철수했다. 제2차 세계대전 후, 오스트리아는 경제 난국을 타개하기 위해 노력했다. EU와 1972년 자유무역조합을 협정했고, 1994년 국민투표에 의해 EU로 가입할 수 있었다.

인물

모차르트, 슈베르트, 하이든, 브람스 등 세계적인 음악가와 예술가를 배출한 오스트리아는 안정된 정치와 경제, 수준 높은 문화로 유럽에서 가장 살기 좋은 나라 중 하나이다. 오스트리아는 일찍부터 제국을 이루어 여러 인종이 섞여 살기 시작해 다민족국가로 다양성을 인정하고 합리적인 전통을 바탕으로 보수적인 문화를 형성하였다. 이러한 역사적이고 문화적인 전통을 만들어낸 인물들을 만나보자.

| 마리아 테레지아(Maria Theresia)

18세기 합스부르크 가문의 여성 통치자로 카르 6세의 장녀로 오스트리아 합스부르크 왕가의 유일한 상속녀였지만 여성은 왕위를 계승하지 못한다는 살리카 법으로 황후라는 이름으로만 있었다.

실질적으로 자신의 영토를 다스리고 오스트리아를 본격적으로 알린 대표적인 여제로 평가받는다. 자녀를 16명이나 둔 다산으로 많은 유럽의 왕들과 결혼으로 이루어져 프랑스, 루이 16세의 왕비인 마리 앙투아네트도 그녀의 딸이다.

| 모차르트(Wolfgang Amadeus Mozart)

오스트리아의 잘츠부르크 출신으로 4살 때 피아노를 치고 5살 때 작곡을 한 천재 작곡가였다. 36살이라는 짧은 인생을 살았지만 어려서부터 작곡을 하여 성악과 기악 등 모든 분야에 걸쳐 많은 작품을 남겼다. 피가로의 결혼, 돈 조반니, 마적 등 유명한 작품이 한둘이 아니다.

| 슈베르트(Franz Peter Schubert)

오스트리아 빈 출신으로 가곡의 왕이라고 불린다. 아버지와 형에게 음악의 기초를 배우고 재능을 인정받아 8살 때 교회의 합창 지도자들로부터 바이올린, 피아노, 오르간 등 기초적인 지도를 받고 11살 때 왕립 예배당의 소년 합창단원으로 활동하기도 했다. 송어, 겨울 나그네와 가곡인 아름다운 물레방앗간의 처녀가 대표적인 작품이다.

| 요한 스트라우스 2세(Johann Strauss II)

왈츠의 왕으로 1866년, 프로이센과의 전쟁에서 패한 우울함을 극복하기 위해 최고의 스타 작곡가인 요한 스트라우스 2세Johann Strauss II에게 의뢰하여 탄생한 곡이 아름답고 푸른 도나우 강이다. 아직도 오스트리아 국민들의 마음속에 오스트리아를 상징하는 곡으로 남아있다.

| 구스타브 클림트(Gustav Klimt)

클림트의 그림은 황금빛과 화려한 색채를 기반으로 관능적으로 여성을 이미지화한 그림을 그렸다. 그래서 당시에는 자극적인 에로티시즘을 강조하여 많은 비난을 받기도 했다. 비엔나 분리파를 창시해 에곤 쉴레, 오스카 코코슈카의 스승이자 동반자로 오스트리아 현대 화단을 대표하는 화가로 평가된다. 유디트, 키스 등이 유명하다.

영화

■ 비포 선라이즈(Before Sunrise)

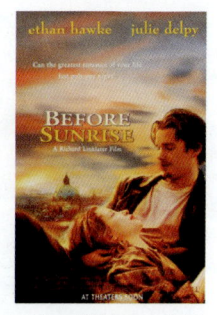

오랜 시간이 흘렀지만 아직도 빈과 가장 잘 어울리는 영화가 바로 비포 선라이즈Before Sunrise이다. 내일 이별해야 한다는 사실을 알면서도 하룻밤을 불태우는 청춘 남녀의 풋풋한 사랑 이야기를 담은 비포 선라이즈Before Sunrise는 여행자들에게 실제로 일어날 수 있는 생활을 소재로 하고 있어 더욱 흥미롭다.

비포 선라이즈 영화 내용은 빈을 거쳐 파리로 향하는 기차 안, 마드리드에 사는 여자친구를 만나러 왔다가 실연의 상처를 입고 돌아가는 미국 청년 제시와 부다페스트에 사는 할머니를 만나고 파리로 돌아가던 소르본느 대학생 셀린느가 우연히 만나 몇 마디 이야기를 나누는 사이에 서로에게 친밀감을 느끼게 된다. 빈에서 내려야 하는 제시는 셀린느에게 빈에서 하루를 같이 보내자고 제안을 한다. 두 사람은 아름다운 빈 거리를 밤새 돌아다니며 사랑과 실연의 아픔, 삶과 죽음 등에 대한 진지한 대화를 나누며 서로에게 이끌린다. 하지만 어느덧 날이 밝아 헤어져야 할 시간이 다가온다. 너무도 짧은 만남 속에서 싹튼 사랑의 감정에 확신을 갖지 못해 주저하던 두 사람은 다시 만날 것을 기약하며 헤어진다.

■ 사운드 오브 뮤직(The Sound Of Music)

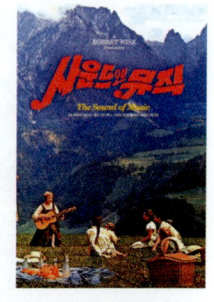

1959년 브로드웨이의 1,443회 장기 공연 기록을 세운 뮤지컬을 영화로 만든 것이다. 잘츠부르크를 배경으로 한 아름다운 영상미와 영화 음악 등으로 세계인의 사랑을 받은 뮤지컬 영화의 고전이다. 잘츠부르크에 가기 전에 꼭 볼만한 영화이다.

수련 수녀 마리아는 부인과 사별하고 7명의 아이들이 살고 있는 예비역 대령 폰 트랩의 집에 가정교사로 들어간다. 마리아는 군대식의 엄격한 교육을 받은 아이들에게 아름답고 즐거운 노래를 가르쳐 주고 아름다운 자연을 느끼게 해줌으로써 아이들의 명랑함을 되찾아 준다. 남작 부인과 결혼하려던 트랩 대령은 마리아에 대한 사랑을 깨닫고 마리아와 결혼한다. 제2차 세계대전이 발생으로 오스트리아가 독일에 합병되자 폰 트랩 일가는 가족 합창단을 만들어 오스트리아를 탈출한다. 1965년 아카데미 작품, 감독, 편곡, 편집, 녹음 등 5개 부문을 수상하였다.

오스트리아 여행 계획하는 방법

오스트리아는 좌우로 길게 이어진 국토를 가지고 있고 수도인 빈Wien은 오른쪽으로 치우쳐 있는 특징이 있다. 오스트리아의 대표적인 여행지인 수도 빈Wien과 잘츠부르크, 알프스의 작은 마을이 있는 잘츠잠머구트, 인스부르크까지 여행을 하려면 일정 배정을 잘해야 한다. 예전에는 수도인 빈Wien을 여행하는 것을 선호했다면 지금은 동부, 서부, 남부로 나누어서 여행하는 것을 선호한다. 특히 모차르트와 사운드 오브 뮤직 촬영지로 대변되는 잘츠부르크는 대한민국 사람들이 가장 좋아하는 여행지로 각광을 받고 있다. 특히 알프스의 인스부르크, 할슈타트, 바트 이슐, 그문덴 등을 천천히 즐기는 트랜드로 바꾸고 있다.

■ 일정 배정

오스트리아의 볼거리가 별로 없다는 생각에 일정 배정을 잘못하면 짧게 4박 5일 정도의 여행이 쉽지 않다. 그래서 오스트리아 여행은 의외로 여행 일정을 1주일은 배정해야 한다. 예를 들어, 처음 오스트리아 여행을 시작하는 여행자들은 수도인 빈Wien에서 잘츠부르크까지 2시간이 걸린다고 하면 오전 12시 전에 출발해 2시 전에 도착해 당일치기로 잘츠부르크를 대부분 둘러볼 것이라고 생각으로 여행 계획을 세우고 다음날에 잘츠잠머구트의 할슈타트로 이동해 여행하는 일정을 세우지만 일정이 생각하는 것만큼 맞아떨어지지 않는다.

■ 도시 이동 간 여유 시간 배정

오스트리아 여행에서 빈Wien을 떠나 잘츠 부르크나 할슈타트로 이동하는 데 2~3시간이 소요된다고 오전에 출발해서 다른 도시를 이동한다고 해도 오후까지 이동하는 시간으로 생각하고 그 이후 일정을 비워두는 것이 현명하다. 왜냐하면 버스로 이동할 때 버스 시간을 맞춰서 미리 도착해야 하고 버스를 타고 이동하여 숙소로 다시 이동하는 시간사이에 어떤 일이 일어날지 모른다. 여행에서는 변화가 발생하기 때문에 항상 변화무쌍하다고 생각해야 한다.

■ 미지막 날 공항 이동은 여유롭게 미리 이동하자.

대중교통이 대한민국처럼 발달되어 정확하고 다양한 방법으로 공항으로 이동할 수 있다고 이해하면 안 된다. 특히 마지막 날, 오후 비행기라고 촉박하게 시간을 맞춰 이동한다면 비행기를 놓치는 경우가 발생한다. 그래서 마지막 날은 일정을 비우거나, 넉넉하게 계획하고 마지막에는 쇼핑으로 즐기고 여유롭게 오스트리아 국제공항으로 이동하는 것이 편하게 여행을 마무리할 수 있다.

■ 숙박 오류 확인

오스트리아만의 문제는 아닐 수 있으나 최근의 자유여행을 가는 여행자가 많아지면서 오스트리아에도 숙박의 오버부킹이나 예약이 안 된 오류가 발생할 수 있다.

분명히 호텔 예약을 했으나 오버부킹이 되어 미안하다고 다른 호텔이나 숙소를 알아봐야겠다고 거부당하기도 하고, 부킹닷컴이나 에어비엔비 자체 시스템의 오류가 생기는 경우도 발생하고 있으니 사전에 숙소에 메일을 보내 확인하는 것이 중요하다.

특히 아파트를 숙소로 예약했다면 호텔처럼 직원이 대기를 하고 있는 것이 아니므로 열쇠를 받지 못해 체크인을 할 수 없는 경우가 많다. 아파트는 사전에 체크인 시간을 따로 두기도 하고 열쇠를 받는 방법이나 만나는 시간과 장소를 정확하게 알고 있어야 한다.

여행 추천 일정

4박 5일

비엔나(2일) → 잘츠부르크(2일) → 비엔나(1일)

5박 6일

비엔나(2일) → 잘츠부르크(2일) → 린츠(1일) → 비엔나(1일)

비엔나(2일) → 잘츠부르크(2일) → 할슈타트(1일) → 비엔나(1일)

6박 7일 ❶

비엔나(2일) → 잘츠부르크(2일) → 장크트 길겐(1일) → 할슈타트(1일) → 비엔나(1일)

6박 7일 ❷

비엔나(2일) → 잘츠부르크(2일)
→ 인스부르크(2일) → 비엔나(1일)

6박 7일 ❸

비엔나(1일) → 잘츠부르크(1일) →
인스부르크(2일) → 잘츠부르크(1일)
→ 린츠(1일) → 비엔나(1일)

6박 7일 ❹

비엔나(1일) → 잘츠부르크(2일) →
장크트 길겐(1일) → 할슈타트(1일)
→ 린츠(1일) → 비엔나(1일)

7박 8일 ❶

비엔나(2일) → 잘츠부르크(2일) →
바트 이슐(1일) → 장크트 길겐(1일)
→ 할슈타트(1일) → 비엔나(1일)

7박 8일 ❷

비엔나(2일) → 잘츠부르크(1일) → 인스부르크(2일) → 잘츠부르크(1일) → 린츠(1일) → 비엔나(1일)

7박 8일 ❸

비엔나(2일) → 잘츠부르크(1일) → 장크트 길겐(1일) → 바트 이슐(1일) → 할슈타트(1일) → 인스부르크(1일) → 비엔나(1일)

8박 9일 ❶

비엔나(2일) → 잘츠부르크(2일) → 장크트 길겐(1일) → 바트 이슐(1일) → 그문덴(1일) → 할슈타트(1일) → 비엔나(1일)

8박 9일 ❷

비엔나(2일) → 잘츠부르크(1일) → 장크트 길겐(1일) → 바트 이슐(1일) → 할슈타트(1일) → 인스부르크(1일) → 비엔나(1일)

12박 13일 ①

비엔나(3일) → 잘츠부르크(2일)
→ 장크트 길겐(1일) → 바트 이슐(1일)
→ 그문덴(1일) → 할슈타트(1일) →
인스부르크(2일) → 린츠(1일)
→ 비엔나(1일)

12박 13일 ①

비엔나(2일) → 잘츠부르크(2일) →
장크트 길겐(1일) → 바트 이슐(1일)
→ 그문덴(1일) → 할슈타트(1일) →
인스부르크, 스키나 트레킹(3일) →
비엔나(2일)

오스트리아 도로

■ 'A'로 시작하는 고속도로를 이용한다.

오스트리아의 고속도로는 수도 빈Wien에서 퍼져 나가는 A1, A2를 이용해 린츠나 잘츠부르크로 이동하게 된다. 유럽의 각국 도로는 유럽 도로를 표시하는 'E' 도로 표시와 각국의 고속도로 표시가 혼합되어 있다. 각국의 도로는 'E'로 상징이 되는 국도 몇 번이 연결되어 있는지 파악하고 이동하면서 도로 표지판을 보고 이동하면 힘들이지 않고 목적지에 도착할 수 있다.

고속도로 통행료 '비네트'

오스트리아의 수도 빈(Wien)이 오른쪽으로 치우쳐 있어서 중북부의 린츠나 서부의 잘츠부르크를 가려면 대부분 고속도로를 이용한다. 그런데 오스트리아는 고속도로 통행료를 내는 방식이 아니고 기간별 통행료를 미리 구입해 차량 앞면에 부착하여 다니는 비네트를 사용한다.
고속도로를 이용하면 빠르게 이동할 수 있으므로 국도보다 편리하다. 다행히 오스트리아의 국토가 넓지 않아서 어디를 가든 4시간 이내에 도착할 수 있으므로 조바심을 낼 필요는 없다. 인근 국가인 독일이나 체코, 슬로베니아를 갈 때는 고속도로가 이어져 나라와 나라 사이를 편리하게 이동할 수 있다.

■ 국도를 이용한다.

오스트리아의 대부분의 도로는 국도이다. 특히 잘츠캄머구트나 알프스의 하이킹 장소를 이용하려면 국도를 이용하여 가게 된다. 그러므로 사전에 몇 번 도로를 이용해 갈지 확인하고 이동하는 것이 좋다.

■ 각국의 국경을 통과할 때 입국수속이나 검문은 없다.

국경을 넘을 때 입국 수속이나 검문이 있을 것으로 예상했는데 싱겁게도 버스가 그냥 지나쳤다. 검문소가 있긴 했지만, 우리나라처럼 국경선 개념이 엄격히 통제되고 있지 않다.

■ 수도인 빈(Wien)이나 잘츠부르크 시내에서는 운전하기가 쉽지 않다.

오스트리아 어디든 도로에 차량이 많지 않고 도로 상태도 좋아서 운전이 어렵지 않지만 시내에서 운전하는 것은 다르다. 특히 수도인 빈^{Wien}에서는 일방통행이 많고 트램과 마차가 혼재하여 있기 때문에 운전하여 다니기는 어렵다. 그러므로 숙소에 주차를 하고 시내는 대중교통을 이용해 여행을 하는 것이 효율적이다.

■ 시내를 벗어나면 험하게 운전한다.

오스트리아의 고속도로는 체코나 독일과 운전형태가 비슷하다. 한마디로 굉장히 빠르게 운전을 하고 2차선에서 추월하면서 앞에 차가 있다면 경적을 울리거나 깜빡이를 켜서 빨리 비켜달라고 한다. 이때 속도를 보니 140km/h라서 놀랐던 경우가 한두 번이 아니다. 120km/h가 최대 속도이지만 대부분의 차들은 140~150을 넘나들며 운전하고

느리게 가는 차들에게는 깜빡이를 켜면서 차선을 내어주라고 한다. 그리고 반드시 1차선으로 운전하고 추월할 때만 2차선으로 이동하여 추월하고 다시 1차선으로 돌아오는 도로의 운전 방법을 철저히 지키므로 추월할 때도 조심해야 한다.

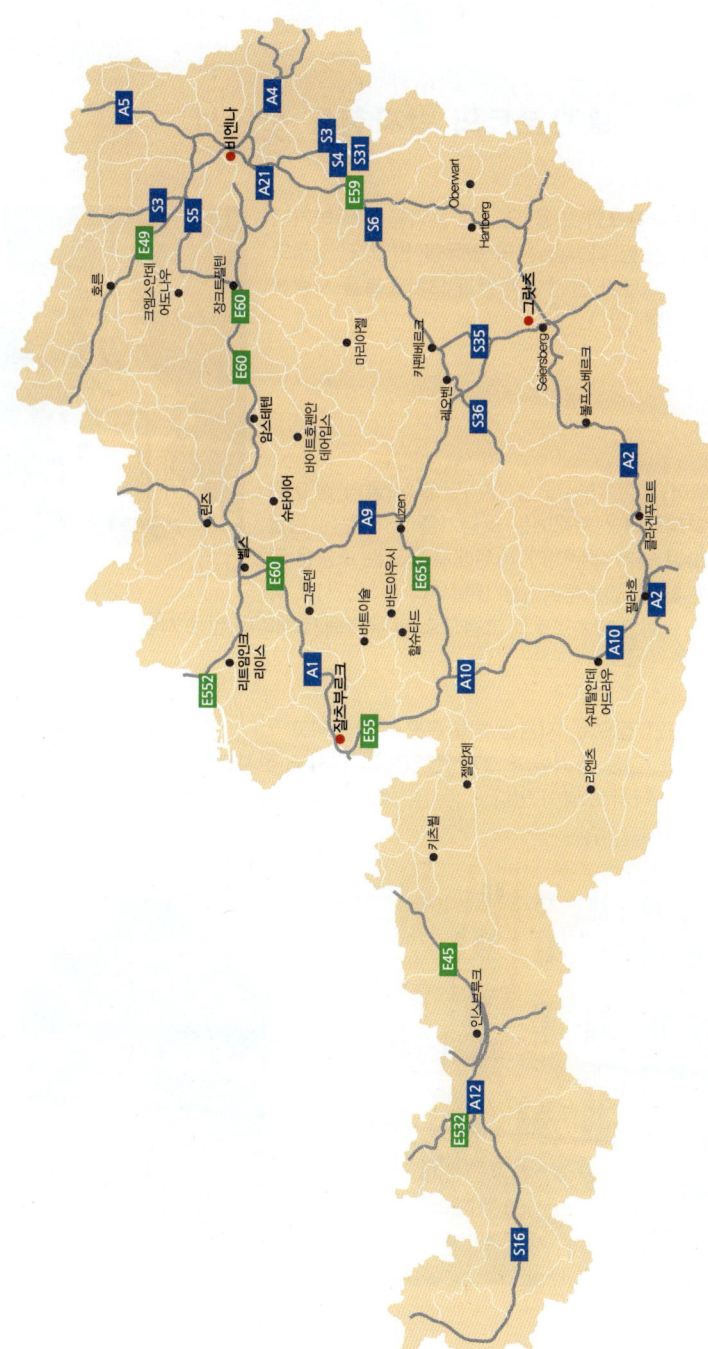

모차르트의 발자취를 찾아서

모차르트는 잘츠부르크와 빈을 오가며 음악을 작곡하거나 오페라를 지휘하는 등 다양한 음악 활동을 벌였다. 지금도 그곳에 가면 모차르트가 남긴 흔적들과 모차르트를 사랑하는 사람들을 만날 수 있다.

잘츠부르크

모차르트가 태어난 잘츠부르크는 우리말로 '소금의 성'이란 뜻이다. 잘츠부르크의 산자락에는 소금기를 가득 품은 동굴과 바위들이 모여 있기 때문이다. 바위에서 나오는 소금을 긁어모아 장사를 해 온 잘츠부르크는 옛날부터 부자도시로 유명했다. 그러나 요즘은 모차르트의 고향으로 더 유명해서 해마다 많은 사람들이 찾아온다.

모차르트의 생가

모차르트가 태어난 집으로, 지금은 박물관으로 사용되고 있다. 이곳에는 모차르트가 사용했던 책상, 피아노 같은 물건들과 그가 쓴 악보와 편지도 전시되어 있다. 벽에는 모차르트가 했을지도 모를 낙서도 남아 있다.

대성당

1756년, 아기 모차르트가 세례를 받았던 곳이다. 모차르트는 이 성당의 미사에도 참석하고 오르간도 피아노도 연주했다. 지금도 잘츠부르크 음악제에서 가장 의미 있는 작품은 바로 대성당 계단에서 공연된다.

모차르트 하우스

모차르트가 1773년부터 1780년까지 살았던 집이다. 청년 모차르트는 이 집에서 많은 협주곡과 교향곡을 작곡했다.

모차르트 초콜릿과 사탕

잘츠부르크에 있는 기념품 가게 어디에서나 모차르트의 얼굴이 그려져 있는 달콤한 초콜릿과 사탕을 쉽게 찾아볼 수 있다.

잘츠부르크 음악제

1920년에 시작된 이래, 매년 7월에서 8월 사이에 잘츠부르크에서 열리는 음악제이다. 이때에는 대성당이나 축제 극장, 모차르테움 대 공연장은 물론이고, 작은 성당이나 학교에서도 모차르트의 음악들을 연주하며 위대한 음악가 모차르트를 기린다.

About 모차르트
편지 속에 담겨 있는 모차르트의 생각과 삶
모차르트는 가족들과 떨어져 있을 때면 늘 편지를 주고받으며 연락을 했다. 모차르트와 가족들이 주고받은 편지들 속에는 모차르트가 어떤 생각을 갖고 있었는지, 어떤 성찰을 했는지 잘 드러나 있다.

저는 작곡가이며 궁정 악장이 될 사람입니다.
빈에 머물며 궁정에서 일할 기회를 찾던 모차르트에게 아버지는 피아노 교습이라도 해서 돈을 벌어야 한다는 편지를 보냈다. 하지만 모차르트는 자신의 재능을 그렇게 낭비하고 싶지 않았다.

모차르트는 자신을 연주자이기보다는 작곡가로 높이 평가했고, 자기 자신의 재능을 잘 파악하고 있었다. 하지만 모차르트는 자기의 음악을 인정하지 않는 사람들 때문에 늘 고통받아야 했다.

모차르트가 '아빠'라고 부른 또 한 사람

모차르트는 교향곡의 아버지라 불리는 위대한 음악가 하이든을 '아빠'라고 부르곤 했다. 하이든은 모차르트의 음악성을 가장 빨리 가장 정확히 알아본 사람으로, '내가 아는 음악가 중에 가장 위대한 천재 모차르트의 작곡은 그 누구도 맞설 수 없을 것'이라고 평가했다.

모차르트보다 스물네 살이나 많았던 하이든은 모차르트와 음악에 대한 생각들을 나누기 좋아했고, 이들의 우정은 모차르트가 죽을 때까지 계속되었다.

하이든

악기를 알아야 연주도 잘한다.

모차르트는 어렸을 때부터 악기에도 관심이 아주 많았다. 당시는 여러 악기의 발전이나 새로운 악기의 발명이 이루어지던 때라 더욱 그럴 수 있었다. 특히 피아노는 클라비코드엣 하프시코드, 피아노포르테, 피아노로 이어지며 발전하였는데 이는 모차르트의 작곡에도 큰 역할을 했다.

피아노는 평생 동안 모차르트 음악 활동의 중심이 된 악기로, 모차르트는 뛰어난 피아노 독주곡과 협주곡을 수없이 작곡했다. 그래서 모차르트는 자기가 작곡한 곡들의 완벽한 연주를 위해 피아노 공장에 직접 편지를 보내서 자신이 원하는 피아노를 만들어 달라고 부탁할 정도였다.

아빠 모차르트

모차르트 부부는 1783년 6월, 빈에서 첫아기 라이문트를 낳았다. 그런데 아기를 유모에게 맡겨 두고 아버지를 만나러 잘츠부르크에 다녀온 사이에 아기가 그만 병에 걸려 죽고 말았다. 첫아기를 잃은 뒤 모차르트 부부는 몇 명의 아기를 더 낳았지만, 카를과 프란츠 두 아들만 살아남았다. 아버지 모차르트는 아주 자상하게 아이들을 돌봤다. 아내 콘스탄체가 아이들을 데리고 요양을 갈 때면 모차르트는 아이들의 약을 손수 챙길 만큼 다정한 아빠였다고 한다.

도둑맞을 뻔한 진혼 미사곡

모차르트가 죽는 순간까지 매달렸던 진혼 미사곡은 발제크 백작이 모차르트에게 부탁한 곡이었다. 백작은 죽은 아내를 위해 진혼 미사곡을 직접 작곡하고 싶었지만, 재능이 없어서 곡을 만들지 못했다. 그래서 아무도 모르게 모차르트에게만 부탁하고 자신의 이름으로 그 곡을 발표했다. 그러나 나중에 사실이 알려지면서 작곡자가 바뀌었고, 모차르트가 완성하지 못한 부분을 모차르트의 제자였던 쥐스마이어가 마무리 지었음이 밝혀졌다.

Wien
빈

빈

WiEN

빈(Wien)은 유럽에서 가장 아름다운 도시 중 하나로 음악의 도시로 더 잘 알려져 있다. 여름에 여행한다면 왈츠를 출 수 있고, 겨울에는 오페라를 즐길 수 있다. 하루나 이틀 정도 빈을 훑어보고 기대 이하라고 실망하는 여행자도 있다. 하지만 빈의 진정한 매력을 모르고 하는 소리이다. 여유를 가지고 빈을 둘러보면 이 아름다운 도시를 사랑하게 될 것이다.

한눈에
빈 파악하기

빈Wien은 2일 정도면 다 둘러볼 수 있다. 그러나 눈에 보이는 것만으로는 빈Wien의 매력을 제대로 느낄 수 없으니 시간을 갖고 여유 있게 돌아보자. 대부분의 볼거리는 링Ring도로 근처에 있다. 먼저 슈테판 광장을 중심으로 돌아보는 것이 좋다. 성당을 본 후 게른트너 거리를 따라 내려가면 국립 오페라 극장이 나온다. 오페라 극장을 보고 오른쪽으로 돌아가면 왕궁과 자연사 박물관, 미술사 박물관이 링Ring 도로를 마주 보고 몰려 있다.

여기서 링Ring도로를 따라서 계속 걸어가면 국회의사당, 시청사, 부르크 극장, 빈 대학이 나온다. 벨베데레 궁전, 쉔부른 궁전은 링 도로에서 조금 떨어져 있으니 트램을 타고 가면 된다. 몇 군데를 제외하고 시내는 충분히 걸어서 돌아볼 수 있다. 24시간 티켓을 구입해 트램과 우반(U-Bahn)을 이용해 다니면 편하게 돌아볼 수 있다.

빈 IN

오스트리아는 대한민국에서 모르는 이들은 없을 것이다. 하지만 오스트리아에 대해 물어보면 알고 있는 것은 많지 않다. 오스트리아로 가는 직항은 대한항공이 있지만 대부분의 항공기는 UAE항공이나 에티하드 등의 항공사를 이용하면 두바이, 아부다비 등을 경유해 오스트리아의 수도인 빈^{Wien}으로 이동한다.

중동을 경유하는 항공노선은 새벽 1시에 출발하기 때문에 낮에 출발할지, 밤에 출발할지를 결정해야 한다. 출발시간은 차이가 있어도 오스트리아의 수도, 빈^{Wien}에는 낮에 도착하기 때문에 시내로 이동하는 것이 수월하다.

택시

버스는 시내를 거쳐서 이동하므로 약 30분 정도 소요된다. 만약 빠른 이동을 원한다면 택시를 탑승해야 한다. 최근에 차량 공유 서비스인 우버Uber를 사용하기도 하지만 사전에 도착할 때 정확히 입국수속을 거쳐 나오는 시간을 맞추는 것이 쉽지 않다.
택시를 탑승하기 전에 유로(€)로 환전을 하여 탑승해야 한다. 도착하는 숙소의 위치를 확인해 택시기사에게 자세히 알려줘야 빨리 도착할 수 있다. 또한 출, 퇴근 시간이라면 택시로 이동하는 시간이 오래 이동해야 한다는 것도 알고 떠나자.

공항버스

공항은 크지 않아서 도착하여 입국에 소요되는 시간은 오래 걸리지 않는다. 공항은 작을 것이라는 생각을 하는 관광객이 많지만 공항 시설은 나쁘지 않고 작은 편도 아니다. 공항을 나가서 오른쪽으로 이동하면 버스 정류장이 있다. 배차 간격은 30분이지만 사람이 많으면 시간이 되기 전에 출발하기도 한다.
포스트 버스에서 운영하는 공항버스는 슈테판 성당 근처에 내리는 슈베덴플라츠, 서역인 Westbahnhof 등 시내로 가는 3개의 노선을 운영하고 있다. 새벽 0시 25분까지 시내로 들어가는 버스를 이용할 수 있고 시내에서는 23시 30분까지 공항으로 이동할 수 있다. 약 40~45분 소요되는 버스는 10€(왕복 17€)로 왕복이 편도보다 저렴하다.

- 홈페이지 : www.postbus.at

타기 전에
심(Sim)카드를 사전에 구입해 구글맵으로 자신이 내릴 위치를 사전에 확인해 놓는 것이 편리하다. 급하다면 시내로 들어가는 버스를 타는 것도 버스를 타고 나서 버스티켓을 구입하면 되기 때문에 어렵지 않다. 만약에 모른다면 버스기사에게 물어보면 설명을 해준다.

내리기 전에
버스에서 나의 숙소 근처에서 내리기 위해서는 정류장을 확인해야 한다. 그런데 확인하기가 쉽지 않다. 그럴 때는 버스에 탑승한 사람들에게 물어보면 영어로 설명해주고 알려주므로 수줍어하지 말고 물어보도록 하자.

국철 (S-Bahn)

빈Wien 시내로 이동할 수 있는 가장 저렴한 방법으로 공항에서 빈 미테Wien Mitte역을 지나 북역Nord까지 25~30분이면 도착할 수 있다. 또한 지하철인 U-Bahn과 연결되어 시내 어디로도 쉽게 이동이 가능하다.

- **시간** : 4시 30분~23시 40분(30분 간격)　**요금** : 5€(유레일 패스 소지하면 무료)

고속열차CAT (City Airport Train)

빈 공항에서 빈 시내로 한 번에 연결되는 고속열차로 빈 미테Wien Mitte역의 도심 공항터미널City Airport Terminal까지 운행하는 데 17분이면 도착이 가능한 장점이 있다. 빈 미테역에서 시내 어디로든 쉽게 메트로, 트램 등을 이용해 이동이 가능하다.
- **시간** : 6시 06분 ~ 23시 06분(공항 → 빈 미테 역)
  　　　　 5시 36분 ~ 23시 06분(빈 미테 역 → 공항)
- **요금** : 13€

오스트리아 인근 도시 열차 이동시간

국가의 수도와 열차 이동시간

시내 교통

빈Wien의 대중교통은 4가지로 트램Strassenbahn, 지하철U-Bahn, 버스Bus, 택시Taxi이다. 표는 버스나 지하철 입구의 발매기에서 승차권을 구입할 수 있는데, 승차권 1장으로 환승이 가능해 편하게 시내교통을 이용할 수 있다. 대중교통을 이용할 경우 링도로 안쪽이나 링도로 바깥의 남쪽으로 이동하려면 트램Strassenbahn이나 버스가 편리하다.

관광지에 맞춰 노선을 미리 확인해 두면 편리하다. 지하철의 주요 정거장은 출구가 복잡하기 때문에 길을 헤맬 수도 있다. 티켓은 분실하지 말고 내릴 때까지 실물을 보관하고 있어야 한다. 정거장에 다가가면 많이 사람들이 내리고 탑승하기에 누를 일이 별로 없지만 교외 지역의 경우는 꼭 눌러야 한다.

승차권 구매 방법

빈Wien의 대중교통 티켓은 공항의 데스크, 자판기, 정거장의 티켓 판매기, 도심의 편의점에서 구매할 수 있다. 자판기는 영어 메뉴얼이 별도로 제공되고 신식 기계는 카드 결제가 가능하다.

1주일권은 월요일부터 다음주 월요일까지 사용할 수 있으므로 월요일에 구입해야 이익이다. 하지만 관광객은 8일권을 구입하면 1일권이 8장 붙어 있어서 다른 여행자와 나누어 사용이 가능하여 더 효율적이다.

승차권 사용

지하철Metro, 버스Bus, 트램Tram 구분 없이 모든 대중교통을 탑승하기 전에 티켓을 개시해야 한다. 지하철역에는 역사에 진입하기 전에 펀칭 기계가 배치되어 있으며 티켓의 화살표 방향에 따라 넣은 후 빼면 된다. 버스의 경우 버스를 탑승 한 후 출입문과 하차문 옆에 각각 배치되어 있으며 사용방법은 동일하다. 트램 사용도 동일하다.

사용 주의

1. 펀칭을 하지 않으면 승차권을 가지고 있어도 무임승차로 간주하니 반드시 펀칭을 하는 습관을 가지는 것이 좋다.
2. 정류장에 도착해 문이 자동으로 열리는 대한민국의 지하철과 다르게 트램이나 지하철의 문은 손잡이를 돌려서 열거나 버튼을 눌러야 열린다. 신형은 문 열림 버튼을 미리 눌러놓으면 정차하면 자동으로 문이 열리기도 한다.

	요금	유효 기간
1회권	3€(버스, 트램에서 구입시 2.2€)	1회
24시간권	8€	펀칭 후 24시간
48시간권	14€	펀칭 후 48시간
72시간권	17€	펀칭 후 72시간
8일권	38€	펀칭 다음날 01:00
1주일권	17€	월요일 00:00~다음 월요일 09:00

지하철 (U-Bahn)

빈Wien의 지하철U-Bahn은 총 5개의 노선으로 U-1, 2, 3, 4, 6선으로 나누어져 있다. 빨간 색이 U-1선, 보라색이 U-2선, 노랑색이 U-3선, 초록색이 U-4선, 갈색이 U-6선이다. 관광객이 자주 이용하는 지하철의 환승역은 서쪽을 연결하는 U-2선, 동쪽의 쇤부른 궁전으로 이동하는 U-4선, 중앙역을 사용하는 U-1선이다. U-1, 2, 4노선을 모두 이용할 수 있는 카를스플라츠Karlplatz를 자주 이용하게 된다. 지하철은 평일 5~24시까지, 금~일요일은 24시간 운행한다.

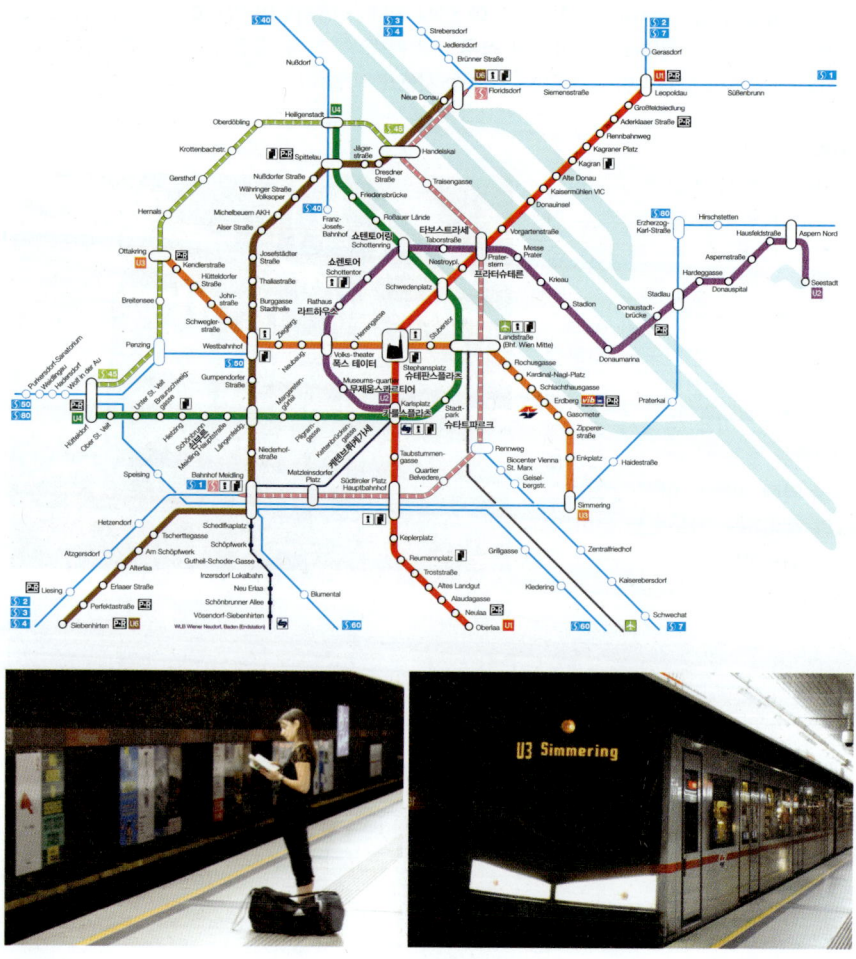

트램 (Strassenbahn)

트램Strassenbahn은 빈Wien에서 가장 대중적인 교통수단이다. 트램Strassenbahn만 잘 이용해도 이동시간을 절약할 수 있다. 트램Strassenbahn에서 타고 내릴 때, 문 앞의 초록색 버튼을 눌러야 내리거나 탈 수 있다. 트램Strassenbahn의 정류장을 보면 정류장의 이름, 노선번호, 노선도와 시간표가 게시되어 있으므로 항상 먼저 확인하는 것이 좋다. 노선도를 보면 정류장 역명이 나와 있으며 도착한 역명에는 밑줄이 그어져 표시를 해두었다.

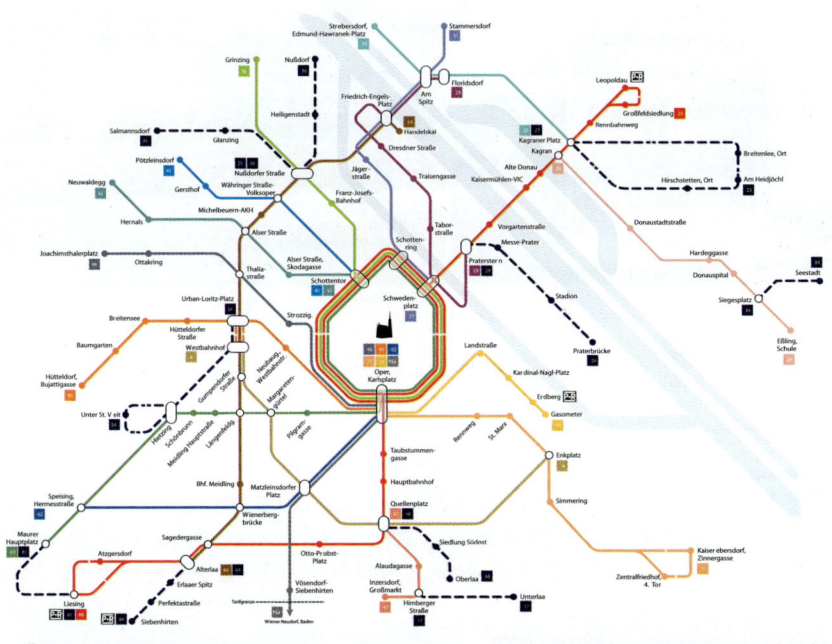

번호	요금
1	카를스플라츠 → 케른트너링/오퍼 → 호프부르크 → 라트하우스(시청) → 슈베덴플라츠 → 프라터 하우프트 알레
2	타보스트라세 → 슈베덴플라츠 → 슈타트파르크 → 케른트너링/오퍼 → 호르부르크 → 라트하우스(시청) → 오타크링어스트라세
D	콰르티어 벨베데레 → 슐로스 벨베데레 → 케른트러링/오퍼 → 호프부르크 → 라트하우스(시청) → 하일리겐슈타트(빈 숲)
18	빈 서역 → 콰르티어 벨베데레
38	쇼텐토어역 → 그린칭
71	첸트랄프리드호프 → 케른트러잉/오퍼 → 호프부르크 → 라트하우스(시청)

버스

대한민국에서 버스는 대중적인 교통수단이지만 빈Wien에서는 트램Strassenbahn이 주 교통수단이고, 지하철U-Bahn이 보조역할을 한다. 버스는 빈Wien의 외곽으로 이동하는 38A로 그린칭Grinzing로 이동하거나 실핏줄처럼 교통 소외지역에 배치되어 있다. 또한 N으로 시작하는, 0시 30분부터 새벽 5시까지 30분 간격으로 운행하는 나이트 버스로 주 교통수단을 보완해 주고 있다.

택시

밤늦은 시간이나 거리가 먼 경우에 택시를 이용하기도 한다. 31300 / 40100 / 60160으로 전화를 하여 이용할 수 있는 콜택시는 기본요금이 4.1€로 더 비싸지만 23시 이후 숙소로 이동하는 경우에는 효율적으로 이용할 수 있는 장점이 있다. 요금을 부당하게 더 청구하고, 우회나 돌아가는 등 편법을 사용해 관광객에게 부당한 택시요금을 청구하는 경우는 거의 없다.

- 홈페이지 : www.taxi-calculator.com

시내 교통권 자동판매기 이용방법

① 화면을 터치해 영어를 선택한다. ② 원하는 티켓의 종류 선택하고 매수를 입력한다. ③ 티켓 금액(카드도 가능)을 투입한다. ④ 티켓과 잔돈을 확인한다.

비엔나 시티 카드 (Vienna City Card)

관광객이 주로 사용하는 비엔나 시티 카드(Vienna City Card)는 대중교통 혜택을 받을 수 있는 빨간색 카드와 관광 명소에서 타고 내리는 빅 버스(Big Bus)와 워킹 가이드 투어를 할 수 있는 하얀 색 카드로 나누어져 있다.

그런데 짧은 기간에 관광지 입장에서 할인이 학생요금으로 할인되는 수준이라 혜택이 크지 않아 사용률은 높지 않다.

■ 홈페이지 : www.viennacitycard.at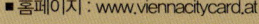

- 빨간 색 카드 24시간 : 19€ / 48시간 28€ / 72시간 32€
- 하얀 색 카드(빅 버스 포함) : 24시간 34€ / 48시간 40€ / 72시간 44€

- 빈 대학
- 시청사
- 부르크 극장
- 몰라드 궁
- 지구본 박물관
- 에스페란토 박물관
- 페터 성당
- 국회의사당
- 아테네 상
- 로스 하우스
- 성 슈테판 대성당
- 그라벤 거리
- 성 미하엘 성당
- 왕궁
- 자연사 박물관
- 구왕궁
- 무목
- 왕궁 정원
- 미술사 박물관
- 모차르트 동상
- 군스트할레 빈
- 케른트너 거리
- 국립 오페라 극장
- 무제움콰르니엔빈
- 무지크 (악우)
- 오토 바그너 파빌리온
- 제체시온
- 브란스 동상
- 카를스 광장
- 빈 공과대학
- 카를스 성당

모차르트 하우스

시립공원

요한 슈트라우스 2세 동상

쿠어살롱

베토벤 동상

콘체르트하우스

MOZART HAUS VIENNA
mit WIEN MUSEUM MOZARTWOHNUNG

1010 Wien | Domgasse 5
täglich 10 - 19 Uhr | daily 10 am - 7 pm
www.mozarthausvienna.at

빈
핵심 도보 여행

빈을 여행할 때는 반지 모양으로 생긴 '링'이라는 도로의 개념을 이해해야 한다. 옛날에 시가지 방어를 위해 동그랗게 성벽을 둘러쌓았는데 지금도 도시가 동그란 모양 그대로 형성되어 있다. 도시를 순환하는 트램도 동그란 모양을 따라 운행을 한다. 빈의 상징인 슈테판 성당으로 이동해 빈 도보 여행을 시작해 보자.

일정
성슈테판 사원 → 게른트너 거리 → 국립 오페라 극장 → 자연사 / 미술사 박물관 → 시청사

슈테판 성당은 오스트리아 최고의 고딕식 성당으로 빈 여행에서 빼놓을 수 없는 곳이다. 12세기에 로마네스크 양식으로 지어지다가 14세기에 고딕식 양식으로 바뀌면서 지금의 모습을 갖추었고 16세기에는 북탑이 르네상스 양식으로 지어져 하나의 성당에 두 개의 양식이 섞여 있는 구조이다. 슈테판 성당은 성당을 보러 가기에도 좋지만 게른트너 거리와 이어지기 때문에 빈 여행을 여기서부터 시작해야 한다.

성당 정면의 기념비 뒤쪽으로 쇼핑거리인 '그라벤'이 있고 성당 왼쪽으로 돌아가면 번화가인 게른트너 거리가 있어서 구분하여야 한다. 슈테판 성당의 근처에도 거리의 예술가가 많지만 게른트너 거리에 많은 거리예술가들이 나와 있고, 음악의 도시답게 콘서트 티켓을 판매하는 중세 복장의 티켓 판매원들도 상당히 많다.

게른트너 거리는 빈의 최대 번화가로 아침부터 상당히 많은 사람들이 지나가고 있다. 보행자 전용도로이기 때문에 더욱 많은 행인들이 돌아다니며 여름에는 많은 관광객들이 쇼핑을 하고 있어서 먹거리도 상당히 많다. 또한 클림트의 그림을 가지고 만든 쟁반, 그릇, 잔들이 판매되고 있다. 벨베데레 궁 2층에 클림트의 '키스'가 전시되어 있기 때문인 것 같다.

점심을 이 거리에서 드실 생각을 하고 바쁘게 지나가는 사람들을 보며 커피 한 잔의 여유를 가지는 건 어떨까? 쇼핑과 점심 식사까지 하면 딱 1시 정도까지 시간이 지난다. 게른트너 거리의 끝에는 세계 3대 오페라 극장 중의 하나인 국립 오페라 극장이 웅장한 모습을 하고 있다.

세계적인 빈 필하모닉 오케스트라가 국립 오페라 극장에서 연주하는 곳이기도 하다. 빈을 여행하다 보면 모차르트, 베토벤, 요한 슈트라우스 등의 동상이 있으니 이 동상을 찾는 것도 하나의 재미가 될 것이다.

국립오페라 극장을 오른쪽으로 돌아가면 왕궁 정원, 미술사 박물관, 자연사 박물관, 헬덴 광장, 시민정원까지 아름다운 정원들과 건축물이 늘어서 있다. 이곳을 구경하는 데에도 족히 3시간은 걸리니 오후 정도의 시간을 비워놓고 관람을 하자. 여름에는 매우 더운 오후 시간을 미술관과 박물관에서 시원하게 관람할 수 있는 장점이 있다.

17~18세기 오스트리아의 합스부르크 왕가는 강력한 제국의 힘을 바탕으로 미술 수집품들을 한곳에 모아놓기 위해 빈에 미술사 박물관을 만들어 이집트, 그리스, 로마, 르네상스 시대의 회화 및 수집품을 모아 놓았다. 외부도 화려하지만 내부도 매우 많은 미술품이 있는데, 특히 합스부르크 왕가의 궁정화가였던 루벤스의 작품들이 많다.

저녁이 되면 시청사로 이동하자. 여름에 오스트리아를 가시면 특히 시청사에서 하는 필름 페스티벌이 빈 여행에서 축제의 밤을 즐기게 해 줄 것이다. 여름에는 국립오페라 극장의 오페라 상연이 없기 때문에 시청사 앞에 대형 스크린을 설치하고 무료로 오페라를 상영하고 각국의 술과 간이식당들이 가득 들어차 있다. 이곳에서 저녁을 먹으면서 유럽여행의 분위기를 잡아보자.

여행자 마음대로
빈 트램 투어

빈Wien은 트램Tram이 지나가는 링Ring 도로가 원으로 이루어져 링Ring 안과 밖의 외곽지역으로 나누어져 있다. 링Ring 안에는 슈테판 대성당을 중심으로 오페라 하우스, 국회의사당과 시청 등 대부분의 관광지가 몰려 있다.

링Ring 밖은 빈Wien 중앙역이 있는 링Ring 도로 남부지역으로 나뉜다고 생각하면 빈Wien을 이해하는 데 도움이 될 것이다. 링Ring 밖에는 세계문화유산인 쇤부른 궁전, 클림트의 그림을 전시한 벨베데레 궁전이 가장 중요한 관광지이다.

링Ring 안은 트램Tram을 이용해 중요한 건축물을 보고, 인근의 관광지는 걸어서 직접 문화유산을 보는 것이 좋다. 링 밖에 있는 관광지는 메트로Metro나 트램Tram을 타고 이동하면 된다.

현재 링 도로를 따라 한 바퀴를 도는 일반 트램Tram은 없다. 관광용으로 만들어진 노란색 링 트램(Wien Ring Tram)을 이용하면 링 도로를 따라 돌면서, 하루 종일 24시간을 몇 번 타고 내리든 상관없이 이용이 가능하여 관광객에게는 유용하다. 25분이면 링 도로를 돌 수 있는 작은 노선의 트램Tram이지만 빈Wien 여행에는 필수적이다. 역에는 노란색으로 'R'이라는 표시로 노란색 링 트램Wien Ring Tram 역인지 표시해주고 있다. 티켓은 운전사에게 직접 구입하면 된다.

홈페이지_ www.wienerlinien.at
운행시간_ 10〜17시(30분 간격 운행)
요금_ 13€(1회권 / 빈 카드 이용 가능)

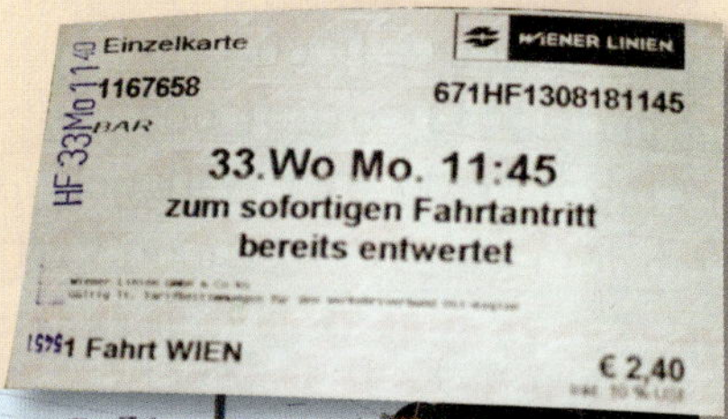

515

포티프 성당

빈 대학   🅃 쇼텐토어
              Schottentor

라트하우스플라츠/부르크시○
Rathausplatz/Burgtheater
🅃

시청사
                              부르크 극장

                    🅃 라트하우스플라츠/부
                       Rathausplatz/Burgtheate

        국회의사당

카를레너링 /폭스시어터   🅃   왕궁
Karl-Renner-Ring / Volkstheater

자연사 박물관

미술사 박물관
                              🅃 부르크링
Burgring

                                      게트
                                      Karn

링 도로
Ring Strabße

빈^{Wien}의 중심이 되는 거리로 왕궁, 국립 오페라 극장, 미술사 박물관 등 주요 볼거리가 모두 이 거리 주변에 몰려 있다. 오래전의 영화였지만 지금도 사랑받는 '비포 선라이즈'에서 줄리 델피와 에단 호크가 만나 하루를 보내면서 사랑을 느낀 트램이 링 도로를 돌던 1번 트램이었다.

링 도로만 제대로 파악한다면 빈^{Wien} 여행의 절반은 끝난 것이다. 옛날에 빈^{Wien} 시가지는 성벽으로 둘러싸여 있었는데, 이 성벽이 철거되면서 현재의 도로가 생긴 것이라고 한다. 링^{Ring}거리를 두 개 노선의 트램이 운행하고 있어서 이를 이용하면 편리하게 빈^{Wien}을 돌아볼 수 있다.

시내 곳곳에서 과거 합스부르크가의 권력과 부를 증명하는 훌륭한 건축물과 링의 양편을 따라 서있는 공공건물들과 동상들을 볼 수 있다. 대표적인 것으로 네오 고딕식의 신시청사 ^{Rathaus}, 그리스풍을 재도입한 형식의 국회의사당^{Pallas Athene}, 19세기 국립극장과 바로크식의 성 찰스성당이 있다. 잘 가꾼 정원과 공원들이 이 건축물 사이사이에 있다.

1, 2번 트램

- 홈페이지_ www.wien.info/en/travel-info/transport/tickets
- 요금_ 2.8€, 15세 이하 1.5€ (1일권 8€)
- 운행_ 5~24시 / 정거장, 요일별로 운행시간이 다르기 때문에 확인 필요
- 노선_ 슈베덴플라츠(Schwedenplatz) 방향 2번 트램 이용 → 슈베덴플라츠(Schwedenplatz)역 하차 → 1번 트램 환승(슈베덴플라츠 역에서 도나우 강을 건너서 북쪽으로 이동)

비엔나 링 트램(Vienna Ring Tram)

- 홈페이지_ www.wien.info/en/sightseeing/sights/vienna-ring-tram
- 요금_ 8€, 15세 이하 4€ 운행_ 10~17시30분
- 노선_ U-Bahn U1 슈베덴플라츠 역 앞에서 승차

빈 오페라극장
Wiener Staatsoper

세계에서 가장 뛰어난 오페라극장 중 하나인 빈 국립오페라극장^{Wiener Staatsoper}에서 공연을 즐겨보자. 감탄을 자아내는 르네상스 양식의 건물에는 상징적인 조각상, 마음을 사로잡는 태피스트리와 함께 금빛으로 빛나는 내부를 볼 수 있다. 공연을 본 뒤 근처의 오페라 박물관에 가거나, 세계에서 가장 훌륭한 오페라극장에서 음악을 감상할 수 있다.

1869년에 지어진 빈 국립오페라극장^{Wiener Staatsoper}는 빈 중심부의 링스트라세에 있는 장엄한 건물에서 최초로 완공된 건물이다. 제2차 세계대전에 파괴되었지만, 1950년대에 세심하게 복구하여 본래의 영광을 되찾았다. 현재 빈 국립오페라극장에서는 거의 매일 공연이 열린다. 연간 50개 이상의 서로 다른 공연을 선보이며 세계에서 가장 프로그램이 다양한 오페라극장이다.

입장하기 전에, 정면에 있는 2층 로지아에는 말을 탄 뮤즈의 조각상과 로지아 위에 있는 합스부르크 가문의 문장을 찾아볼 수 있다.

🌐 www.wiener-staatsoper.at 🏠 Opernring 2(링 스트라세의 카를 광장) 📞 514-44-2250

내부

7개 자유학문 분야를 각각 상징하는 조각상이 곁에 늘어선 넓은 중앙계단을 오르도록 설계했다. 찬양과 인식이라는 제목으로도 알려진 아름다운 천장화가 압권이다. 프란츠 요제프 황제가 차를 마시던 호화로운 황금빛 찻집 안을 엿볼 수 있다.

오페라를 좋아한다면 세계 최고의 오페라극장에서 표를 예매할 수 있다. 커다란 강당은 2,200명의 관객을 수용할 수 있지만, 자리 중에 1/4은 입석이다.

오페라와 콘서트

7, 8월에는 국립 오페라 극장에서의 공연이 없다. 하지만 시내 곳곳에 있는 다른 여러 콘서트홀에서 다채로운 공연을 즐길 수 있다. 대개 이러한 공연에 관한 정보는 관광안내소에서 얻을 수 있고, 슈테판 사운 앞 광장이나 케른트너 거리, 오페라 앞 광장에서 공연 티켓을 파는 직원에게 티켓을 저렴하게 구입할 수 있다. 하지만 반드시 원가를 확인할 수 있는 공연 시간은 대부분 20시에 시작이 되며 2시간 정도 진행된다.

오페라의 줄거리

피가로의 결혼
피가로 3부작 중의 하나로 세빌리아의 이발사의 속편이다. 부인 로지나에게 권태를 느낀 백작이 하인 피가로의 약혼녀이자 부인의 시녀인 스잔나를 설득하여 금지된 영주가 영주민의 신부와 첫날밤을 지낼 권리를 내세운다. 여기에 여러 사람의 등장인물이 엮이며 벌어지는 연애 대소동의 이야기이다.

세빌리아의 이발사
아름다운 로지나, 그녀를 사랑하는 백작, 욕심많은 의사 바르톨, 그리고 이발사 피가로가 엮어내는 사랑이야기, 백작은 이발사 피가로에게 도움을 청하고 노인인 주제에 여자를 밝히는 욕심쟁이 바르톨은 유산이 많은 로지나와 결혼하려고 한다. 결국 피가로의 도움으로 백작과 로지나는 사랑을 이루게 된다.

아이다

화려한 무대장치가 스펙타클한 걸작으로 왕녀의 사랑을 뒤로 하고 노예 처녀를 선택하여 사랑을 이루지 못하고 죽어가는 이집트 장군의 이야기로 개선 행진의 화려함과 이국적인 나일강을 나타낸 세트 등이 볼 만하다.

라보엠

화가 마르첼로, 철학자, 음악가들과 가난한 생활을 하는 시인 로돌포는 아래층에 사는 미미와 사랑하는 사이가 되어 같이 살게 된다. 그러나 자신이 폐병환자라는 사실을 알게 된 미미는 로돌포의 곁을 떠난다.

나비부인

명치 초기의 일본 나가사키를 무대로 미국 장교의 현지처가 된 일본 여성의 비극을 다룬 이야기이다. 해군 장교 핀커튼은 게이샤인 나비와 결혼하였지만 얼마 후에 귀국한다. 아들을 낳은 나비는 계속 그를 기다리지만 미국에서 다시 결혼한 핀커튼은 새 부인을 데리고 다시 일본에 온다. 이 사실을 안 나비는 자살을 한다.

카르멘

스페인 멜로디가 귀에 익숙한 오페라이다. 비제가 죽은 후, 발레를 가미한 그랜드 오페라로 재구성되어, 현재 두 가지로 상연된다. 카르멘을 사랑하게 된 돈 호세는 연적인 투우사 에스카밀리오와 결투를 하려 하지만 어머니의 위급을 알고 고향으로 간다. 후에 카르멘에게 자신에게 돌아올 것을 호소하지만 거부당하자 카르멘을 죽인다.

오페라 관람

빈 오페라 공연의 중심지로 카르멘, 춘희 등의 오페라와 백조의 호수, 한여름 밤의 꿈 등의 발레가 정기적으로 공연된다. 공연 관람은 여행자에게 빈의 낭만에 흠뻑 젖을 수 있는 좋은 기회이다. 그러나 아쉽게도 국립 오페라 극장은 여행자들이 많이 몰려드는 7, 8월에는 정기적으로 휴관하여 많은 이들을 아쉽게 한다. 연중 약 300일을 공연하며 티켓 가격은 다양하다.

국립 오페라 극장 투어

빈에서 가장 유명한 국립 오페라극장은 건물의 역사와 이 장소에 얽힌 이야기를 투어로 만들었다. 7, 8월에는 공연이 없으므로 미련이 있는 여행자들은 투어라도 참가해 보자.

다른 콘서트

민중 오페라 극장(Volkxoper)
국립 오페라극장에서 공연관람을 못하게 된 사람은 이곳에 들러 볼 만하다. 오페레타를 비롯하여 다양한 뮤지컬 공연이 펼쳐지며 국립 오페라 극장과 마찬가지로 7, 8월과 몇몇 축제일에는 휴관한다.

빈 소년합창단의 공연
1498년부터의 역사와 전통을 가진 빈 소년합창단은 단원들의 고운 음색으로 전 세계의 음악 애호가들을 매료시켜 왔다. 빈 소년합창단은 7, 8월을 제외한 매주 일요일 왕궁의 로열 채플에서 합창공연을 가진다.

오페라 필름 페스티벌
매년 7, 8월이 되면 시당국은 전 세계에서 몰려온 많은 여행자들을 위해 시청사 앞의 야외 광장에 대형 스크린을 설치하고 무료로 밤마다 다양한 오페라 공연 필름을 상연한다. 처음에는 카라얀을 추모하기 위해 만들어졌는데 그 후 각종 유명한 오페라 작품을 필름에 담아 상영하게 되었다.
해가 갈수록 점점 더 규모가 커지고 있으며 이때가 되면 광장 앞에는 각국의 음식을 맛볼 수 있는 노천 식당이 설치된다. 또한 맥주를 비롯해 각종 칵테일 등을 파는 노천카페도 생겨나 오페라보다는 이러한 음식을 먹고 즐기려고 모이는 사람들로 붐빈다.

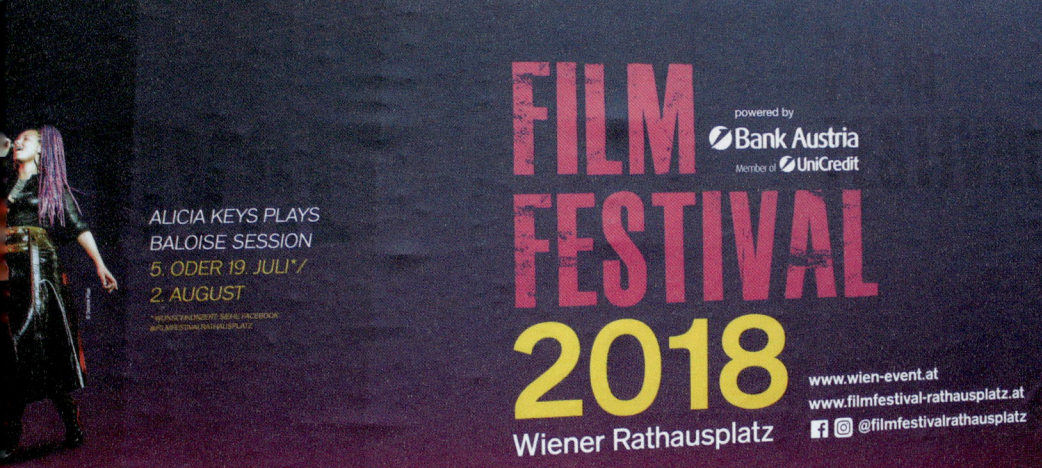

성 슈테판 대성당
St. Stephansdom

성 슈테판 대성당은 빈Wien 대주교의 주교 성당으로, 오스트리아에서 가장 중요한 종교적 건축물이다. 빈 대주교의 주교 성당이자, 눈에 확 들어오는 고딕 양식의 건축물은 고무적인 디자인과 종교적인 예술품, 흥미로운 전설과 탁월한 전망이 압도적인 모습을 나타낸다. 바늘처럼 보이는 슈테판의 남쪽 탑은 빈의 스카이라인에서 두드러져서 대성당에 접근하면 반짝이는 타일로 뒤덮인 지붕이 다양한 색을 드러낸다. 안에는 기가 막히게 멋진 종교예술을 찾을 수 있다.

간략한 역사
1147년에 성 슈테판에게 헌정한 성당이 있었지만 수차례의 수리와 증축, 재건축을 거듭한 슈테판 성당은 오랜 시간 동안 변화한 빈의 건축 취향을 고스란히 나타내고 있다. 교회에서 가장 오래된 서쪽 벽은 1237년에 지어졌다.

탑과 같은 고딕 건축물은 대부분 14~15세기 사이에 지어졌다. 성당의 일부는 제2차 세계대전 중에 일어난 화재에 소실돼었지만 신속하고 성공적으로 복구해 지금도 영광스러운 모습으로 서 있다.

아름다운 풍경 즐기기

관광안내소에서 북쪽으로 보행자 전용 거리인 카르트너 스트라세^{Karntner Strasse}를 따라 올라가 보자. 화려한 상점, 나무들, 카페들과 거리의 예술가들을 만날 수 있다. 이 길을 따라가면 슈테판 성당으로 연결된다.

이 우뚝 솟은 13세기 고딕 양식 걸작은 격자무늬 첨탑은 내부의 벽과 기둥들이 멋진 동상들로 장식되어 있으며 돌로 된 설교단이 특히 뛰어나다. 북쪽 타워를 엘리베이터를 타고 올라가러 계단을 따라 좀 더 높은 남쪽 타워를 오르면 멋진 경치를 즐길 수 있다.

내부

인상적인 종교적 조각이나 부조, 그림을 보면 17세기에 만들어진 마리아 상은 실제로 눈물을 흘린 적이 있다는 이야기가 있을 정도로 정교하다. 성당의 18개 제단 중 장식이 새겨진 고딕 양식의 비너 노이슈테터 제단이 가장 유명하다. 높지만 잘 다듬어진 제단은 종교적인 인물화들로 장식되어 있다.

지하묘지로 내려가면 통로에서 프리드리히 3세 황제의 장대한 무덤을 볼 수 있다. 343개의 계단을 통해 남쪽 탑까지 오르면, 기막힌 도시 전망으로 보상받을 수 있다. 23만 개의 반질거리는 타일 모자이크로 머리가 2개 달린 독수리를 형상화한 성당의 지붕이 인상적이다. 북쪽 탑에서 엘리베이터를 타면 20,130kg 무게의 거대한, "푸메린"이라는 이름을 가진 종을 볼 수 있다.

🌐 www.stephanskirche.at 🏠 Stephansplatz 1(1, 3호선 슈테판광장 하차)
🕐 6~22시(일, 공휴일 7~22시)
€ 무료(성당 입장 / 남탑 6€, 북탑 7€, 지하묘지 7€, 보물관 7€, 포인트 입장권 20.9€

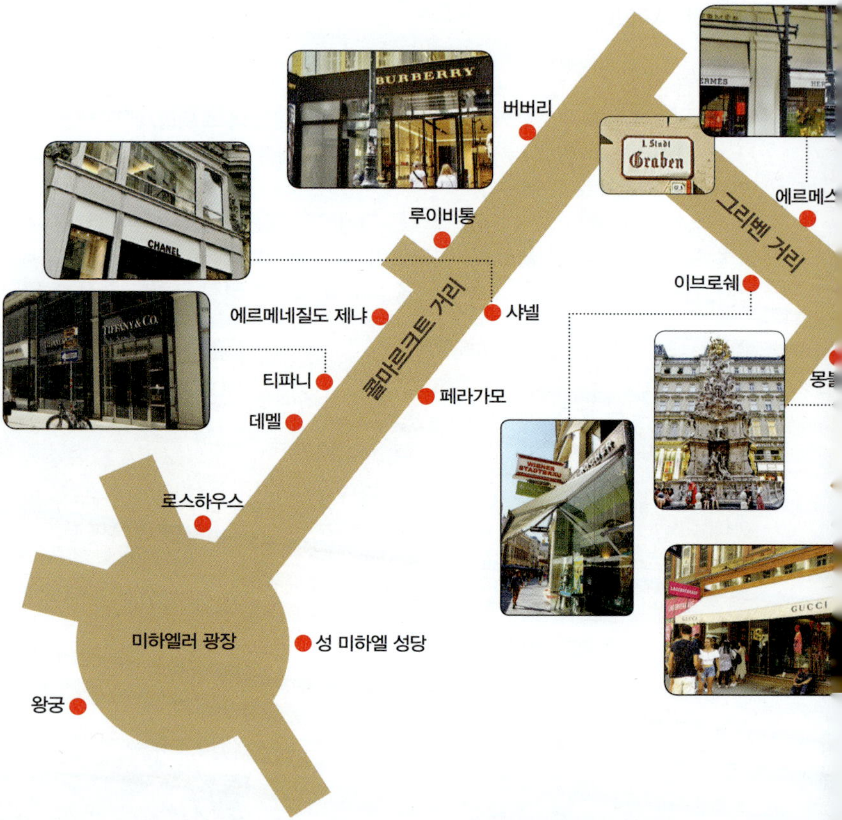

BURBERRY
버버리
CHANEL
1. Stadt Graben
에르메스
그라벤 거리
루이비통
샤넬
이브로쉐
에르메네질도 제냐
티파니
콜마르크트 거리
페라가모
데멜
로스하우스
미하엘러 광장
성 미하엘 성당
왕궁
GUCCI

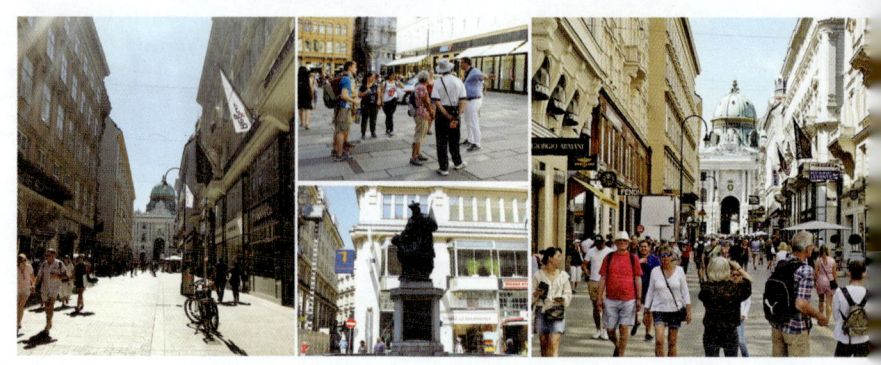

빈의
대표적인 거리 Best 3

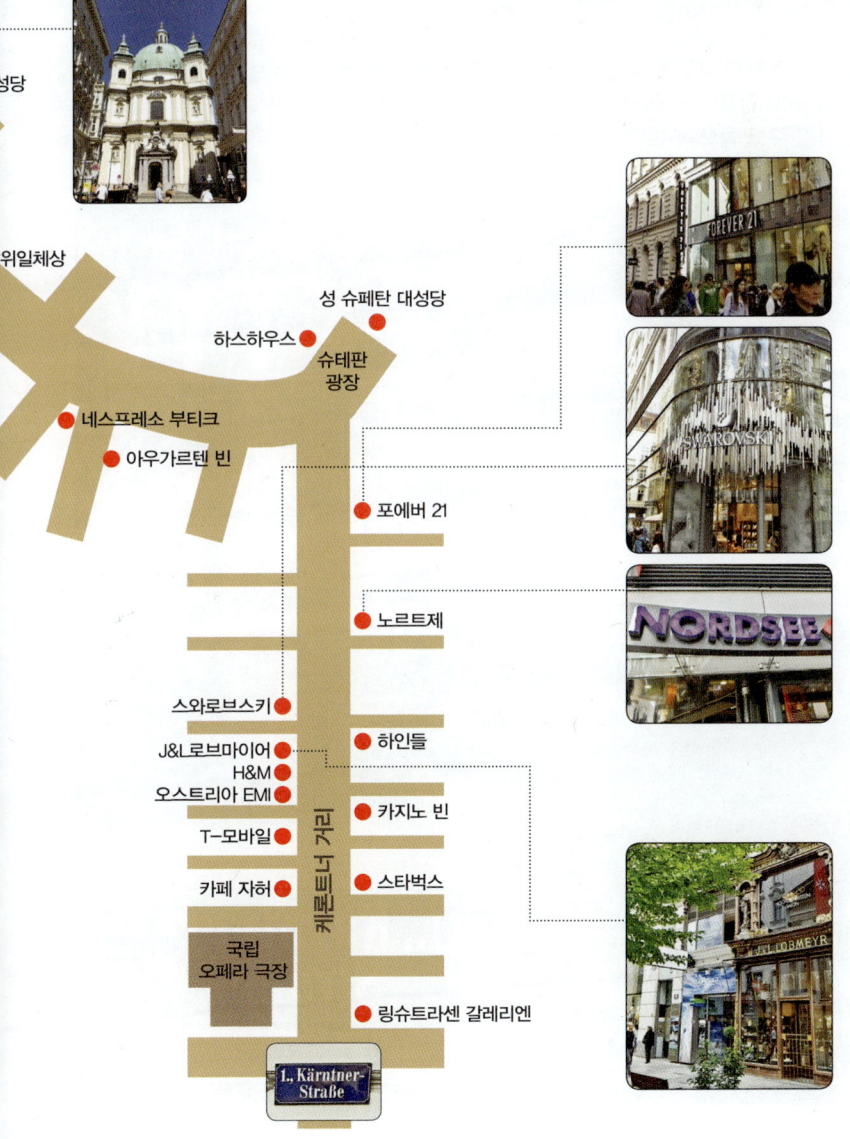

성당

위일체상

성 슈페탄 대성당

하스하우스

슈테판 광장

네스프레소 부티크

아우가르텐 빈

포에버 21

노르트제

스와로브스키

J&L 로브마이어
H&M
오스트리아 EMI
T-모바일

하인들

카지노 빈

카페 자허

스타벅스

국립 오페라 극장

링슈트라센 갈레리엔

케른트너 거리

1., Kärntner- Straße

케른트너 거리(Kärntner Straße)

국립 오페라 극장에서 성 슈테판 대성당까지의 빈^{Wien} 최대의 쇼핑가로, 약 800m에 이르는 보행자 전용거리이다. 거리 양쪽에는 스와로브스키, 노트르제, H&M, 자라, 포에버 21 등의 유명 브랜드 상점들과 레스토랑, 카페들이 밀집해 있다.

거리 양옆으로 카페와 레스토랑, 부티크, 각종 선물 가게가 몰려 있어서 언제나 많은 관광객으로 복잡하다. 간혹 거리에서 악기를 연주하는 버스킹 공연을 하는 사람들이 있다. 거리 악사들의 연주를 들으며 빈^{Wien}의 정취에 젖어보는 것도 흥미로운 일이다.

2 그라벤 거리(Graben Straße)

그라벤Graben은 '암호'라는 뜻으로 로마 제국이 빈Wien을 지배할 때 참호를 둔 장소에서 시작한 단어이다. 14세기부터 식료품을 거래하는 상업 지구로 발달하기 시작했다. 최근에는 에르메스, 발리, 몽블랑, 에스카다 등의 명품들이 자리를 잡아 명품 거리로 불린다. 크리스마스 때는 그라벤 거리를 중심으로 화려한 조명과 장식을 수를 놓고 상점들이 크리스마스를 축하하는 축제를 벌인다.

성 삼위일체 상(Pestsa..ule)
그라벤 거리 중앙에는 하얀색의 탑이 눈에 들어온다. 페스트가 사라진 것을 신에게 감사하기 위해 17세기 중반 레오폴트 1세가 세운 성삼위일체 상이다. 코린트 양식의 기둥 꼭대기에 삼위일체를 상징하는 황금 상이 정점에 있다. 처음 디자인한 건축가가 사망하고 방치되었다가 이후에 건축가들이 모여 1693년에 완성하였다.

페터 성당(Peterskirche)
12세기에 시작해 1708년에 완공한 페터 성당(Peterskirche)은 로마의 성 페터 성당을 롤 모델로 만들어냈다. 내부에는 성모 승천을 주제로 천장화가 아름답게 장식되어 있다.

3 콜마르크트 거리(Kohlmarkt Straße)

목탄이라는 뜻의 '콜Kohl'과 시장이라는 뜻의 '마르크트markt'가 만난 단어로 겨울 난방을 위한 목탄 시장이 열리면서 활성화된 거리이다.

왕궁이 세워지고, 왕실에 제과를 납품했다고 하는 세계적인 카페 데멜Demel이 문을 열면서 귀족과 상업으로 돈을 모은 상업가들이 모여 살게 되었고 귀족들의 거리로 탈바꿈했다. 지금도 샤넬, 루이비통, 페라가모, 버버리, 제냐 등의 명품 거리로 알려져 있다.

카페 데멜(Demel)
1786년부터 왕실에 제과를 납품했다고 하는 제과점으로 200년 이상 왕실과 귀족들의 입맛에 맞도록 지속적으로 제품을 개발하였다. 특히 초콜릿과 케이크는 유럽에서도 유명하여 언제나 기다리면서 구입하려는 관광객의 줄을 볼 수 있다.

빈(Wien)의 낭만, 음악의 거리

세계적인 각 도시에는 도시를 대표하고 그곳의 분위기를 상징적으로 간직한 거리들이 있다. 그 거리만의 예술적, 문화적인 정취를 느낄 수 있는 거리가 있기도 하고 도시의 활기찬 분위기와 정서가 유행이나 의식을 읽을 수 있기도 하다.

유럽의 어느 도시에나 그 도시를 대표하는 도로가 있으며 이들 도로의 대부분은 차가 전혀 다니지 않는 보행자 전용거리가 많다. 그 거리 중간에는 벤치나 조그만 분수들이 있어 여행자들의 쉼터가 되어 준다. 또한 거리의 예술가들이 여행객들을 즐겁게 해준다. 그래서 유럽의 도시에 도착하면 먼저 그 도시의 대표적인 거리를 걸으면서 거리의 모습과 풍경을, 분위기를 느껴야 한다. 이국적인 분위기 속에서 걸러지지 않은 도시의 모습을 보는 것은 유럽 여행의 또 다른 즐거움이다.

유럽의 거리가 도시를 나타낸다면 오스트리아는 단연 음악가들의 거리라고 할 수 있다. 여름의 오스트리아는 거리에서 음악가들의 축제를 보고 들을 수 있다. 또한 대표적인 오스트리아의 도시인 빈과 잘츠부르크는 모차르트의 숨소리를 음악으로 들을 수 있는 천진난만한 모차르트가 살아 돌아오는 계절이다. 대표적인 축제가 모차르트 음악제와 빈Wien 뮤직 필름 페스티벌이다.

1920년 8월 20일 모차르트 기념 음악제를 시작으로 세계적인 음악 축제로 발전하였다. 축제 극장을 중심으로 펼쳐지며 페스티벌 기간 동안 잘츠부르크 도시 전체가 음악회장으로 변신한다. 빈 필하모닉 오케스트라를 비롯한 세계적인 오케스트라와 유명한 음악인들이 모여들어 수준 높은 연주를 들려준다.

빈Wien 뮤직 필름 페스티벌은 세계적인 지휘자 카라얀을 추모하기 위해 만들어진 축제는 각종 유명 오페라 작품을 필름에 담아 시청사 앞 야외 광장에서 상영한다. 여름밤에 노천 광장에서 맥주와 음식을 즐기면서 대형 스크린을 통해 오페라와 클래식 음악을 감상할 수 있다. 빈에서 보내는 또 다른 한여름 밤의 낭만이 될 수 있다.

왕궁
Hofburg

13세기부터 1918년까지 650년 동안 합스부르크 왕가의 궁전으로 사용되던 곳이다. 왕궁 앞의 잔디가 잘 정돈된 헬덴 광장Heldenplatz은 터키 군과 나폴레옹 군을 무찌른 것을 기념하기 위해 만든 곳으로 지금은 시민들의 멋진 휴식공간이 되었다.

헬덴 광장Heldenplatz에서 정면으로 보이는 멋진 건물이 신왕궁Neue Burg이다. 이곳에는 터키 에페소스에서 발굴한 유적을 전시하고 있는 에페소스 박물관과 세계에서 가장 오래된 클라비 오르간과 다양한 악기를 전시한 악기 박물관, 무기와 갑옷 등을 전시한 무기 박물관 등이 있다.
신왕궁 앞 광장에는 두 개의 동상이 있는데, 하나는 오스만투르크 군을 무찌른 오이겐 왕자이고, 다른 하나는 나폴레옹과의 전투에서 승리한 카를 대공이다. 이밖에 왕궁에는 스페인 경마학교, 왕궁 예배당, 보물창고, 부르크 정원 등이 있다.

왕궁(Hofburg) 둘러보기
슈테판 광장Stephansplatz에서 서쪽으로 돌아 그라벤 거리Grabenstrasse를 따라 내려가면 울퉁불퉁한 플래이그 칼럼Plague Column이 솟아 있다. 여기서 왼쪽으로 돌아 콜마르크트 거리Kohrmarkt를 따라가면 왕궁Hofburg의 성 미쉘 입구로 연결된다.

왕궁은 1350년 지어졌으며 13세기 이후 계속 증축되어 그 결과 현재는 많은 건축 양식의 혼합을 보여주고 있다. 입구 왼쪽에 승마학교 사무소가 있다. 맞은편에 황제의 아파트가 있다.

거기서 큰 뜰을 지나 스위스 커티야드로 좌회전하면 왕가 성당과 왕가 보물 저장소가 있는데 이곳엔 1,000년이나 된 유물과 보물, 그리고 왕관을 장식했던 보석들이 있다.

- www.hofburgwien.at 🏠 Michaelerkuppel(Ⓤ 2, 3 Volkstheater 하차)
- € 시시 티켓(Sisi Ticket) 31.9€ (구왕궁 황제의 아파트 + 시시 박물관 + 실버 컬렉션 / 쇤부른 궁전 임페리얼 투어 혹은 그랜드 투어, 왕실 가구 박물관)
  합스부르크 보물 연합권 22€ (왕궁 보물관 + 신왕궁 + 미술사 박물관)
  마스터 티켓(Master Ticket) 24€ (신왕궁 + 미술사 박물관 +레오폴트 박물관)

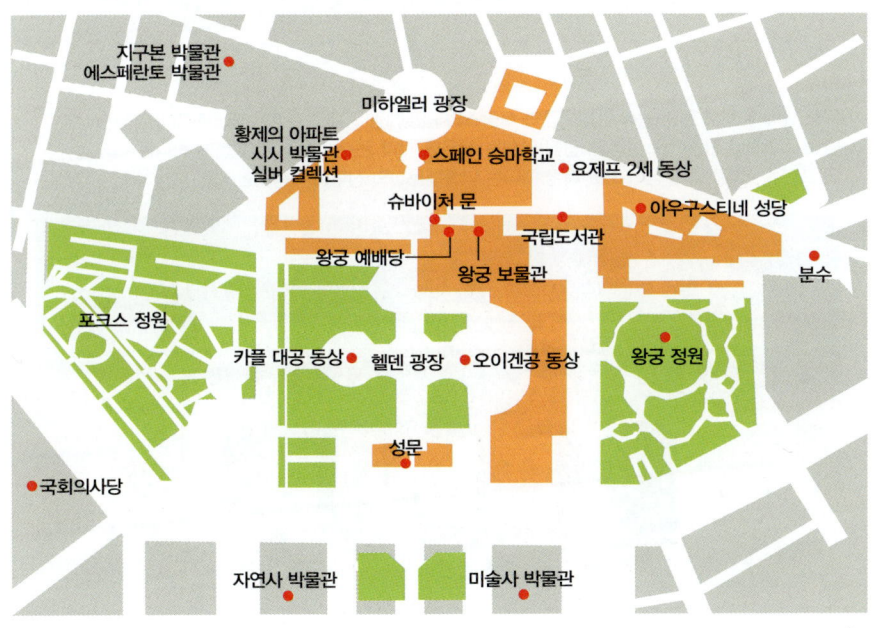

헬덴 광장(Heldenplatz)

왕궁 앞에 위치한 헬덴 광장은 터키군과 프랑스의 나폴레옹 군대를 무찌른 오스트리아군의 승리를 기념하기 위하여 만들어진 것이다. 광장 앞에는 좌우에 각각 큰 기마상이 서 있는데 하나는 터키군과 싸워 프린츠 오이겐공의 상이고 또 다른 하나는 나폴레옹과의 전투에서 승리한 카를 대공이다.

구왕궁(Alte Burg)

빈 왕궁의 핵심지역인 구왕궁은 오랜 시간 합스부르크 왕가를 지탱해온 장소이다. 헤라클레스 석상이 있는 문을 지나 왕궁 안으로 들어가면 합스부르크 왕가의 보물이 즐비하다.

황제의 아파트 + 시시 박물관 + 실버 컬렉션

7,000여 점의 왕가에서 사용한 식기나 촛대 등을 볼 수 있는 곳으로 은이나 금으로 만들고 장식되어 있는 실버 컬렉션Silberkammer은 15세기부터 이어진 합스부르크 왕가의 명성을 알게 된다.

합스부르크 왕가가 세상에 각인이 된 것은 프란츠 요제프 1세의 아내인 황후 시시의 비극적인 사랑이다. 그들의 일대기를 알 수 있도록 전시해 놓은 곳으로 드레스와 초상화 등의 300여점이 시시 박물관Sisi Museum에 전시되어 있다. 프란츠 요제프 1세와 아내인 황후 시시가 사용한 침실이나 집무실, 드레스룸 등을 전시해 놓았다.

🌐 www.hofburg-wien.at ⏰ 9~17시(7~8월은 18시까지) € 13.9€(학생 11.9€)

왕궁 예배당(Burgkapell)

1499년 건립된 고딕 양식의 왕궁 예배당 Burgkapell에서는 매주 일요일 오전 미사 때 빈 소년 합창단의 성가를 들을 수 있다.

🌐 www.hofburgkapelle.at

왕궁 보물관(Schatzkammer)

화려함의 극치를 볼 수 있는 곳으로 유럽에서 가장 아름다운 왕관과 카를 대제의 칼을 비롯해서 왕실의 보물들이 전시돼 있다. 신성로마제국의 황제 관부터 다양한 세공품과 사제 요한의 치아 등의 성경 유물도 전시되어 있다.

🌐 www.wiener-schatzkammer.at
🕘 9~17시30분(화요일 휴무)
€ 13€ (학생 10€ / 합스부르크 보물 연합권 21€)

스페인 승마학교(Spanische Reitschule)
오스트리아 궁정의 화려한 승마술과 훈련 모습을 관람할 수 있는 곳이다. 스페인 승마학교는 카를 6세가 세운 세계 최고의 승마학교로 오스트리아 왕실의 화려한 승마기술과 훈련 모습을 살펴볼 수 있다.

16세기 말 카를 6세에 의해서 설립된 세계에서 가장 오래된 승마학교인데, 처음에 들여온 말들이 모두 스페인산이어서 이 같은 이름이 붙었다고 한다. 입장료가 비싼 데다 입장도 까다롭다.

🌐 www.srs.at   ⏰ 10~12시(화~금요일)   € 16€ (학생 11€)

오스트리아가 사랑한 황후,
시씨(Sisi)

지금도 오스트리아 곳곳에서 그녀의 초상화를 볼 수 있고, 그녀가 좋아하던 스타일의 기념품도 판매할 만큼 아직까지 오스트리아 사람들의 사랑을 받고 있다. 오스트리아-헝가리 제국의 황후인 카롤린 엘리자베트(Karolin Elizabeth, 1837~1898)는 사실상 오스트리아의 마지막 황후로 '시씨(Sisi)'라는 애칭으로 더 유명하다. 고인이 된 지 100년도 지난 지금까지도 사랑받는 그녀는 오스트리아-헝가리 제국을 통치한 황제 프란츠 요제프 1세(1830~1916년)의 부인이다.

당대 유럽 최고였다는 미모와 기품 넘치는 모습의 엘리자베스 황후 초상화를 가지고 초콜릿 제품에 나오는 것을 보면, 후대에 오스트리아 국민의 돈주머니를 채워주고 있는 것이다. 오스트리아인들은 엘리자베스 황후를 처녀 시절의 애칭인 '시씨(Sisi)'로 지금도 부른다.

독일 남부 바이에른의 영주 막시밀리안 요제프 공작의 딸인 16세 소녀 시씨(Sisi)는 자신의 친언니 헬레나와 결혼을 하기 위해 무도회에 참석한 사촌오빠 프란츠 요제프 1세 황제와 만난다. 사랑에 빠진 두 사람은 조신한 헬레나를 며느리로 삼고 싶었던 황제의 어머니이자 시씨Sisi의 이모인 소피의 반대를 이겨내고, 1854년 4월 빈에서 성대한 결혼식을 올린다.

하지만 결혼생활은 불행했다. 자유분방하고 감성적인 성격의 시씨Sisi는 시어머니, 소피로 대표되는 황실의 엄격한 규율과 빈틈없는 통제에 짓눌려 고통스러워했다. 그가 기댈 곳은 황제뿐이었고, 숨 쉴 수 있던 것은 오직 그의 사랑이 있기에 가능했다. 이것은 시작에 불과했다.

시씨Sisi는 1855년에 딸 소피가 2살 때, 의문의 병으로 잃었고 그녀만을 사랑하겠다던 황제는 여배우 카타리나 슈랏과 외도를 범한 사실에 나락으로 떨어졌다. 엎친 데 덮친 격으로 아들인 황태자 루돌프는 30세의 나이에 17세인 마리아 베체라 남작부인과의 이뤄질 수 없는 사랑에 고통스러워하다가 1889년에 동반 자살한다.

계속된 불행에 우울증에 시달리던 시씨Sisi는 황제 곁을 떠나 오스트리아가 아닌 헝가리에서 머물며 유럽 각지를 여행했다. 당시 제국의 외무장관이자 헝가리 총리인 안드라시 줄러 백작과의 염문설도 퍼졌지만, 확인되지 않았다. 그녀의 마지막은 1898년 9월10일, 스위스 제네바의 레만 호에서 배에 오르던 시씨Sisi는 무정부주의자인 이탈리아인 루이기 루체니에게 죽임을 당하고 만다.

아름다운 미모에 드라마틱한 생애까지 곁들여지면서 시씨^{Sisi}는 현재, 오스트리아를 대표하는 관광 상품이다. 합스부르크 왕가의 주궁전인 호프부르크 왕궁$^{Wien\ Hofburg}$은 시씨^{Sisi} 박물관을 열어서 관광객들이 그녀의 황후로서의 삶을 훔쳐볼 수 있게 상품을 만들었다.

시씨^{Sisi} 박물관을 나와 미하엘 문을 지나 그라벤 거리의 끝에 성 슈테판 대성당이 있다. 성당 앞에 있어 하루에도 수많은 관광객이 찾는 유명 초콜릿 상점인 '하인들^{HEINDL}'에서 큰 비중으로 팔리는 초콜릿이 시씨^{Sisi} 초콜릿이다. 오스트리아의 볼프강 아마데우스 모차르트의 초상화로 포장지를 꾸민 모차르트 초콜릿과 함께 가장 많이 판매되는 것이 바로 시씨 초콜릿이다.

시씨를 만날 수 있는
관광지

호프부르크 왕궁의 시씨 박물관(Sisi Museum)

호프부르크 왕궁은 제국의 재상 집무관과 시씨Sisi가 살았던 아말리에 궁에서 총 22개실을 시씨 박물관Sisi Museum, 프란츠 요제프 1세 황제의 아파트, 러시아 알렉산드르 황제의 아파트로 공개하고 있다.

이 중에서 시씨 박물관Sisi Museum은 제1~6실로 각각 죽음(제1실), 시씨 신화(제2실), 소녀시대(제3실), 궁정 생활(제4실), 도피(제5실), 암살(제6실) 등의 6개 테마로 만들어 관람객을 받고 있다. 그네(소녀시대), 드레스(궁정 생활), 검은 상복(도피) 등 유품과 미술품, 그녀의 사진 등 시씨Sisi와 관련된 물품들을 전시한다. 시씨Sisi가 암살당할 때 쓰인 줄칼까지 전시되어 약간은 섬뜩하기도 하다.

황제의 아파트(제7~19실) 중에는 갈색 철제 침대(제15실), 화장대(제16a실) 구리 욕조(제16b실) 등의 방에서 당시 시씨Sisi의 모습을 꾸며, 그의 생전 모습을 더듬어볼 수 있게 했다.

쇤브룬 궁전 내 시씨(Sisi)의 공간

1,441개실을 가진 쇤브룬 궁전에서 일반에 공개된 것은 2층의 45개 실이다. 그중 대부분은 쇤브룬 궁을 건립한 마리아 테레지아 여대 공의 공간을 전시하는 것이고, 시씨Sisi와 황제는 제1~9실까지 전시되어 있다.

테라스의 작은방(제6실), 계단의 작은방(제7실), 파우더 룸(제8실) 등 3개의 방뿐이다. 이외에 시씨Sisi의 초상화가 진열된 프란츠 요제프의 서재(제4실)와 황제를 사랑했던 결혼 초기 공동 침실(제9실)에서 자취를 찾아볼 수 있다. 그런데 궁전 내부를 둘러보고 기념품 공간으로 가면 여제의 테레지아 상품은 거의 없고, 시씨Sisi가 여주인공처럼 기념품 대부분을 차지하고 있다.

신시청사
Neau Rathaus

1883년 완성된 네오고딕 양식의 웅장한 건물 높이 98m의 중앙 첨탑 위에는 3.4m 크기의 기사상이 6m나 되는 기를 들고 있다. 매년 여름밤에는 청사 앞 광장에서 멀티비전을 이용한 야외 필름 페스티벌이 열린다.
광장 앞에는 관광객을 위한 의자가 놓이고 인근에는 노천카페도 있다. 겨울에는 시청사 광장에 아이스링크가 생겨 스케이트를 타는 사람들을 많이 볼 수 있다. 건물 자체만으로도 아름다운 곳이니 들러보는 것이 좋다.

🌐 www.wien.gv.at 🏠 Friedrich-Schmidt-Platz 1(T 1, D 라트하우스플라츠 하차)
🕐 13시(월, 수, 금) 📞 +43-1-4000

무료 필름 페스티벌

매년 7~8월, 빈Wien에서는 시청 앞에 대형 스크린을 설치하고 밤9시부터 연주회를 상영한다. 오페라, 연주회, 발레 등 레퍼토리가 다양한데, 클래식이 주류이다. 매일 바뀌는 프로그램은 관광안내소에서 확인할 수 있다. 이 야외 음악회는 무료이기 때문에 빈 시민은 물론 세계 각국에서 몰려든 여행자들로 늘 인산인해를 이룬다. 의자가 많아 편안하게 앉아서 감상할 수 있다. 주변에서 음료나 맥주, 간단한 먹거리를 판매한다.

국회의사당
Parliament

고대 그리스 신전을 연상하게 하는 웅장한 건물로 1883년에 완성되었다. 국회의사당 앞 분수대 위에는 왼손에 창을 들고 오른손에 승리의 여신 '니케'를 얹어 놓고 있는 지혜의 여신, 아테네 여신이 서 있다.

현대적인 정치형태인 입법권과 행정권을 분리한 것을 보여주기 위해 법전, 행정을 뜻하는 수호의 칼과 저울을 들고 있다. 발아래 있는 샘물은 다뉴브, 엘베, 블타바, 인 강을 상징한다. 신시청사 가는 길에 있으니 같이 둘러보면 된다. 가이드 투어는 의회가 열리지 않을 때 11, 15시나 성수기에는 09~15시까지 매시간 있다. 오페라하우스에서 걸어서 15분 정도 소요된다.

🌐 www.parlament.gv.at
🏠 Dr. Karl Renner Ring 3(Ⓤ 2, 3호선 폭스테아터(Volkstheater)역, D번 트램 펄러먼트(Parliament)역 하차)
🕐 6시 30분~19시(토요일 9~17시) 📞 +43-1401-10-0

🌐 www.burgtheater.at 🏠 Universitätsring 2 € 9~64€ (입석 4.5€ / 가이드 투어 7€) 📞 01-514-44-4140

부르크 극장
Burgtheater

1741년에 마리아 테레지아 여제가 설립한 부르크극장은 원래 여왕의 연회장 중 하나였다. 1888년에 지어진 현재의 극장은 제2차 세계대전 때 피해를 입었지만 다시 복구되어 현재는 유럽에서 가장 중요한 극장 중 하나로 인정받았다.

화려하게 장식된 르네상스식 건물의 앞모습과 2명의 클림트가 완성한 프레스코화의 경이로움을 볼 수 있다. 독일어권 내에서 의미 있는 극장의 웅장한 강당에 앉아 공연을 볼 수 있기도 하다. 현존하는 최고의 극단들이 공연했던 곳으로 화려한 계단과 거대한 천장화, 건물 곳곳의 복잡한 석고상들이 있다.

부르크극장에는 1년 동안 많은 공연이 열리는데, 남들보다 조금 일찍 도착해 극장의 건축학적 면모를 감상할 수 있다. 빈의 유명한 링 도로를 따라 걸으면, 극장의 인상적인 정면을 볼 수 있다.

전형적인 이탈리아의 르네상스 방식으로 지어진 조각상과 양옆에 희극과 비극의 뮤즈를 거느린 아폴로 신상을 볼 수 있다. 흉상들 중에서 뛰어난 극작가인 셰익스피어나 괴테의 얼굴을 찾아보면 유명한 극작가들의 조각상이 장엄한 계단실에 줄지어 서 있다. 세계적인 빈의 미술가인 구스타프 클림트와 그의 동생 에른스트가 그린 천장 프레스코는 놀라운 볼거리이다.

시립공원
Stadtpark

링 도로의 동쪽 도나우 운하$^{Donau\ Kanal}$ 근처에 있는 빈^{Wien} 시민들의 휴식처가 시립공원 ^{Stadtpark}이다. 분수와 연못, 꽃으로 단장되어 있는 공원 한복판을 빈 강이 가로지르고 있고 공원 곳곳에는 슈베르트, 부르크너 등 세계적인 음악가의 동상이 세워져 있다.
특히 공원의 남동쪽 숲에 있는 바이올린을 켜는 요한 스트라우스 황금 동상은 너무나도 유명하다. 1862년 링 도로를 정비하면서 65,000㎡의 규모로 오스트리아-헝가리 제국이 시민들에게 다가가는 계기를 만들고자 했다.

여름에는 매일 밤 8시경 공원의 쿠어살롱^{Kursalon}에서 왈츠공연이 벌어져 시민들은 물론 여행자의 사랑을 받고 있다. 먼저 한 쌍의 남녀가 나와서 왈츠 시범을 보이면 관람객들이 왈츠 음악에 맞추어 서로 어울려서 흥겹게 춤을 춘다.

🌐 www.kursalonwien.at   🏠 Parking 1(Ⓤ 4호선 Stadtpark에서 내려 조금 걸어가면 나온다)   📞 01-4000-8042

빈의 대표적인
박물관 Best 5

미술사박물관(Kunsthistorishches Museum)

꼭 들러야 할 박물관인 이곳에는 많은 16~17세기 그림들과 장식품, 유리제품들과 그리스, 로마, 이집트 골동품들이 소장되어 있다. 합스부르크 제국의 넓은 영토 확장으로 많은 주요 예술작품들이 비엔나로 들어올 수 있었으며, 특히 루벤스Rubens는 브뤼쉘의 합스부르크 행정관 밑에서 일을 했었기 때문에 이곳의 루벤스 소장품은 세계 최고 중 하나이다. 피터 브뤼헬 더 엘더의 작품도 많이 있다.

전시실의 특징

마리아 테레이자 광장을 사이에 두고 자연사 박물관과 마주보고 있다. 1872~1881년에 세워진 르네상스 양식의 웅장한 건물로 주로 합스부르크 왕가가 수집한 미술품을 전시하고 있는데 질과 양적인 면에서 유럽 최대 미술관 중의 하나로 손꼽힌다.

1층에는 그리스, 로마, 이집트의 미술품과 조각, 장식품이 전시되어 있고, 2층은 회화 갤러리로 15~18세기 거장들의 작품이 많이 전시되어 있다. 3층에는 세계 최대 규모의 동전과 메달 전시관이 있다.

주목할 만한 작품으로는 브뤼겔의 '농가의 결혼식Peasant Wedding', 바벨탑', '농민들의 춤'과 루벤스의 모피, 성모 마리아의 승천, 벨라스케스의 왕녀 마르가리타의 초상화 등이 있고 그 밖에 라파엘로, 티렌토트, 반 다이크 등이 작품이 전시되어 있다.

🌐 www.khm.at 🏠 Maria-Theresien-platz(Ⓤ 2, 3 Volkstheater)
🕙 10~18시(일~수요일 / 목요일 21시까지 / 9~5월 월요일 휴관)
€ 16€(27세 이하 학생 11€ / 19세 이하 무료), 합스부르크의 보물 연합권 20€(유효기간 1년 / 미술사 박물관, 신 왕궁) 마스터 티켓 24€(유효기간 1년 / 미술사 박물관, 레오폴트 박물관. 신 왕궁)
📞 01-525-240

설립 배경

스페인에서 보헤미아 지방에 이르기까지 유럽대륙을 지배했던 합스부르크 가문은 400여 년 동안 명화와 조각품을 포함한 각종 예술품을 수집했다. 그 중 대표적인 것은 프라하 출신의 루돌프 2세와 브뤼셀 출신의 레오폴트 빌헬름 왕자가 모은 컬렉션이다. 미술사 박물관은 수많은 수집품을 보관하고 전시하기 위하여 고트프리트 젬퍼 Gotfried Semper와 칼 폰 하제나우어 Carl von Hasenauer의 공동 작업으로 1891년 완공되었다.

미술관은 7천여 점의 회화를 포함해 총 40만 점의 예술품을 보유하고 있는데, 합스부르크 가문의 권위가 유럽을 지배했던 시기에 수집된 것이 대부분이다. 고대 이집트, 그리스와 로마, 16~17세기 회화, 장식 예술품, 유리공예품, 화폐와 매달 등에 이르기까지 상상 이상으로 폭이 넓다. 그중 백미는 역시 회화인데, 독일과 벨기에, 북이탈리아 회화와 스페인 바로크 회화 컬렉션이 뛰어나다는 평을 듣는다.

1층에서 2층으로 올라가는 계단에 있는 카노바의 작품, 켄타우로스를 제압하는 테세우스

농가의 결혼식　　　　　　　　　　　　　　바벨탑

전시

합스부르크 왕가와 네덜란드는 역사적으로 오랫동안 연관되었기 때문에 이 박물관의 수장품에도 폴랑드르파 작품이 상당수를 차지한다. 유화의 발전에 중요한 역할을 담당한 폴랑드르 회화와 네덜란드 회화를 대표하는 작가들을 위한 전시실이 따로 마련되어 있는데, 이 전시실을 보지 않으면 미술관 박물관의 진면목을 제대로 느꼈다고 말하기 힘들 정도이다.

루벤스Peter Paul Rubens가 그린 알데폰소 재단화는 17세기 중반 스페인 저지국(벨기에, 네덜란드 룩셈부르크)을 통치하던 클라라 이사벨라 왕년가 죽은 남편을 추도하기 위해 요청한 것으로, 이 그림이 브뤼셀의 알데폰소 수도사 교회에 자리 잡은 데에서 이런 이름이 유래했다.

16세기 플랑드르 지역 최고의 풍속 화가였던 피터 브뢰헬Peiter Brueghel의 대표작인 '농가의 결혼식'는 그가 그린 작품 중 가장 완벽한 것으로 손꼽힌다. 짚단을 높이 쌓아 올린 헛간에서 벌어지는 잔치에 참여한 사람들은 먹고 마시는 데 열중해 있고 신부와 신랑, 그 가족들

농가의 결혼식

브뢰겔이 1567년경에 그린 '농가의 결혼식'는 그의 대표작 중에 하나로 커다란 헛간에서 벌어지고 있는 농민들의 결혼식을 주제로 하고 있다. 그림 속에는 각기 다른 표정과 몸짓을 하고 있는 사람들이 많이 등장하는 데 탁월한 구성으로 인해 복잡하다는 느낌은 들지 않는다.

바벨탑

10 전시실에 있는 '바벨탑'의 웅장한 구도와 세부적인 표현은 보는 이를 놀라게 할 정도로 치밀하다. 거대한 탑은 도시를 눌러 버릴 듯이 당당하지만 아직 미완성 상태인 탑은 불안하기 짝이 없다. 브뢰겔은 이 그림을 통해 인간의 교만과 어리석음을 꼬집으려고 한 듯하다.

도 재미난 모습으로 그려져 있다. 뛰어난 관찰력과 유머를 기반으로 수많은 사람들이 등장함에도 불구하고 공간이 어지럽다거나 혼란스럽지 않게 그려낸 브뢰헬^{Brueghel}의 솜씨를 마음껏 확인할 수 있는 이 작품 말고도 '눈 속의 사냥꾼, 농민들의 춤, 바벨탑, 어두운 날' 등의 작품을 감상할 수 있다.

초상화를 가장 많이 그린 화가로 알려진 렘브란트의 작품 중 후기 자화상인 '거대한 자화상'은 단순한 작업복을 입고 있는 자신의 모습을 그린 것이다. 또 '예언자 안나'는 자신의 어머니를 모델로 그린 작품이라고 한다. 그밖에 베르메르^{Jan Vermeer}의 대표작인 '예술가의 작업실'도 이곳에서 볼 수 있다. 이 그림에는 그리스 신화의 뮤지 차림을 한 모델을 스케치하고 있는 화가가 등장한다.

유럽 미술의 기원이 된 이탈리아의 작품 역시 상당수 소장하고 있다. 대부분의 그림은 베네치아에서 가져온 것으로, 우선 제일 먼저 눈에 띄는 것은 다빈치, 미켈란젤로와 함께 르네상스를 이끌었던 거장 라파엘로의 그림이다. 라파엘로가 가장 중시한 것은 화면을 조화롭게 구성하는 것이었다. 몇 번이고 밑그림을 그리고 습작을 해가며 작품 안의 모든 사물과 인물들을 가장 적당한 장소를 찾아내 배치하는 것이 그의 관심사였다.

'초원 위의 성모' 역시 이런 라파엘로의 노력이 빛을 발한 작품으로, 두 아이들을 내려다보는 성모 마리아의 표정은 쉽게 잊혀지지 않을 정도로 자애로우면서 경건하다. 그밖에 티치아노의 '집시 마돈나와 님프와 양치기'도 볼 수 있으며 베네치아 매너리즘의 대표작이라 할 수 있는 틴토레토의 '목욕하는 수산나'. 조반니 벨리니의 '화장실의 젊은 여성들'도 자리를 잡고 있다.

> **왕녀 마르가리타의 초상화**
>
> 벨라스케스의 '왕녀 마르가리타의 초상화'는 그가 공주를 모델로 그린 여러 점의 초상화 중에서 첫 번째 작품으로 그녀가 세 살 경에 그린 것으로 추정된다. 이 그림은 가장 사랑받는 어린이의 초상화 중 하나로 22세의 젊은 나이에 요절한 그녀는 벨라스케스를 통해서 오래도록 사람들의 마음속에 남게 되었다.

바로크 미술이 르네상스에 이어 새로운 예술 사조로 자리 잡는 데에 있어서 중요한 역할을 한 카라바지오^{CarVggio}는 인상적인 재단화인 '로사리오의 성모 마리아'를 그렸다. 인물 배치를 극도로 세심하게 고려하고 명암 효과를 생각해 모든 시선이 성모 마리아와 아기 예수에게 집중되도록 한 작품이다. 아름답고 생동감 넘치는 르네상스 미술과 달리 강렬한 느낌을 주어 훗날 바로크 양식이 정립되는 기반을 마련했다는 평가를 받는다.

합스부르크 가문은 스페인에도 많은 영향력을 행사했는데 그 과정에서 스페인의 회화들이 많이 유입되었다. 다양한 스페인 회화 중 특히 관심을 끄는 것은 펠리페 4세의 궁정화가였던 벨레스케스의 전시실이다. 특히 펠리페 4세의 딸 마르가리타 테레지아의 어린 시절을 그린 초상화는 명작으로 인정을 받는다.

관심을 가져야 할 또 다른 작품으로는 어린 왕자인 '펠리페 프로스페로의 초상'이다. 이 작품은 벨라스케스가 작업한 합스부르크가의 초상화 중 가장 마지막 작품으로 알려져 있다. 화려한 카페트에 벨벳을 씌운 의자, 길게 늘어뜨린 커튼, 입고 있는 옷의 소매와 붉은 뺨이 마치 생생한 현실의 장면인 듯 펼쳐진다. 단 한 곳도 소홀하지 않고 완벽하게 세부 묘사를 한 탁월한 솜씨가 돋보인다.

기타 다른 유럽권의 작품도 소장하고 있어 이 미술관의 다양성이 더욱 강조되는 느낌을 준다. 프랑스 회화는 비록 수는 많지 않지만 모두 뛰어난 수준에 오른 작품들로 왕이나 귀족, 궁정의 광대 등을 그린 초상화가 대부분을 차지한다. 영국 화가가 그린 대표적 작품으로는 토마스 게인즈버러$^{Thomas\ Gainsborough}$의 '서포크 전경'이 있는데, 그 외에 게인즈버러의 다른 작품과 레이놀즈, 로렌스가 그린 초상화도 볼 수 있다.

자연사 박물관(Natur Historisches Museum)

마리아 테레지아 광장에서 미술사 박물관과 마주보고 있다. 유럽에서 손꼽히는 규모의 자연사 박물관으로 지리, 광물, 암석, 동, 식물 등 다양한 분야의 수집품을 전시하고 있다. 유럽의 자연사 박물관들 중 가장 권위가 있는 자연사 박물관에는 거대한 크리스탈, 공룡 뼈와 엄청난 동물 화석들이 있다.

빈의 자연사 박물관을 방문해 디플로도쿠스나 이구아노돈의 거대한 뼈를 보고, 각종 광물과 보석 전시장으로 가자. 다른 곳에는 오래 전에 멸종된 동물들의 화석과 표본 뿐 아니라 선사시대의 흥미로운 미술품도 감상할 수 있다.

자연사 박물관은 1800년대 후반에 설립되었다. 현재 3천만 점이 넘는 유물을 소장하고 있으며, 자연사 관련 수집에 한해 세계에서 손꼽는 규모이다. 웅장한 옛 건물에는 40개가 넘는 전시실이 있는데, 지상 생명체들의 진화 과정과 지구의 생성 과정에 대해 전시하고 볼 수 있는 넓은 공간을 제공한다.
입구는 중앙 순환도로 바로 옆쪽에 있는 마리아 테레지아 광장에 있다. (매주 화요일 휴관)

전시실
약 2만 5천 년 전 구석기인들이 돌에 새긴 조각상인 '빌렌도르프의 비너스'와 117kg에 달하는 토파즈 원석, 1,500여개의 다이아몬드로 만들어진 마리아 테레지아 여제의 '보석의 부케' 등이 볼만하다. 두개골 분야의 전시도 충실한 편이다.

공룡들을 보고 싶다면 거대한 화석들 옆에 전자 화면이 있어 선사 시대의 생명체들의 생김새와 이동, 정착 등에 대해 볼 수 있다. 빌렌도르프의 비너스 상은 석회암을 깎아 만든 조각상으로 적어도 24,000년 이상 된 것이다.

세계에서 가장 큰 규모의 운석 모음전에는 117kg에 달하는 토파즈를 보면 다이아몬드를 비롯해 각종 값비싼 보석으로 만든 부케도 있다. 18세기 신성 로마 제국의 여제 마리아 테레지아가 남편을 위해 만들도록 한 것이다.

알베르티나(Albertina Museum)

황궁의 남쪽 끝에 자리한 알베르티나^{Albertina} 컬렉션은 1776년에 작센 지방의 알버트 공으로부터 시작되었다. 알버트 공은 18세기 당시의 여제 마리아 테레지아의 사위였다. 현재 모네로부터 피카소까지의 작품 모음 등 고정적으로 전시되는 컬렉션은 100만 점의 판화와 6만 점의 작품 중 일부일 뿐이다. 알베르티나^{Albertina}에서 주기적으로 열리는 전시회는 나머지 작품들을 단계별로 보여 주는데, 수준이 상당하다.

세계 최대의 판화 소묘 컬렉션인 알베르티나^{Albertina}는 중세부터 현대에 걸친 걸작들이 전시되어 있다. 루벤스, 모네, 피카소, 렘브란트를 비롯한 거장들의 작품들을 볼 수 있다. 모네와 피카소를 포함해 앤디 워홀, 클림트 등 현대 작가들의 작품들까지 130년에 걸친 양식의 변화를 살펴볼 수 있는 흔치않은 알베르티나 박물관에서 마리아 테레지아의 딸이 쓰던 황실도 구경할 기회가 있다. 합스부르크 왕가의 접견실에는 매끈한 조각들과 쪽마루로 꾸며진 화려한 방들이 있고, 마리아 테레지아의 딸인 마리 크리스틴이 살면서 사용했던 가구들이 그대로 놓여 있다.

특징
프랑스의 인상파로부터 출발해 독일 표현주의 작가들을 통해 모더니스트 회화로까지 발전해 온 과정을 전시되도록 해 놓았다. 유럽 거장들의 걸작 중에서 루벤스의 어린이에 대한 애착, 클림트의 여성에 대한 탐미, 워홀의 대담한 팝아트, 르누아르의 '소녀의 초상화', 모네의 '수련 연못' 등을 볼 수 있다. 이외에도 레오나르도 다 빈치, 라파엘과 미켈란젤로부터 피카소, 세잔, 실레와 코코슈카에 이르는 거장의 작품들이 전시되어 있다.

🌐 www.albertina.at 🏛 Albertinaplatz 1 🕐 10~18시
€ 16.9€(26세 미만 11.9€ / 19세 미만 무료) 📞 01-048-5045

복합 예술 지역

70여 곳의 명소와 시설이 어우러져 있는 복합 예술 지역에는 현대와 고전 미술 전시물을 관람하고 상점에서 쇼핑도 할 수 있으며 혁신적인 디자인을 볼 수도 있다.

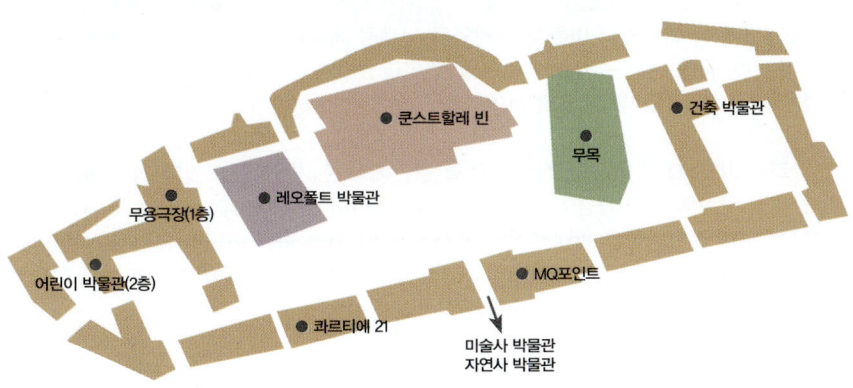

무제움 콰르티에 빈(MQ / Museumquartier Wien)

무제움 콰르티에(MQ)는 2001년에 오픈했으며, 세계에서 가장 큰 문화 공간 중 하나로 손꼽힌다. 옛날 황궁의 마구간과 마차 차고지였던 무제움 콰르티에(MQ)는 60,000m²의 규모를 자랑하며 70여 곳에 달하는 명소와 시설을 갖추고 있다. 빈 최고의 박물관들과 건축 센터, 댄스 센터와 가게 등 볼거리가 다양하다.

무제움 콰르티에(MQ)에 방문하면 복합 예술 공간에 공존하는 바로크 양식의 건물들과 대담한 현대적 양식의 거리 풍경이 극명하게 대조되는 것을 알 수 있다. 독일에서 가장 아름다운 고전 미술 전시품들을 관람하거나 피카소, 앤디 워홀 같은 현대 미술의 거장들이 작품을 볼 수 있다. 갤러리를 방문한 뒤에 추상적인 예술품 같은 벤치에 앉아 휴식을 취하거나 카페나 식당에서 커피를 마셔도 좋다.

🌐 www.mqw.at 🏠 Museumplatz 1/5 🕙 10~19시 € 23€(듀오 티켓 / 아트 티켓 29€) 📞 01-523-5881

레오폴트 박물관(Leopold Museum)

고전 미술을 보려면 이곳을 방문하면 된다. 오스트리아에서 가장 존경받는 아르 누보와 표현주의 화가들의 작품이 전시되어 있으며, 세계에서 가장 많은 에곤 실레의 작품을 전시하고 있다. 정반대의 분위기를 느끼고 싶다면 현대미술관의 '무목'을 찾아보자. 매력적인 잿빛의 현무암 벽 안에 앤디 워홀과 피카소 같은 현대 미술의 거장들의 작품이 전시되어 있다. 미술관인 쿤스트할래의 디자인은 안에 전시된 작품들만큼이나 인상적이다.

거대한 정원이 단지의 중심에 자리하고 있다. 박물관에서 관람을 마친 뒤에는 움직이는 형형색색의 대형 폴리스티렌 모양 구조물에도 앉아 보고, 모든 일정을 잠깐 멈추고 커피를 마시는 장면을 볼 수 있다. 이곳은 인기가 좋은 중심지로, 빈Vien에서 가장 큰 문화 행사들이 열리는 공간이다. 영화 축제가 열리고, 길거리 공연을 펼치는 음악가나 DJ, 배우들이 항상 끊이지 않아 여름에는 볼거리가 넘쳐난다.

🌐 www.leopoldmuseum.org 🏛 Museumplatz 1 ⏰ 10〜18시 €14€ (학생 10€) ☎ 01-525-700

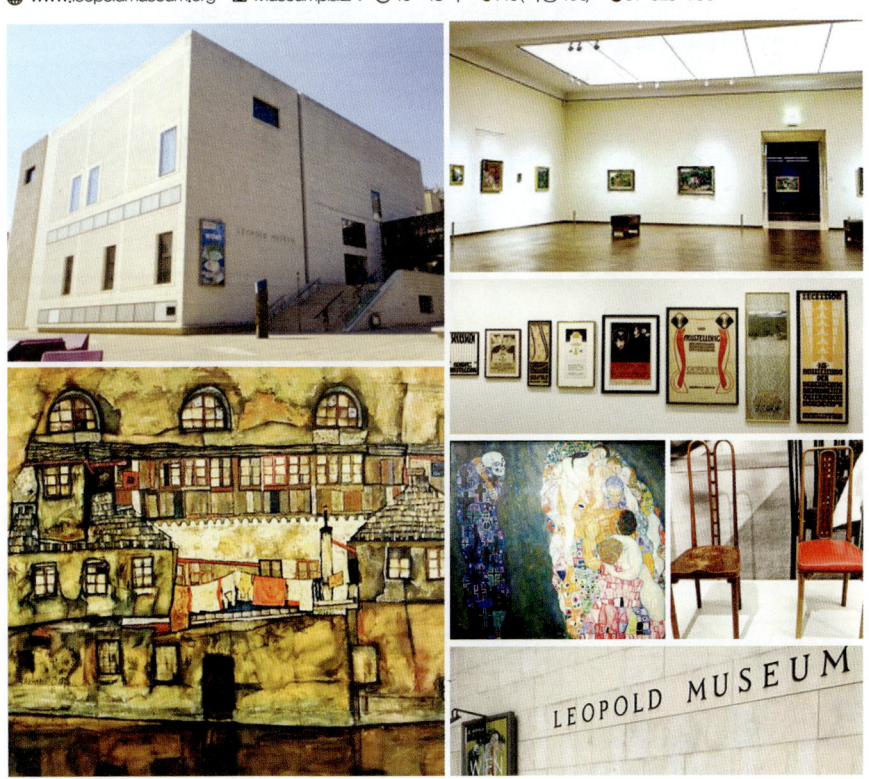

벨베데레 궁전
Schloss Belvedere

낮은 언덕에 지어진 벨베데레 궁전Schloss Belvedere은 빈 시내의 아름다운 전경을 살피기에도 적절한 장소이다. 상궁과 하궁 사이에 기하학적으로 잘 조성된 정원의 조경은 유럽 전역에 명성이 높다. 특히 상궁 뒤편의 식물원은 다른 대도시에서 만날 수 있는 크고 세련된 식물원과는 느낌이 다르다. 이곳에 가면 고즈넉하면서 품위 있는 활기를 느낄 수 있다.

17세기 후반 오스만 투르크와의 전쟁에서 빈을 구한 영웅인 사보인Savoy가의 오인게네Eugene 공이 프랑스의 베르사유 궁을 능가하는 아름다운 바로크 양식의 궁전을 짓기 위해 도시 외곽에 주춧돌을 놓았고 1724년, 힐데브란트에 의해 완공되었다. 이후 이 건물은 합스부르크 왕가의 궁전으로 사용되며 근대에까지 이르렀는데, 1914년 사라예보에서 암살당하며 세계대전의 도화선이 된 페르디난트 왕자가 한때 거주했던 곳이기도 하다. 훗날 오스트리아 공화국의 소유물이 되면서 궁전 내 대부분의 방들이 미술관으로 개조되었다. 상궁은 오스트리아 회화관으로 사용되고 하궁은 중세, 바로크 미술품을 소장하고 있다.

도비니크 지라드가 프랑스식 정원으로 설계한 상궁의 후원

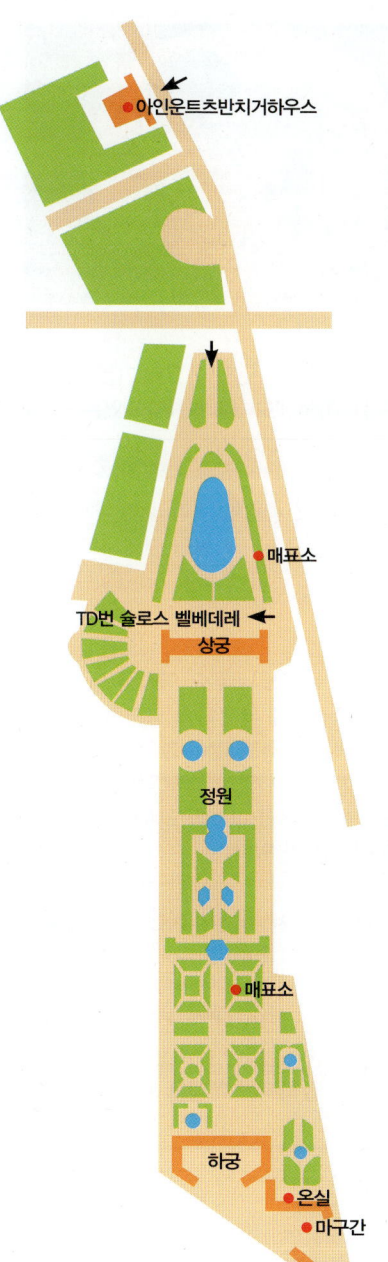

특징

벨베데레 궁전Schloss Belvedere의 상궁은 19~20세기 오스트리아 회화를 위주로 전시하는데 일반인들에게 널리 알려진 화가인 클림트와 에곤 쉴레의 대표작을 만날 수 있는 곳이기도 하다. 전 세계로부터 클림트의 대표작을 보러 오는 사람이 많아서인지 전시실 중 가장 크고 넓은 방이 클림트의 작품을 위해 헌정되었다. 그 밖에도 코코슈카, 프랑스 인상파의 작품 등도 전시된다. 붉은 기가 도는 대리석으로 호화롭게 장식된 2층의 중앙홀은 1955년 오스트리아, 프랑스, 영국, 소련, 미국의 외무부 장관이 오스트리아 국가 조약에 서명한 역사적인 장소이다.

하궁은 벨베데레 궁전Schloss Belvedere을 만든 오이게네공을 상징하는 알토몬테Mario Altomonte의 프레스코화가 펼쳐지는 가운데 마울베르쉬Maulbertsch,

화려한 천장

슈미트Schmidt, 도너Donner 등의 작품이 소장되어 있다. 조각으로는 로댕과 크노프의 작품이 눈에 띈다.

이 미술관을 찾는 사람들이 감탄하는 대표적인 작품은 구스타프 클림트Gustav Klimt의 '키스', 제목 그대로 한 쌍의 연인이 온갖 꽃이 만발한 정원에서 무릎을 꿇고 키스하는 그림이다. 화려한 주변 묘사와 눈부신 색채로 인해 두 사람의 키스가 육감적인 감동을 넘어서 신비스럽고 황홀한 사랑을 그대로 전해주는 듯하다. 20세기를 대표하는 최고의 몽환적 이미지로 인정받는 클림트의 작품은 이외에도 '해바라기가 있는 정원, 아담과 이브, 여자 친구들' 등이 있다.

클림트의 키스

인물에 대한 독특한 표현과 관찰 대상에 대한 뛰어난 묘사로 사랑받는 피터 펜디Peter Fendi는 일상의 사소한 정경을 치밀하게 묘사해 당대 많은 사람들로부터 사랑을 받았다고 한다. 주로 수채화 작업이 많지만 밑그림이 보일 정도로 투명하고 연한 색채를 사용한 유화 작품 역시 관심을 끈다.

1878년 황제의 은혼식을 거행하기 위해 벌어진 대대적인 축제에서 주요 역할을 담당했던 화가 한스 마카르트Hans Makart는 빈이 유럽 최고의 도시로 성장해 부유하고 영향력 있는 권세를 누리던 19세기 후반을 대표하는 작가이다. 상류층의 초상화를 많이 그렸던 그였지만 웅장한 규모의 역사적, 문학적, 신화적 작품으로도 널리 알려져 있다. 대표작으로는 술의 신인 바쿠스가 축제의 주인으로 등장한 가운데 미노스 왕의 딸인 아라아드네가 마치 여신과 같은 분위기로 등장한 모습을 그린 '바쿠스와 아리아드네'가 있다.

현대 작가를 살펴보면 제1차 세계대전 이후 예술을 개인적이고 개별적인 것으로 인식하고자 노력했던 화가 프리덴스라이히 훈더트바서Friedensreich Hundertwasser의 작품도 상궁에서 만날 수 있다. 붉은색과 노란색, 푸른색이 강렬한 대비를 이룬 그의 작품은 추상적이면서 장식적인 특징을 지니고 있다.

홈페이지_ www.belvedere.at
주소_ Prinz Eugen-Strasse 27
요금_ 2€(콤비티켓 / 학생 28€) / 28€(클림트 티켓 / 학생 25€)
전화_ 01 795 57 134

벨베데레 궁전(Schloss Belvedere) 집중 탐구

바로크양식 궁으로 이곳에서 멋진 시내 전경을 볼 수 있다. 이곳에는 멋진 시내 전경을 볼 수 있다. 바로크 궁전이 있는 과거 제국의 중심에서 클림트, 모네, 반 고흐의 걸작을 구경하고 빼어난 도시 경관을 즐길 수 있는 곳이다. 낮은 경사 길을 오르며 오랜 역사를 지닌 벨베데레 궁전Schloss Belvedere의 잘 다듬어진 정원을 천천히 둘러보면 화려한 옛 시기를 회상할 수 있다. 이곳에서 바라보는 빈의 전경은 최고라 부를 만하다. 2개의 인상적인 바로크 궁전의 벽 사이에서 호화로운 방들, 구스타프 클림트를 비롯한 유럽 거장들의 유명한 작품을 볼 수 있다.

벨베데레Belvedere는 사보이 왕가의 오이겐 왕자를 위해서 세워졌다. 오이겐 왕자는 350년 전에 프랑스에서 태어났고 이후에 오스트리아 사령관이 되었다. 18세기 초에 지어진 두 왕궁은 빈의 가장 탁월한 구조물로 알려져 있다.
하부 벨베데레 근처에 있는 오랑주리는 현재 현대 미술관으로 쓰이며, 프랑스식 정원에 둘러싸여 있다. 정원 양쪽으로는 대칭을 이루는 길이 나 있고 인공 폭포와 울타리로 꾸며져 있다. 길을 따라 걸으며 여러 조각상과 분수를 감상하면서 여유를 즐겨보자.

집중탐구
벨베데레 궁전Schloss Belvedere에는 두 개의 미술 컬렉션이 있는데 널찍한 정원 안에 자리 잡은 두 개의 큰 건물 안에 있다. 상궁의 벨베데레가 세계적인 수준의 미술관으로 유명하다면, 하궁의 벨베데레는 호화로운 제국의 방과 바로크 전시품들로 보는 이를 매료시킨다.

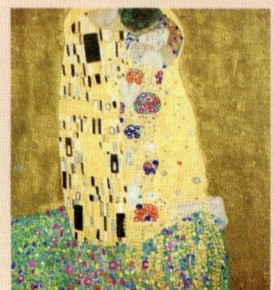  

상궁은 주로 19~20세기의 회화를 전시하고 있는데 클림트의 키스와 유디트는 꼭 보도록 하자. 이밖에도 상궁에는 에곤 쉴레의 작품을 비롯해서 오스트리아 회화, 로댕과 크노프의 작품도 전시되어 있다. 하궁은 원래 오이겐 공의 별궁으로 사용되던 것으로 화려한 프레스코가 인상적인 대리석 홀이 있다. 벨베데레는 '좋은 전망', '전망대'를 일컫는 이탈리아어로 상궁에서 바라보는 빈의 거리 전망은 매력적이다.

상궁
과거 제국의 화랑에 가 보고 정원과 도시의 특출난 경관을 볼 수 있다. 안으로 들어가 구스타프 클림트의 작품이 전 세계에서 가장 많이 소장된 곳이다. 검은 벽에는 보는 이를 사색에 잠기게 만드는 작품 '키스'가 걸려 있다. 또한, 모네, 르누아르, 반 고흐 같은 다른 인상주의 거장들의 작품들과 오스트리아의 중세 미술관도 있다.

하궁
오스트리아 바로크 미술관과 오이겐 왕자가 머물던 호화로운 장소를 볼 수 있다. 대리석 방의 천장에 그려진 정교한 그림에는 오이겐이 그리스의 신 아폴로로 등장한다. 화려하게 장식된 금빛 방에서 데카당스 예술을 더 볼 수 있다. 이탈리아 상류층 출신인 왕자는 여행을 많이 하였기 때문에, 이국적인 미술품과 가구를 좋아했다.

정원
상궁과 하궁 사이에 있는 정원은 베르사유 궁전에서 조경을 참고해 도미니크 기라드(Dominique Girard)가 계획했다. 상궁 정원에는 스핑크스 조각이 있는데 권력과 지혜를 나타낸다. 하궁 앞의 정원은 불, 물, 육지, 공기를 테마로 디자인했다.

쉰부른 궁전
Schloss Schundbrunn

오스트리아 합스부르크 왕가의 상징인 여름 별궁을 둘러보면 쉰부른 궁전^{Schloss Schundbrunn}은 오스트리아에서 가장 큰 로코코식 건축물이다. 음악의 도시라는 오스트리아의 빈^{Wien}은 쉰부른 궁전^{Schloss Schundbrunn}으로 완성되었다고 한다.

빈에서 가장 인기 있는 관광지로 쇤브룬이라는 이름은 1619년 마티아스 황제가 사냥 도중 아름다운 샘^{Schonner Brunnen}을 발견한 데서 유래한다. 1713년 레오폴트 1세에 의해 건립되었고, 마리아 테레지아 시대에 현재와 같은 화려한 모습을 갖추게 되었다.

총 1,441실중에서 45실만 공개하고 있는데, 특히 6살의 모차르트가 마리 앙투아네트에게 구혼했던 거울의 방^{Spiegelsaal}과 마리아 테레지아의 비밀 만찬실인 중국식 작은 방^{Chinerisches Rundkabinett}이 볼 만하다.

전 세계적으로 잘 알려진 세계유산에는 해마다 수백 만 명이 찾아온다. 프란츠 요제프, 마리아 테레지아 등 오스트리아 귀족들이 살았던 호화로운 저택을 보고 궁전 뒤에 있는 바로크 양식의 드넓은 공원을 거닐어 보자. 아이들도 18세기 미로와 동물원을 좋아할 것이다.

더 자세히 알아보자!

쇤부른 궁전은 합스부르크 왕가의 영광을 한 눈에 보여주는 곳으로 베르사유와 더불어 유럽에서 가장 화려하고 아름다운 궁전이다. 쇤부른이란 이름은 1619년 마티아스 황제가 사냥을 하던 중 '아름다운 샘'을 발견한 데서 유래된 것이다. 1696년 레오폴드 1세를 시작해서 테레지아 여제 때인 1750년에 완성된 궁전에는 모두 1,441개의 방이 있는데 이 중 45개의 방만이 관광객에게 개방되고 있다.

간략한 역사

쇤부른 궁전(Schloss Schundbrunn)이 속한 120ha의 부지는 6세기 동안 합스부르크 왕가의 소유였다. 막시밀리안 2세는 소유지를 사냥터로 사용하였으나, 레오폴트 1세가 그 위에 왕궁 건설을 명하였다. 기존의 바로크식 뼈대에 추가된 건축물은 18세기 오스트리아의 여제이자, 프랑스의 마리 앙투아네트 왕비의 어머니인 마리아 테레지아 시절에 지어졌다. 궁전은 프랑스 혁명 당시 처형된 루이 16세의 왕비 마리 앙투아네트가 15세 때까지 살았던 곳이었다.

내부

궁전 안을 보고 싶으면, 1,441개의 방 중에 45개가 개방되어 있다. 모든 방을 볼 수도 있고, 하이라이트로 선택된 방만 볼 수도 있다. 백만의 방에서 중국 진열장의 자기 장식을 보면 세련된 프레스코화와 귀중한 가구, 여러 특별한 공예품들로 꾸며진 방들에 들어갈 수 있다.

정원

몇 시간 정도는 정원을 거닐고, 분수대 근처에서 휴식을 취하며 환상적인 전망을 보고 싶다면, 작은 언덕 위에 지어진 글로리에테에 올라 시원한 음료를 마시며 휴식을 취하자. 근처에서 화려한 꽃으로 둘러싸인 로마 폐허의 모조품을 볼 수 있다.

1752년에 개장한 동물원은 세계에서 가장 오랫동안 운영되었다. 가족들과 함께 왕궁 미로에서 길 찾기를 하고 미로의 출구를 찾은 뒤에, 야자수 온실에 들어가 세계에서 가장 큰 실내 재배 야자수들을 볼 수 있다.

궁전 내부는 화려하고 우아한 로코코 양식으로 꾸며져 있으며 회화, 자기, 가구, 공예품 등 마리아 테레지아 여제, 프란츠 요셉, 카일 1세의 유물이 전시되어 있다. 관심 있게 볼만한 방은 화려하게 장식된 밀리온스 룸 The Millions Room과 6살의 나이로 여제 앞에서 콘서트를 한 모차르트가 마리 앙뜨와네뜨에게 구혼을 했던 거울의 방 The Mirror Room이다. 궁전 서쪽에는 합스부르크 왕가의 황실 마차가 진열되어 있는 마차 박물관 Wagenburg이 있다.

마리 앙뜨와네트와 쉰부른 궁전

궁전 뒤쪽으로는 1.7㎞에 달하는 광대한 정원이 나온다. 우아하고 세련되게 단장된 정원은 아름다운 꽃과 나무, 분수, 조각상으로 단장되어 있다. 정원의 끝부분에는 18세기 중엽 프러시아와의 전쟁에서 이긴 것을 기념하기 위해 마리아 테레지아가 세운 전승비인 글로리에테^{Gloriette}가 있다. 이곳에 오르면 정원과 중전의 모습이 한 눈에 들어온다. 빈에 와서 이곳을 보지 않는다면 왠지 허전한 느낌이 들 정도로 빈을 대표하는 관광명소이다.

프랑스 혁명으로 단두대의 이슬로 사라진 마리 앙뜨와네트는 마리아 테레지아 여제의 막내딸로 어린 시절을 쉰부른 궁전에서 보냈다. 그리고 루이 16세와 결혼해 유럽에서 가장 아름다운 궁전으로 꼽히는 베르사유 궁전에 거주하였다. 화려하고 사치스러운 생활로 결국에는 형장의 이슬로 사라졌다.

빈 중심부에서 6㎞ 떨어져 있는데, 서역에서 58번 트램을 타면 궁전 입구까지 간다.

홈페이지_ www.schoenbrunn.at
주소_ Schundbrunner Schlossstrasse 47   **시간_** 10~16시(분수 작동 / 4월 중순~10월 중순)
요금 _ 16€(임페리얼 투어 / 20€ 그랜드 투어 / 정원 무료)
전화_ 01 810 1717

노르트제
Nordsee

배낭여행이 유행한 시기에도 배고픈 여행자들을 끌어들였던 해산물 전문점으로 샌드위치와 샐러드로 유명했다. 해산물을 즐길 수 있는 대표적인 전문점이지만 해산물보다 다른 뷔페 음식점 같은 느낌이다. 해산물을 저렴하게 공급하면서 유명세를 타고 이름도 북쪽 바다라는 뜻을 이름으로 만들었지만 지금은 다양한 음식들을 볼 수 있다.

해산물뿐만 아니라 샌드위치, 샐러드, 커틀릿 등 다양한 음식을 즐길 수 있다. 무게로 가격이 정해지기 때문에 다양하게 먹고 싶은 메뉴를 선택하는 장점이 있지만 어떤 것을 먹을지 모를 때에는 막막하기도 하다.

| 홈페이지 | www.nordsee.com | 위치 | Kärntner 25 | 시간 | 9~24시 | 요금 | 음료류 55Kc~ | 전화 | 1-512-7354 |

슈니첼뷔르트 슈미트
Schnitzelwirt Schmidt

돈가스의 원조인 것처럼 느껴지는 오스트리아의 대표 음식인 슈니첼을 맛볼 수 있는 대표적인 레스토랑이다. 너무 유명하여 관광객이면 누구나 찾아가는 곳으로 항상 많은 사람들로 붐빈다. 대한민국 관광객의 입맛에도 맞아서 먹기 쉽고 양도 많아서 배낭 여행자에게도 부담이 없다.

| 위치 | Neubaugasse 52 | 시간 | 11~22시(월~토요일, 일요일 휴무) | 요금 | 비너슈니첼과 맥주 13€~ |

피글뮐러
Figlmuller

바삭바삭한 슈니첼이 떠오르는 100년이 넘은 레스토랑으로 맛은 기본이다. 겉은 바삭, 속은 촉촉한 슈니첼을 만드는 데 3곳의 다른 팬에서 튀기면서 맛을 바삭하게 만들어준다. 특히 배낭 여행자들이 배부르게 먹고 싶어 자주 찾는다. 볼차일러 거리에 있는 1호점은 전 세계의 여행자들이 찾아서 항상 북적이므로 베커 거리Bäckerstrasse 6에 있는 2호점으로 가서 편하게 먹는 것이 좋다.

홈페이지 www.figlmueller.at 위치 Wollzeile 3 시간 11~22시(월~토요일, 일요일 휴무)
요금 슈니첼 15€ 전화 1-512-7354

플라후타스 가스트하우스 추어 오퍼
Plachuttas Gasthaus Zur Oper

빈Wien에서 슈니첼Schnitzel로 유명한 레스토랑이다. 바삭한 식감과 부드러운 고기가 맛을 풍부하게 하는데 일조를 한다. 슈니첼은 감자와 같이 나오는데 감자로 슈니첼에 묻혀 먹는 맛이 좋다. 유럽에서는 식전에 빵을 주는 데, 대부분은 유료이므로 반드시 물어보는 것이 좋다. 이곳도 2€로 빵을 제공하고 있다.

홈페이지 www.plachutta.at 위치 Walfischgasse 5~7 시간 11~24시 30분 전화 1-512-2251

로젠베르게르 마크트 레스토랑
Rosenberger Markt Restaurant

뷔페식 레스토랑으로 원하는 음식을 고르고 나중에 한꺼번에 계산을 하면 된다. 음식을 계산하고 나서 자리로 돌아가 식사를 하면 된다. 뷔페식이지만 고르는 개수에 따라 음식 가격이 상승하므로 반드시 먹고 싶은 음식으로 정해야 한다. 음식 맛은 현지인들은 맛있다고 하는 데, 먹고 나면 느끼함은 어쩔 수 없다.

위치 Maysenergasse 2   시간 10시 30분~23시   요금 10€~(3개 이상~)

괴서 비에르클리크
Gosser Bierklinik

성 슈테판 대성당에서 가까운 거리에 있는 호프집인데 레스토랑을 같이 겸하고 있어 저녁 식사와 맥주를 동시에 즐기고 싶다면 추천한다. 오스트리아의 대표적인 맥주인 괴서^{Gosser} 맥주를 같이 즐기는 대표적인 곳이다.

위치 Steinolgasse 4   시간 10~23시 30분(월~토요일, 일요일 휴무)

브루잉 컴퍼니
Brewing Company 1516

수제 맥주를 만들어 파는 펍Pub 정도로 생각하면 안 된다. 이곳에서는 라거부터 에일, 스타우트 바이젠, 포터, 페일 맥주까지 거의 모든 맥주를 직접 판매하는 유명한 곳이다. 맥주에 어울리는 칠면조 샌드위치, 단호박, 소시지, 윙, 립 등을 판매한다. 세트 메뉴로 맥주와 간단한 소시지 같은 안주로 묶어서 9€정도의 점심메뉴로 판매하는 데, 많은 관광객들이 찾고 있다.

홈페이지 www.1516brewingcompany.com 위치 Schwarzenbergstraße 2, 1010 Wien
시간 10시~새벽 2시 전화 1-961-1516

오펜로흐
Ofenloch

빈Wien에서 타펠슈피츠Tafelspitz로 유명한 레스토랑으로 19세기에 유명인들의 모임장소로 유명세를 겪은 곳이다. 단지에 넣은 소고기 요리는 프란츠 요제프 황제가 먹고 싶다고 할 정도로 유명하다. 오스트리아 레스토랑에서 No.1으로 선정되기도 한 레스토랑은 단호박 무스가 같이 곁들여 나온 토끼 요리도 많이 찾는다.

홈페이지 www.restaurant-ofenbach.at 위치 Kurrentgasse 8 시간 11시30분~23시(일요일 휴무) 전화 1-533-8844

빈의
역사와 낭만이 숨쉬는 카페

프랑스의 카페Cafe처럼 커피하우스Kaffeehaus는 사교적 만남의 장소로, 작업 공간으로 활용했다. 작가들이 커피하우스Kaffeehaus를 자신들의 공간이라고 생각했던 이유는 커피와 공간의 매력을 발견했기 때문이다. 휴식, 담소, 간식, 독서, 여흥, 사업, 구경 등 빈Wien 사람들이 커피하우스를 찾는 이유가 무엇이든 그들은 커피하우스에서 무언가를 얻고 간다. 그래서 오래 머물수록 효과가 더 좋다.

카페 자허(Cafe Sacher)

성 슈테판 대성당에서 가까운 거리에 있는 호프집인데 레스토랑을 같이 겸하고 있어 저녁 식사와 맥주를 동시에 즐기고 싶다면 추천한다. 오스트리아의 대표적인 맥주인 괴서Gosser 맥주를 같이 즐기는 대표적인 곳이다.

🌐 Steinolgasse 4   🕐 10~23시 30분(월~토요일, 일요일 휴무)   📞 1-5145-6661

카페 첸트(Cafe Central)

100년이 넘도록 많은 예술가들의 사랑을 받은 카페로 지금도 관광객이 대부분 찾는 장소이다. 유명한 오스트리아 작가인 '페터 알텐베르크Peter Altenberg'는 자신의 집 근처, 커피하우스 주소를 명함에 적었고, 카페 첸트럴Café Central을 본거지로 활용했다. 내부에는 아직도 그를 기리는 인형이 있다. 클림트, 프로이트 등 많은 유명인들이 찾아온 곳으로 미술 지망생일 때 히틀러도 찾아왔다고 한다.

🌐 Steinolgasse 4 🕐 10~23시 30분(월~토요일, 일요일 휴무) 📞 1-5145-6661

주소_ Herrengrasse / Strauchgeasse **시간_** 7시30분~22시(월~토요일 / 일요일과 공휴일은 10시부터)
전화_ 1 533 3763

카페 하벨카(Cafe Hawelka)

성 슈테판 대성당 남쪽으로 걸어가면 그라벤 거리 왼쪽 골목에 자리한 카페는 1939년에 문을 연 이후, 제2차 세계대전에서 대부분 폐허가 되었지만 이 카페는 온전하여 유명세를 타게 되었다. 어두운 빛깔의 그윽한 멋이 있는 목재로 가득한 실내에 거의 눈에 안 띄는 아르누보풍 장식을 자랑하는 카페로 자두 잼을 넣은 빵인 '부흐텔른 미트 포비들Buchteln mit Powidl'이 제공된다. 밤 10시 오븐에서 나와 따끈할 때는 금세 동이 나기도 한다.

주소_ Dorotheergsse 6 **시간_** 8~22시(월~토요일, 일요일과 공휴일은 10시부터)

카페 데멜(Cafe Demel)

1786년에 문을 연 제과점은 1857년에 데멜 가문이 인수해 현재 200년 전통을 자랑하는 카페로 다양한 케이크를 맛보려는 사람들로 붐빈다. 프란츠 요제프 황제가 좋아한 쿠키, 케이크가 유명하다. 유리문을 통해서 제빵 작업실을 직접 볼 수 있어 더욱 믿음이 간다. 작은 공간에서 커피를 한잔하며 이야기를 나누거나 2층으로 올라가 디저트를 직접 보면서 주문하기도 한다. 자허토르테와 안나토르테는 누구나 주문하는 인기 메뉴이다.

주소_ Kohlmarkt 14 시간_ 9~19시 전화_ 1 5351 7170

카페 슈페를(Cafe Sperl)

영화, 비포 선라이즈의 배경으로 나온 카페로 케이크와 페이스트리가 특별한 명물이다. 거의 집안 대대로 내려오는 비법으로 수제로 만들어지는 '슈페를 케이크 SperlSchnitte'은 유명하다. 135년째 같은 자리에 있는 커피 하우스로 와인을 즐기면서 대화를 나누고 책을 보며 시간을 보내는 장면을 볼 수 있다. 90년대 중반부터는 영화의 배경으로 고백 장소로 전 세계 관광객이 찾는 장소가 되었다.

주소_ Gumpendorfer Strasse 11 시간_ 7~23시(월~토요일, 일요일과 공휴일은 11시부터) 전화_ 1 586 4158

오스트리아에서 커피를 주문할 때 알아야 할 커피의 종류

커피이름 앞에 도시의 이름이 붙은 경우가 있을까? 아마 없을 것이다. 그만큼 비엔나커피가 유명해져 붙인 이름이겠지만 빈Wien에는 비엔나커피가 없다. 비엔나커피는 휘핑크림을 얹어 컵에 담아주는 아인슈페너Einspänner를 뜻한다.

멜랑슈(Melange)
모카커피에 같은 양의 거품을 낸 우유를 넣은 것으로 빈Wien에서 가장 인기가 있다.

모카(Mokka)
우유를 넣지 않은 블랙커피로 검은 색이라는 뜻의 Schwarzer이라고도 부른다.

브라우너(Brauner)
모카에 우유를 넣은 밀크 커피를 말한다. 우유나 크림이 작은 그릇에 따로 나오기도 한다.

아인슈페너(Einspänner)
빈Wien의 대표적인 커피로 '비엔나커피'를 이르는 말이기도 하다. 유리잔에 든 모카에 휘핑크림을 얹은 것이다. 한 손 만으로도 운전할 수 있는 마차라는 뜻으로 겨울에 마차를 끄는 마부가 한 손에 커피를 들고 있는 모습을 상상하면 이해할 수 있을 것이다.

마리아 테레지아(Maria Theresia)
오렌지 큐르가 있는 모카에 휘핑크림을 얹어 아몬드 조각을 곁들인 것이다.

튀르킷슈(Türkisch)
터키스타일의 커피로 커피를 듬뿍 넣고 졸인 것 같은 커피로 매우 진한 맛이 특징이다.

South of Ringstrasse
링 도로 남부

링도로 남부 South of Ringstrasse에는 벨베데레 궁전으로 대표되는 지역으로 녹지가 많고 음악과 미술이 꽃피운 장소이다. 최근에는 나슈마르크트 주변의 카페나 레스토랑들이 관광객을 끌어모으고 있다.

비엔나 국립 오페라 극장
슈타트파르크역
제체시온
악우협회
나슈 시장
러셀공원
칼스 성당
마을리카파우스 & 메달리온하우스
오토 바그너 전시관
운터레스 벨베데레
벨베데레 궁전
필그람가세역
타우브스투멘가세역
오버레스 벨베데레
하우프트반호프역
비엔나 중앙역

카를 교회
Karlskireche

바로크 양식의 독특한 이 교회는 중세 유럽을 휩쓸었던 페스트의 공포에서 벗어났던 1739년 카를 6세에 의해 완성된 교회이다. 중앙의 돔은 바티카누이 성 베드로 성당에서 건물 앞 두 개의 원기둥은 트리야누스 기념비를 본 떠서 만든 것이다. 돔과 두 개의 기둥, 흰색과 하늘색의 돔이 절묘한 조화를 이루면서 묘한 매력을 발산하고 있다. 내부의 화려한 프레스코화가 인상적이다.

카를 광장에서 출발해 각 건축 요소들이 빼어나게 조화를 이루고 있는 광경에 놀라게 된다. 빈 스타일의 바로크식 돔과 탑들이 그리스 식 현관, 로마네스크식 기둥과 조화를 이루고 있다. 다양한 시각적 요소를 갖춘 성당은 웅장한 돔 아래에 훌륭한 프레스코화와 제단이 있고 안에는 작은 박물관도 있다.

1713년에 신성로마제국의 황제 카를 6세는 당시 급속도로 퍼지던 전염병으로부터 구원받는다면, 그와 이름이 같은 수호성인 카를 보로메오에게 성당을 헌정키로 맹세했다. 전염병은 빈을 떠났고, 몇 년 후 건축가 피셔 폰 에어라흐의 지휘 아래 성당의 건축이 시작되었다. 피셔 폰 에어라흐가 죽자 그의 아들이 1739년에 건축을 마무리했다. 다양한 건축양식이 어우러진 모습은 지금 봐도 인상적이다.

72m 높이의 구리 돔은 빈의 스카이라인에 인상적인 실루엣을 더하지만 카를 성당의 백미는 가까이 다가가서 다양한 건축양식들이 조화를 이루는 모습을 볼 수 있다. 작은 바로크식 지붕으로 덮인 로마네스크식의 높은 기둥을 올려다보고, 성 카를 보로메오의 삶을 재현해놓은 조각 작품들을 보자. 헨리 무어가 만든 조각상이 교회 앞쪽에 있다.

안으로 들어가 매끄럽게 다듬고 색칠한 수없이 많은 장식들로 뒤덮인 거대한 대리석 벽과 기둥을 보고 나서, 파노라마 리프트를 타고 돔으로 올라간 다음, 계단을 올라가 프레스코화를 볼 수 있다.
성당에는 매주 토요일 저녁 고악기로 모차르트의 진혼곡을 연주하는 정기 공연이 열린다.

- www.karlskirche.at Kreuzherrengasse 1(U 1, 2, 4호선을 타고 Karlsplatz역 하차)
- 9~18시(일요일, 공휴일 12~19시)   €9€(학생 5€ / 10세 이하 무료) 01-504-6187

슈바르첸베르크 광장
Schwarzenbergplatz

빈 도심에 위치한 슈바르첸베르크 광장에는 빈^{Wien} 전투에서 전사한 러시아 군인들을 기리는 제2차 세계대전 기념비가 우뚝 서 있다. 소비에트 전쟁 기념비는 1945년 빈^{Wien} 전투 당시 나치에 맞서 싸우다 목숨을 잃은 러시아 군인들을 추모하기 위해 바쳐졌다. 기념비는 도시 중앙의 슈바르첸베르크 광장, 호흐슈트랄 분수 바로 옆에 솟아 있다.

높다란 기둥 위에 서 있는 12m의 러시아 군인 동상은 한 손에는 빛나는 방패를 들고 머리에는 반짝이는 헬멧을 쓰고 있다. 적군의 영웅 기념비라고도 불리는 소비에트 전쟁 기념비는 빈 전투에서 나치에 대항하여 싸우다 목숨을 잃은 17,000명의 러시아 군인들을 기리기 위해 1945년에 제작됐다. 1945년 4월, 2주간의 치열한 전투 끝에 수년에 걸친 나치의 점령이 막을 내렸다.

기념비의 규모가 크기 때문에 전체적인 모습을 보면 위풍당당한 모습으로 서 있는 군인상은 한 손에는 소비에트 기를, 다른 한 손에는 황금 방패를 들고 있다. 번화가인 슈바르첸베르크 광장은 교통 체증에 시달리는 경우가 많아, 소비에트 전쟁 기념비까지 도보로 이동하려면 시간이 좀 걸린다.
기념비에 가까이 다가가서 주추 발치에 새겨진 글씨에는 시인 세르게이 미할코프는 파시즘의 공포로부터 빈을 지킨 군인들을 찬양했다. "오스트리아를 파시즘으로부터 해방시키기 위해 목숨을 바친 소비에트의 군인들을 기리며..." 기념비는 반원형 흰색 대리석 주랑으로 둘러싸여 있으며, 근처에는 개선문을 볼 수 있다. 주랑 상부의 금빛 글씨가 장엄함을 더한다.

🏠 슈바르첸베르크 광장 역 하차, 인근의 칼스 광장이나 렌베그에서 도보로 이동

나슈마르크트 시장
Naschmarkt

빈Vien에서 가장 크고 오래되었으며 사람들에게 인기 있는 나슈마르크트 시장Naschmarkt을 방문하면 식품 카트나 바에서 신선한 농산물과 군침을 돌게 하는 간식거리를 맛볼 수 있다. 나슈마르크트Naschmarkt는 빈 차일러(빈 로)에 자리 잡고 있으며 약 1.5㎞ 정도를 뻗어 있다. 사람들은 이 인기 있는 나슈마르크트Naschmarkt를 "빈의 식탁"이라고 부르는데, 전통 시장은 모두 음식으로 가득하기 때문이다.

식품 판매대를 지나 걸어가면 지역에서 구워낸 빵이나 직접 기른 과일과 채소, 화학 비료를 먹이지 않은 고기, 치즈를 맛볼 수 있다. 식품 직판장 중 한 곳을 골라 허기진 배를 달래보는 것도 좋다. 오스트리아의 전통 요리나 세계 각국의 요리를 튀긴 스낵 등과 맛있게 요리된 델리 음식과 함께 즐겨보는 것을 추천한다.

간략한 시장의 역사

나슈마르크트 시장(Naschmarkt)은 16세기 중반 나무 양동이에 우유를 담아 팔던 시장으로 시작해서 지금의 모습을 갖추기에 이르렀다. 18세기 말에 다다르면서 지역 농부들이 자신의 농작물을 가져와 팔기 시작했다. 1916년까지 120여 곳이 넘는 식품 판매대가 지어져 빈에서 가장 큰 전통 시장으로 자리매김하게 되었다.

- Naschmarkt, Vienna (Karlsplatz역 하차 후 도보 5분, U-Bahn Kettenbrückengasse역 하차)
- 6~19시 30분 (레스토랑, 카페는 10시정도에 오픈 / 일요일 휴무)

지역 사람들이 판매대를 따라 걸으면서 신선한 과일과 채소를 고르는 모습을 엿보고, 계절에 수확한 맛있고 신선한 농작물을 저렴한 가격에 얻을 수 있을 것이다. 나슈마르크트 시장을 돌아다니면 이국적인 허브와 향신료의 향기도 맡을 수 있는데, 이는 바로 큰 규모의 터키와 중동 상인들도 시장에 합류했기 때문이다.

주말 벼룩시장
중고용품이나 중고 책, 골동품을 좋아한다면 나슈마르크트에서 토요일 아침마다 열리는 대규모 벼룩시장을 방문해 보자. 학생과 골동품 수집가들, 호기심 많은 여행객들과 한데 섞여 좋은 물건을 발견하는 재미가 쏠쏠하다.

시장의 대표적 맛집
델리(Deli)
나슈마르크트 시장에서 가장 유명한 카페이다. 아침 일찍부터 밤 24시까지 문을 열기 때문에 언제나 쉽게 먹을 수 있는 장점이 있다. 램 찹, 비프 스테이크, 치킨 버거 등의 간단한 음식을 맥주와 함께 마시는 풍경을 볼 수 있지만 스테이크와 와인도 상당히 맛이 좋다.

▶홈페이지_ www.naschmarkt-deli.at
▶주소_ Naschmarkt Stand 421~436, Linke Viennazeile
▶시간_ 7~24시 ▶전화_ 01-585-0823

우마피쉬(Umarfisch)
2004년부터 해산물 레스토랑으로 나슈마르크트 시장에서 돌풍을 일으킨 레스토랑이다. 신선한 해산물은 이탈리아나 그리스에서 공수해 온다고 한다. 상당히 깔끔한 내부 인테리어에 친절한 서비스까지 데이트 코스로도 인기가 있다. 해산물 샐러드와 와인이 저녁식사의 분위기를 좋게 만들어 준다.

▶홈페이지_ www.umarfisch.at
▶주소_ Naschmarkt 76~79, 1040
▶시간_ 11~23시 ▶전화_ 01-587-0456

집중탐구
빈의 색다른 미술관

빈 분리파 미술관 (Wiener Secession)

기존 미술계의 구속이 너무 심하다는 이유로 한 무리의 예술가들이 빈 예술협회로부터 탈퇴를 선언했다. 이들은 인생은 예술이고 예술은 곧 자유라고 주장하며 새로운 예술협회를 만들었고 곧 분리파Secession라고 불리게 된다. 제1차 세계대전을 겪으며 오스트리아-헝가리 제국의 마지막을 지켜보게 된 빈의 화가들은 시대적 불안 속에서 몽상과 꿈의 세계를 통해 안식을 얻었다.

당시 유럽을 휩쓴 아르누보나 유겐트스틸 등의 흐름에서 뒤처져 있는 빈의 고립을 떨쳐버리기 위해 노력했던 이들은 몽환적인 표현, 글자와 그림을 결합한 새로운 그래픽 디자인 실험 등을 전개하며 활발히 활동했다.

1898년 요제프 마리아 올브리히Josef Maria Olbrich는 이 새로운 협회를 위해 아르누보 양식의 건물을 세웠다. 분리파가 주장했던 좌우명은 아직도 미술관 정문을 장식하고 있다. 이 미

술관은 기능성과 경제성을 강조하면서 그 당시 주류를 이룬 형식주의를 반대하는 상징으로 자리 잡게 된다.

이 미술관의 상징이 된 것은 화려하게 도금된 돔 모형의 조형물이다. 25년이라는 짧은 기간 동안 빈의 예술을 강력하게 주도했던 분리파의 성지라 할 수 있는 이곳에서 가장 돋보이는 작품은 클림트의 베토벤 프리즈이다. 1902년 제 4회 빈 분리파 전시회를 맞이하여 제작된 길이 34m짜리 벽화로 베토벤 심포니 9번을 기호로 구성했다고 한다. 전람회가 끝난 후 철거되어서 8개 조각으로 나뉘어 있던 것을 1973년 오스트리아 정부가 구입해 이 미술관에서 전시하고 있다.

🌐 www.secession.at 🏠 Friedrichstraße 12(Ⓤ-1, 2, 4 Karlsplatz 역 하차)
🕐 10~18시(월요일 휴무, 5/1, 11/1, 12/25) € 10€ 📞 +43-1-587-5307

현대미술관(Museum Moderner Kunst Stiftung Ludwig)

18세기부터 빈 분리파들은 새로운 미술을 선보일 수 있는 현대미술관 설립을 주장했지만 별다른 대안이 나오지 않았다. 그러다가 슈바이처 정원 안에 20세기 하우스가 만들어지면서 현대미술관이 생겨났고, 1979년 빈에서 가장 화려한 건축물로 손꼽히는 리히텐슈타인 궁에 연방 현대미술관이 만들어지면서 이 두 건물을 합쳐 빈Wien의 현대미술관으로 통합되었다.

빈Wien은 다른 도시들보다 조금 늦게 현대 미술관이 세워졌지만 그 규모나 수준은 결코 뒤지지 않는다. 사실주의, 초현실주의, 사진작품, 설치미술, 행위예술 등 거의 모든 분야에 있어 다양한 작품을 소개, 전시하고 있다. 리히텐슈타인 궁에서는 널리 알려진 모더니즘 작가인 피카소, 마그리트, 미로, 칸딘스키의 작품과 전후 세대의 폴록, 워홀, 바셀리츠 같은 작가를 만날 수 있다. 20세기 하우스에서는 1950년 이후부터 현재에 이르는 구상미술과 미니멀리즘 미술, 설치미술 작품을 볼 수 있다.

도널드 주디, 솔 르윗, 마리오 멜츠, 리처드 세라 등의 특별전은 물론 오스트리아 현대 작가를 소개하는 전시회가 마련된다. 20세기 하우스에는 넓은 조각 공원이 있는데, 헨리 무어나 알베르토 자코메티, 프리츠 우트루바, 요셉 보이스의 작품이 있다.

🌐 www.mumck.at 🏠 Museumplatz 1(Ⓤ-3 Volkstheater 또는 (Ⓤ-2 MuseumsQuartier 역 하차)
🕐 10~19시(화~일요일) / 목요일은 21시까지, 월요일은 14시부터)
€ 3€(학생 8€, 19세 이하 무료 / 레오폴드 통합권 22€) 📞 +43-1-525-000

쿤스트하우스 빈 VS 훈데르트바서 하우스
(Kunsthaus Wien VS Hundertwasser Haus)

마치 꿈을 꾸듯 독특한 세계를 건축과 그림을 통해 마음껏 펼쳤던 빈Wien 출신의 화가 훈더트바서Hundertwasser가 가구 공장을 개조해 1991년 자신의 작품을 보관하고 전시하는 공간으로 만들었다. 직선과 직각으로 대표되는 오늘날의 획일적인 건축물을 놀리기라도 하듯 구불거리는 곡선과 화려한 색상이 그 자체로 아름다운 미술품으로 탄생되었다.

역사가 짧은 미술관이지만 독특한 기획으로 많은 사람들을 불러 모으고 있는데 2, 3층에는 훈더트바서Hundertwasser의 대표작을 전시하며 비디오를 통해 그의 생활 모습을 지켜볼 수도 있다. 빈은 물론 오스트리아 곳곳에서 볼 수 있는 그의 독특한 건축물을 모형으로 감상할 수도 있으며 4, 5층은 현대 미술이나 사진 분야에 있어 자신만의 세계를 구축한 작가들을 소개하는 공간이다.

🌐 www.kunthauswien.com 🏠 Untere Weißerberstraße 13(Ⓤ-3 Wien Mitte 역 하차)
🕐 10~18시 € 13€(11~18세 6€ 10세이하 무료 / 훈데르트바서 박물관과 콤비 티켓) 📞 +43-1-712-0491

훈데르트바서 하우스(Hundertwasserhaus)

쿤스트하우스 빈에서 5분 거리에 다양한 색채로 둘러싸인 독특한 분위기의 훈데르트바서 하우스(Hundertwasser Haus)가 있다. 1985년 훈데르트바서(Hundertwasser)가 빈(Wien) 시와 함께 지은 집합적인 주택으로 아파트 같이 보이기도 한다. 어린이를 위한 놀이방, 지붕 정원, 파티를 위한 윈터 가든이 있다. 내부는 비공개이기 때문에 볼 수 없다.

훈데르트바서(Hundertwasser)는 도시의 건조한 건축물에 생명을 불어넣어 도시에서 인간이 자연과 공존하는 공간으로 바꾸는 치료의 역할을 강조하는 건축가였다. 그래서 스페인에 가우디(Gaudi)가 있다면 오스트리아에는 훈데르트바서(Hundertwasser)가 있다고 말한다. 가우디처럼 강렬한 색채와 직선이 아닌 나선의 형태로 인간과 자연의 공존이 중요하다고 하면서 환경운동에도 적극적으로 참여한 것으로 유명하다. 그의 건축물에는 훈데르트바서 하우스, 쿤스트하우스 빈, 슈피텔라우 쓰레기 소각장이 있다.

빈의
주변 마을

그린칭(Grinzing)

빈Wien 북동쪽 6km지점에 있는 아담하고 작은 마을 그린칭은 호이리케 의 본고장으로 유명하다. '호이리케'란 그해 새로 만든 와인을 뜻하는 말인데, 오늘날은 선술집을 부르는 말로 쓰인다. 그린칭은 200년 전부터 포도주를 생산해 왔고 지금은 와인을 파는 선술집들이 즐비하게 늘어서 있다. 아름다운 교회와 몇 백 년은 되어 보이는 건물에 낡은 '술집'의 간판이 정감 있게 다가온다. 음악을 들으며 와인 한 잔과 뷔페식 식사를 하는 즐거움. 그린칭에서만 못볼 수 있는 정취이다.

이동방법
U6를 타서 누브도르퍼 스트르Nubdorfer str에서 하차한 후 38번 트램을 타고 종점인 그린칭Grinzing에서 내리면 된다.

하일리겐슈타트(Heiligenstadt)

칼렌베르크 언덕 기슭의 포도밭에 둘러싸인 작은 마을로 그린칭에서 북쪽으로 5km정도 떨어져 있다. 이곳에는 베토벤이 살던 집이 그대로 남아 있으며 그가 귓병 악화로 절망한 끝

에 유서를 썼던 곳도 바로 이곳이다. 그가 교향곡 '전원'의 악상을 떠올리며 산책했던 슈라이바흐 강가의 오솔길에는 베토벤 기념 흉상이 있다.

이동 방법
Ⓤ 4호선 종점 하일리겐슈타트Heiligenstadt에서 트램 D로 갈아타고 베토벤강 Beethovengana하차

바덴(Baden)

빈Wien에서 남서쪽으로 25㎞ 떨어진 헬렌 계곡에 위치해 있다. 2000년 전 로마인들이 온천으로 개발한 이후 오랫동안 많은 음악가와 귀족들로부터 사랑을 받아온 곳이다. 온통 숲과 포도밭으로 둘러싸인 경치가 매력적으로 모차르트, 베토벤, 요힌 스트라우스도 이곳을 자주 찾아서 작곡활동을 하곤 했다.
베토벤이 9번 교향곡의 악상을 떠올렸던 베토벤 하우스Beethoven Haus는 현재 그의 기념관으로 사용되고 있다. 이밖에 모차르트가 '아베베룸'을 작곡한 집 모차르트 호프Mozart Hof와 프란츠 요제프 황제 박물관 등이 남아 있다.

이동 방법
빈Wien에서 S 1, 2를 타고 바덴Baden역에서 하차

Salzburg
잘츠부르크

잘츠부르크

SALZBURG

잘자흐(Salzach) 강 서안에 자리한 잘츠부르크에서는 잘츠부르크 성당(Salzburg Cathedral)과 모차르트 광장(Mozart Platz)을 비롯한 유서 깊은 명소들을 직접 볼 수 있다. 위풍당당한 레지던스 광장(Residencz Platz)을 굽어보며 서 있는 레지던스 성(Residencs Castle)은 1500년대에 잘츠부르크의 군주들이 기거하던 곳이다.

화려한 건물을 방문하여 렘브란트를 비롯한 유럽 거장들의 작품과 커다란 홀을 둘러보자. 중세의 거리 게트라이데 레인(Getreidegasse Rain)을 거닐며 모차르트 생가(Mozart Geburtshaus)를 방문하는 것도 좋은 경험이다. 올드 타운 옆으로는 묀히스베르크 산이 자리하고 있다. 케이블카를 타고 꼭대기에 올라 유럽에서도 손꼽히는 호헨 잘츠부르그 성(Festung Hohensalzburg)을 방문해 둘러보자.

About
잘츠부르크

인구 15만 명이 사는 오스트리아의 작은 도시 잘츠부르크는 여행자들에게는 참 매력적인 도시이다. 잘츠부르크Salzburg는 '소금의 성Salz Berg'라는 뜻에서 유래되었다. 예전 소금이 귀하던 시절에는 소금이 많이 나는 것도 대단한 자랑거리였을 거라고 추측한다.

영화 팬들에게는 뮤지컬 영화 '사운드 오브 뮤직'을 떠올리게 한다. 중세의 골목길과 위풍당당한 성들이 아름다운 산으로 둘러싸여 있는 오스트리아의 이 도시는 모차르트와 영화 〈사운드 오브 뮤직〉의 고향이기도 하다.
잘츠부르크를 찾은 여행자들은 모차르트의 흔적을 찾아보거나 영화 사운드 오브 뮤직의 배경이 되었던 곳을 하나하나 찾아다니는 것만 해도 잘츠부르크 탐험이 흥미로운 것이다.

세계 클래식 음악 팬들에게는 음악의 신동 모차르트를 기억하게 한다. 잘츠부르크는 모차르트의 고향이라는 유명세와 함께 매년 여름마다 유럽 최대의 음악제인 '잘츠부르크 음악 페스티벌'이 열려 수많은 고전음악 팬들이 찾는 명실상부한 음악의 도시이다.

잘츠부르크의 올드 타운은 세계문화유산으로서, 건물의 신축이 엄격하게 제한되어 있다. 아름다운 잘자흐 강 유역에 자리한 잘츠부르크는 중세의 건축물과 음악 축제, 수준 높은 요리를 자랑한다. 크루즈를 타고 강 위에서 도시의 지형을 보고 야외 시장인 잘자흐 갤러리가 서는 주말에는 강변을 산책하며 시장 구경에 나서 보자.

잘츠부르크여행 전 알면 좋은 상식
사운드 오브 뮤직

클래식에 별다른 관심이 없는 여행자들은 영화 '사운드 오브 뮤직'의 잔잔한 감동을 떠올리며 주저 없이 배낭을 짊어지고 이곳 잘츠부르크로 떠나보자. 영화 '로마의 휴일'이 고대 도시 로마를 낭만적인 곳으로 만들어 놓았듯이, 뮤지컬 영화 '사운드 오브 뮤직'은 잘츠부르크를 가장 전원적인 아름다움을 가진 도시로 기억하게 한다.

영화 '사운드 오브 뮤직'은 잘츠부르크 시내와 근교 잘츠감머구트를 배경으로 그림 같은 오스트리아 자연의 아름다움을 영상으로 보여 주며 아름다운 화음과 함께 영화 팬들의 감동을 자아낸다.

1959년 브로드웨이의 1,443회 장기 공연 기록을 세운 뮤지컬을 영화로 만든 것이다. 잘츠부르크를 배경으로 한 아름다운 영상미와 영화 음악 등으로 세계인의 사랑을 받은 뮤지컬 영화의 고전이다. 잘츠부르크에 가기 전에 꼭 볼만한 영화이다. 수련 수녀 마리아는 부인과 사별하고 7명의 아이들이 살고 있는 예비역 대령 폰 트랩의 집에 가정교사로 들어간다. 마리아는 군대식의 엄격한 교육을 받은 아이들에게 아름답고 즐거운 노래를 가르쳐주고 아름다운 자연을 느끼게 해줌으로써 아이들의 명랑함을 되찾아 준다. 남작 부인과 결혼하려던 트랩 대령은 마리아에 대한 사랑을 깨닫고 마리아와 결혼한다. 제2차 세계대전이 발생으로 오스트리아가 독일에 합병되자 폰 트랩 일가는 가족합창단을 만들어 오스트리아를 탈출한다. 1965년 아카데미 작품, 감독, 편곡, 편집, 녹음 등 5개 부문을 수상하였다.

모차르트의 발자취를 찾아서

모차르트는 잘츠부르크와 빈을 오가며 음악을 작곡하거나 오페라를 지휘하는 등 다양한 음악 활동을 벌였다. 지금도 그곳에 가면 모차르트가 남긴 흔적들과 모차르트를 사랑하는 사람들을 만날 수 있다.

잘츠부르크

모차르트가 태어난 잘츠부르크는 우리말로 '소금의 성'이란 뜻이다. 잘츠부르크의 산자락에는 소금기를 가득 품은 동굴과 바위들이 모여 있기 때문이다. 바위에서 나오는 소금을 긁어모아 장사를 해 온 잘츠부르크는 옛날부터 부자도시로 유명했다. 그러나 요즘은 모차르트의 고향으로 더 유명해서 해마다 많은 사람들이 찾아온다.

모차르트의 생가

모차르트가 태어난 집으로, 지금은 박물관으로 사용되고 있다. 이곳에는 모차르트가 사용했던 책상, 피아노 같은 물건들과 그가 쓴 악보와 편지도 전시되어 있다. 벽에는 모차르트가 했을지도 모를 낙서도 남아 있다.

대성당

1756년, 아기 모차르트가 세례를 받았던 곳이다. 모차르트는 이 성당의 미사에도 참석하고 오르간도 피아노도 연주했다. 지금도 잘츠부르크 음악제에서 가장 의미 있는 작품은 바로 대성당 계단에서 공연된다.

모차르트 하우스

모차르트가 1773년부터 1780년까지 살았던 집이다. 청년 모차르트는 이 집에서 많은 협주곡과 교향곡을 작곡했다.

모차르트 초콜릿과 사탕

잘츠부르크에 있는 기념품 가게 어디에서나 모차르트의 얼굴이 그려져 있는 달콤한 초콜릿과 사탕을 쉽게 찾아볼 수 있다.

잘츠부르크 음악제

1920년에 시작된 이래, 매년 7월에서 8월 사이에 잘츠부르크에서 열리는 음악제이다. 이때에는 대성당이나 축제 극장, 모차르테움 대 공연장은 물론이고, 작은 성당이나 학교에서도 모차르트의 음악들을 연주하며 위대한 음악가 모차르트를 기린다.

About 모차르트
편지 속에 담겨 있는 모차르트의 생각과 삶
모차르트는 가족들과 떨어져 있을 때면 늘 편지를 주고받으며 연락을 했다. 모차르트와 가족들이 주고받은 편지들 속에는 모차르트가 어떤 생각을 갖고 있었는지, 어떤 성찰을 했는지 잘 드러나 있다.

저는 작곡가이며 궁정 악장이 될 사람입니다.
빈에 머물며 궁정에서 일할 기회를 찾던 모차르트에게 아버지는 피아노 교습이라도 해서 돈을 벌어야 한다는 편지를 보냈다. 하지만 모차르트는 자신의 재능을 그렇게 낭비하고 싶지 않았다.
모차르트는 자신을 연주자이기보다는 작곡가로 높이 평가했고, 자기 자신의 재능을 잘 파악하고 있었다. 하지만 모차르트는 자기의 음악을 인정하지 않는 사람들 때문에 늘 고통받아야 했다.

모차르트가 '아빠'라고 부른 또 한 사람

모차르트는 교향곡의 아버지라 불리는 위대한 음악가 하이든을 '아빠'라고 부르곤 했다. 하이든은 모차르트의 음악성을 가장 빨리 가장 정확히 알아본 사람으로, '내가 아는 음악가 중에 가장 위대한 천재 모차르트의 작곡은 그 누구도 맞설 수 없을 것'이라고 평가했다.

모차르트보다 스물네 살이나 많았던 하이든은 모차르트와 음악에 대한 생각들을 나누기 좋아했고, 이들의 우정은 모차르트가 죽을 때까지 계속되었다.

하이든

악기를 알아야 연주도 잘한다.

모차르트는 어렸을 때부터 악기에도 관심이 아주 많았다. 당시는 여러 악기의 발전이나 새로운 악기의 발명이 이루어지던 때라 더욱 그럴 수 있었다. 특히 피아노는 클라비코드엣 하프시코드, 피아노포르테, 피아노로 이어지며 발전하였는데 이는 모차르트의 작곡에도 큰 역할을 했다.

피아노는 평생 동안 모차르트 음악 활동의 중심이 된 악기로, 모차르트는 뛰어난 피아노 독주곡과 협주곡을 수없이 작곡했다. 그래서 모차르트는 자기가 작곡한 곡들의 완벽한 연주를 위해 피아노 공장에 직접 편지를 보내서 자신이 원하는 피아노를 만들어 달라고 부탁할 정도였다.

아빠 모차르트

모차르트 부부는 1783년 6월, 빈에서 첫아기 라이문트를 낳았다. 그런데 아기를 유모에게 맡겨 두고 아버지를 만나러 잘츠부르크에 다녀온 사이에 아기가 그만 병에 걸려 죽고 말았다. 첫아기를 잃은 뒤 모차르트 부부는 몇 명의 아기를 더 낳았지만, 카를과 프란츠 두 아들만 살아남았다. 아버지 모차르트는 아주 자상하게 아이들을 돌봤다. 아내 콘스탄체가 아이들을 데리고 요양을 갈 때면 모차르트는 아이들의 약을 손수 챙길 만큼 다정한 아빠였다고 한다.

도둑맞을 뻔한 진혼 미사곡

모차르트가 죽는 순간까지 매달렸던 진혼 미사곡은 발제크 백작이 모차르트에게 부탁한 곡이었다. 백작은 죽은 아내를 위해 진혼 미사곡을 직접 작곡하고 싶었지만, 재능이 없어서 곡을 만들지 못했다. 그래서 아무도 모르게 모차르트에게만 부탁하고 자신의 이름으로 그 곡을 발표했다. 그러나 나중에 사실이 알려지면서 작곡자가 바뀌었고, 모차르트가 완성하지 못한 부분을 모차르트의 제자였던 쥐스마이어가 마무리 지었음이 밝혀졌다.

한눈에
잘츠부르크 파악하기

잘츠부르크를 보는 데는 하루면 충분하다. 대부분의 볼거리가 모두 구시가에 몰려 있어서 천천히 걸어서 보면 된다. 역에서 나오자마자 왼쪽으로 라이너^{Reinerstrasse}를 따라 1㎞ 정도 걸어가면 미라벨 정원이 나온다. 미라벨 정원에서 호엔 잘츠부르크 성이 보이는 쪽으로 조금 걸어가면 잘차흐 강이 보인다.

그 강을 건너면 바로 구시가로 연결된다. 이곳은 차가 다닐 수 없는 좁고 복잡한 거리로 모차르트 생가 → 레지던츠 → 대성당 → 성 페터 교회 → 축제극장 → 호엔 잘츠부르크 성 순서로 돌아보면 된다. 구시가의 볼거리는 모두 인근에 있기 때문에 돌아보는데 많은 시간이 걸리지 않는다.

잘츠부르크
핵심 도보 여행

잘츠부르크 중앙역에 도착하면 역 정면으로 보이는 골목에는 잘츠감머구트로 떠나는 버스 정류장과 렌트카 회사 등이 들어서 있다. 충분히 걸어 다니며 구경할 만큼 작은 도시이지만 다른 도시들과 마찬가지로 처음 방향을 잘못 잡으면 헤매게 된다. 잘츠부르크는 잘차흐 강이 시내를 가로지르며 구시가지와 신시가지로 나누고 있으며 여행자들의 볼거리는 대부분 역 뒤쪽에 몰려 있다.

조금 걷다 보면 왼쪽으로 굴다리가 보이는데, 그 굴다리를 통과해 역 뒤쪽으로 가면 방향을 제대로 잡은 것이다. 잘츠부르크를 여유있게 보고자 하는 여행자는 역 뒤 마을에 자리 잡고 있는 곳에 숙소를 정하는 것으로 여행을 시작하면 된다.

사운드 오브 뮤직에서 가정교사로 온 주인공 마리아가 대령의 아이들과 함께 '도레미 송'을 함께 불렀던 미라벨 정원'으로 먼저 가보자. 비스듬히 직진해 나오면 어렵지 않게 미라벨 정원을 찾을 수 있다. 잘츠부르크 시민들에게는 휴식 공간역할을 톡톡히 해내는 아름다운 미라벨 정원 안에는 청년 시절 모차르트가 대주교에 소속되어 연주 활동을 했다는 바로크 양식의 미라벨 궁전이 보이고 저 멀리 '호엔 잘츠부르크 성'도 보인다.

> 브루노 발터가 지휘하고 콜롬비아 교향악단 연주로 1954년 녹음한 LP음반인 '미라벨 궁 정원에서 'In The Gardens of Mirabell'의 재킷 사진은 호엔 잘츠부르크 성을 뒷배경으로 두고는 미라벨 공원 모습 그대로를 찍은 것이다.

햇볕 좋은 정원 벤치에 앉아 책 읽기에 몰두해 있는 여성, 눈을 동그랗게 뜨고 스케치를 하는 소녀, 야외 촬영을 하는 예비부부의 모습 등 아름다운 미라벨 정원과 어울리는 여유 있고 낭만적인 모습들이다.

정원을 뛰어다니며 노는 아이들을 구슬려 노래를 시키면 대령의 말괄량이 아이들처럼 '도레미 송'을 귀엽게 불러 줄 것만 같다. 미라벨 정원을 천천히 걸으면서 구경하고 나오면 멀지 않은 곳에 세계적인 음악원이며 모차르트 재단이 들어선 모차르테움Mozarteum이 보인다. 오페라 '마적'을 작곡했던 오두막집을 비엔나에서 그대로 옮겨다가 보존하고 있는 이곳에서는 모차르트의 많은 자필 악보들을 볼 수 있다. 그 옆에 세계적으로 유명한 인형극장인 마리오네트 극장도 보인다.

다시 강가 쪽으로 조금 가다 보면 모차르트의 집Mozarts Wohnhaus을 만난다. 잘츠부르크에는 모차르트가 살던 집이 몇 곳 있는데, 이곳은 이사를 자주 다녔던 모차르트가 17세 때부터 빈으로 떠나기 전까지 살았던 곳이다. 잘츠부르크의 궁정 음악가였던 모차르트는 25세 때 그의 음악을 제대로 인정해 주지 않았던 이곳 대주교와의 불화로 빈Wien으로 버려지듯 쫓겨 간다.

미라벨 정원
Mirabellgarten

기차역에서 걸어가면 가장 먼저 만나게 되는 볼거리가 미라벨 정원^{Mirabellgarten}이다. 이곳은 '사운드 오브 뮤직'을 본 사람들은 그리 낯설지 않을 곳으로 마리아가 아이들과 함께 '도레미 송'을 부르던 곳이다. 아름다운 꽃과 분수, 조각상, 잔디로 장식된 정원 자체도 멋지지만 여기서 바라보는 잘츠부르크 성의 전망은 압권이다. 일단 잘츠부르크 성^{Festung Hohensalzburg}을 배경으로 사진을 한 컷 찍은 다음에 돌아보도록 하자.

정원 내에 있는 미라벨 정원은 17세기 초 디트리히 대주교가 연인인 살로메 알트^{Slome Alt}를 위해 세운 것인데, 후에 마르쿠스 시티쿠스 대주교가 미라벨 정원^{Mirabellgarten}으로 바꾸었다. 궁전 안의 대리석 홀은 모차르트가 대주교를 위해 연주했던 곳으로 지금은 실내악콘서트 홀로 쓰이고 있다.

1690년 요한 피셔 폰 에를라흐^{Johann Fischer von Erlach}가 디자인하였지만 1730년, 요한 루카스 폰 힐데브란트^{Johann Lukas von Hildebrandt}가 다시 디자인하여 지금에 이르렀다. 1818년에 지진으로 복구를 하기도 했다.

🌐 www.viennaconcerts.com 🏠 Mirabellgarten 🕐 8~16시 📞 662-80-720

> **대주교와 살로메의 사랑**
>
> 대주교는 사랑을 할 수 없음에도 불구하고 살로메 알트(Slome Alt)와 사랑을 나누었다. 그는 결국 대주교에서 물러나고 아이 15명을 낳고 사랑을 지키며 오래 잘 살았다. 대주교의 영원한 사랑은 비극이 아니었다.

잘자흐 강
Salzach

잘자흐Salzach 강은 오스트리아와 독일을 흐르는 225㎞길이의 강이다. 강과 접한 도시로 오스트리아의 잘츠부르크가 있다. 잘자흐Salzach 강은 오스트리아 잘츠부르크를 가로지르는 청명한 강으로 알프스의 눈이 녹아내려 흐르고 있다. 강을 중심으로 잘츠부르크의 구시가지와 신시가지를 나뉘는 역할을 하고 있다.

강 이름은 독일어로 '소금'을 뜻하는 '잘츠Salz'에서 유래된 것처럼 19세기에 잘츠부르크-티롤 철도가 개통되기 전까지 선박을 이용한 소금 수송이 있었다.

잘자흐Salzach 강을 따라 잘츠부르크 옛 도시를 볼 수 있다. 숨이 멎을 듯한 도시의 아름다운 실루엣, 잘츠부르크 남부에 위치한 특색있는 풍경을 볼 수 있으며, 강둑을 따라 펼쳐지는 풍경이 아름답다. 하겐Hagen 산맥과 테넨Tennen 산맥을 바라보면서 인상적인 도시의 모습 또한 감상할 수 있다.

유람선 투어
잘자흐(Salzach) 강을 따라 가며 잘츠부르크 시내의 주요 명소를 관광하는 보트 투어는 편안히 앉아서 보트 밖으로 펼쳐지는 스카이라인과 아름다운 건축물을 볼 수 있다. 우베르푸르(uberfuhr)다리까지 왕복하는 코스(1일 3회)와 헬브룬 궁전코스(1일 1회)가 있다.

잘츠부르크카드가 있으면 무료다. 투어는 50여분 정도 소요되는 데 배를 탄다는 것 외에 특별한 것은 없다. 그리 폭이 넓지 않은 강을 따라 내려가면서 강변의 풍경들을 보게 된다. 오후의 따스한 햇살을 즐기는 사람들의 모습이 여유롭게 느껴진다.

- 요금 : 16€ ■ 전화 – 8257–6912 ■ 시간 : 3~4월 13(토요일), 15, 16시, 5월 11~13시, 15~17시(매월 운행시간은 1시간 씩 늘어나서 8월에 20시까지 운행하고 9월부터 다시 1시간씩 줄어듦)
- 홈페이지 : www.salzburgschifffahrt.at

잘츠부르크 성당
Dom Zu Salzburg

잘자흐Salzach 강 서쪽, 올드 타운에 자리하고 있는, 8세기에 건립된 잘츠부르크의 유서 깊은 성당은 유럽에서도 손에 꼽히는 아름다운 성당이다. 유구한 역사를 자랑하는 잘츠부르크 성당에서 모차르트는 세례를 받고, 훗날 성당의 오르간 연주자로 봉사했다.

잘츠부르크 성당Dom Zu Salzburg에서 가장 눈에 띄는 것은 돔 모양 지붕이다. 구약 성서의 일화를 그리고 있는 내부의 프레스코화는 피렌체 출신의 화가 '도나토 마스카니'의 작품이다. 중앙 회중석을 장식하고 있는 회화 또한 마스카니의 작품이다. 대문 입구를 장식하고 있는 조각품은 성 루퍼트와 성 비질리우스, 예수의 12제자 중 베드로와 바울의 모습을 그리고 있다.

잘츠부르크 성당Dom Zu Salzburg의 7개의 종은 오스트리아에서 가장 아름다운 소리를 자랑한다. 이 중 무게가 14ton에 달하는 '부활의 종'은 오스트리아에서 2번째로 큰 종이다. 7개의 종 중 '마리아의 종'과 '비르길리우스의 종'만이 최초에 제작된 그대로 남아 있다.

음악 애호가라면 성당 입구 근처에 자리를 잡고 있는 로마네스크 양식의 청동 세례반을 유심히 관찰해 보자. 세례반은 볼프강 아마데우스 모차르트의 세례식에 사용되었다. 전설적인 천재 작곡가, 모차르트는 1779~1781년까지 잘츠부르크 성당의 오르간 연주자로 봉사하였으며, 이곳에서 〈대관식 미사〉를 초연했다. 1년에 한 번 열리는 잘츠부르크 축제 때에는 성당 광장에서 모차르트의 작품을 비롯한 다양한 실내악이 연주된다.

간략한 역사

잘츠부르크 성당(Dom Zu Salzburg)은 전형적인 17세기 바로크 건축 양식을 가지고 있다. 성당의 역사는 비르길리우스 주교가 774년에 로마의 정착지 주바붐에 세워진 성당을 축성(祝聖)하였지만, 건립 후 8차례의 화재를 겪었다. 1598년의 화재로 인해 성당의 상당 부분이 불에 탔다. 오늘날의 성당은 이탈리아의 건축가 '산티노 솔라리'에 의해 설계되었다.

🌐 www.salzburger-dom.at 🏠 Domplatz 1 🕗 8~19시(일요일 13~19시) 📞 662-8047-7950

게트라이데 거리
Getreidegasse

잘츠부르크Salzburg에서 가장 번화한 거리로 모차르트 생가 옆으로 뻗어 있다. 모차르트 생가와 구시청사도 이 거리에 있다. 좁은 골목에 선물가게, 레스토랑, 바 등 갖가지 상점들이 들어서 있어서 관광객의 발길이 끊이지 않는다. 상점 건물마다 걸려 있는 독특한 철제 간판이 눈길을 끌며 바닥에 그림을 그리는 사람들도 찾아볼 수 있다.

과거 & 현재

과거의 부촌
1500년대 후반에서 1600년대 초반까지, 이 거리는 독일의 바이에른 주로 이어지는 간선 도로 역할을 했다. 부유한 상인들이 오가던 이곳은 잘츠부르크의 부촌이었다. 오늘날, 거리에 넘쳐나는 세련된 패션 상점들과 보석 부티크는 과거의 영광을 재현하고 있다.

현재의 쇼핑
모차르트 생가, 박물관, 아기자기한 중세 가옥들로 유명하다. 게트라이데 레인을 거닐며 중세의 거리와 아름다운 안뜰을 배경으로 서 있는 고급 부티크 가게를 감상하고 예술가들과 거리의 악사들을 만날 수 있다. 그냥 상점을 보면서 쇼핑을 하다가, 마음에 드는 물건을 보고 쇼핑에 나서도 좋다.

가이드 투어
(투어 참가 홈페이지나 전화로 예약)
1시간짜리 가이드 투어에 참여하면 세계적인 작곡가, 모차르트의 유년 시절에 대해 알 수 있어서 더욱 알차게 둘러볼 수 있다.

한눈에
게트라이데 파악하기

게트라이데 거리 Getreidegasse를 따라 늘어선 좁고 높은 가옥들은 잘츠부르크가 자랑하는 중세 건축의 전형적인 모습을 보이고 있다. 역사와 건축에 관심이 있는 사람들은 연철로 된 표지판과 대문처럼 생긴 창문들에서 눈을 떼지 못한다. 패션에 관심이 있다면 세련된 상점들을 둘러보며 시간이 가는 줄 모른다. 음악 애호가라면 영화 〈사운드 오브 뮤직〉 기념품과 모차르트 기념품 쇼핑을 하게 된다. 게트라이데 거리 9번지에는 모차르트 생가와 박물관이 있다.

평지로 된 게트라이데 거리 Getreidegasse는 걸어서 다니기에 좋다. 여름에는 분위기 있는 조용한 안뜰에서 잠시 휴식을 취할 수 있다. 안뜰은 벽화와 아치 구조물, 화단 등 개성 있는 특성을 보이기 때문에 천천히 둘러보라고 추천한다. 샤츠 하우스에서 유니버시티 광장까지 걸으며 회화 작품 '아기 예수와 성모 마리아'와 독일의 정치인 아우구스트 베벨을 기리는 명판을 찾으면서 걸어보자. 미라클 밀랍 박물관에는 잘츠부르크의 18세기 말 모습을 찾아보자.

거리 동쪽 끝에서 엘리베이터를 타고 묀히스베르크 산에 올라 묀히스베르크 현대미술관을 방문할 수 있다. 해가 지고 어둠이 찾아오면 상점과 가옥들이 불빛을 밝히는 저녁 무렵이 가장 아름답다.

호헨 잘츠부르크 성
Festung Hohensalburg

케이블카를 타고 산꼭대기에 올라 잘츠부르크 최고의 명소로 자리매김한 유럽 최대 규모의 중세 성을 찾아보자. 올드 타운 어디에서나 잘 보이는 묀히스베르크 언덕 위에 도시를 내려다보며 우뚝 서 있는 아름다운 성이다.
시내에서 케이블카를 타고 조금만 가면 '잘츠부르크의 고지대 성'이라는 뜻의 이름을 가진 호헨 잘츠부르크성이 나온다. 11세기에 건축이 시작되어 1681년에 완성되었다.
1077년 대주교 게브하르트에 의해 건립된 호헨 잘츠부르크성은 길고 긴 세월 동안 주거용 건물, 요새, 교도소, 병영으로 사용됐다. 훌륭하게 보존된 여러 화려한 방과 도시의 아름다운 전경을 자랑한다.

렉툼 감시탑에 오르면 잘츠부르크의 아름다운 전경이 눈앞에 펼쳐진다. 성에는 잘츠부르크 마리오네트 극장의 인형들이 전시된 마리오네트 박물관을 비롯해 3곳의 박물관이 자리하고 있다. 성벽으로 둘러싸인 호헨 잘츠부르크성을 방문하면 박물관과 미술 전시를 관람할 수 있다. 성에서는 공연이 개최되면 가족이나 연인과 함께 즐거운 시간을 보내기에 좋다.

내부 풍경
중세 시대의 성 중에서도 유럽 최대 규모로 꼽히는 호헨 잘츠부르그성의 내부를 둘러보며 과거 왕족들이 식사를 하고 잠을 자던 곳을 직접 확인할 수 있다. 황금 홀의 벽면을 장식하는 고딕 양식의 목재 조각품이 인상 깊다. 천장 대들보에는 순무와 사자로 구성된 대주교 레온하르트 폰 코이샤흐의 문장이 그려져 있다. 요새 곳곳의 50여 곳에서 가문의 문장을 찾을 수 있다. 황금의 방에 들러 왕들이 사용하던 화려한 가구도 볼만하다.

전망
중세의 모습을 그대로 간직하고 있는 중부 유럽 최대의 성 내부에는 성에서 사용하던 주방 기구와 대포, 고문 기구 등이 전시되어 있는 성채 박물관과 라이너 박물관이 있다. 성 뒤편의 전망대에서는 시내의 모습이 한눈에 들어온다. 도시를 가로지르는 잘자흐 강과 검은 회색빛이 감도는 도시의 전망은 아주 매력적이다. 특히 뒤쪽의 파란 잔디가 깔린 잔디 한가운데 홀로 버티고 있는 집은 엽서의 한 장면을 보는 듯이 아름답다.

올라가는 방법
언덕 위에 있지만 올라가는 데는 그리 힘들지 않다. 카피덴 광장 근처의 성까지 올라가는 10분에 한 번씩 출발하는 케이블카를 타면 몇 분 안에 성에 도착할 수 있다. 튼튼한 다리를 가지고 있다면 무시해버리고 올라가도 된다. 요새의 안뜰까지 페스퉁 레인을 따라 걸어가는 방법이다. 계단이 잘 놓여 있어서 천천히 걸어 올라가면 약 15분 정도 소요된다.

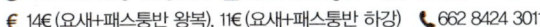
 www.salzburg-burgen.at Mönchsberg 34 9시 30분~17시(5~9월 19시까지)
 14€ (요새+패스퉁반 왕복), 11€ (요새+패스퉁반 하강) 662 8424 3011

레지던스
esidenz

13세기에 지어진 궁전은 현재, 미술관과 공연장으로 사용되고 있는 문화 허브이다. 레지던스Residenz는 잘츠부르크 올드 타운 중심지인 잘츠부르크 성당 맞은편에 위치하고 있다.

잘츠부르크 레지던스Residenz에서는 다양한 문화적 욕구를 충족시킬 수 있다. 렘브란트의 걸작 〈기도하는 어머니〉를 감상하고, 잘츠부르크 궁전 콘서트를 관람할 수 있는 레지던스Residenz는 오랜 세월 동안 잘츠부르크 대주교들의 주거지로 사용됐다.

1232년, 대주교 콘라트 1세는 주교들이 살게 될 궁전 건립에 착수하였다. 그는 건물을 레지던스Residenz라고 이름 지었다. 16세기에 대주교이자 왕자이던 볼프 디트리히 폰 라이테나우에 의해 바로크 양식의 건물로 재건축되어 지금에 이르렀다.

🌐 Residenzplatz 🚌 250번 버스 타고 Mozartsteg, Ruolfskai, Rathaus 정류장 하차

내부 모습

2층
널찍한 카라비니에리잘은 연극과 연회를 위해 사용되던 곳이다. 이곳을 시작으로 레지던스의 수많은 웅장한 홀들을 모두 둘러볼 수 있다. 이 중에서 알렉산더 대왕을 그린 프레스코화가 높다란 천장을 뒤덮고 있는 '아우디엔잘'이 가장 인상 깊다.

3층
레지던스 갤러리(Residenz Gallery)가 있는 3층은 렘브란트의 〈기도하는 어머니〉를 비롯하여 16~19세기까지의 유럽 거장들의 작품이 전시되어 있다. 레지던스 홀과 갤러리 오디오 투어 입장권에 갤러리 입장료가 포함되어 있다.

음악 공연장
라츠지머는 1762년 6세의 모차르트가 최초로 공연을 한 곳이다. 리테르잘에서는 모차르트를 비롯한 여러 음악가들이 대주교들을 위해 연주를 했다. 지금, 잘츠부르크 궁전 콘서트가 열리는 곳이다.

오디오 가이드
궁전의 180방을 모두 둘러볼 수 있다. 가이드 이용료는 입장료에 포함되어 있다. 8개 언어로 제공되는 오디오 가이드를 따라 투어를 마치는 데는 약 45분 정도 걸린다. 중세 시대 대주교를 알현하기 위해 방문한 왕자들과 정치가들의 발자취를 따라가면 화려한 홀들을 둘러보게 된다.

레지던스 광장
Residenz Platz

두 채의 대주교 궁전이 자리한 올드 타운의 레지던스 광장Residenz Platz에는 각종 공연과 축제, 스포츠 행사가 개최된다. 넓은 레지던스 광장Residenz Platz에는 바로크 양식과 르네상스 양식의 전형인 궁전, 2채가 자리해 있다. 광장은 다양한 문화 행사들의 개최지이기도 하다. 잘츠부르크 시민들의 사교 중심지인 이곳은 16세기 후반에 세워졌다.

광장의 중심에는 화려한 레지던스 분수대가 서 있다. 잘츠부르크에서 가장 규모가 큰 이 분수대는 영화 〈사운드 오브 뮤직〉의 배경으로도 사용됐다. 정교한 돌고래와 말, 아틀라스 조각은 이탈리아의 조각가 토마소 디 가로네의 작품이다. 광장을 거닐면 아름다운 분수대와 인근의 건물들을 카메라에 담고, 분수대 근처에서 휴식을 취하는 장면을 볼 수 있다.

레지던스 광장Residenz Platz 양측에는 잘츠부르크의 유서 깊은 랜드 마크가 서 있고, 서쪽에는 13세기에 지어진 레지던스 궁전이 있다. 광장 북쪽에는 가옥들이 줄지어 서 있고 매력적인 카페와 빵집에 앉아 늦은 아침의 여유를 즐길 수 있다. 남쪽은 돔 광장과 잘츠부르크 성당으로 이어진다.

모차르트 광장에 인접한 동쪽에는 뉴 레지던스가 있다. 이곳은 파노라마 박물관을 비롯한 여러 박물관의 보금자리이다. 파노라마 박물관을 방문하여 작품의 총 둘레가 26m에 달하는 요한 미카엘 사틀러의 작품인 1829년 잘츠부르크의 모습을 파노라마로 감상할 수 있다.

🌐 Residenzplatz 🏠 250번 버스 타고 Mozartsteg, Ruolfskai, Rathaus 정류장 하차

> **크리스마스 마켓 & 성 루퍼트 축제**
> 레지던스 광장(Residenz Platz)의 분수대 주변에서 열리는 크리스마스 마켓은 알프스의 공예품과 크리스마스 기념품을 판매하고 있다. 멀드 와인과 현지 음식을 맛보며 축제 분위기에 빠져 보자. 9월에는 잘츠부르크의 수호성인인 성 루퍼트 축제가 열린다.

모차르트 광장
Mozart Platz

잘츠부르크 박물관과 볼프강 아마데우스 모차르트의 조각상은 자갈 깔린 광장의 자랑거리이다. 잘자흐 강 서쪽에 자리한 올드 타운의 모차르트 광장Mozart Platz은 1756년 잘츠부르크에서 태어난 오스트리아 출신의 세계적인 작곡가 볼프강 아마데우스 모차르트를 기리기 위해 세워졌다.

고개를 들면 17세기에 지어진 유서 깊은 종탑이 현재까지 하루에 3번 시간을 알려준다. 묀히스베르크 산을 배경 삼아 종탑을 카메라에 담아보자. 야외 테라스를 갖춘 광장의 여러 카페에 앉아 휴식을 취하는 것도 좋다. 거리의 악사들이 연주하는 모습을 구경하며 빵과 커피를 즐기는 사람들의 모습을 쉽게 볼 수 있다.

보행자 전용으로 운영되어 걸어서 다니기에 좋은 모차르트 광장에서 이어지는 자갈길은 잘츠부르크의 중세적 면을 보여주는데, 파이퍼 거리가 대표적이다. 예술가들과 음악인들에게 인기 높은 주거 구역이기도 했다. 1839년에는 오스트리아의 화가 '세바스티안 스티프'가 4번지로 이사를 오기도 했다.

⊕ Mozart Platz 🏠 250번 버스 타고 Rathaus 정류장 하차

광장의 모습
광장의 중앙에는 독일의 조각가 루드비히 슈반탈러에 의해 제작된 모차르트의 동상이 서 있다. 동상은 오페라 〈피가로의 결혼〉, 〈마술피리〉를 비롯한 수많은 고전을 남긴 모차르트가 작고한 지 50년이 지난 1842년에 공개되었다. 잘츠부르크 최고의 명소인 모차르트 광장을 시작으로 올드 타운을 둘러보는 관광객이 많다.

광장에는 모차르트의 생애와 관련된 여러 기념물을 볼 수 있다. 모차르트의 부인 콘스탄체 폰 니센을 기리는 명판을 광장 8번지를 찾아보자. 그녀는 동상이 공개되기 얼마 전 세상을 떠났다. 4번지에는 잘츠부르크 대학 산하 음악원이 자리하고 있다. 음악원은 모차르트의 가까운 친구 안트레터 가문의 이름을 따 '안트레터 하우스'라고 부른다.

비교하자!
모차르트 생가 VS 모차르트 하우스

모차르트 생가(Mozart Geburtshaus)

1756년 1월 27일 음악의 신동 모차르트가 태어나서 17세 때까지 살았던 집이다. 모차르트가 어린 시절 사용하던 바이올린, 피아노, 악보, 침대와 그의 아버지 레오폴트 모차르트와 주고받던 편지 등이 전시되어 있다. 전형적인 오스트리아 중, 상류층 저택으로 음악에 문외한이었다고 한다. 구시가지의 중심지로 각종 상점이 밀집되어 있는 게트라이데거리 Getreidegrasse 한복판에 있다. 노란색 건물에 'Mozart Geburtshaus'라고 쓰여 있어서 쉽게 찾을 수 있다.

🌐 www.mozarteum.at 🏠 Getreidegasse 9, 250번 버스 타고 Rathaus 정류장 하차
🕘 9~17시(7~8월에는 19시까지) 💶 13€(학생 9€)

모차르트 하우스 (Mort's Wohnhaus)

모차르트가 1773~1780년에 살았던 집이다. 제2차 세계대전 때인 1944년에 폭격을 받아 파괴된 것을 1838년에 다시 복원하여 현재 박물관으로 사용 중이다.
미라벨 정원 끝 부분에 조금 걸어가면 나오는 마카르트 광장에 있는 분홍색 건물이다. 모차르트 생가와 다른 곳이다.

🌐 www.mozart.at/museen/mozart-wohnhaus
🏠 Makartplatz 8
🕘 8시 30분~19시(9~다음해 6월까지 9~18시 30분)
💶 11€(15~18세 6€, 6~14세 4€)
📞 662-874-227~40

축제극장
Festspidhauserh

세계적으로 유명한 잘츠부르크 음악제의 메인 콘서트 홀로 모차르트 생가 뒤쪽에 있다. 2,400명을 수용할 수 있는 대극장과 대주교의 마구간을 개조해서 만든 소극장이다. 그리고 채석장을 개조한 야외극장 Felsenreitschule의 3곳으로 나뉘어 있으며 각종 공연이 펼쳐진다. 음악제가 열리는 7~8월을 제외하고는 극장 내부와 무대, 분장실 등을 돌아보는 가이드 투어가 있다.

묀히스베르크 현대미술관
Museum der Moderne Monchsberg

벽 위에 자리 잡고 서 있는 박물관은 내부에서든 외부에서등 숨 막히는 아름다운 전경을 보여준다. 묀히스베르크 산 위에 자리잡고 있는 묀히스베르크 현대미술관Museum der Moderne Monchsberg을 방문하여 모더니즘 건축물과 순수 예술 작품을 감상해보자.

1998년, 신규 미술관 설계를 위한 공모전이 진행되었다. 11명으로 구성된 심사위원은 145명의 지원자 가운데 독일의 건축가 프리드리히 호프 츠빙크 팀을 선정했다. 2004년 개관한 미술관은 20~21세기 예술 작품을 전시하고 있다. 별관인 루페르티넘 현대미술관은 잘츠부르크의 올드 타운 중심지에 있다.

4층으로 된 미술관에는 오스트리아를 비롯한 전 세계 화가들의 작품이 전시되어 있다. 크리스티언 헛징어, 이미 크뇌벨, 토머스 라인홀드, 게르발트 로켄슈라우브, 레오 조그마이어의 추상 작품이 인상적이다.

미술관 건물 또한 하나의 예술 작품이다. 건물의 외관은 잘츠부르크 인근의 운터스베르크 산에서 채석한 대리석으로 이루어져 있다. 커다란 창문을 통해 도시의 풍경을 감상할 수 있다. 미술관에는 세련된 레스토랑이 있어 연인과 함께 우아하게 식사를 즐길 수도 있다. 도시의 아름다운 전경을 감상하며 가벼운 간식과 칵테일을 즐기는 것도 좋다.

🌐 museumdermodernemonchsberg.at 🏠 Monchsberg 32 🕐 10~18시(월요일 휴관)
€ 8€(6~15세의 학생 4€, 가이드 투어 목요일 저녁 무료) 📞 662-842-220

잘츠부르크 박물관
Salzburg Museum

종탑이 있는 궁전에 자리한 박물관에는 잘츠부르크의 다양한 역사적, 문화적 유산이 고스란히 남아 있다. 1834년에 잘츠부르크 박물관Salzburg Museum의 시작은 초라했지만 위대한 잘츠부르크의 예술적, 문화적 유산을 이룩했다.

풍부한 역사적 유산을 가진 잘츠부르크 박물관은 2009년 올해의 유럽 박물관으로 선정되기도 했다. 고고학과 중세 역사, 건축을 시대별로 조명하는 화려한 전시회를 관람하고 예술, 과학, 정치적 업적에 대해 알 수 있다.

박물관의 원형은 제2차 세계대전 당시 심하게 파괴되어 수십 년간 임시 거처로 있다가 잘츠부르크 한복판에 있는 모짜르트 광장의 노이에 레지덴츠에 터전을 잡았다. 웅장한 궁전에는 잘츠부르크의 대주교들이 거주했다. 17세기 제작된 35개의 종이 있는 카리용인 글로켄슈필은 도시의 명물이다.

🌐 www.salzburgmuseum.at 🏠 Mozartplatz 1 🕘 9~17시(월요일 휴관, 11월 1일, 공휴일 휴관)
€ 10€(6~15세의 학생 6€ / 가이드 투어 목요일 저녁 무료) 📞 662-6208-08700

전시관 모습

박물관에 들어서면 잘츠부르크의 화려한 유산을 보여주는 3층 전시관이 있다. 1층 전시관에는 잘츠부르크의 역사 속 인물들을 조명하는 전시물과 멀티미디어 프레젠테이션이 있고, 2층 전시관에서는 잘츠부르크의 현대 예술사를 조명하고 있다. 낭만주의 시대의 예술품과 현지 예술가가 그린 멋진 풍경화가 전시되어 있다. 2층 전시관에서 켈트족의 물병과 고딕 양식의 날개 달린 제단 등 중세 고고학 유물들을 볼 수 있다.

박물관과 파노라마 박물관을 이어주는 지하 통로인 파노라마 통로에는 J. M. 새틀러가 19세기 도시 풍경을 그린 26m 높이의 설치물이 있다. 정원 안쪽의 지하실에는 1년에 3차례의 전시회를 개최하는 다목적 특별 전시 공간인 미술관 쿤스트할레가 있다.

헬부른 궁전
Hellbrunn Palace

1615년에 만들어진 잘츠부르크 대주교의 여름궁전이다. 바로크 양식의 정원은 '물의 정원'으로 잘 알려져 있다. 주변 경치가 아름답고 인근에 동물원도 있으니 같이 둘러볼 수 있다. 시내에서 남쪽으로 10㎞ 정도 떨어진 지점에 있다.

투어 순서
대주교의 식탁(Fürstentisch)부터 궁전을 둘러보는 데, 대리석 식탁은 귀빈들이 대주교와 함께 둘러앉았던 곳이다. 평범해 보이지만 대주교가 신호를 보내면 숨은 분수 기능이 작동하도록 되어 손님들은 물세례를 받도록 고안되었다. 가이드가 투어참가자 중 한 명에게 식탁에 앉으라고 한 후에 재현을 한다.

넵튠의 동굴(Neptungrotte) 안에 있는 분수는 초록색의 눈에 큰 귀를 가진 도깨비 분수로 콧구멍에서 물줄기가 나오고 혀를 길게 내밀면서 눈동자를 굴리도록 디자인되었다. 주로 분수가 모양도 다르고 조각에서 뿜어져 나오는 것이 다르기 때문에 관광객의 흥미를 당긴다.

🌐 www.hellbrunn.at 🏠 Fuerstenweg 37 💶 13€(가이드 투어) 📞 662-820-3720

카푸지너베르크 산
Kapuzinerberg

높이 636m의 카푸지너베르크 산 정상은 잘츠부르크 시에서 가장 높은 곳이다. 산에 오르면 잘자흐 강과 올드 타운의 전경이 한눈에 들어온다. 날씨가 좋은 때에는 독일의 바이에른 주까지 볼 수 있다. 아름다운 전경과 하이킹 트랙, 유서 깊은 기념물을 자랑하는 카푸지너베르크 산에 올라 여름날의 소풍을 즐겨보자.

선사 시대부터 사람이 살기 시작한 카푸지너베르크 산은 유구한 역사를 자랑한다. 산의 랜드마크인 카푸지너베르크 수도원은 과거 '트롬피터슐레슬'이라는 이름의 성이 서 있던 부지에 자리하고 있다.

린처 거리나 임베르크스티그를 통과해 수도원과 중세 정착지에 이를 수 있다. 린처 거리를 이용하면 그리스도의 수난을 상징하는 십자가의 길 6곳을 지나게 된다. 모차르트가 오페라 〈마술피리〉를 작곡한 곳이라고 알려진 지점에서 모차르트 기념물이 있다. 펠릭스 게이트에 이르면 잘츠부르크의 멋진 전경이 눈앞에 펼쳐진다.

스타인 거리에서 출발하는 좁은 계단길인 임베르크스티그는 잘츠부르크의 유서 깊은 무역로이다. 수도원 건너편에는 오스트리아의 작가 슈테판 츠바이크의 저택인 파싱어 슐레슬이 나무에 둘러싸여 있다. 이곳에서 멀지 않은 곳에 도시를 조망하기에 좋은 전망대가 2곳 있다. 걸어서 20분 거리에 바이에른 전망대가, 10분 거리에 오베레 슈타타우시트가 있다.

산정상의 펠릭스 게이트에서 성벽을 따라 걸으면 프란치스킬뢰슬이 나온다. 1629년 조성되어 흉벽으로 사용되던 이곳은 1849년에 선술집으로 개조되었다. 선술집은 수요일부터 일요일까지 오후에 문을 연다.(여름 축제 21시까지 / 휴무 1월)

스타츠부르크 다리나 모차르트 다리를 건너면 올드 타운이 나온다. 산 정상까지 걸어서 갈 거라면 하루 종일 일정을 비우는 것이 좋다.

Hallstatt
할슈타트

할슈타트
HALLSTATT

잘츠캄머구트(Salz Kammergut)의 진주라고 불릴 정도로 아름다운 경치를 자랑하는 할슈타트Hallstatt는 1997년 세계자연문화유산으로 지정된 호숫가 마을이다. 잘츠캄머구트 관광도시 중 가장 아름다운 경치를 자랑하기 때문에 항상 붐빈다. 대한항공CF에 나오면서 할슈타트에 대한 관심은 증가하였고 "할슈타트에는 중국인과 한국인만 있다"라고 할 정도이다.

고대 켈트어로 소금이라는 뜻의 'Hall'은 선사시대부터 바위소금을 채굴해 온 오랜 역사를 갖고 있는 할슈타트를 의미한다. 선사시대부터 중요한 소금을 통해 풍요를 누렸고 그 사실은 마을의 선사 박물관에서 2,500년 전의 소금 채굴도구와 출토품이 전시된 현장에서 느낄 수 있다.

할슈타트 IN

잘츠부르크 중앙역에서 출발하기 때문에 미리 가는 방법을 결정하고 티켓을 구입해 놓아야 한다. 특히 여름에는 거의 매진이 되기 때문에 사전에 티켓이 구입되지 않으면 가기는 힘들 것이다.

① 아트낭 푸흐하임Attnag-Puchheim행 열차R3418, REX3420로 환승
② 포스트 150번 버스로 바트 이슐까지 이동해 할슈타트행 열차인 R3414 또는 REX3416으로 환승
③ 포스트 150번 버스로 바트 이슐까지 이동 → 할슈타트 고사무흘Hallstatt Gosaumhle(542번 버스) → 할슈타트 버스터미널(바트 이슐Bad Ischl에서 버스로 35분 소요)

주의!!!
버스에서 내리면 할슈타트에 바로 내려 이동하는 데 문제가 없지만 열차는 내려 역에서 페리를 타고 호수를 건너야 한다는 것을 알고 이동하자.
▶페리 요금 : 3.2€   ▶열차 OBB : www.oebb.at   ▶포스트 버스+R / REX 이용
▶홈페이지 : www.postbus.at

소금광산 투어

할슈타트Hallstatt에는 아직도 소금광산이 있어서 광석차를 타고 들어가 견학을 할 수 있다. 등산 열차를 타고 올라가 광부 옷을 입고 가이드의 안내를 받아 광산 내부로 들어간다. 광산의 내부 온도가 여름에도 7°C로 낮아서 긴 옷을 입고 등산화를 신고 가는 것이 좋다.

길이가 10㎞에 달하는 거대한 규모의 광산 벽에는 아직도 소금이 붙어 있는 모습을 볼 수 있다. 조명등의 불빛을 받아 빛나는 모습이 마치 수정 같다. 소금광산 투어에 참가하면 설명을 들으며 살펴볼 수 있지만 아쉽게 한국어 설명은 없다.

투어는 약 1시간 30분 정도 이루어진다. 케이블카를 타고 올라가면 10~20분 정도 걸어가서 입구에 도착한다. 성수기인 여름에는 특히 케이블카를 타는 데 기다리는 시간이 길어서 왕복 케이블카를 타고 투어를 하고 나면 4시간은 족히 필요하다. 트레킹 코스로 내려오는 길을 따라 가면 약 45분 정도 소요된다.

● www.salzwelten.at 🏠 34€(광산+케이블카 왕복)
⏰ 9~18시(4월 중순~9월 중순 / 9~16시 30분 : 9/21~11/1 / 9시 30분~15시 : 11/2~4/24)

마르크트 광장
Marktplatz

할슈타트의 중심지이지만 광장은 크지 않다. 더욱이 성수기에 몰려드는 관광객으로 광장은 이내 사람들로 북적이게 된다.
14세기부터 생겨난 광장은 16세기에 대부분의 나무로 이루어진 집들이 생겨났다. 18세기에 화재로 소실되기도 했지만 복구가 18세기 중반에는 성 삼위일체 상까지 세워지면서 지금의 형태가 되었다.

🏠 Markplatz Hallstatt

할슈타트 호수
Hallstatt See

다흐슈타인 남서쪽에 위치한 할슈타트 호수는 오스트리아 알프스를 대표하는 관광지의 핵심 볼거리이다. 하늘이 맑으면 언제나 호수에 비치는 산들과 언덕 위의 집들이 보여주는 풍경은 장관이다. 마르크트 선착장에서 유람선 (4~5회 / 50분 소요)을 타고 호수 위를 유유히 떠다니며 보는 풍경은 5~10월까지만 가능하다.

🏠 Markplatz Hallstatt

유람선 (4~5회 / 50분 소요)
기차역에서 페리를 타고 마르크트Markplatz 선착장에서 내리면 된다.
▶ 7~8월(11, 13, 14, 15, 16시) / 5~6, 9~10월(11, 13, 14, 15시)
▶ www.hallstattshiffahart.at

할슈타트 박물관
Hallstatt Museum

석기 시대에 할슈타트로 초기 정착민들을 불러들인 것이 바로 풍부한 소금이었을 것이다. 청동기 시대에 형성된 갱도들은 세계에서 가장 오래된 것이라고 알려져 있다. 갱도를 탐험하며 고대로부터 내려온 채굴 기법에 대해 알아보게 된다.
할슈타트 인근의 묘지가 발굴되면서 기원전 800년에서 600년까지의 유물이 많이 출토되었는데, 이 시기의 켈트 문화를 가리켜 '할슈타트 문명'이라고 부른다. 사슴뿔 곡괭이, 암영 채굴 도구 등 할슈타트 곳곳에서 발굴된 유물들과 고증으로 만들어진 옛 켈트인들의 미니어처도 볼만하다.

🌐 www.museum-hallstatt.at 🏠 See Strasse 56 🕙 10~18시(5~9월 / 4, 10월 16시까지 / 11~다음해 3월 11~15시)
€ 11€(어린이 8€ / 유람선 + 박물관 콤비 티켓 19€, 어린이 15€) 📞 6134-828-0015

가톨릭 교회
Maria am Berg

숨어있는 것처럼 할슈타트의 가톨릭 교구 교회가 네오고딕 양식으로 19세기에 지어져 산에 자리 잡고 있다. 세계적으로 유명한 납골당과 산 묘지와 함께 역사적인 순례 교회는 할슈타트 호수를 방문하는 사람들이 반드시 찾는 곳이다. 오스트리아 국경 너머로 잘 알려진 것은 광부의 기초로 여겨지고 예술 역사적 특성을 나타내는 장인이었던 레온하트 아슬Leonhard Astl의 후기 고딕 양식의 날개 달린 제단이 유명해지면서 부터이다.
최근에는 묘지와 납골당이 있어 더욱 운치가 있다. 묘지는 항상 부족하여 10년이 지나면 구개골에 그림을 그려 납골당에 안치한 것이 예술로 승화되었다고 한다. 2002년에 가톨릭 교구 교회가 완전히 복구 작업을 하였다.

🌐 www.kath.hallstatt.net   🏠 Kirchenweg 40   🕐 10~17시(납골당)   € 2€(납골당 / 교회는 무료)

공동묘지
본당 교회의 암석 부지는 할슈타트 공동묘지가 되었다. 앞면은 전도자 기독교인으로 지정된다. 묘지의 규칙에 따라 가족 무덤이 없고, 무덤은 10년 후에 다시 사용할 수 있다. 무덤 위에는 나무나 단철로 만든 십자가 그리스도의 표시가 있다.

개신교회
Hallstatt Lutheran Church

할슈타트에서 호수와 함께 사진을 찍으면 나오는 고딕 첨탑의 교회가 개신교회이다. 1427년, 독일에서 종교개혁을 하면서 세워진 루터파 교회이다. 사진과는 다르게 소박하고 작은 회관에 내부는 단순하게 꾸며져 있다.

주소_ Landungsplatz 101   전화_ 699-1887-8496

다흐슈타인
Dachstein

북부 석회암 알프스 에서 두 번째로 높은 산인 다흐슈타인Dachstein은 산의 일부는 잘츠부르크 주에 있으며 산은 드레이 랜데르 베르크Drei-Länder-Berg로 불린다. 2,500m 이상의 수십 개의 봉우리가 있으며, 그중 가장 높은 곳은 남부와 남서부 지역에 있다. 북쪽에서 바라본 다흐슈타인 산맥의 모습은 너머로 솟아 오른 바위 정상에 빙하가 있다.

다흐슈타인Dachstein은 1년 내내 눈으로 덮여 있는 인기 있는 스키장이다. 하강은 2,700m에서 2,264m 사이이며, 3개의 드래그 리프트와 1개의 2인승 체어리프트, 사람들을 빙하까지 데려다 주는 케이블카가 있다.
슈타인 빙하는 빙하의 마을 위에 있다. 눈은 1년 내내 빙하가 있지만 여름에는 눈이 상당히 부드러워진다. 기차는 슈라트밍Schladming에서 정차하며 거기에서 다흐슈타인Dachstein 산맥 아래 마을로 가는 버스가 있다.

고도 2,700m에 위치한 높은 산은 멋진 자연 배경과 탁 트인 전망을 자랑한다. 다흐슈타인Dachstein 현수교, 스카이 워크Sky Walk, 아이스 팔라스트Ice Palast와 같은 명소는 잊을 수 없는 경험을 만들어준다. 곤돌라 발코니를 포함하여 다흐슈타인 빙하 레일웨이Dachstein Glacier Railway로 오르는 것은 그 자체로 잊을 수 없는 추억이 된다.

- www.dachstein-salzkammergut.com
- winki 34, Obertraun(할슈타트 란(Lahn) 정거장에서 542, 543번 탑승하여 오베르트라운 다흐슈타인자일반(Obertraun Dachstinseilbahn)에서 하차)
- 8시 40분~17시 40분(섹션 1 / 17시30분까지 섹션 2 / 17시20분까지 섹션 3), 9시20분~15시30분(얼음동굴) 10시30분~14시(맘모스 동굴)
- 36€(파노라마 티켓 섹션 1 / 섹션 2 : 32,8€ / 섹션 3 : 24€)
- +43-50-140

할슈타트 즐기는 방법

오스트리아 잘츠캄머구트(호수 지구)에 위치한 할슈타트Hallstatt는 잘츠부르크 동쪽으로 차로 한 시간 거리에 있다. 오스트리아의 호수 지역Lake District에 위치한 아담한 마을인 할슈타트Hallstatt는 4,000년의 역사를 간직한 소금 광산과 유서 깊은 마을 광장 등이 있다.

오스트리아의 아름다운 자연, 수많은 호수와 마을 중에서도 가장 아름답고 개성 강한 곳을 꼽으라면 할슈타트가 단연 으뜸일 것이다. 7천 년에 가까운 역사를 지니고 있는 할슈타트Hallstatt는 고고학자들의 보물 창고이자 세계문화유산이기도 하다.

1. 레포츠
대부분의 여행객이 즐겨 찾는 여름에도 무척 아름답지만, 가을이 되면 더욱 신비로운 분위기를 자아내기 때문에 많은 여행자들이 하이킹을 즐기며 사진을 찍기에 최상의 조건이다. 겨울이 되면 여정을 풀고 인근 크리펜슈타인 스키 리조트를 방문해도 좋다.

2. 호수
할슈타트 호수에서 나무로 된 배를 타고 노를 저으며 마을을 바라보면 오스트리아에서 가장 아름다운 경관이 펼쳐진다. 카메라를 준비하는 것을 잊지 말자. 깎아지른 듯한 다흐슈타인 마시프 산과 호숫가 사이에 자리 잡고 있는 작은 마을은 집과 집 사이의 간격이 어찌나 좁은지 흡사 건물들이 포개어져 있는 것 같다. 어떤 집은 호수를 통해서만 도달할 수 있을 정도이다. 반대편 호숫가의 기차역에 내려 연락선을 타고 마을로 다가가면 화려한 색깔의 가옥들이 관광객을 맞아준다.

3. 축제
할슈타트 주민들은 지금도 오랜 전통을 소중히 여긴다. 매년 할슈타트 호수에서 열리는 성체 축일 행사가 그 중 하나이다. '던들 투고'에서는 오스트리아 전통 의상인 던들을 입어 보거나 대여할 수 있다.

4. 소금 광산
할슈타트는 15세기에 지어진 교구 교회와 교회 옆의 납골당뿐 아니라 마을보다 500m 더 높은 지대에 위치한 소금 광산으로도 유명하다. 석기 시대에 할슈타트로 초기 정착민들을 불러들인 것이 바로 이 풍부한 소금이었을 것이다. 청동기 시대에 형성된 갱도들은 세계에서 가장 오래된 것이라 일컬어진다.

5. 켈트 문화
할슈타트 인근의 묘지가 발굴되면서 기원전 800년에서 600년까지의 유물이 얼마나 많이 출토됐던지, 이 시기의 켈트 문화를 가리켜 '할슈타트 문명'이라 부른다. 출토된 유물은 세계문화유산 박물관에 전시되어 있다.

HUNGARY
헝가리

Budapest | 부다페스트

헝가리의 화폐, 포린트(HUF/Ft)

통화기호로 'Ft'로 나타내는 포린트(Ft)는 피렌체의 금화 플로린florin을 헝가리어로 읽은 것에서 유래가 되었다. 제2차 세계대전 이후 초인플레이션이 발생하면서 헝가리 경제의 파탄을 타개하기 위하여 디노미네이션을 하면서 당시 헝가리화폐인 '펭괴'를 대체하여 도입되었다. 포린트 도입 이후에는 안정적인 가치를 유지하였으나 사회주의 체제가 무너진 이후 시장경제가 도입되면서 잠시 불안정하기도 했다. 세계경제의 영향을 잘 받아 변동폭이 비교적 심한 편인 포린트(Ft) 때문에 유럽 연합에 가입하였지만 당시 헝가리 경제가 불안정하면서 화폐는 따로 사용하게 되었다. 하지만 지금은 인플레이션이 4.2%까지 하락해 매우 안정적이어서 유로로 대체하려고 하고 있다.

동전은 5, 10, 20, 50, 100 포린트(Ft)를, 지폐는 500, 1000, 2000, 5000, 10000, 20000 포린트(Ft)를 사용한다. 헝가리 1포린트(Ft)는 원화로는 약 4원 정도로 환산된다.

포린트(Ft)의 대략적인 원화가격
2009년에 200포린트(Ft)는 동전으로 대체되면서 폐기되었다.

포린트(Ft)	원화
500포린트(Ft)	2,350원
1,000포린트(Ft)	4,690원
2,000포린트(Ft)	9,380원
5,000포린트(Ft)	23,450원
10,000포린트(Ft)	46,900원
20,000포린트(Ft)	93,800원

현지 물가 적응을 위해 빠르게 계산기를 두드려 보지만 낯선 국가의 여행에 적응하려면 시간이 필요한 만큼 새로운 화폐인 포린트(Ft)에 적응하는 것도 시간이 필요하다. 이제 시작하는 헝가리 여행 중의 재미라면 재미이지 않을까 생각한다. 익숙하지 않은 화폐는 처음에 지폐를 사용할 때마다 계산 착오를 일으키기도 하기 때문에 헝가리 화폐관념이 형성되기 전까지 긴장모드가 발생되기도 하므로 확인하는 것이 필요하다.

Budapest
부다페스트

The area around the royal palace hill
왕궁 언덕 주변

방어에 유리한 가파른 절벽에 서 있는 부다 왕궁Budavári palota은 13세기 몽고 제국의 침입이후에 건설하였다. 벨러 4세IV Béla가 건설한 성채를 왕국으로 개조하였고, 마차슈 1세Mátyás 1가 르네상스 양식으로 궁전을 장식하였다. 그러나 오스만 제국이 점령하면서 이곳을 화약을 보관하는 창고로 사용하다가 폭발 사고가 나서 엄청난 피해를 입기도 하였다.

'왕궁의 언덕'이라고 부르는 곳의 중앙에는 마차슈 성당Mátyás templom이 있다. 이 성당은 벨러 4세IV Béla가 건설했지만 마차슈 1세Mátyás 1가 자신의 문장인 까마귀로 장식한 탑을 높이 세웠기 때문에 마차슈 성당Mátyás templom이라고 부르게 되었다.

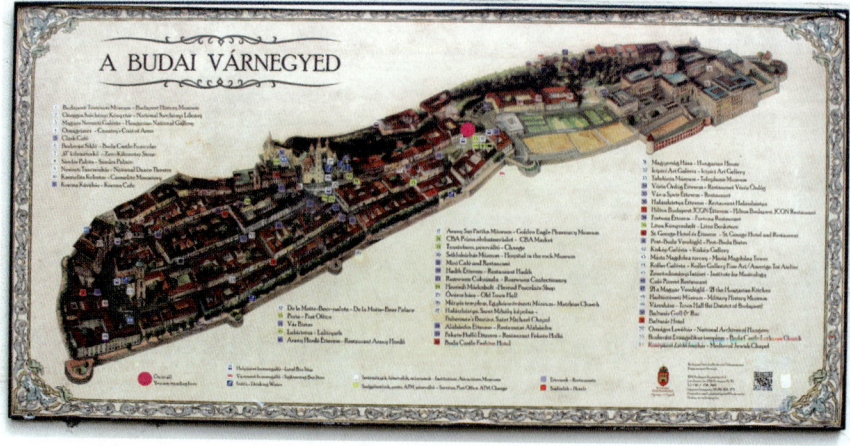

부다 성 언덕 궤도열차
Budavári Trail

탁 트인 전망을 갖춘 리프트를 타고 다뉴브 강에서 아름다운 부다 성까지 이동할 수 있다. 부다 성 언덕으로 올라가는 궤도열차는 다뉴브 강에서 부다 성까지의 짧은 거리를 이동하면서 아름다운 풍경을 보기에 가장 좋은 방법이다.

다뉴브 강 서쪽 연안에 위치한 부다 성 언덕 궤도열차는 지상에서 51m 높이로 올라가면서 강과 도시의 탁 트인 전망을 볼 수 있는 것이 압권이다. 정상에서 매혹적인 언덕과 부다 성 주변의 관광지를 둘러보는 관광객으로 항상 북적인다. 처음에 부다 성 지구에서 일하는 통근자들을 위해 고안되면서 1870년에 완공되었다. 제2차 세계대전에서 파괴되었다가 1986년에 관광용으로 운행이 재개되었다.

궤도열차는 24명의 승객이 탈 수 있는 객차가 두 대 있다. 정상까지 약1분30초면 도착하는 짧은 시간이지만 아름다운 부다페스트의 전망을 볼 수 있다. 도시의 전망을 가장 잘 즐기려면 객차의 3개 객실 중 아래쪽에서 보아야 한다. 난이도가 있는 가파른 길을 걸어서 언덕 꼭대기까지 올라갔다가 내려올 때 케이블카를 이용할 수도 있다. 한여름에는 너무 더워 걸어서 올라가기에는 힘들기에 항상 케이블카를 타려는 관광객으로 북적인다.
궤도열차 역은 세체니 다리Szechenyi Lanchid의 서쪽 끝에 있다. 강 건너편에 있는 보로스마티 스퀘어까지 지하철을 이용하거나 부다 성에서 조금만 걸어가면 있는 크리스티나 스퀘어까지 전차를 타고 가면 된다.

포토 포인트
궤도열차 위를 가로지르는 보행자용 다리 중 아래다리를 건너서 위쪽 다리에 올라가 있으면서 객차가 발 아래로 지나갈 때 부다페스트의 아름다운 풍경과 함께 사진을 찍기에 좋다.
부다 성의 장엄한 건축 양식을 감상하고 황금빛으로 물드는 밤에 부다 성을 구경하는 것이 가장 아름답다. 부다 성 옆에는 네오 고딕양식과 네오 로마네스크양식의 탑이 있고 테라스에서 부다페스트를 조망할 수 있는 어부의 요새가 있다. 기념품을 구입하거나 주변 카페에서 커피를 즐기며 부다페스트 전망을 보는 시간은 평생의 기억에 남을 것이다.

성 이슈트반 기마상
Statue of St. Stephen I

어부의 요새 남쪽에 위치한 성 이슈트반 기마상은 건국 시조인 성 이슈트반 1세를 부다의 상징인 어부의 요새에 세운 것이다.
흥미로운 것은 '이중 십자가'를 손에 들고 있는 것이다. 기독교를 도입했고 헝가리 대주교를 결정하는 권한을 부여 받아 2개의 십자가를 들고 있다고 한다.

삼위일체 광장
Szentháromaság tér
Holy Trinity Square

마차슈 성당 앞에 있는 광장으로 18세기에 만든 성 삼위일체상이 있는 광장이다. 중세 유럽을 공포로 몰아넣은 페스트의 종언을 기념하기 위해 만들어진 것이다. 광장의 하얀 건물은 구 시청사이다.

구 시청사

부다 왕궁
Budavári palota / Royal Palace

부다페스트 풍경에서 눈에 띄는 웅장한 부다 왕궁Budavári palota에는 흥미로운 여러 갤러리와 박물관이 있다. 부다 왕궁Budavári palota은 부다페스트의 세계문화유산으로서 문화와 역사적으로 중요한 장소이다. 최초의 성은 몽고족의 침입으로부터 방어하기 위해 1,200년대에 언덕에 세워졌다.

이후 수백 년에 걸쳐 요새 내에 거주용으로 여러 개의 성이 추가로 지어졌다. 이후 제2차 세계대전과 헝가리 반란 사건으로 파괴되었다. 20세기 후반에 재건 작업이 이루어져 지금의 300m 높이 성이 생겨났다. 왕궁의 부속 건물에는 헝가리 국립 미술관과 부다페스트 역사박물관이 있다.

페스트에서 강을 건너 부다 쪽의 클라크 아담 스퀘어로 넘어가 왕궁Budavári palota에 직접 올라가 보는 것도 좋다. 세체니 다리Szechenyi Lanchid를 걸어서 건넌 다음 성 언덕 시작점에서 케이블카를 타고 세인트 조지 광장으로 올라가면 왕궁으로 들어갈 수 있다. 운동 삼아 처음부터 걸어서 올라가는 관광객도 있다.

◷ 09~19시(겨울 16시까지) € 무료(내부 관람은 건물별 별도 입장료 있음)

마차슈 성당
Budavári Nagyboldogasszony-templom

수백 년 동안 헝가리 왕들의 대관식이 거행되던 마차슈 성당$^{Mátyás\ templom}$은 뛰어난 매력을 발산하며 많은 이들이 기도를 드리는 장소로 부다페스트 스카이라인에서 단연 눈에 들어온다.

다채로운 색상의 마차슈 성당$^{Mátyás\ templom}$은 다뉴브 강 서쪽의 부다^{Buda}에 있는 부다 성 언덕에 자리하고 있다. 지금의 로마 가톨릭 성당은 1,200년대 후반에 지어졌지만 1,500년대 터키의 점령을 받으면서 이슬람 모스크로 바뀌었다.

1,800년대 후반 건축가 프리제스 슐레크가 바로크 스타일로 복원했다. 이때 일부 고딕 요소는 유지하고 다채로운 색상의 다이아몬드 지붕 타일과 석상을 추가했다. 성당 내부는 금박 프레스코와 스테인드글라스 창문으로 꾸며져 있다. 이슬람의 분위기가 물씬 풍기는데, 오스만 제국이 점령하고 있을 때 이슬람 사원으로 사용하였기 때문이다. 원색 타일의 지붕과 내부 장식이 인상적인 이 건물을 지금은 역사박물관과 국립 미술관으로 사용하고 있다. 근처의 기독교 미술관에는 중세시대 석상, 신성한 유물, 헝가리 대관식에 쓰였던 보석과 왕관의 복제품 등을 볼 수 있다.

> **성 이슈트반 1세(Szent István I (975~1038))**
> 헝가리를 국가로 통합시키는 토대를 마련한 건국 시조이다. 헝가리에 기독교를 받아들여 서구 문화권으로 편입시키는 중요한 역할을 하였다. 부족국가 형태였던 헝가리는 붕괴되고 왕국으로서 헝가리 국가가 탄생하면서 유럽의 한 국가로 자리 잡게 된다. 부다페스트 최대 규모의 성당인 성 이슈트반 대성당은 그를 기리기 위해 1851~1906년에 세운 성당이다.

성당입장을 위해서는 몇 가지 행동 규칙을 준수해야 한다. 어깨를 노출하면 안 되고 남성은 모자를 쓸 수 없다. 휴대전화, 흡연, 애완 동물은 허용되지 않으며 성당 안에서 먹거나 마시는 것도 금지되어 있다. 성당 안으로 들어가면 인상적인 오르간 음악을 들을 수 있다. 일요일 라틴 미사에 참여하여 성가대가 오르간 연주에 맞춰 뛰어난 실력으로 노래하는 모습도 감상할 수 있다. 성당 오케스트라는 연중 내내 공연을 한다.

🌐 www.matyas-templom.hu
🏠 마차슈 성당에는 캐슬 버스를 타고 Várbusz를 타고 종점인 Disz tér에서 하차
🕘 09~17시/연중무휴 (토요일 13시까지, 일요일 13~17시)
€ 1,300Ft (미사를 위해 성당에 입장은 무료), 영어 오디오 가이드 대여가능

프리제스 슐레크의 다른 건축물
프리제스 슐레크가 설계한 프로젝트의 다른 건축물은 마차슈 성당(Mátyás templom)을 둘러싸고 있는 어부의 요새(Halászbástya)이다. 반짝이는 흰색 테라스에는 896년 부다페스트 지역에 정착한 7개 종족을 대표하는 7개 탑이 있다.
길과 계단을 따라 테라스로 가면 다뉴브 강, 페스트와 치타델라의 아름다운 풍경을 감상할 수 있다. 헝가리의 첫 번째 왕이자 독실한 천주교도였던 스테판 1세의 1906년 청동상도 있다.

어부의 요새
Halászbástya / Fisherman's Bastion

어부의 요새의 성채는 고깔 모양의 7개의 탑으로 이루어졌다. 이것은 처음 나라를 세웠던 마자르족의 일곱 부족을 상징한다. 이 성채의 이름에 관해서, 예부터 어시장이 있어서 이런 이름이 붙었다는 설과 어부들이 성벽에서 적군을 막았기 때문에 이렇게 부른다는 설이 있다. 여기에 올라가면 아름답게 펼쳐진 다뉴브 강과 페스트 시가지를 한눈에 바라볼 수 있다.

지하 예배당&미술관
요새 건축 중에 발견된 중세 시대의 지하 예배당인 성 미카엘 교회 안으로 들어가고 중세 헝가리 왕국에서 가장 크고 중요한 건축물 중 하나인, 14세기 고딕양식의 마티아스 교회를 찾아 헝가리의 종교적이고 역사적인 예술적 측면을 보여주는 기독교 미술관이 있다. 미술관에는 중세 돌 조각과 신성한 유물을 소장하고 있다.

포토 포인트
어부의 요새 Halászbástya는 특별한 전망대이다. 작은 탑이 있는 하얀 요새는 부다 성 언덕 꼭대기에 있으며 다뉴브 강과 부다페스트의 동부를 내려다 볼 수 있다. 일몰 때 도시의 불빛

을 마음에 담아보는 좋은 기회를 가질 수 있다. 계단을 내려와서 이 초현실적인 장소 주변의 산책로를 따라가 보면 산속 풍경과 완벽하게 어우러지도록 지어진 테라스의 양 옆으로 나무들이 타고 오르는 모습을 볼 수 있다.

프리제스 슐레크에 의해 19세기 말에 지어진 어부의 요새는 제2차 세계대전 당시 심각하게 손상된 후 원래 건축가인 프리제스 슐레크의 아들이 재건축을 지휘했다. 부다 성 언덕 꼭대기에 있는 네오 고딕양식의 발코니에서 부다페스트와 다뉴브 강의 멋진 전망을 감상하는 가장 좋은 장소이다.

요새는 네오 고딕양식과 네오 로마네스크양식이 혼합된 넓은 테라스로 구성되어 있다. 테라스를 거닐면서 9세기의 마자르족을 상징하는 7개의 탑을 볼 수 있다. 헝가리 왕, 성 이슈트반 1세의 기념비와 국왕의 삶이 여러 단계로 묘사된 부조 위에 놓여 있는 왕이 타고 있다. 발코니와 건물의 다른 많은 부분은 항상 개방되어 있지만 어부의 요새Halászbástya, 나머지 부분은 해가 있는 동안에만 개장된다. 비 오는 날에는 아케이드 아래에서 비를 피할 수 있다. 어부의 요새Halászbástya는 부다페스트 중심부의 다뉴브 강 서쪽에서 북쪽으로 1㎞ 정도를 걸어가면 나온다.

부다페스트의
아름다운 다리 Best 3

부다페스트에는 다뉴브 강을 흐르는 많은 다리가 있지만 우리가 알아야 할 다리는 3개로 부다페스트여행에서 반드시 알아야 여행이 편해진다. 가장 오래된 다리는 사슬다리라고도 하는 세체니 다리 Szechenyi Lanchid이며, 헝가리 인들이 사랑한 여왕인 엘리자베스의 이름을 딴 엘리자베스 다리, 겔레르트 언덕을 올라가기 위해 건너는 자유의 다리가 있다. 자유의 다리 위에서 관광객들이 해지는 풍경을 보며 여행의 피로를 푼다.

겔레르트 언덕으로 올라가 치타델라 요새에서 왼쪽으로 바라보면 엘리자베스 다리와 세체니 다리가 보이며 오른쪽으로 자유의 다리가 보인다.

세체니 다리(Szechenyi Lanchid / Chain Bridge)

다뉴브 강의 흥미로운 전망을 감상할 수 있는 다리의 흥미로운 역사가 있다. 세체니 다리 Szechenyi Lanchid는 다뉴브 강을 가로질러 부다페스트의 양쪽을 연결하는 가장 오래된 다리이다. 다리의 건설은 1840년부터 9년이 걸렸으며, 세체니 다리 Szechenyi Lanchid의 주요 제안자 중 한 명인 이스트반 세체니 Szechenyi István의 이름에서 따온 것이다. 영국의 토목 기사인 윌리엄 티어니 클라크 T. W. Clarks는 런던 템즈강 Thems River에 있는 말로 브리지 Malo Bridge의 더 큰 버전으로 이 다리를 설계했다. 1849년에 개통된 세체니 다리 Szechenyi Lanchid는 공학 기술의 승리로 여겨지며 도시의 성장에 큰 역할을 했다.

제2차 세계대전이 끝날 때 퇴각하는 독일군이 다리를 폭파하여 사용을 못하다가 1949년에 재건되었다. 부다페스트의 상징이 된 철제 현수교에 고전주의 디자인을 입혀 부다페스트의 상징 같은 다리이다.

세체니 다리Szechenyi Lanchid는 도시 중심부에서 부다Buda와 페스트Pest를 연결하고 있으며 다뉴브 강 엘리자베스 다리Erzébet hid의 북쪽에 있다. 부다 힐의 터널을 지나면 다리가 보이는데, 관광객들은 기둥 꼭대기에서 다리 전체로 이어지는 체인을 살펴보고 입구를 지키고 있는 사자 조각상을 마주하고 두 개의 커다란 아치형 탑을 결합하는 다리의 모습을 사진에 담는다. 많은 연인들은 애정의 표현으로 이 다리의 옆에 자물쇠를 매달기도 한다. 다리 양쪽에 새겨진 문구에는 19세기 건축 감독관인 애덤 클라크의 이름이 포함되어 있다.

밤하늘을 배경으로 탑이 조명을 받아 환하게 빛나는 밤에 세체니 다리는 가장 아름답다. 다리 중앙에 서면 부다 언덕과 인근의 관광지가 있는 부다페스트의 야경을 감상할 수 있다. 다뉴브 강 동쪽에 있는 보로스마티 스퀘어 지하철역까지 내리면 된다. 다리 근처의 정류장 중 한 곳까지 버스나 보트를 이용할 수도 있다.

자유의 다리(Szabads g hid / Freedom Bridge)

페스트Pest와 부다Buda가 도시의 중심부에서 만나는 지점에 있는 부다페스트의 철제 다리이다. 자유의 다리Szabadság hid는 부다페스트 중심부에서 가장 짧은 다리이지만 도시에서 가장 중요한 다리 중 하나이다. 19세기 말 밀레니엄 세계 전시회의 일환으로 지어졌던 자유의 다리Szabadság hid의 측면을 장식하고 있는 아르누보 디자인은 신화적 조각상과 헝가리의 문장으로 매혹적이다.

다리의 기둥을 장식하고 있는, 헝가리 민간신앙 속 일종의 매인 투룰Turul의 커다란 청동상을 올려다볼 수 있다. 다리의 길이는 333m이고 폭은 20m이며, 밤에는 전체가 조명이 밝혀져 전등으로 빛나는 부다페스트 스카이라인에서 가장 선명한 모습을 드러낸다. 1894년에 건설된 자유의 다리Szabadság híd는 19세기 말에 유행이었던 체인다리 스타일로 지어졌으며 프란츠 요제프 황제가 개통식에서 마지막 은 리벳을 철교에 박는 망치로 끼워 처음에는 '프란츠 요제프다리'라고 불렀다. 제2차 세계대전 동안 부다페스트가 큰 피해를 입은 후 첫 번째로 재건되면서 자유의 다리Szabadság híd로 이름을 바꾸었다.

다리 중앙에 서서 다뉴브 강 건너편의 도시를 사진에 담아내는 야경사진이 압권이다. 풍경 속에는 성채와 소련 붉은 군대의 제2차 세계대전 승리를 기념하는 자유의 동상이 있는 겔레르트 언덕Gellért Hill도 볼 수 있다. 자유의 다리Szabadság híd를 건너가는 데는 10~20분 정도밖에 걸리지 않는다.

다리의 양쪽 끝에 있는 전차 탑승권 판매소로 사용되었던 작은 건물을 살펴보고 다리 건설에 대한 자세한 내용이 담긴 안내판이 있다. 북쪽 건물에는 부다페스트 다리에 대한 박물관이 있다.(월, 목요일만 관람가능, 무료)

자유의 다리는 도시 중심부에서 부다Buda와 페스트Pest 지역을 연결하고 다뉴브 강 엘리자베스 다리Erzébet híd의 남쪽에 있다. 다리의 북동쪽에 있는 지하철 Fövám tér역에서 내리거나 전차나 버스를 타고 다리까지 갈 수도 있다. 자유의 다리의 남서쪽 끝 부분에 있는 Szent Gellért tér항구까지 유람선을 타고 갈 수 있다

엘리자베스 다리(Erz bet hid / Elizabeth Bridge)

세체니 다리^{Szechenyi Lanchid} 바로 남쪽에 있는 엘리자베스 다리는 전쟁과 암살의 흥미로운 역사를 지닌 290m 길이의 흰색 구조물로 제작되었다. 흰색 케이블과 기둥이 특징인 인상적인 엘리자베스 다리^{Erzébet hid}의 세련되고 현대적인 디자인을 지니고 있다. 인기 있었던 합스부르크 왕가의 여왕의 이름을 딴 엘리자베스 다리^{Erzébet hid}는 부다페스트 지역에 있는 다뉴브 강의 가장 좁은 부분을 가로지르고 있다. 다리는 20세기 초에 지어졌지만 제2차 세계대전동안 파괴된 후 1964년에 유사한 디자인으로 재건축되었다. 시티파크에 있는 교통박물관에서 원래 다리의 일부를 볼 수 있다.

넓은 다리의 측면에 있는 보행자 전용 도로를 따라 산책하며 강과 강을 중심으로 조성된 도시의 전망을 볼 수 있다. 밤하늘을 배경으로 복잡한 조명 시스템이 다리를 비추는 밤에 다리의 모습이 가장 아름답다.

부다^{Buda} 지역인 서쪽에는 1898년에 암살당한 독일 출신의 합스부르크 제국의 여왕인 엘리자베스^{Erzébet}의 커다란 동상이 있다. 동상을 둘러싸고 있는 도브렌테이^{Döbrentei} 광장의 매력적인 정원에서 휴식을 취할 수도 있다. 동쪽으로 중앙에 석조 교회의 유적이 있는 3월 15일

광장이 있다. 유리 건물 안에 있는 교회의 지하실에서 묘지의 흔적을 볼 수 있다. 중세 상업의 중심지인 광장에 바로크 양식의 건물들이 있다. 18세기에 만들어진 바로크-로코코 양식의 화이트 프라이어스 교회도 인근에 있다.
다뉴브 강 양쪽에 있는 여러 정류장 중 한 쪽으로 이동하는 버스를 타고 이동하는 것이 가장 좋은 방법이다.

Around Gehlert hill
Gellert Hill 주변

부다페스트의 전경을 볼 수 있는 장소는 어부의 요새와 겔레르트 언덕이다. 이 중에 하나를 고르라면 선택하기가 힘들지만 겔레르트 언덕이 더 나은 것 같다. 어부의 요새는 국회의사당과 세체니 다리가 중심인 풍경이고 겔레르트 언덕은 부다페스트 전체적인 야경을 볼 수 있는 차이점이 있다. 부다페스트의 작은 언덕이지만 정상에서 보는 부다페스트의 풍경은 압권이다. 부다페스트 시내의 끝까지 볼 수 있는 언덕은 힘들게 오르면서 땀이 날 때쯤 불어오는 바람은 너무 시원하다.

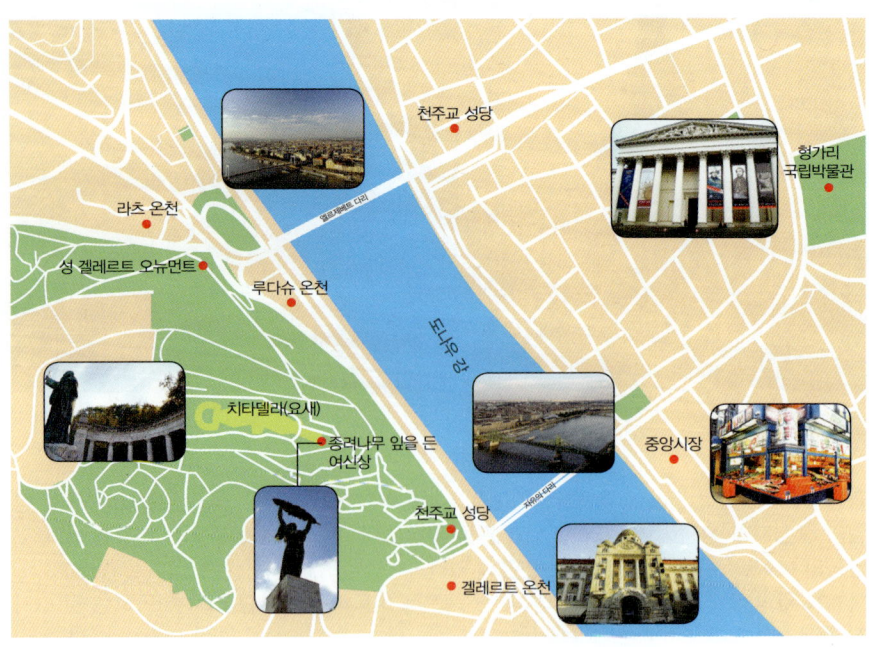

겔레르트 언덕
Géllert Hill

235m 높이에 이르는 겔레르트 언덕^{Géllert Hill}은 부다페스트에서 가장 높은 곳 중의 하나이다. 언덕을 따라 난 길과 언덕 위에도 여러 상점이 있어 다양한 기념품을 구입할 수 있다. 합스부르크 왕가 시절부터 소련 시절까지 성채의 역사에 대한 정보도 확인할 수 있다. 러시아 지하 벙커를 박물관으로 개조한 곳에서 제2차 세계대전의 기념품을 볼 수 있고 전쟁포로 수용소를 보여주는 곳도 있다. 언덕 밑에 있는 젤레르트 온천 Gellert fürdö은 다뉴브 강 서쪽 연안, 도심과 자유의 다리 Freedom Bridge 바로 남쪽에 위치해 있다. 주변에는 겔레르트 언덕^{Géllert Hill} 동굴, 자유의 동상, 치타델라^{Citadel} 등이 있다.

치타델라
Citadella / Citadel

150여 년 간 부다페스트를 내려다보고 있는 언덕 꼭대기에서 최고의 풍경을 볼 수 있다. 부다페스트 구경의 시작이나 마무리는 부다페스트 중심에서 서쪽에 위치한 치타델라^{Citadella}에서 하는 것이 좋다.

이 높은 성벽에는 언덕이 많은 서쪽의 부다^{Buda}와 평지가 많은 동쪽의 페스트^{Pest} 사이를 굽이굽이 흐르는 다뉴브 강이 바라다 보인다. 다뉴브 강 위의 8개 다리를 보면서 부다페스트에서 어디에 있는지 위치를 가늠해 볼 수 있다. 해가 지고 도시의 불빛이 하나둘씩 켜질 때면 낭만적인 풍경을 자아낸다.

요새는 겔레르트 언덕Géllert Hill의 고원에 자리하고 있다. 기독교를 전파한 선교사의 이름에서 따왔다. 이 구조물은 합스부르크 왕가가 다스리던 1854년 방어시설로 지었다. 약100년 후인 1956년 헝가리 혁명 때에는 러시아가 지배하기도 했다.

성채 바깥으로 나와 천천히 걸으면 거대한 성채가 시민들에게 얼마나 든든한 보호 장치 역할을 했었는지 느낄 수 있다. 여름에는 잔디에 앉아 피크닉을 즐기는 연인이나 가족들을 볼 수 있다. 지금은 평화로운 장소이지만 수년 전에 대포가 쏟아졌던 곳이다.

언덕 위의 전망은 무료지만, 치타델라 박물관Citadel Museum에 입장하고 성채 꼭대기로 올라가기 위해서는 입장료가 있다. 원래의 요새 중 상당 부분은 현재 고급 레스토랑(예약 필수)이 있는 호텔로 변했다. 언덕에 올라가면 자유의 여신상이 보이고 그 뒤로 돌아가면 활쏘기 체험장, 카페, 요새가 보인다.

🌐 www.citadella.hu 🏠 Citadella setany 1 📞 +36-70-639-3757

성 겔레르트 동상
Szt. Géllert emlékmü . St. Géllert Monument

겔레르트 언덕 중간을 보면 성인 겔레르트의 상이 페스트 지역을 향해 십자가를 들고 있다. 성 겔레르트는 이탈리아의 기독교 전도사로 초대국왕이었던 이슈트반 1세가 초청해 오게 되었다. 하지만 1046년 이교도 폭동으로 목숨을 잃었다. 동상을 1904년 얀코비치 줄라가 세워 지금에 이르고 있다.

자유의 동상
Szabadsag Szobor

밤에 특히 더 아름다운 자유의 동상은 헝가리의 독립과 자유를 위해 목숨을 바친 사람들을 기리는 동상이다.
자유의 동상은 다뉴브 강 서쪽의 부다페스트 중심에 있는 겔레르트 언덕 Géllert Hill에 자리하고 있다. 자유의 동상 양 옆에 두 개의 동상이 더 있다. 처음 합스부르크 왕가가 지배했다가 나중에 소련이 점령했던 거대한 요새, 치타델라 Citadella에 가면 볼 수 있다.

영웅광장(Hősök tere)

페스트 쪽에 위치한 영웅 광장Hősök tere은 다뉴브 강에서 출발하는 안드라시 거리의 끝에 자리하고 있다. 과거 영웅들을 위한 기념비가 세워져 있는 거대한 광장은 헝가리가 국가로서 천년을 맞이하며 만들어진 헝가리 인들의 자부심이 표현되어 있다. 영웅 광장Hősök tere은 부다페스트에서 가장 많은 사람들이 방문하는 곳 중의 하나로서, 1896년 헝가리 탄생 천년을 축하하는 행사의 중심지였다. 헝가리 천년을 축하하기 위해 1894년 알버트 쉬케단츠Albert Schickedanz가 설계했지만, 1929년까지 완공되지 못했다. 3년 후 이 광장은 '영웅광장Hősök tere'이라는 이름이 붙게 된다.

광장에 우뚝 솟아 있는 밀레니엄 기념탑은 높이가 36m에 이르는 흰색 기둥이다. 꼭대기에는 천사 가브리엘이 있고, 그 보다 낮은 기둥 밑의 콜로네이드에는 전쟁과 평화, 노동과 복지 및 지식과 영광을 상징하는 동상이 있다. 895년 카르파티아 정복 당시 헝가리의 지도자였던 '아라파드'를 기리는 동상을 비롯하여 기념탑 받침대 주변에는 말을 타고 있는 일곱 명의 헝가리 부족장의 동상이 있다.

소련이 부다페스트를 점령했을 때 영웅광장은 자주 군대 행사나 특별한 공산주의 축하 행사를 개최하는 데 사용되었다. 1956년 소련에 대항하는 헝가리 인들의 봉기를 주도했던 '임레 나지'는 1989년 이 광장에 다시 묻히게 되었다. 무명용사들의 무덤도 있다.

밀레니엄 기념탑 꼭대기에 천사 가브리엘 / 기념탑 받침대 일곱 명의 헝가리 부족장의 동상

영웅광장Hősök tere에는 버스, 트램이 운행하고 있다. 영웅광장에서 다뉴브 강까지 약 3.2km 거리로, 걸어서 30분 정도면 도착할 수 있다.

영웅 광장Hősök tere 가장 자리엔 열주(列柱)로 이뤄진 구조물이 반원형으로 만들어져 왼쪽에 7명, 오른쪽에 7명까지 총14명의 청동 입상이 서 있다. 열주가 시작되는 왼쪽 열주의 위에는 노동과 재산, 전쟁의 상징물이, 오른쪽 열주가 끝나는 윗부분엔 평화, 명예와 영광을 나타내는 인물상이 있다. 이 열주 기념물은 바로 뒤편에 있는 시민공원인 바로시리게트에 있는데 영웅 광장은 그 입구처럼 보이게 설계 되었다.

영웅 광장 둘러보기

영웅광장은 사람들로 붐비기 전에 아침에 오는 것이 좋다. 광장을 걸어서 돌아보는 데 약 1시간정도 소요되며, 근처에 있는 시민 공원과 갤러리, 박물관도 같이 둘러보는 데까지 약 3시간정도 소요된다. 광장의 한 쪽에는 미술관이 있고 다른 쪽에는 아트홀이 있다. 영웅 광장은 버이더후녀드 성, 동물원, 온천 등의 여러 관광 명소가 있는 시티 파크로 들어가는 입구이기도 하다.

왼쪽기둥

성 이슈트반 Szt. István
통일왕국을 수립한 초대 국왕

성 라슬로 Szt. László
기독교 포교에 힘쓴 9대 국왕

킬만 Kálmán Könyves
문인을 등용한 10대 국왕

엔드레 2세 II. Endre
황금대칙서 법전을 편찬한 18대 국왕

벨라 4세 IV. Béla
1241년 몽골군 침입 후
재건에 힘쓴 국왕

카로이 로베르트 Károly Robert
비헝가리인 첫 번째 25대 국왕

라요슈 대왕 Nagy Lajos
영토 확대에 집중한 26대 국왕

오른쪽 기둥

후냐디 야노슈 Hunyadi Lajos
1456년 터키에 승리한 32대(섭정) 국왕

마챠슈 Mátyás
헝가리 르네상스 문화의 아버지라고 불리는 32대 국왕

보츠카이 이슈트반 Bocskai István
16세기 독립전쟁의 영웅

베틀렌 가보르 Bethlen Gábor
17세기 독립 전쟁의 영웅
(트란실바니아 귀족)

퇴쾨리 임레 Thököly Imre
초기 헝가리 독립 전쟁의 영웅
(북 헝가리 귀족)

라코치 페렌츠 2세 II Rákóczi Ferenc
18세기 자유전쟁의 영웅
(트란실바니아 귀족)

코슈트 라요슈 Kossuth Lajos
19세기 독립 운동 지휘관

영웅 광장 Hősök tere 가장 자리엔 열주(列柱)로 이뤄진 구조물이 반원형으로 만들어져 왼쪽에 7명, 오른쪽에 7명까지 총14명의 청동 입상이 서 있다. 열주가 시작되는 왼쪽 열주의 위에는 노동과 재산, 전쟁의 상징물이, 오른쪽 열주가 끝나는 윗부분엔 평화, 명예와 영광을 나타내는 인물상이 있다. 이 열주 기념물은 바로 뒤편에 있는 시민공원인 바로시리게트에 있는데 영웅 광장은 그 입구처럼 보이게 설계 되었다.

14명의 영웅 중 첫 번째 자리엔 국부로 추앙받는 성 이스트반(Szent István /970~1038)이 있으며 그 옆엔 성 라슬로(Szent László 혹은 SaintLadislas, 1040~1095)왕이 자리 잡고 있다. 그는 국토를 크로아티아까지 확장했고 크로아티아를 가톨릭국가로 만든 일등공신이다.
마르깃섬의 주인공 마르깃 공주의 아버지인 벨라 4세 IV Béla는 다섯 번째에 자리를 잡았고 헝가리 르네상스의 주인공 마티아스왕의 청동상도 있다.오른쪽 원주로 들어서면 왕과 함께 헝가리 독립을 추구한 투사들도 등장한다. 14번째에 자리한 코슈트 라요슈 Kossuth Lajos는 오스트리아에 대한 반란을 주도했으나 러시아군에 의해 좌절된 민족주의 지도자이다.

아스트릭(Astrik) 주교에 의해 왕관을 수여받는 장면

4번째 부조 / 십자국에 참여하는 광경

10번째 부조 / 에게르 전투 장면

각 동상의 하단에는 헝가리 역사에서 중요한 명장면을 담은 청동 부조물이 한 점씩 걸려있어 헝가리 역사를 한 눈에 볼 수 있다. 이스트반왕의 동상 아래 걸린 부조에서는 그가 1000년에 교황 실베스터 2세Sylvester II (999~1003)가 보낸 아스트릭Astrik 주교에 의해 왕관을 수여받는 장면을 그림으로써 마침내 헝가리가 유럽의 한 부분이 되었음을 보여준다.

또한 헝가리가 십자군에 참여하는 광경은 네 번째 부조에, 헝가리가 오스만트루크의 공격에 대승을 거둔 1552년 에게르Eger전투 장면은 열 번째 부조에 담겨있다.
열세 번째 부조에서는 헝가리의 왕관이 비엔나로부터 돌아와 주권이 선언되는 장면, 그리고 마침내 열네 번째 부조에서 1867년 오스트리아와 동등한 자격으로 제국의 한 축이 된 오스트리아-헝가리 제국의 프란츠 요셉 황제 대관식의 장면으로 대단원의 막을 내린다.
영웅 광장Hősök tere 가운데에는 36m 높이의 밀레니엄 기념탑Millenniumi Emlékm이 서있고 꼭대기엔 날개 달린 천사 가브리엘의 상이 서 있다. 가브리엘 상은 사람의 두 배 크기로 조각가 죄르지 절러György Zala의 작품이다. 가브리엘상이 안치된 것은 하느님이 보우헤주기를 간절히 바라는 마쟈르 인들의 마음을 담았기 때문이다.

죄르지 절러^{György Zala}는 이 작품으로 1900년에 열린 파리 세계엑스포에서 그랑프리를 수상했다. 가브리엘 천사는 오른손에 헝가리의 왕관을, 왼손엔 그리스도의 사도를 의미하는 십자가를 지니고 있는데, 이는 성 이스트반 국왕이 헝가리를 개종시켜 성모 마리아에게 바쳤다는 의미이다. 원주의 맨 아래 부분에는 헝가리 민족을 트란실바니아로 인도했던 일곱 부족의 부족장들이 동상으로 서 있다. 그 앞엔 꺼지지 않는 불이 타고 있는 무명용사 기념제단이 있다. 바닥에 깔린 동판에는 '마쟈르 인들의 자유와 독립을 위해 그들 자신을 희생한 영웅들을 기억하며'라는 글귀가 새겨져 있다.

영웅 광장^{Hősök tere}은 1896년 공사가 시작되어 1901년에 헌정되었지만 실제 공사는 1929년에야 끝났다. 명칭도 본래는 '밀레니엄 기념광장'이었으나 1932년 '영웅 광장^{Hősök tere}'으로 변경되었다. 이곳도 제2차 세계대전 중 피해를 입었으나 복구되었다. 영웅 광장의 왼쪽에는 예술사 박물관, 오른쪽에는 미술사 박물관이 영웅 광장을 마주보며 지키고 있는 모습이다.

서양 미술관
Szépművészeti Museum
Museum of fine Arts

유명한 유럽 예술가들의 작품과 골동품을 미술관에서 감상할 수 있다. 특히 스페인 작품들이 많다. 오스트리아 – 헝가리 제국의 황제, 프란츠 요제프 1세는 1906년 헝가리 건국 1,000여 년을 축하하기 위해 부다페스트에 서양 미술관을 건립했다. 목적은 세계 최고 예술가들의 작품을 전시하는 문화의 중심지로 만들기 위한 것이었다. 그리스 신전을 모방한 입구의 눈에 띄는 코린토스 기둥과 내부의 아치형 구조물은 다양하면서도 인상적이다.

지하

안에는 거의 4,000점에 이르는 이집트 미술품을 비롯하여 굉장히 오래된 예술 작품을 만날 수 있다. 이들 중 일부는 헝가리 고고학자들이 발굴해 낸 것이다. 그리스, 에트루리아, 로마 및 그리스–이집트 기원의 작품 5,000점 또한 상설 전시되어 있다.

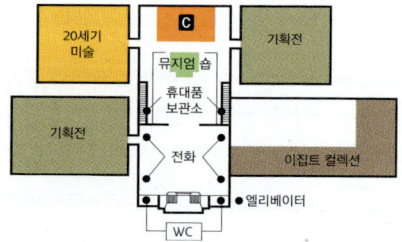

🌐 www.mfab.hu 🏠 XIV Dozsa Gyorgy üt 41, 버스나 트램, 지하철 이용, 영웅 광장에서 하차
🕐 10~18시(월요일 휴무)
Ft 1,800Ft(학생 50%할인 / 기획전 3,200Ft), 거장 갤러리와 상설 전시에는 영어 오디오 가이드 대여가능)

벨라스케스 테이블의 농부들   피터 브뤼겔의 작품 세례자 요한의 설교

2층

3,000점의 그림이 차례로 전시되는 거장들의 작품은 놓치지 말아야 한다. 이곳에 전시된 이탈리아 작가는 조토, 라파엘로, 티치아노, 베로네세 등이 있다. 피터 브뤼겔의 작품 세례자 요한의 설교는 유명하다. 네덜란드의 황금시대와 플랑드르 미술은 반 다이크, 요르단스, 프란스 할스로 대표된다.

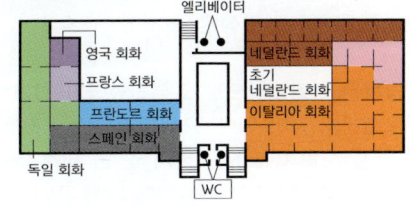

스페인 회화 컬렉션은 스페인 국외에서 최대 규모를 자랑하는 중요한 곳이다. 엘 그레코와 디에고 벨라스케스, 고야의 작품이 전시되어 있다. 이 밖에 독일, 오스트리아, 프랑스, 영국 작가들의 작품도 있고 인상주의 및 후기 인상주의 작품들도 감상할 수 있다.

1층

상설 조각 전시에는 거의 600점의 작품이 전시되어 있다. 여기에는 레오나르도의 작은 승마 조각품과 베로키오의 비탄에 젖은 예수 Man of Sorrows가 있다.

이 박물관에는 거의 10,000점의 그림과 100,000점의 프린트가 보존되어 있으며 교대로 선정되어 전시되고 있다.

시민공원
Városliget / City Park

규모가 122헥타르에 이르는 대형공원으로 부다페스트에서 가장 인기 높은 곳 중 하나인 시민공원에는 예술, 역사, 스포츠뿐만 아니라 먹고 쉴 수 있는 모든 것이 갖추어져 있다. 시민공원은 조용하고 평화로운 녹지에서 주변의 문화와 레스토랑 및 엔터테인먼트를 즐길 수 있어 시민들과 관광객이 많이 찾는 곳이다. 이 미개발 지역은 1800년대 초반 세계 최초로 일반 대중을 위한 공원으로 조성된 곳이다.

공원은 박람회장으로 조성되었다가 철거할 계획으로 설계가 되어 공원 내에는 미술관과 온천까지 같이 있다. 공원의 입구는 1900년경 지어진 건축물이 있는 영웅 광장에 이어진다. 홀 오브 아트에는 현지 및 전 세계 아티스트들의 현대 작품을 감상할 수 있다. 오래된 작품을 좋아한다면 미술관에 가서 유럽의 옛 거장의 작품들을 만날 수 있다.

공원 안으로 더 들어가면 100년 전에 지어진 부다페스트의 유명한 온천수 목욕탕인 세체니 온천이 있다. 현대적인 스파 트리트먼트로는 월풀, 사우나, 수영장, 마사지 등이 있다. 온천에서 몇 분만 걸어가면 1,000여 종의 동물 5,000마리가 살고 있는 부다페스트의 동물

원이 나온다. 매 시간마다 먹이주기, 3D 영화 및 시연, 미니 강좌 등이 열려 가족 여행객들이 많이 찾는다.

바이다후냐드 성 Vajdahunyadvár에는 유럽에서 가장 큰 농업 박물관이 있다. 임시로 지은 이 건물에 지금은 헝가리 여러 시대의 농업을 보여주는 전시물이 들어서있다. 겨울에는 부다페스트의 커다란 야외 아이스링크가 만들어진다. 페토피 콘서트홀은 이 공원에서 청소년들에게 인기가 많은 곳으로, 6,000명을 수용할 수 있는 무대에서 전 세계의 팝스타들이 공연을 펼치기도 했다.

바이다후냐드 성
Vajdahunyadvár

유럽 최대의 농업 박물관이 들어서 있는 이 건물은 외관이 너무 아름다워 성으로 불리고 있다. 보통의 성이 갖춘 물 웅덩이인 해자 대신 이곳에는 아이스링크가 있다.

왕족들이 살던 다른 성과는 달리 바이다후냐드 성^{Vajdahunyadvár}은 농부들에게 더 알맞은 곳이다. 이곳에는 농업 박물관이 있기 때문이다. 부다페스트의 다른 커다란 건물들이 보통 그렇듯, 이 건물 또한 1896년 헝가리의 천년 축하 전시를 위해 지어졌다. 호수 건너편에서 바라보면 왜 이 건물에 성이라는 별명이 붙었는지 이해할 수 있다.
성 안도 아름다워서 대리석 계단, 조각된 기둥, 크리스탈 샹들리에, 스테인드 글라스 창문 등으로 꾸며져 있다.
바이다후냐드 성^{Vajdahunyadvár}은 시민공원의 세체니 섬에 위치하고 있다. 여름에는 노 젓는

농업박물관(Magyer mezögazdasági Müzeum / Museum of Hungarian Agriculture)
안에는 유럽에서 가장 큰 농업 박물관이 있어 여러 흥미로운 전시물을 구경할 수 있다. 헝가리 농업의 초기부터 1945년까지의 역사가 고스란히 전시되어 있다. 신석기 시대부터 현대까지의 농업 활동과 도구에 관한 정보를 볼 수 있고 어린이들을 위한 체험활동도 마련되어 있다. 이 밖에도 헝가리의 가축, 사냥, 낚시, 임업 등의 발전상이 전시되어 있어 이러한 작업에 쓰이던 각종 도구와 일하는 사람들을 묘사한 예술 작품도 볼 수 있다.

다른 전시에서는 포도를 재배하고 와인을 만드는 것에 대해 배울 수 있다. 1800년대 후반까지 와인은 헝가리에서 거의 1/3에 달하는 인구에게 중요한 경제 역할을 하는 것이었다. 이 전시에는 1939년 최초로 생겨난 토지 보호부터 다양한 포도 품종을 보존하기 위해 수행되었던 작업까지 헝가리의 생태학적 노력을 살펴볼 수 있다. 킹덤 오브 플랜츠(Kingdom of Plants) 전시에서는 식물의 역사적 중요성과 오늘날 어떻게 사용되고 있는지에 대해 배울 수 있다.

농업 전시 외에도 이 박물관에서는 우표부터 증기 기관차와 걸으면서 농작물을 수확하는 기기 등의 축적 모형 차량까지 40가지의 다른 전시품이 전시되어 있다.

▶시간 : 10~17시(월요일 휴무) ▶전화 : 363 5099 ▶요금 : 무료(사진촬영은 유료)

배를 빌려 커다란 호수를 즐기고, 겨울에는 호수의 일부분이 거대한 아이스링크로 변신한다. 스케이트를 빌려 아름다운 성 앞에서 우아하게 스케이트를 탈 수 있다. (1,500Ft / 학생 50%할인) 바이다후냐드 성Vajdahunyadvár은 영웅 광장에서 내려 5~10분 정도 걸으면 나온다.

조대현

63개국, 298개 도시 이상을 여행하면서 강의와 여행 컨설팅, 잡지 등의 칼럼을 쓰고 있다. KBC 토크 콘서트 화통, MBC TV 특강 2회 출연 (새로운 나를 찾아가는 여행, 자녀와 함께 하는 여행)과 꽃보다 청춘 아이슬란드에 아이슬란드 링로드가 나오면서 인기를 얻었고, 다양한 여행 강의로 인기를 높이고 있으며 "해시태그 트래블" 여행시리즈를 집필하고 있다. 저서로 하노이, 달랏, 나트랑, 푸꾸옥, 베트남, 체코, 크로아티아, 아이슬란드, 몰타, 오스트리아, 런던 등이 출간되었고 북유럽, 스페인 이탈리아 등이 발간될 예정이다.

폴라 http://naver.me/xPEdID2t

동유럽 5개국

인쇄 | 2025년 7월 16일
발행 | 2025년 8월 13일

글 | 조대현
사진 | 조대현
펴낸곳 | 해시태그출판사
편집 · 교정 | 박수미
디자인 | 서희정

주소 | 서울시 강서구 허준로 175
이메일 | mlove9@naver.com

979-11-7458-012-2(03920)

- 가격은 뒤표지에 있습니다.
- 이 저작물의 무단전재와 무단복제를 금합니다.
- 파본은 구입하신 서점에서 교환해드립니다.

※ 일러두기 : 본 도서의 지명은 현지인의 발음에 의거하여 표기하였습니다.